Mismo Vestido Diferente Día

UNA MEMORIA ESPIRITUAL DE ADDICIÓN Y REDENCIÓN

PUBLICADO POR
OUR WRITTEN LIVES OF HOPE, LLC

Oír Griten Libes of Hope proporciona servicios de publicación para los autores en varias organizaciones de servicios educativos, religiosos y humanos. Para más información visite www.ourwrittenlives.com.

© 2015 (English), Juliet Van Heerden
© 2019 (Spanish), Juliet Van Heerden

Biblioteca del Congreso, Información de la Publicación-en-Catalogo
Van Heerden, Juliet 1970
Mismo Vestido, Diferente Día

ISBN: 978-1-942923-37-4

Traducción al Español por
The Language Nook, LLC
todos los derechos reservados.

Fotos de la Boda y Diseño de la Cubierta por Sarah K Asaftei,
skaMEDIA Productions & Films, Inc.
www.skaMEDIAproductions.com   www.sarahKasaftei.com

Foto del autor en la contraportada por Hercules Images
HerculesImages.com

"NKJV" la Versión de la Biblia de New King James,
Derechos de autor ©1982 por Thomas Nelson, Inc.
"KJV" de la Versión de la Biblia de New King James, la cual es del dominio público.
"NIV" de LA SANTA BIBLIA, NUEVA VERSIÓN INTERNACIONAL®, NIV®
©1973, 1978, 1984, 2011 por Bíblica, Inc™
"ESV" de La Santa Biblia, Versión Estándar en Inglés ® (ESV) Derechos del autor ©2001
por Crossway, un ministerio de publicación de Good News Publishers.
"MSG" del MENSAJE. Derechos de autor ©1993, 1994, 1995, 1996, 2000, 2001, 2001.
NavPress Publishing Group.

*Mismo Vestido
Diferente Día*

UNA MEMORIA ESPIRITUAL DE ADDICIÓN Y REDENCIÓN

Dedicatoria

Para Mi pariente el Redentor

Tú eres el autor de mi vida.

Tú calmas mis tormentas.

Redimes mis pérdidas.

Te quiero.

"Porque tu esposo es tu Hacedor,
el Señor de los ejércitos es su nombre;
y tu Redentor es el Santo de Israel,
que se llama Dios de toda la tierra.
Porque como a mujer abandonada y afligida de espíritu,
te ha llamado el Señor,
y como a esposa de la juventud
que es repudiada dice tu Dios."
Isaías 54:5-6 (BLA)

Prefacio

Yo no quería escribir este libro. Nunca he sido de las personas que dejan mi diario abierto para ojos indiscretos. Fue ante la presencia del dolor en el corazón de las mujeres a mi alrededor que mis ojos se abrieron, cuyas historias similares me hicieron realizar que los bancos de la iglesia estaban llenos de las secuelas que deja la adicción de un ser querido, fue entonces que empecé a pensar en compartir mi propio viaje.

¿Por qué no dejar que otros sepan lo que Dios ha hecho por ti?

El pensamiento me regresaba de diferentes formas, recordándome constantemente el poder que tiene el testimonio personal y la sanación que proviene al realizar que no estamos solos, y qué hay alguien que entiende el dolor silencioso de nuestras almas. Así que empecé a escribir. Escribí para mí. Escribí para mis hermanas que todavía no han experimentado la libertad que proviene de completamente poner a su ser querido con adicción en manos de Jesús. También escribí para darles esperanza a aquellos que sienten que ya no pueden más.

Que el poder de esta historia traiga gloria a Dios y a su hijo Jesús, nuestro "Pariente Redentor" Amén.

Nota de la Autora

Esta es mi historia: reconstruida devotamente de memorias, fotografías y diarios. Algunos detalles son recuerdos de seres amados que caminaron a mi lado a través de los valles. El diálogo de este libro no está grabado perfectamente, sino que es una combinación de conversaciones resucitadas de esos lugares brumosos de la memoria donde solamente permanecen impresiones después de que el dolor se traga los detalles. Aunque la redacción sea imprecisa, la esencia de mis divagaciones privadas con Dios permanece clara. Por respeto a la privacidad de individuos e instituciones, algunos nombres y lugares han sido alterados.

Contenido

Primera Parte

Capítulo 1 • Cigarros y Crayones _____ 11
Capítulo 2 • Huesos Rotos, Sueños Rotos _____ 19
Capítulo 3 • Gladiolas y Despedidas _____ 35
Capítulo 4 • De Encaje y Mentiras _____ 51
Capítulo 5 • Lidiar y Rehabilitar _____ 63

Segunda Parte

Capítulo 6 • Viviendo "Limpio" (Sobrio) _____ 85
Capítulo 7 • Amor Pequeño _____ 101
Capítulo 8 • Recaída _____ 117
Capítulo 9 • Un Nuevo Comienzo _____ 143
Capítulo 10 • Guerra Contra Drogas _____ 161
Capítulo 11 • El Ultimo Estado de Ese Hombre _____ 209
Capítulo 12 • Una Manera de Escapar _____ 227

Tercera Parte

Capítulo 13 • Por Mi Cuenta _____ 275
Capítulo 14 • Círculo Completo _____ 309
Capítulo 15 • Belleza por Cenizas _____ 337
Capítulo 16 • Fantasmas y Rosas _____ 387
Capítulo 17 • Mismo Vestido, Diferente Día _____ 415

Primera Parte

Capítulo 1

Cigarros y Crayones

¿Por qué te abates, oh alma mía?
¿Y te turbas dentro de mí?
Espera a Dios, porque aún le he de alabar.
La ayuda de mi rostro y mi Dios."
42:11 RVR

2000

El verano quema a los Tejanos cada año. Agosto del 2000 no fue excepción. Me gotea el sudor, esperando que la bomba de gasolina se pare en la estación Chevron, incluso estoy chamuscada por adentro. Manejar a Jon al centro de rehabilitación no está en mis planes para este verano. Me gusta que la vida pase de acuerdo a lo planeado.

Mirando en el espejo lateral, lo veo, en cuclillas junto a otro coche, lanzando el humo del cigarro por un lado de su boca. Durante los cinco años y 363 días de nuestro matrimonio, él nunca me ha dejado verlo fumar. Nuestros ojos se encuentran, se encoge y avienta la colilla de cigarro en el estacionamiento. Recuerdo las incontables veces que sermoneaba a mis estudiantes acerca de los peligros de fumar. Son de la misma edad a la que él empezó a fumar.

Soy planeadora. Supongo que es la maestra en mí. A los siete años de edad, yo ya sabía mi vocación. Mi madre dice que *nací* con un reloj y una tablilla con sujetapapeles en mi mano. En tercer grado, forzaba a mi hermanita Annie, de 5 años de edad a escucharme leer la serie completa de *"La Casita en la Pradera"*. Noche tras noche, nos acurrucábamos juntas en mi cama con ruedas, junto con Laura, María, Ma y Pa, mucho después de que mi mamá hubiera anunciado "Apaguen las luces niñitas." A menudo hacia listas de hábitos diarios de higiene y les rogaba a mis maestros que me dieran páginas extras de los libros de trabajo para que pudiera "jugar a la escuelita" en mi casa. Siempre fui amante del orden, la estructura y la rutina, había planeado mi vida entera antes de que mi edad alcanzara los dobles dígitos. Hoy, esos sueños de la niñez parecen lejanamente imposibles.

Solo respira, me recordé a mí misma, mientras que él abría la puerta del pasajero. *No digas nada. No pienses nada. Solo maneja y respira.* Mientras respiro, huelo el humo que persiste. Estoy enojada. Ese olor representa traición. Aunque los cigarros no son la razón de este viaje, son el nacimiento de un viaje largo que conduce a este día. No, este viaje es sobre otra mucho más costosa adicción, una adicción que está frustrando mis planes y destruyendo la buena vida que estaba forjando para mí.

¿Por qué me siento tan irritada por ese Marlboro, cuando estoy llevando a mi marido al centro para que se rehabilite de su adicción a la cocaína, la cual podría ponerlo en el cementerio en cualquier momento? ¡Mis emociones me confunden! Tal vez estoy en negación, incapaz de procesar la adicción de Jon a una sustancia que jamás he visto y que mi cerebro no puede procesar. Por la razón que fuere, me estoy enfocando en el cigarro y estoy ignorando el "elefante" conmigo en el coche.

Apenas y hablamos mientras se derretían las millas debajo de mis llantas. Parte de mí desea sermonearlo de como la nicotina exacerba el deseo de otras drogas, pero él ya había gruñido la advertencia "Sólo puedo hacer una cosa a la vez". Como de costumbre, mis expectativas son demasiado altas. Solo quiero arreglar todo *ahora mismo*. Quiero nuestra vida de regreso. Quiero a mi esposo de regreso.

Al llegar a Blue Sky, el centro de rehabilitación, no parece coincidir con un Campamento de verano feliz como su nombre lo indica, Mayra, un miembro inusualmente alegre del personal nos saluda. Recibí información sobre horarios de visitas, llamadas telefónicas y mi función en el proceso de recuperación de mi esposo. Básicamente, debo dejarlo solo y que "trabaje el programa". Con un grueso paquete, sujetado por una grapa, sobre la adicción a la cocaína en mis manos y una mezcla rara de esperanza y desesperación en mi corazón, abrazo a mi marido, cierro la puerta del pequeño centro de rehabilitación demasiado feliz y le hago frente al calor de Texas. Eso es todo. Lo veré en dos semanas cuando regrese para la visita supervisada.

Soy Juliet - también conocida como Julie, Jules, JuJu y un sin número de otras variaciones de mi nombre italiano que mi mamá me dio después de ver la representación de Zeffirelli en 1968 de la famosa obra trágica de Shakespeare. A veces quisiera ser alguien diferente, con otro nombre completamente, alguien que su vida es más comedia que tragedia. Los momentos que reviví mientras escribía los párrafos anteriores marcaron un momento decisivo en la historia de esta chica de Texas que asiste regularmente a la iglesia. Mi vida jamás fue la misma después de eso. Yo quería que lo fuera. Traté de forzar que así fuera. Pero simplemente no lo era. Nunca.

Abriendo la puerta de mi coche, lancé los papeles de la información de la adicción a la parte posterior y desfallecí en el asiento del conductor. Con el sonido del cinturón de seguridad, mi represión interna estalló. Enojo y vergüenza vertieron de mi alma mientras conducía y lloraba. La frustración y el miedo se mezclaron con esas lágrimas mientras aullaba a mi Padre celestial. No fue la primera vez que había tomado el termino de "pedir a gritos" literal, pero era la primera vez en mucho tiempo que pedía a gritos esperando que mi vida se mejorara.

"Se tiene que mejorar, Dios ¿No se supone que el matrimonio debe de traer alegría? ¡Siempre es difícil, pero este último año y medio ha sido horrible! ¡No sabía que estaba consumiendo drogas! ¿Cómo pude estar tan ciega? ¿Cómo veo a la cara a la gente en mi vida con una verdad que no puedo ocultar más y que apenas y puedo comprender?"

Temía explicarles a mis colegas de mi colegio religioso porqué había estado atendiendo sola a la convención de profesores.

No, el no atenderá con nosotros. Lo siento, director Steve. Supongo que serás sólo tú y un montón de mujeres este año.

Yo temía responder a las preguntas bien intencionadas acerca de la ausencia de mi marido a la iglesia.

Sí, le diré que lo echo de menos hoy otra vez. Lamentablemente, esta semana no podremos organizar el culto del viernes por la noche en nuestro hogar.

Tenía miedo de confrontar a su jefe, que sirvió en la mesa directiva del colegio que me contrató y sus hijos los cuales yo había enseñado a leer.

¿Empeñó tus herramientas para comprar drogas? Oh, como lo siento. No tenía idea. ¿Cómo podemos devolverte el dinero?

La inquietud pisoteó mi pequeña chispa de esperanza mientras mis lágrimas se disolvían en profundos jadeos.

"¿Cómo hago esto, Señor? ¿Cómo afectará a nuestra reputación en esta iglesia y comunidad la repentina desaparición de Jon por 28 días? ¿Qué le diré a mi hermana? Sabes que ha estado molesta últimamente por el comportamiento extraño de Jon. Ahora entiendo sus preguntas tan penetrantes. Oh, ¿cómo mantendré mi cabeza en alto y todo junto?"

Escuela

Apilé cuidadosamente los coloridos libros de trabajo de los estudiantes sobre mi mesa de trabajo en forma de "U". Los pequeños escritorios en vainas de tres llenaron el centro del salón, mientras que las estaciones de actividades para los estudiantes alinearon las paredes exteriores. Gozo organizar y arreglar mi espacioso salón de clase. Había enseñado aquí por cuatro años. Para mí este espacio se siente como mi casa. De hecho, pienso que paso más tiempo dentro de estas paredes que en nuestro hogar. La estructura. Las rutinas. Los pequeñitos que traen alegría y vida a este lugar y a mi alma misma, éstas son las cosas con las que puedo contar. Son tan seguras como el contenido familiar de mi escritorio de maestra, o sin falta el sentimiento de mariposas en la panza el primer día de clases.

Arrancando la lista de "cosas que comprar" de mi bloc de notas amarillo, hice una rápida inspección del cuarto antes de apagar la luz. *Todo está tomando forma. Quiero estar preparada antes de la conferencia de maestros. Un viaje más al Centro Comercial Walmart, y estaré lista.*

Me encanta comprar artículos escolares. Me encanta poner contra la palma de mi mano lápices Número 2 cuando les acabado de sacar punta, todos alineados. Amo las pequeñas tijeras con las narices redondeadas y las pequeñas puntas planas de los colores marca Crayola. Hay algo que me hace feliz acerca de llenar mi carrito de compras con marcadores lavables y de pegamento de tapa anaranjada marca Elmer.

Ese día quería desesperadamente ser feliz. Quería olvidarme del ayer el cuál había cambiado mi mundo para siempre. Deseando perderme por un momento en el pasillo de "artículos escolares", paré en Walmart camino a mi casa vacía, adormeciendo mi dolor al tocar los marcadores y plumas. Camino a la caja registradora escogí un libro de composición blanco y negro; ¿ya sabes, con esquinas redondeadas con carátula de cartón jaspeado con una línea para escribir tu nombre en la portada? *¿Por qué no? Están en barata por solo veinticinco centavos.*

Recientemente, descubrí mi altero de diarios y libros de composición. Hojeando a través de ellos fue igualmente doloroso y catártico. La fecha escrita cuidadosamente que encaja con esta narrativa lee así: *Mañana es el sexto aniversario de Jon y mío. Ayer lo lleve a un programa de desintoxicación y rehabilitación de droga. Este es un momento increíblemente difícil, pero tengo la esperanza que Jon se someterá al tratamiento y permitirá ser ayudado. El tercero, cuarto, quinto y sexto día de Agosto se metió una sobredosis de cocaína. El quinto día se dio cuenta de que se podía morir y para el sexto día estaba* listo para finalmente admitir que tenía un problema más grande de lo que podía vencer solo.

Estoy enojada. ¡Ha usado más de cinco mil quinientos dólares de nuestro dinero para la casa en cocaína! Ese dinero supuestamente se iba hacia la construcción de nuestro nuevo hogar en el terreno que compramos el verano pasado. Estoy impactada y sorprendida que no está muerto. Me siento enojada, triste, desalentada y esperanzada todo al mismo tiempo. La escuela empieza en una semana. No estoy lista. Tengo tanto que hacer y tantas distracciones. Estoy rezando constantemente por Jon. Se ha convertido en un increíble mentiroso, en una persona egoísta, engañosa, mañosa, ladrona, enojada y enferma.

La casa esta pacífica sin él. No me tengo que preocupar por él en las noches o en ningún otro momento pues no puede estar haciendo cosas malas en el centro de rehabilitación. Todos han sido tan amables. Le estoy agradecida a Dios por amigos cristianos. Los jefes de Jon, Larry y James, incluso prometieron permitir que Jon regresara a trabajar cuando salga.

Voy a tener que ser firme sobre lo que deseo, necesito y espero. ¡Incluso no sé la totalidad de mi firmeza, excepto que no más droga, o se va de la casa!

Necesité el consuelo familiar que me daba hacer una lista, así que escribí:

No más uso de droga
No más fumar
Tiempo diario para hablar y rezar
Satisfacer mis necesidades emocionales, físicas y financieras
Hacer enmiendas con todos y pagarles
Yo controlo completamente cada centavo
Honestidad en todos nuestros tratos

En retrospectiva, el resto de ese triste pequeño relato en mi diario me rompe el corazón. Puedo ver que tan mal estaban las cosas en mi matrimonio y cuánto deseaba que todo estuviera bien. En aquel momento no realicé que no debía exigirle a alguien algo que no estaba bien con el hecho de estar bien. Mi lista de siete puntos a lápiz en mi libro de composición de veinticinco centavos de Walmart, no significó un costal de papas a mi marido drogadicto. Debí haber considerado y preguntado acerca de sus hábitos mucho antes de que él *se hiciera* mi marido. Pero éramos jóvenes entonces. Yo era ingenua. Dolorosamente, los hechos en retrospectiva se ven con visión perfecta.

Estoy segura de que dormí mejor esa noche, habiendo escrito mi lista y dicho mis oraciones. Sé que Dios en el Cielo fue testigo de mi corazón herido. Recuerdo Su presencia confortante de Su dulce Espíritu durante ese tiempo oscuro y de soledad. Como me hubiera gustado entonces saber las cosas que he venido aprendiendo. Sospecho, que no sería la que soy hoy, y no sabría las cosas que sé, si no hubiera sido por el catalizador de ese terrible día de agosto en Texas, el día que lleve a mi marido por primera vez al centro de rehabilitación.

Capítulo 2

Huesos Rotos, Sueños Rotos

"Oh Jehovah, Dios mío, a ti clamé, y me sanaste."
Salmo 30:2 RVR

1992

Una vez amé a un chico. Era mucho más alto y seis años más grande que yo. Me hacía reír con bromas tontas y me enganchó en la ornitología. Estaba loco por mí. Toda su familia tenía la misma enfermedad. Lo llamaron "Pajareando".

Llamaban a la línea directa del Observador de Aves en las tardes de Sabbat, corriendo después a su camioneta tratando de perseguir la promesa de poder ver un búho blanco dos condados más allá. Era emocionante unirse a la aventura de descubrir a ese orgulloso búho solitario, sentado justo donde nos habíamos imaginado - encima de un gigante rollo de heno cubierto de nieve en medio del campo de un granjero en Missouri. Ese niño me enseñó a apreciar profundamente la obra de mi Creador. Me dio un regalo que continúa trayendo alegría siempre que levanto los binoculares a mis ojos.

Yo lo lastimé - a ese muchacho amante de los pájaros. Lastimé a su familia. Me lastimé a mí misma. Eso es lo que sucede cuando esperas que otro humano cubra tus necesidades. Gente dañada, daña a otras personas. Yo era una muchacha herida, inconsciente de que mis heridas más profundas estaban en el interior. Solamente sabía las que estaban en el exterior; déjame decirte sobre esas primeras.

La Caída

La caída de la azotea del granero de nuestro vecino fue totalmente el resultado de mi propio egoísmo obstinado. Contratar el trabajo para mí sola y rechazar la ayuda de mi equipo de pintura fue simplemente absurdo. Estaba intentando ganar efectivo adicional para mi próximo viaje a Suiza y no deseé compartir los ingresos con nadie. *Niña egoísta.*

Es duro trabajar sobre el tejado de un granero de metal galvanizado en el calor del verano, sobre todo para una mujer de veintiún años de edad. No me importaba. Estaba súper en forma. Era también un pintor con algo de experiencia, que sabía unir los ganchos gigantes de metal en forma de S, a una extensión de la escalera estabilizándolos en el techo del granero. El plan era pintar el lado derecho de la extensión de la escalera, de arriba hacia abajo. Después subiría y movería la escalera hacia la izquierda, continuando así hasta que la azotea entera se convirtiera en plata brillante, mi color favorito de la caja especial de Crayola.

Mi primer error fue no asegurar la escalera, o a mí misma, con algún tipo de dispositivo de seguridad. El segundo error fue ignorar la súplica de mi hermana Annie, de "¡solamente apúrate y acaba ya!". Ella, mamá y yo teníamos planes especiales esa noche para salir a cenar y celebrar la boda de mi mamá y su mudanza a Suiza.

Estoy tan cerca de acabar de pintar esta sección. Me pueden esperar unos minutos más. Déjame terminar este pedazo y entonces me iré a limpiar. Va a tomar tiempo para tallar esta pintura metálica de mi piel. Me parezco a el Hombre de Hojalata del Mago de Oz. No era la única vez que había sufrido las consecuencias de ser testaruda y orientada en las tareas, en vez de humilde y centrada en las personas, pero definitivamente esta fue una de las más dolorosas.

Mi hermana estaba caminando hacia nuestro hogar después de que me vino a dar su mensaje conciso, cuando oyó el zumbar de la espina rozando el metal con el metal. ¡Esos ganchos enormes en forma de S, se habían desatado del tejado! La gravedad inmediatamente agarro la escalera completamente extendida. Descendió la azotea empinada a la velocidad del relámpago, proyectándose a través del césped como un trineo olímpico. Yo no estaba muy detrás, solamente que yo no salí disparada a través del césped. Primero, me resbalé a lo largo de la azotea del granero en mis espinillas y antebrazos, peleando por encontrar un punto de apoyo; posterior a una caída libre de veintidós pies, aterrizando en un montón de concreto pre colado, al lado de un pedazo de cerca que habría podido empalarme fácilmente.

"Te hiciste en tus pantalones." El humor seco de Annie desenterró una sonrisa cuando se agacho hacia mi tomándose del barandal de la cama del hospital para darme un beso en la frente. Mis pensamientos bajo la influencia de la morfina fueron despectivos. *Que gran manera de comenzar el verano. Me caigo del techo de un granero y me hago en mis pantalones. ¿Por qué no paré de trabajar cuando Sis me pidió que lo hiciera? ¿Por qué no asegure correctamente la escalera?*

Las preguntas me plagaban mientras esperaba la cirugía. *¿Qué tal si mi columna vertebral esta tan dañada que termine con una bolsa de colostomía como lo comentaba el doctor? ¿Cuanto tiempo tomará para que mi pelvis se cure? ¿He arruinado los planes de la boda de mi mamá? ¿En qué estaba pensando? ¡Soy un idiota!*

"*Pero, gracias Dios que por lo menos no estoy muerta.*"

Esa experiencia me robó de muchas cosas, una de ellas fue la inocencia de mi relación con Hombre Pájaro. Él corrió a través de varios estados en su Trans Am rojo para sentarse conmigo en el hospital. Su presencia inicialmente confortante llegó a ser incómoda para ambos. Nuestro romance inocente no estaba listo para lo "feo" que trae la recuperación de un accidente mayor. Yo definitivamente no estaba linda. Yo no era agradable. Yo no estaba feliz. No era *yo*.

Durante meses después me sentía abatida y deprimida. Sintiéndome como un pescado rebanado, rechacé mirar mi cicatriz color escarlata que iba al largo de mi columna vertebral. Las barras de acero que mi cirujano habían insertado hacían la flexión imposible. Además, usé un freno de metal feo para mantener todo alineado. Los espejos se volvieron mis enemigos.

Aunque en junio no podía ni vestir ni bañarme, obstinadamente planeé volver a la universidad en agosto. Mis doctores se opusieron a mi plan, pero insistieron en que debía evitar estar sentada por periodos prolongados, por lo menos un año, pero yo insistí en graduarme con mi clase. Esa era mi meta y me ayudo a completar mi fisioterapia y rumbo a mi recuperación.

El muchacho amante de las aves se quedó conmigo todo ese año. Con mi mamá y Annie viviendo en Suiza con mi nuevo padrastro, el muchacho amante de las aves y sus binoculares fueron las constantes en mi vida. Nuestra relación sobrevivió mi cirugía, en la primavera, para remover las varillas de acero y sus atentos en vano a ayudarme a encontrarme a mí misma otra vez. Aunque mi cadera y mi espalda ya se habían casi sanado por completo, mi espíritu no.

Las semanas después de que los doctores me quitaran las varillas, todavía sufría de náusea y sofocos de dolor cada vez que intentaba hacer cualquier cosa que requería esfuerzo físico. Tuve que romper el contrato de mi primera posición de maestra porque estaba demasiado débil para arreglar el salón de clases. Mi vida parecía que no iba a ninguna parte.

Sintiéndome miserable por dentro y por fuera, comencé a obsesionarme con la idea de que casarnos solucionaría mis problemas y aseguraría mis inseguridades. *Si el muchacho amante de las aves tan solo me propusiera matrimonio, podríamos estar juntos y no me sentiría así. Deseo ser su esposa, pero a él ya no le gustó tanto. ¿Lo estoy perdiendo? Aunque estamos juntos todos los días, me siento tan sola. Tal vez si nos casamos, las cosas serían diferentes. ¿Me pregunto por qué nunca menciona el futuro?*

Capítulo 2 • Huesos Rotos, Suños Rotos

El verano completo me la pase arrastrándome de miedo. En retrospectiva, puedo ver como Dios trato de atraerme de mil maneras. Él me proporcionó estancia gratis a corta distancia del tranquilo campamento de verano donde trabajaba mi novio. Él me dio asientos de primera fila en Su corazón cuando participé en las animadas experiencias de adoración del campamento. Él me rodeo de gente que sinceramente trataron de tenderme la mano. Ignoré los intentos de Dios y escogí seguir sumiéndome en la desesperación.

Mi manta de oscuridad era tan pesada que incluso ahora apenas y puedo pintar un panorama con palabras para describir mi estado mental. Pienso que la marca Crayola lo llamaría "negro chapopote." Recuerdo examinar mi ropa de cama destrozada y un verano equivalente de tiradero en el cuarto obscuro en donde dormía. *¡Mi mamá me mataría si viera esto! ¿He lavado alguna vez estas sábanas?* Esto no era típico de mí y me daba pena vivir así, pero no tenía la energía para hacerlo diferente o para hacer cualquier cosa en absoluto.

Hay una cosa *que* recuerdo haber logrado ese verano. Me miraba en el espejo. No el espejo regular, de frente. En vez de eso, me veía en un espejo minúsculo, sostenido levemente a un lado de mi cara, hacia el espejo grande detrás de mí. Me había recogido el pelo para poder ver la longitud de mi columna vertebral. Ayúdame Jesús. "Creo que me voy a enfermar" dije. Sudor empezó a formarse en mi labio superior. Con manos temblorosas incliné el espejo para reflejar los resultados de esas dos cirugías de mi columna.

"¡Oh, gracias a Ti! No esta tan mal como esperé. Él realmente hizo la segunda incisión en el surco de la primera incisión. Y la cosió derecho. Aunque el color salmón de las Crayolas no es mi color favorito, al menos no está torcido. Mi enfermera me prometió que el color brillante se desaparecería con el tiempo, pero siempre tendré esta cicatriz larga. Siempre."

Para el fin de verano, el muchacho amante de las aves necesitaba unas vacaciones de mis estados de ánimo y yo estaba dolorosamente extrañando a mi familia. Todos pensamos que un vuelo a Suiza parecía una buena idea, sobretodo que no podría enseñar ese otoño y no tenía ningún otro plan.

Permanecí un mes. Fue un viaje fabuloso. Mi pequeña hermana americana se había transformado en una supermodelo de habla italiana. Gozo presumiéndome con sus amigos guapos mientras compartimos risas y pizza margherita *e* inhalamos aire fresco de los Alpes en otoño.

La dicha de mi madre de recién casada era contagiosa. Adoraba a mi nuevo padrastro, al cual habíamos cariñosamente apodado "Sr. P." Adoraba a mi madre. Acababan de celebrar su primer aniversario. Me encantaba su amor. Echaba de menos *a mi amor. ¿Por qué tan sólo no me pide que me case con él? Ya hemos salido por dos años y medio. ¿Qué estaba esperando?*

Un día antes de que debiera volar a casa, Annie y yo tomamos un tren rápido a Venecia. Ella navegaba esas calles estrechas como si hubiera nacido allí. Tejiendo nuestro camino a través de tiendas y de cafés, paramos a menudo a comprar los bonitos caramelos de cristal soplado de vendedores ambulantes que nos hacían señales. "¡Señoras, señoras! ¡Por aquí!" Nos llamaban con su inglés cantado. Era un día encantador, grabado por siempre en la lista de mi memoria de experiencias favoritas en el extranjero, a pesar de que nuestro regreso en el tren se convirtió en una miserable vomitada, después de que compartiéramos algún *foccacia lleno de aceituna,* que se había cocido al horno y quedado en el aparador asoleado demasiado tiempo.

¿No es la vida como esto? Llena de altas maravillosas seguidas de bajas que casi cancelan la memoria de las bendiciones. Es el enemigo de Dios, maquinando detrás de las escenas, que nunca está satisfecho con dejar que algo hermoso permanezca hermoso, siempre buscando maneras de robar, matar y destruir.

Afortunadamente, tenemos un Salvador, cuya exclusiva misión es salvarnos, una vez por todas, dando Su vida por la humanidad en una tosca cruz de madera. Él continúa de maneras incontables, rescatándonos de ese enemigo malvado. Algunos lo vemos; otros no. Esas intervenciones divinas *de las que estamos* conscientes, ciertamente valen la pena repetir. El milagro de los próximos párrafos merece recontarse, porque si mi Salvador no hubiera intervenido, no estaría viva para compartir mi historia.

Agotada y privada de electrolitos, Annie y yo nos colamos silenciosamente en el Apartamento de P después de haber llegado a casa tarde de nuestra excursión veneciana. Los cuatro habíamos quedado en salir al alba hacia el aeropuerto. Iba a "casa", aunque no estaba segura de dónde estaba, o qué haría conmigo misma una vez que llegara allí.

No tenía coche. Había dado de baja mi apartamento de la Universidad después de graduarme. Mis cosas estaban empacadas en una bodega. El campo de verano había terminado, así que mi novio se iba de regreso a la casa de sus padres en Missouri. Habíamos quedado que él me recogería en el aeropuerto, pero realmente yo no tenía un plan después de eso. No me gustaba no tener un plan.

"Dios, me siento bastante bien después de este viaje," rece. *"Quizá podré conseguir un trabajo en alguna parte cuando regrese a casa. Me veía mejor, también. Quizá el muchacho amante de las aves me pondrá más atención. Quizá me pida que me case con él. Entonces podríamos hacer un plan juntos. Empezar una vida juntos. Tener una casa. Juntos."*

El amanecer llegó demasiado pronto. Estaba empacada y lista para rodar. Arrastrándome por debajo del cómodo duvet, fui a despertar a Annie. "Sis," susurré. *¿Por qué susurramos cuando estamos tratando de despertar a alguien?* Ella no se movió. "¡Hermana! Despierta. Debemos irnos. Es un largo camino a Zúrich. No puedo perder mi vuelo."

"No voy a ir a contigo." Sus palabras envueltas en las cubiertas escaparon.

"¿Por qué no?" pregunte. "Tu dijiste que vendrías con nosotros. Quiero que vengas. Es nuestra última vez juntas. No sé cuándo te volveré a ver. Vamos. Por faaaaaaavorrrrrr."

"No puedo ir. No sé por qué. Simplemente no puedo." Ella rehusó ser convencida. No podía entender su cambio de opinión tan repentino. Estaba lastimada. *¿Por qué no va a venir solo por el paseo? Será divertido. Creo que no soy tan importante como su sueño reparador de belleza. Tal vez tiene planes con su novio italiano. A lo mejor es demasiado difícil decir adiós.*

Inmenso. Verde. Excepcionalmente pesado. Esto describe bastante bien mi equipaje. Llenaría la ventanilla del pequeño coche Renault de Sr. P. El despedirme de Annie dejó mi corazón tan pesado como mi equipaje. No me podía imaginar porqué ella sentía que no podía venir con nosotros.

"Tu sabes cómo es ella," mamá dijo en el elevador de bajada al coche. "Una vez que ella 'tiene una sensación' sobre algo, no la puedes hacer cambiar de opinión. Ahora, por lo menos habrá más espacio en la parte posterior para que descanses. ¡Ustedes apenas y durmieron anoche, pero estoy seguro que Venecia valió la pena! Ahí fue donde el Sr. P y yo nos enamoramos, ¿sabias?." Brillaba mientras lo decía. Realmente se amaban. Era casi enfermizo. *¿Puede ser posible que mi madre este más feliz y enamorada que yo? ¿No está ya muy grande para este tipo de atolondramiento?*

La niebla envolvía los Alpes mientras que una llovizna ligera comenzaba. El Sr. P conducía su pequeño coche gris curva tras curva mientras que mamá nos leía de su diario devocional. Pasaron treinta minutos antes de que decidiera acostarme en el asiento trasero. *Más espacio para mí puesto que Sis no está aquí. Tal vez hasta pueda dormir un poco. Tenemos tres horas más de manejo.*

El Accidente

"Aiuto! Aiuto! Aiuuuuuuto!" Era más una lamentación para los oídos de Dios que una súplica para la ayuda humana. La voz del Sr. P en ese momento es algo que el tiempo no he podido borrar de mi memoria. Su grito angustiado y sus brazos agitados captaron la atención de un automovilista que pasaba. Desde mi perspectiva en el asfalto húmedo, podía verlos frenéticamente corriendo de atrás para adelante del camión al lado del pasajero del Renault volteado y en llamas. Mi madre todavía estaba ahí. Colgada, atrapada por el cinturón de seguridad.

"¿Estás muerta?" Le pregunté a mamá, después de que el "automovilista" hubiera cortado el cinturón de seguridad con un cuchillo de su camión, la arrastrara a mi lado de la carretera y nos arrastra a las dos a una distancia más segura del vehículo que ardía seriamente en llamas. Coloqué la palabra "automovilista" entre comillas porque él desapareció literalmente después de rescatar a mamá. No lo vimos ni lo oímos cuando se fue. Cuando el Sr. P volteo para agradecerle ya se había ido.

Algunos pueden argumentar, pero yo elijo creer en un Dios Creador que creó seres celestiales que sirven voluntariamente a Él y aquellos por quienes Él murió. Al escribir estas palabras, le agradezco a Dios por haber orquestado el rescate de mi mamá y por enviar al Espíritu Santo a hablarle al corazón de mi hermana y advertirle que no nos acompañara. Solo Él sabe qué habría sucedido si ambas hubiéramos estado en ese Renault cuando "Mario Andretti" decidió pasarnos en una curva, enganchándose en la defensa trasera del Sr. P mandándonos en una vuelta irrecuperable. Cuando vi las fotos de los restos del vehículo calcinado y aplanado, lloré con la idea de dos hermanas verticalmente sentadas en el asiento trasero y lo qué pudo haber sido un final mucho más trágico ese día.

"No, no estoy muerta. ¿Estás tú muerta?" La voz familiar de mamá se escuchaba extraña. Me estire para tocar su mano.

"Yo tampoco," susurre.

Estábamos extendidas en silencio sobre el asfalto una junto a la otra, tomadas de la mano, viendo el cielo gris Suizo. De repente el Renault estalló, enviando pedacitos de escombros en el aire. Juntos esperamos la ambulancia mientras que las cenizas llovían sobre nuestras caras que miraban hacia arriba.

"*¡Hagamos un círculo alrededor de la rosa, Un bolsillo lleno de ramilletes, cenizas! ¡Cenizas! Todos nos caemos.*" La chistosa canción infantil corría por mi cabeza.

"*¡Señor Jesús! Ya me he caído. ¿Por qué estoy abajo otra vez? Oh, Dios. No puedo mover mi parte inferior del cuerpo. ¿Qué tal si mi espalda se volvió a lastimar? ¿Qué pasa si es grave? ¿Qué tal si es realmente grave esta vez? ¿Y mamá? Su cabeza se ve con sangre. ¡Ooohh! No puedo mirar. ¿Va a estar bien, Dios? ¿Vamos a estar bien? Por favor Jesús. Por favor.*"

Otro Hospital

"Te volviste a hacer en tus pantalones." Parece encontrarle humor a este hecho. "Me dieron una bolsa con sus ropas sucias cuando llegué al hospital; justo lo que siempre deseé. Muchas gracias."

"¿En serio Sis? ¡No me hice!"

Que humillante. Que degradante. ¿Por qué no tiraron esa ropa? No recuerdo haberme hecho en mis pantalones. No recuerdo nada. Primero estoy acostada en la parte trasera rumbo al Aeropuerto de Zúrich y lo siguiente que sé es que me encuentro tirada en medio de la autopista con el contenido de mi maleta derramada alrededor de mí como una venta de garaje malamente organizada. No, definitivamente no recuerdo nada entre sucesos. Tal vez eso sea una cosa buena.

"Sabían que Mr. P permaneció consciente todo el tiempo?" Mamá nos dirigió la pregunta a las dos. "Dice que era como estar dentro de una lavadora, rodando, después girando y girando en el techo. ¡Es una maravilla que haya salido caminando solamente con una rodilla mallugada y con algunas abrasiones menores!"

Mamá y yo estábamos en la misma habitación, en el mismo piso del hospital donde el Sr. P trabajaba como enfermero. Ella había sufrido el codo derecho aplastado, vértebras rotas, una fractura en el cráneo y lesiones por determinar en su cerebro. Afortunadamente, no me había dañado mi columna vertebral, pero *si* me rompí mi pelvis. De nuevo. Esta vez mucho más severa que la fractura original. Ambas fuimos sujetas a un largo y doloroso proceso de recuperación.

"Señor, sé que no estaba segura de mis planes para este año, pero esto definitivamente no era lo que tenía en mente. ¿Cuál podría ser exactamente Tu propósito para todo esto? ¡Ahora el muchacho amante de las aves nunca me pedirá que me case con el!"

Mi doctor suizo me había advertido, "Ni siquiera pienses en tener sexo por lo menos un año. Y tendrás que esperarte cerca de cinco años antes que tener un bebé."

"Estaré muy vieja para entonces. Todos mis amigos se están casando y empezando sus familias. ¿Por qué siento que sigo siendo arrastrada para atrás?"

Por seis semanas Dios me curo en ese cuarto compartido del hospital. Fue tedioso. Algunos días mamá y yo simplemente acostadas allí, ignorando los programas de televisión italiana que marcaban el paso de las horas. A veces hablábamos o rezábamos. Por la mayor parte solo esperábamos.

Mamá no era la misma. Algo era definitivamente diferente. Ella era dulce. Callada. Herida. El Sr. P entraba y salía para atenderla. A veces estaba oficialmente de turno y a veces no. Pero él siempre era paciente y amable, dándole masajes en su espalda, arreglando los cojines, administrando sus medicamentos. Podía ver que él también estaba lastimado de diferente manera.

Lo culminante de cada día era cuando Annie llegaba vestida a la perfección trayéndonos sorpresas. Cuando se inclinaba para abrazarme su fragancia típica de Jean Paul algo-o-otro permanecía. Nos trajo chocolates suizos o pistachos frescos, postales y flores. Una vez que la noticia de nuestro accidente llego a amigos y familiares en Estados Unidos, ella nos entregaba en nuestras manos ansiosas sus cartas y postales. Sis nos trajo vida y risa en nuestro espacio estático con su perfume francés y sus aventuras italianas. En esas semanas, la llegue a conocer como persona, no nada más como mi pequeña hermana.

Hacia el final de nuestra estancia en el hospital, recibí una llamada de mi Niño Pájaro. "Voy a recogerte," él dijo. "Te puedes quedar en casa de mis padres mientras terminas de recuperarte.

Haremos un plan." *¡Finalmente!* Pensé. *Podemos hacer un plan. Amo los planes.* Comencé a trabajar en mi lista. Cuando él llegó, yo ya había ensayado mentalmente nuestra boda entera, hasta el estilo de zapatos de las damas de honor y la manera en que las servilletas se doblarían en nuestras mesas de recepción.

Cuando entro a nuestro cuarto del hospital, podía ver que el niño pájaro se había convertido en un hombre pájaro. Mi niño flaco y feliz se había ido. *¿Cuándo paso esto? ¿Cómo no me había dado cuenta?* Me miró con ojos de hombre triste, su brillo habitual había desaparecido.

Instantáneamente, me sentí como una carga. La anticipación se derritió en apatía. Odiaba que me viera así. *¡Pobrecito, ha venido todo este camino y no puedo ni abrazarlo con este aparato que sale de mis caderas!* Tenía lo que los médicos llaman "el fijador externo," que era básicamente un marco entrecruzado de metal, atornillado directamente a mi pelvis a través de cuatro heridas perforadas en mi piel. Era repugnante. De broma le llamaba mi toallero y colgaba mis toallas sobre de él para darle ese efecto. Cuando el hombre pájaro lo vio aparto su mirada.

"Eso es todo. Estoy condenada. Ahí se va mi vida sexual para siempre. Él nunca se va a querer casar conmigo. Desearía que nunca hubiera venido. Desearía que nunca me hubiera visto así o ni tampoco como estaba en el otro hospital. Desearía que pudiéramos regresar a nuestros momentos felices, de regreso a los buenos días del pasado de comida mexicana y salidas a observar aves. De regreso a los tiempos cuando a él le gustaba que lo vieran conmigo. ¡Oh, Señor! ¿Qué vamos a hacer ahora?"

Lo que hicimos fue esperar a que los médicos que me dieran de alta del hospital poco después de mi cirugía para retirar el fijador externo. Les disgustaba la idea de que viajara tan pronto después de que me dieron de alta y el hecho de que no podrían darle seguimiento a mi cuidado.

Mi médico principal me advirtió en privado de la fragilidad de mi pelvis antes de darme de alta de su cargo. Comenzó con una doctrina acerca de los peligros y repercusiones de caídas, actividad sexual y embarazos. Entonces me dio un par de muletas para apoyarme en mi caminata diaria hasta que pudiera arreglármelas por mí misma.

No deseando sufrir dolor adicional, lo oí perfectamente bien. Dos roturas serias en un marco de tiempo de quince meses eran suficientes. Yo ya había terminado con trauma. *Supongo que pasará un tiempo antes de que pueda caminar por el pasillo de la iglesia. De todas formas estas muletas no se habrían visto bien con mi vestido de novia, sin hablar de la luna de miel.*

Mi última noche en el hospital, rece una oración familiar de queja que iba algo así: "*No me gusta esto Señor, ni siquiera un poquito. ¿Cómo es que tantas cosas tan malas pueden pasarle a una sola persona en tan poco tiempo? ¿Qué es lo que hice para merecer esto? ¿Cómo recuperaré mi vida? ¿Por qué me has permitido sufrir así? ¿No me amas? ¿No me ves*"

Con esas dos últimas preguntas, mi garganta se tensó. Algunas lágrimas se escaparon a través de mis párpados apretados, goteando hacia mis oídos. Una vez que comenzaron las lágrimas, fueron difíciles de controlar. Mi pecho subía y bajaba al tratar de llorar en privado, para no molestar a mi frágil madre.

Finalmente, me entregué a un profundo grito de sanación. Fue la primera vez que fui honesta con Dios; la primera vez que me atreví a lamentarme de todo lo que me había pasado desde mi caída del techo del granjero. Esa noche solté un año de lágrimas que habían sido suprimidas por la medicina, el miedo, el enojo y la duda.

Desde mi niñez, había creído que Dios *me amaba* pero había una dolorosa honestidad en mi espíritu esa noche mientras me preguntaba si Él realmente *me* veía. ¿Vio Él mi inexpresivo dolor, mi anhelo de ser amada y la incertidumbre acerca de mi futuro que le dieron gran inseguridad a mi alma? ¿Vio Él mi imagen reflejada en el espejo y como me sentía fea y deteriorada? Cuando lo único que había deseado en la vida era enseñar, casarme, y tener una familia grande. ¿Reconoció Él, el miedo de las advertencias de embarazarme que mi doctor había cimentado profundamente en mis sueños para el futuro?

Claro que Él lo sabía. Había escrito en mi diario cuando tenía ocho años. Cuando crezca quiero ser profesora. Quiero casarme con un esposo lindo y tener muchos, muchos hijos. Fue escrito con tinta borrosa a lápiz con la mano izquierda para que Él lo viera. Él sabía. En teoría, yo *sabía* que Él sabía. Lo qué no había comprendido por completo era que tan verdaderamente profundo, grande y extenso es el amor de Nuestro Padre Celestial para cada corazón en este planeta, incluyendo el mío. Necesitaba una experiencia personal profunda con Él. Necesitaba dejar de arrojar rezos en Su dirección y esperar respuestas, cuando nunca estaba mentalmente quieta o en silencio lo suficiente para oír su respuesta. Necesitaba dejarlo a Él ser Dios en mi vida, pero no sabía cómo hacerlo.

Aunque me criaron en un hogar cristiano y atendí escuelas cristianas hasta la universidad, algo estaba faltando. A pesar de mi hábito de rezar oraciones básicas antes de las comidas y de acostarme, había un inmenso desconecte entre mis "momentos con Dios" y el resto de mi vida, especialmente cuando yo fui la que hice el típico enredo de todo y luego espere a que Él lo arreglara. Tenía y todavía tengo, mucho que aprender, pero creo que en mi viaje de fe con Jesús, las pequeñísimas semillas de mostaza empezaron a crecer cuando escogí revelarle mis heridas más profundas a Él aquella noche en el hospital.

A veces los seres humanos no quieren oír lo que ya saben. Dios no es así. Él lo sabe todo, pero Él desea que nosotros confiemos en Él lo suficiente para decírselo a Él. Creo que una de las razones por las cuales Él nos invita a verbalizar nuestras heridas es porque también nos ayuda a identificarlas por nosotros mismos. Ponerle nombre a algo que nos lastima es el primer paso hacia la sanación.

Esa noche, nombré miedo y duda. Como el padre del muchacho en Marco 9:24 (BLA) que dijo, "Señor, Creo; ayúdame en mi incredulidad," yo confieso con mi boca lo que sí creo: que Él me vio, y que Él tenía un propósito para mi fragilidad. Entonces le pedí a Él que ayudara a esa parte de mí sin fe, la parte que a menudo me conducía a hacer malas elecciones y ponía mi confianza en mí u otros seres humanos, en vez de ponerla en Él que conoce mi corazón y promete llenar sus deseos más profundos.

De Regreso A Casa

Besar a mi familia de despedida fue difícil, especialmente a mi madre. La dieron de alta del hospital, pero su recuperación tenía muchas facetas, algunas de las cuales tomarían décadas. Su vida de cuento de hadas con el Sr. P tomaría un rumbo diferente, mientras que él se volvió su cuidador y defensor. Estoy segura que hay muchos detalles que nunca sabré. Lo que si se es que han estado casados por más de 24 años y el sigue adorando a mi mamá.

Aunque los Ps solo experimentaron un año de dicha juntos, han elegido amarse el uno al otro más de dos décadas a través de intenso sufrimiento físico y emocional. Ese ejemplo de amor incondicional ha curado heridas profundas en nuestra familia. Su historia es para escribir otro libro. Despidiéndome de ellos termina este capítulo mío.

Capítulo 3
Gladiolas y Despedidas

"Amargamente llora en la noche,
Y sus lágrimas en sus mejillas;
No tiene quien la consuele
De todos sus amadores
Todos sus amigos le faltaron
Volvieronsele enemigos."
Lamentaciones 1:2

1994

¡Ciento cuarenta y cuatro gladiolas! Sabía que mi español era malo, pero pensé que podría poner una simple orden de doce flores tropicales de tallo largo. ¡Aparentemente no, porque entregaron doce *docenas*! Las gladiolas florecen en cada bañera y tazón de fuente del tocador en los chalets reservados para nuestro banquete de bodas, lo cual es una gran inconveniencia para las damas de honor con las vejigas llenas en la medianoche.

Como con todas las bodas, hubo metidas de pata. Y como la mayoría de las novias, me estrese acerca de esto. También rece. Mucho. El clima en Costa Rica puede ser engañoso en agosto. ¡Habíamos planeado una simple ceremonia a la orilla del mar en medio de la estación de lluvias! La mayor parte de mis rezos para mi gran día fueron referentes al tiempo. Algunos de mis rezos eran de temas "con más peso" sobre cómo mantener separados a mis padres divorciados durante el evento y si servir o no champán en la recepción. Cuando las familias y las culturas chocan, hay bastante de que rezar. En el espejo retrovisor de mi vida, puedo ver fácilmente donde gaste mucha de mi energía nupcial obsesionándome con cosas menores mientras ignoraba las evidentes "señales de alarma" que emitía mi prometido.

En ese momento, no me parecían gran cosa sus frecuentes desaparecidas cuando las cosas se ponían un poco tensas o que siempre se le olvidaba "algo" en el coche. La noche antes de la boda, festejo tan intenso con los padrinos de boda, que se le olvidó ir al hotel por dos de nuestros invitados que venían fuera del país y se perdieron todo el evento. De alguna manera mi radar no registraba preocupación cuando la gente más cercana a mí me seguía haciendo preguntas como, "¿Estás segura que estás lista para esto?" Atribuí mis lágrimas y el desasosiego a los nervios típicos de novia.

"Por supuesto que estoy lista", yo me contestaba. *"Soy una organizadora." ¿Por qué me sigues preguntando eso? Después de todo, llevo de conocerlo casi un año y medio. Hemos estado comprometidos por ocho meses. Tuve suficiente tiempo para estar "lista para esto".*

Nadie necesitaba saber que planee este día hasta el último detalle mientras estaba completamente postrada en un hospital en el extranjero. Está bien, algunos individuos, incluyendo el novio fueron cambiados de mi formación original, pero algunas cosas realmente son mejor si no se dicen, por lo menos hasta que alguien escribe una memoria.

En este punto, te has de estar preguntando qué le sucedió al Hombre Pájaro y cómo terminé en Costa Rica con un novio totalmente diferente. Antes de entrar en más detalles de la boda, tal vez te debo de explicar. Me lastima profundamente recordar esta parte de mi historia, pero debe contarse si voy a demostrar que tan paciente y delicado Dios es con nosotros, aun cuando nosotros tomamos nuestras vidas en nuestras propias manos por una estación. Permíteme por favor que sea transparente, sin juicio, mientras te explico el comportamiento irresponsable que cambió totalmente el curso de mi vida y afectó seriamente las vidas de nuestras familias. Cuantas veces subimos con nosotros a nuestros seres queridos en las vueltas que da la rueda de la fortuna de nuestras

Capítulo 3 • Gladiolas y Despedidas

relaciones, nunca realizando por completo el impacto tan significativo que nuestras opciones tienen en cada uno de ellos.

Cuando el Hombre Pájaro y yo llegamos de Suiza, él cargó mis muletas en su rojo Firebird y me condujo al hogar de sus padres en Missouri. El invierno ya había descendido sobre el medio oeste haciendo difícil que continuara con mi prescripción diaria de caminar. Aunque todo a mi alrededor estaba congelado, yo estaba decidida que mis caderas de veintidós años ¡¡no se congelarían!! Camine por frío, viento y nieve miserables. Cuando no caminaba, estaba esperando, esperando a que sanara, esperando a mi novio qué me propusiera matrimonio. Aunque sus padres fueron muy comprensivos no fue mucho antes de que ambos nos sintiéramos inquietos en Missouri.

Después de varias semanas, mi novio amante de las aves se encontró un anuncio en la revista Mundo del Observador de Aves el cuál trajo un brillo de emoción en sus ojos conforme me lo contaba. "Al parecer", dijo, "hay una familia americana, los Millers, operando dos estancias en Costa Rica. Necesitan un guía para observar aves de tiempo completo para sus huéspedes."

Cielos... Ahí viene la realidad. Me va a dejar aquí con sus padres y se va a ir a observar aves a Costa Rica. Yo conozco esa mirada. Es la mirada que él tiene siempre que pasea por sus travesías extranjeras en el campo. Es una expresión ardiente que él reserva para los pájaros. Ojalá y yo tuviera alas. Como me gustaría que me mirara con las mismas ganas.

No se tardó mucho en contactar a la familia para convencerlos de su maestría como guía y comprar su boleto de avión, él realmente era un observador de aves fenomenal. Se fue en cuestión de días. Así de fácil.

Yo estaba desecha. ¿Revelé mi desilusión? No puedo recordar, pero por dentro no era una niña feliz. *"¿Qué se supone que debo hacer mientras él está persiguiendo sus sueños de observar aves? Me siento fuera de lugar aquí con sus padres. Aunque han sido generosos conmigo necesito salirme de aquí. Algo no está bien Señor. ¿Dónde estás? ¿Adónde debo ir ahora?"*

Poco después, recibí una entusiasta llamada de teléfono internacional. "¿Que crees?" Era el Hombre Pájaro su voz tranquila como siempre pero animada. "El Sr. Miller dice que puedes quedarte aquí a cambio de ayuda en su casa de campo. Diciembre en Costa Rica es cálido porque es la estación seca. Puedes caminar en el sol todos los días. ¡Te vas a mejorar! ¿Que dices?"

Dije "Sí." No era exactamente la propuesta que tenía en mente, pero tendría que ser suficiente. Me pregunto ¿qué diría Dios si sinceramente hubiera tomado el tiempo para preguntarle a él y esperar una respuesta? *¡Costa Rica! ¡Si! ¡Sol! ¡Y mi novio! Necesito algunos binoculares. ¿Como voy a comprar un boleto de avión? No se cómo hablar español. ¿Qué dirá mamá? ¿Qué tan pronto puedo ir?* Mi mente corrió. Mi corazón palpitaba. Mi felicidad regresó.

Me encontró en el aeropuerto. *¡Guau! ¿Es esa sonrisa para mí? Sus brazos están tan bronceados. Lo he extrañado.. "Ves Dios, este fue un buen plan, ¿no crees? Si me puedo mejorar aquí, tal vez me ame como antes. Gracias por sanarme este tanto. Gracias que no tuve que traer esas horribles muletas. Gracias por el sol. Este debe de ser Tu plan. Se siente tan bien estar aquí y apenas acabo de llegar."*

Honestamente, no sé si el plan original del Señor era que yo fuera a Costa Rica o no. Creo que las intenciones de Dios para cada vida son maravillosamente expresadas en Jeremías 29: 11 (RVR): "Porque Yo sé los planes que tengo para vosotros" —declara el Señor— "planes de bienestar y no de calamidad, para daros un futuro y una esperanza." Sé que Él tenía un plan perfecto para mi vida, pero me incline a hacer lo mío basado en mis sentimientos. No estaba buscando el Consejo Divino. No estaba pidiendo en oración la voluntad de Dios para mi vida. Asumí su Voluntad. No lo busque con todo mi corazón. Busqué lo que hacía a mi corazón *sentirse feliz.* Los sentimientos, como pronto descubriría, pueden ser muy, muy peligrosos.

Capítulo 3 • Gladiolas y Despedidas

Costa Rica intoxicaba después del invierno de Missouri. ¡Doce horas de sol diarias para calentar mis huesos! Selvas tropicales, exuberantes y verdes con sendas para caminar que comenzaban afuera de mi ventana. Iridiscentes magníficos colibríes dándome los buenos días como amistosas hadas diurnas. Estaba encantada con la belleza de mis alrededores.

La gente para la que estaría trabajando parecían bastante agradable. Al principio solo conocí a uno de ellos. Él era el dueño de todo y no titubeo en dejármelo saber. Cuando el Sr. Miller me dio la mano, me aplasto mis nudillos. Difícil. Secretamente, lo apodé Dundee, por su sombrero negro con dientes de cocodrilo en la banda y el machete corto atado a su cinturón.

Dundee me dio la bienvenida a su familia de empleados con una sonrisa amplia, gestos simbólicos y una oferta generosa. A cambio de alojamiento y comida, yo ayudaría a empacar el almuerzo temprano en la mañana, ir de compras al mercado local y asegurarme que cualquier visitante que no fuera observador de aves se sintiera cómodo.

Inicialmente, el Hombre Pájaro y yo disfrutamos mutuamente nuestra compañía. Estaba en su elemento absoluto como guía. Nunca lo había visto tan vivo como cuando señalaba con emoción cierta especie rara a un ávido huésped.

Los observadores de aves puede ser almas excesivamente impulsadas. Algunos viajarán a través de los continentes solo para agregar un nuevo pájaro a su "lista de vida". También son completamente competitivos, por lo que generalmente compiten por la atención y la experiencia del guía en los senderos. Cada vez que los acompañaba, terminaba en la parte posterior del grupo, porque *yo* no estaba pagando por sus servicios. Ellos sí.

La mayoría del tiempo no me importaba porque me había vuelto bastante buena con mis binoculares de ochenta dólares de la casa de empeño. A menudo los expertos señalaban una especie en particular y yo la observaba desde la parte trasera del grupo. A veces incluso llegaba a ver algo que los demás habían pasado por alto porque sin saberlo lo habían agitado de la maleza. Rápidamente examinaba las ilustraciones de mi guía de campo de Stiles y Skutch, buscando uno igual. ¡Qué emocionante! Era como un juego de memoria en esteroides. Mi propia lista de vida se alargaba diariamente. ¡Me estaba enamorando de la observación de aves! Al mismo tiempo, me puse muy celosa de ella, porque el estilo de vida estaba consumiendo a mi novio. Me sentía como si el tuviera una amante. Su nombre era "Observación de aves."

Apenas nos comunicábamos sobre otra cosa. Antes del amanecer hasta altas horas de la noche, el estaría observando aves desde el balcón, observando aves en los senderos o repasando la lista de observaciones del día con nuestros ávidos huéspedes. A veces, estaba justo ahí, participando en el emocionante zumbido. Sin embargo, a menudo yo tenía otras responsabilidades y pasaba el día fuera de ese círculo de emoción. Empecé a sentirme desconectada de mi novio. A pesar de cómo me sentía, fui testigo de la increíble obra de Dios en el mundo de las aves, cada una era una delicada obra de arte, un pequeño reflejo de su Creador. Hasta el día de hoy, tengo un profundo aprecio hacia *él* debido a esos pájaros.

¿Has sentido alguna vez como que hay una "trampa"? Quiero decir, ¿has alguna vez mirado hacia atrás y visto el giro equivocado tan grave que tomaste a lo largo del camino de tu vida solo para darte cuenta de que todas las piezas estaban en su sitio para una gran caída en el hoyo? Me ha sucedido más de una vez en ocasiones que cambiarían mi vida. Cuando estoy en estrecha comunión con Dios y paso tiempo de calidad en Su palabra, a menudo he sido capaz de reconocer la "trampa" y tomar la acción apropiada para evitar el desvío al hoyo. Otras veces, me ha cogido desprevenida y he tomado una mala decisión tras otra hasta que he terminado profundamente en un hoyo, preguntándome qué paso. Lo siguiente que ocurrió cae en la segunda categoría. Es un típico ejemplo de las malas decisiones que la gente toma cuando están emocional o físicamente necesitados, vulnerables o desconectados de responsabilidad divina.

Poco después de mi llegada a Costa Rica, Dundee nos presentó al Hombre Pájaro y a mí, a su hijo Jon. *Oh, está bastante guapo. Bonitos ojos. Qué lástima que fuma. Eso es poco común para un observador de aves.* Había venido a ayudar a sus padres con el negocio y a "rehacer" su vida después de un divorcio. *¿Me pregunto qué sucedió con su matrimonio? No puede ser mucho mayor que yo, pero el cigarro ha marcado líneas profundas a lo largo de su boca.*

Tener otro americano cerca era divertido. Rápidamente los tres nos hicimos amigos. *Por lo menos tengo a alguien más con quien hablar cuando el Hombre Pájaro está ocupado.* A menudo salíamos juntos entre los recesos de los recorridos, o después de que todos ya se habían instalado para la noche.

Aunque me encantaría decirte que solo se desarrolló una amistad sana entre el hijo de Dundee y yo, pero eso no sería honesto. Estoy revelando la verdad porque hay sanación en el relato. Los secretos son algunas de las mejores armas del enemigo de Dios. Puesto que Dios solo puede sanar lo que le permitimos que traiga a la luz, el enemigo envuelve nuestros secretos en vergüenza y nos convencen que los enterremos en los armarios más oscuros de nuestras almas.

Mi plegaria es que la revelación de mi vergüenza pueda ser la llave que libere a otra alma de la peligrosa atadura que proviene de coquetear con la fruta prohibida. Digo atadura porque el coqueteo es el primer eslabón en una cadena corta que une dos corazones. Una vez que los corazones se atan son difíciles de desenredar. Creo que por eso la Biblia dice: "cuida tu corazón" (Proverbios 4:23 RVR). Nuestro Padre Celestial anhela protegernos del dolor de un corazón descuidado.

Me tomó algunas semanas, pero comencé a confiar en el chico nuevo. También comencé a perder seguridad en *mi chico*. No tiene nada que ver con otras chicas. Era más bien una desconfianza en su habilidad de ver mi corazón y protegerlo. Me siento tonta por decirlo, ¡pero estaba celosa de los pájaros!

Tal vez sabes de lo que estoy hablando. Puede que no sean los pájaros los que te hacen sentir verde de envidia por la dedicación que tu hombre les da, pero es algo. Podía ser materia semi-inocente como juego, golf, o los coches, o apegos más costosos como el juego o la pornografía. Si alguna vez tú te has sentido como segundo violín de *algo*, sabes cómo me estaba sintiendo. Ahora, no estoy implicando que no debemos tener pasiones e intereses fuera de nuestras relaciones íntimas. Lo que estoy diciendo es que nuestra pareja va a sentir cuando algo está fuera de equilibrio. A veces simplemente necesitamos confirmar que todavía estamos en lo más alto de su lista.

Ciertamente no me sentía como material de primera clase. Me sentía invisible. Aunque éramos una pareja, mi novio no parecía tratarme de manera diferente a los demás huéspedes. Deseando parecer profesional en todo momento, no le gustaban demostraciones públicas de afecto. De manera que me mezclaba con la multitud. La mayoría de las veces era Jon el que hablaba conmigo, me traía una bebida, me abría la puerta o anticipaba una necesidad.

Mi corazón se estaba endureciendo hacia el Hombre Pájaro. Los corazones harán eso para protegerse. Como los pies de un recién nacido, empiezan tiernos y suaves, pero pueden terminar tan callosos que ni siquiera un pedicuro profesional los puede arreglar. Desafortunadamente, puede tomar años, incluso décadas, para ablandar un corazón endurecido. A menudo para entonces es demasiado tarde para la relación. Incluso, algunas veces, esto sucede entre nosotros y Dios, pero guardemos eso para otro capítulo. Fue el tipo de día de "la última gota" que derramo el vaso. Aquí está mi versión. Imagínate una chica alta de veintitrés años, yo, con una trenza francesa rubia oscura, vestida con jeans ajustados y una camiseta a rayas. Me sentía orgullosa de mí misma por haber terminado una caminata muy larga y difícil con un grupo de observadores de aves extranjeros. Aunque temprano en la tarde, todos estábamos exhaustos.

Capítulo 3 • Gladiolas y Despedidas

Jon y yo empacamos los almuerzos de todos temprano esa mañana mientras el Hombre Pájaro mantenía a un grupo de invitados ocupados en el balcón. La observación de aves al amanecer desde el balcón del hospedaje era siempre rápida y furiosa como docenas de especies acudían a la fruta fresca y arroz que Hombre Pájaro había dispersado estratégicamente colocada en los comederos. Después del desayuno, cargamos nuestros paquetes del día en los dos Toyota 4Runners idénticos del hospedaje y en cuatro ruedas salimos de la propiedad. Pasamos una preciosa mañana observando aves en el valle del Río Tuis.

A veces, el camino se angostaba bastante, forzándonos a hacer una sola fila. Tenía la retaguardia, como de costumbre. Había un invitado en particular que continuamente se quedaba atrás del grupo para hablar conmigo en un inglés chapurreado. Era un alemán pelirrojo gigante con miles de aves en su lista de vida. Lo llamaré Hans. Por una semana Hans había seguido de cerca cada movimiento del Hombre Pájaro, arrebatando "lifers" a diestra y a siniestra. Un "lifer" es el nombre que se le da a un ave cuando el observador la identifica positivamente en la naturaleza por primera. Si un serio observador de pájaros, con barba roja, pudiera atarantar, ese sería Hans. ¡Después de varios días de la guía experta del Hombre Pájaro, Hans estaba volando! Hoy fue su último día con nosotros. Por alguna razón, parecía querer estar conmigo, en la parte de atrás del grupo de los observadores de aves.

Esa tarde estuve bien con eso hasta el último tramo de nuestra caminata cuesta abajo, cuando finalmente llegamos a un puente que cruzaba el río cerca de donde nuestros 4Runners esperaban. Todos habían ganado velocidad, como caballos que regresaban al establo al final de un día de trabajo, dejándonos a Hans y a mí solos para cruzar el puente. Podía ver a Jon y al Hombre Pájaro hablando juntos antes del grupo.

Hans se paró bruscamente y me dijo "Alto. Quiero hablar contigo." Me tomó por sorpresa, pero me detuve. Él parecía nervioso. Lo siguiente que supe, ¡Hans me estaba proponiendo matrimonio! Sí. PROPONIENDO. Como en matrimonio. No recuerdo las palabras exactas. Algo sobre una promesa de que nunca necesitaría trabajar. Que yo sería mantenida. Que podríamos ir a observar aves alrededor del mundo juntos. Luego me miró directamente a los ojos y dijo: "Si quieres ser mi esposa, me ocuparé de ti. Tendrás una vida fantástica." Me sentí indignada.

Pobre Hans. No estaba enojada con él. Estoy segura de que él era un hombre muy agradable. Espero que finalmente haya encontrado a una esposa, más cerca de su misma edad, y que estén observando aves por todo el mundo feliz por siempre. Sin embargo, en ese momento, pude sentir mi cara ponerse color escarlata y mis oídos empezaron a arder.

No recuerdo lo que le dije a Hans, pero sí sé lo que le dije al Hombre Pájaro. Comenzó algo así, "¡Si un huésped puede pasar una semana entera con nosotros ajeno al hecho de que soy tu novia, entonces algo está seriamente mal con nuestra relación!" Y termine con, "¿cómo pudiste?" En medio de esas declaraciones hubo algunas ideas esclarecedoras, ¡incluyendo el hecho de que Hans le había preguntado al Hombre Pájaro si podía proponerme matrimonio!

La conversación en la cena fue extrañamente tranquila esa noche. Tal vez los otros huéspedes no notaron que el aire entre el Hombre Pájaro, Hans y yo era lo suficientemente espeso para rebanarlo en gajos, pero Jon si lo noto.

Jon y yo lo hablamos después. Confieso que me sentía traicionada por mi novio y completamente vulnerable. "¡He esperado tres años para una propuesta suya, y él la regala!" Aullé. Jon estuvo de acuerdo que fue algo terriblemente incómodo lo que paso, insistiendo que si fuera *su novia*, él nunca habría permitido que la pusieran en esa posición. Ésas eran justo las palabras que necesitaba oír.

¿No es la condolencia de una tercera persona una cosa tan calmante? No voy a minar el valor de la simpatía, pero cuando el simpatizante es del sexo opuesto y no es tu padre, hermano o tío querido, ¡ten cuidado! El enemigo usa situaciones como esta para sembrar semillas de seducción entre víctimas inocentes. A menudo, los culpables en las relaciones extramatrimoniales reflexionan después sobre la experiencia y dicen algo como "No sé por qué sucedió esto. No estaba buscando ser infiel. Sólo estábamos llorando en los hombros del otro. Nunca tuvimos la intención de arruinar nuestros matrimonios."

Personas heridas del sexo opuesto no pueden "simplemente ser amigos" sin que el *hambre* de alguien se interponga en el camino. Experimenté ese pedazo de sabiduría directo a los veintitrés años. Me persiguió por los siguientes catorce años.

Poco después del incidente de la propuesta, el Hombre Pájaro decidió reunirse con su padre en Ecuador. "Solo me iré por tres semanas," explicó. "Papá realmente me necesita para guiar con él este viaje. Sabes que Ecuador es uno de mis lugares favoritos para las aves." *Claro que lo sé. También sé que no fui invitada a ir contigo. Gracias.* La ira subrayo mi sarcasmo silencioso.

Para ser justos, ninguno de los dos tenía dinero para otro boleto de avión. Todavía tenía la otra mitad del boleto que me había traído a Costa Rica. Lo necesitaba para ir a casa, donde quiera que eso fuera, que secretamente planeaba hacer, tan pronto como pudiera.

Abril llegó mientras el Hombre Pájaro estaba fuera. Para los maestros, abril es el tiempo de contratación. Finalmente me sentía lista para comenzar mi carrera. Todas esas excursiones habían hecho maravillas para mi salud física. Ahora quería enseñar. Puesto que mi futuro con el Hombre Pájaro parecía muy poco prometedor, hice arreglos para irme de Costa Rica. El vuelo más pronto que pude conseguir fue pocos días después de que el regresaba de Ecuador.

Jon no estaba muy contento con mis planes de irme. Él y yo nos habíamos hecho amigos en la ausencia del Hombre Pájaro, pasando nuestro tiempo de inactividad discutiendo sobre la vida y compartiendo nuestras historias. Aunque ambos fuimos criados como cristianos, nuestras denominaciones y orígenes diferían significativamente.

Yo vine de un hogar vegetariano, ultra conservador, amante de Jesús, observando el Sabbat y tenía poca experiencia con los vicios mundanos, fuera de unos cuantos tragos rebeldes en la universidad y una breve racha de fumar. Seguido me sentía maldecida por mi conciencia hiperactiva, que nunca me permitiría disfrutar plenamente cualquier cosa considerada claramente "inmoral".

En estos días me doy cuenta que mi conciencia es el suave susurro del Espíritu Santo que me dice "Peligro adelante. Advertencia. Baja la velocidad. Reza." Ahora estoy aprendiendo a escuchar y obedecer. En ese entonces tenía el hábito de ignorar o resentir los suaves impulsos del Espíritu.

La historia de Jon incluía el hecho de que él era gemelo, adoptado tres días después de nacido junto con su hermano mayor Román nacido unos minutos antes, por Dundee y su esposa. Cuando era adolescente había sufrido un accidente terrible de coche que le había destrozado su cara. Nos compadecimos entre nosotros en el terreno común de la rehabilitación a largo plazo y cicatrices permanentes.

En una tarde cálida reclinados en el balcón, Jon me confeso que su joven esposa había puesto una demanda de divorcio antes del año de casados. Sin elaborar, dijo, "Un día decidió irse a casa con su madre. La dejé ir."

También dijo libremente que fumaba desde que tenía memoria. Recuerdo diciéndole casualmente que fumar era un hábito repugnante y que nunca me casaría con un fumador. Una observación en retrospectiva: ciertas palabras no saben muy bien cuando te las tienes que comer.

Una mañana libre Jon y yo hicimos un viaje rápido a la cuidad a recoger algunas provisiones. Era la primera vez que íbamos solos algún lugar. Si hubiera tenido límites apropiados en su lugar en aquel momento de mi vida, nunca hubiera ocurrido. Después de que terminamos nuestros encargos, Jon me abrió la puerta del pasajero mientras subí al 4Runner. Destellando una sonrisa saltó detrás del volante.

Capítulo 3 • Gladiolas y Despedidas

En vez de manejar hacia el albergue, Jon se desvío por un camino familiar cerca del río, sugiriendo una parada rápida para ver si podíamos ver una helia. Acorde rápidamente. Las helias son elegantes, refinados aves zancudas. Los observadores de aves con tiempo libre nunca deben dejar pasar la oportunidad de documentar avistamiento poco común. *¡Gran Idea! Me alegro de haber aprendido a no ir sin mis binoculares. ¡El Hombre Pájaro estaría orgulloso!*

Después de varios minutos de cuidadosamente explorar el borde del agua, nos dimos por vencidos decepcionados. Era la hora equivocada para buscar pájaros, pero por lo general *podíamos ver algo* alrededor del agua. "Creo que hoy no," suspiro Jon al cerrar de golpe nuestras puertas al mismo tiempo.

"Si, que lástima. Tal vez la próxima vez...." Sus labios pararon mis palabras mientras se presionaban contra los míos. *Oh-oh. Esto no es bueno. Esto no es nada bueno. ¿Qué hago? Besarse o no besarse, ésa es la pregunta. . .* Nos besamos. Y besamos otra vez.

El besarse complica las cosas. Muchachas en el extranjero no deben besar a muchachos que realmente no conocen, especialmente cuando tienen novio que no han cortado todavía. Mujeres en el trabajo no deben besar a compañeros de trabajo. Los maridos nunca deben de besar a ninguna mujer que no sea su esposa. Adolescentes deben evitar besar en general porque no saben en lo que se están metiendo cuando abren esas vías. Puedo decir todo esto muy fácil veinte años más tarde. En aquel entonces, no estaba segura de qué decir. Yo estaba en suelo peligroso.

De regreso en mi habitación empecé a preocuparme y a rezar. "*Oh, querido Dios. ¿En qué estaba pensando? ¿Qué le diré al Hombre Pájaro? Solo quiero irme a casa. Esto es demasiado complicado. Realmente le gusto a Jon. No sé lo que yo siento. Sigo enojada con el Hombre Pájaro. Ya acabé de esperarlo. Él no se quiere realmente casar conmigo. ¡Todo el incidente de Hans probo eso totalmente! Estoy perdiendo mi tiempo con él. Voy a terminar con él tan pronto regrese. ¡Yo* (suprimiendo las lágrimas) *me estoy* (sollozo) *yendo* (sollozo) (sollozo) *a casaaaaa* (lamentación)*!*"

Era un lío. El Hombre Pájaro regresó de su viaje con regalos y con una sonrisa. Él había tenido tiempo para pensar, sincerarse con su padre y una revelación de nuestro futuro juntos. Él había decidido que realmente me amaba después de todo y que debíamos hablar de matrimonio. Yo no quería nada de eso. A veces una chica toma tiempo para "terminar" pero cuando ella ya terminó, ella ya terminó. ¡Que si ya había TERMINADO! Una puerta que se estaba cerrando lentamente dentro de mí se cerró de golpe con el beso de Jon. Nunca iba a ser la esposa del Hombre Pájaro. No importaba que dijera o hiciera, yo ya había terminado de apostar en ese sueño.

Necesitando espacio le pedí a Dundee si me podía ir a quedar en su casa de la costera hasta el día de mi salida. Él convino y yo me fui inmediatamente para el otro lado del país. Jon condujo. En el camino, él me preguntó adónde me quedaría en los Estados Unidos le dije que me iba al apartamento vacío de mi padre en Tulsa, Oklahoma.

"Mi padre y yo no tenemos comunicación constante. No desde que yo tenía cinco años cuando mis padres se divorciaron," le dije. "Pero cuando decidí irme de aquí, me comuniqué con él y me ofreció su lugar hasta que encuentre un trabajo de maestra."

Jon me pregunto, "¿Cómo te gustaría que te fuera a visitar ahí? También estoy planeando mudarme a los Estados Unidos. Me estaré quedando en Dallas con una de mis hermanas. No está muy lejos de Tulsa."

"Está bien," asentí. Me sentí halagada. Y culpable. Mis emociones estaban desordenadas. Por un lado, me sentía deprimida y confusa sobre mi despedida definitiva al desconcertado Hombre Pájaro. Por otro lado, mi corazón aleteaba dentro de mi pecho siempre que Jon me halagaba. No podía oír nada de Dios. No tenía a nadie cerca para confiar.

Una cosa que he aprendido a través de los años desde ese tiempo confuso es que práctico es Dios cuando nos recuerda que hay seguridad en una multitud de consejeros (proverbios 24:6 RVR). Cuando nuestros sentidos son comprometidos y nuestras reservas están bajas, aquellos que nos conocen bien y desean nuestro bien eterno pueden ayudarnos a salir de la niebla. Una de las bendiciones más grandes de la vida es rendirle cuentas a alguien que ha sido testigo de la tendencia de nuestras vidas a lo largo del tiempo y nos advierte amorosamente cuando nuestras decisiones no reflejan quienes somos realmente.

Ahora, se todo eso, porque he sido increíblemente bendecida por la guía y orientación de hombres y mujeres devotos a través de los años. En aquel entonces yo era muy reservada, demasiado callada y *muy* aislada. Había puesto todos mis huevos en la canasta de un observador de aves y no tenía a nadie más consistentemente hablándome en mi vida. Entonces cuando la canasta se volteó, no tuve un buen consejo que me dijera qué hacer con las cáscaras rotas. Sólo comencé a ponerlas en la canasta de otra persona.

El Hombre Pájaro fue hospitalizado por un par de días antes de mi partida de Costa Rica. Dundee me dio la noticia. "Aparentemente ha estado teniendo algo de dolor abdominal," anunció debajo del borde de su sombrero negro. "Estaba en el sendero con un grupo cuando se dobló de dolor. Lo tuvieron que llevar al hospital en San José." Sabía que me estaba observando para ver mi reacción. Para entonces, ya sabía del interés de su hijo en mí. No sabía qué decir.

¡Esto es terrible! Y raro. ¡No lo puedo creer! Pobrecito. Se lo que se siente estar en un hospital extranjero. ¡Puedo garantizar que los hospitales en Suiza son definitivamente menos aterradores que el que está en San José! ¿Qué debo hacer? Él me acompaño cuando estaba en el hospital.

"Señor, por favor dame algo de sabiduría."

Estaba en conflicto. El Hombre Pájaro me había acompañado en tres estancias de hospital y mis recuperaciones subsecuentes. Ahora él era el que estaba lastimado y yo lo dejaba. Solo. En un país extranjero. No me sentía muy bien al respecto. Quería verlo, quería saber que iba a estar bien. Mi dureza auto protectora hacia él había desaparecido con la noticia de su apéndice reventado, pero mi vuelo ya estaba reservado. En dos días, me iría. ¿Qué hubieras hecho *tú* en mi lugar?

Tengo que ir a verlo. Sé que va a ser incómodo, especialmente porque Jon es mi único transporte. Pero él también es amigo. Algo así. ¿Un amigo de verdad besa a la novia de su amigo? Eso no importa. "Vamos a ir." *Es lo único correcto que hay que hacer.*

La habitación grande, sin aire acondicionado estaba lejos de ser privada. Delgadas cortinas blancas separaban las camas de una docena o más de pacientes que esperaban acostados. El Hombre Pájaro fue uno de ellos. Estaba más delgado que de costumbre. De hecho, la palabra chupado describía mejor su aspecto -- chupado, verde y feliz de verme. Me sentí horrible. Mi tripa era un tónico mezclado de culpabilidad, dolor y alivio. El solo hecho de escuchar su familiar voz decir, "voy a estar bien," me trajo un poco de consuelo. Jon y yo estábamos parados al borde de su cabecera, platicando casualmente más o menos por diez minutos antes de despedirnos. Jon me tomo de la mano en el estacionamiento camino al coche.

La única otra vez que me he sentido como traidora fue en cuarto grado, cuando había sido parte de un grupo de abusones en el patio de recreo que se burlaban de una niña que eligió pasar el recreo leyendo un libro de Jesús. Amaba a Jesús. No sé por qué elegí negarlo ese día. En el fondo, también quería al Hombre Pájaro. No estoy segura porqué lo abandoné allí, pero ya había elegido mi camino y era demasiado orgullosa y estaba demasiado enamorada de Jon, para regresar. Así es que me aleje. Solo le dije adiós y me fui. Sería dieciocho años antes de ver la sonrisa del Hombre Pájaro otra vez.

Capítulo 4

De Encaje y Mentiras

*"Porque no hay cosa oculta,
que no haya de ser manifestada;
ni cosa escondida,
que no haya de ser entendida,
y de venir a luz."
Lucas 8:17 RVR*

1994-1995

Jon Miller me regaló un diamante de Navidad. Poco después de nuestro compromiso, volé a Europa para compartir mi alegría con mi madre y comprar encaje con ella en Italia. Aunque todavía no era "ella misma" emocionalmente y sus cicatrices físicas eran permanentes, era más la madre que había conocido antes del accidente que la persona que había despedido cuando nos dieron de alta en el hospital todos esos meses atrás. De una revista americana para novias, había elegido un vestido de novia divino de un diseñador italiano, sabiendo que estaba fuera del alcance de mi presupuesto. Cuando se lo describí a mamá en una conversación telefónica, ella hablo con entusiasmo de una pintoresca tienda de telas italiana que descubrió, donde vendían encaje real por rollo. Puesto que la mamá de uno de mis alumnos era una costurera talentosa, pude comprar mi boleto de avión *y* suficiente encaje italiano para hacerme mi vestido soñado hecho a mano por mucho menos que el costo original de la versión del diseñador.

Si cierro mis ojos por un momento puedo imaginar perfectamente la pequeña tienda estrecha. Por lo menos durante un siglo, las costureras habían usado los entarimados de madera oscuros de la puerta delantera al contador, donde los rollos de tela formaban un colorido collage esperando volver a sus casilleros apropiados a lo largo de la pared trasera. Una mujer pequeña y morena nos saludó mientras retrocedíamos en el tiempo. La voy a llamar Sra. Italia.

"¿Les puedo ayudar en algo?" Su primera pregunta fue respondida por nuestro guía y traductor, Sr. P. Explicó la razón de nuestra visita mientras que desplegaba mi página de mi revista nupcial y la alisaba en el mostrador. Después de examinar el exquisito corpiño de encaje en la foto, la Sra. Italia asintió con la cabeza mientras su expresión se suavizaba. Contuve mi respiración mientras sus dedos buscaban en los casilleros algo igual. Jalando de una escalera antigua de mano detrás del mostrador, subió hacia un estante más alto y bajó un rollo de encaje que casi pesaba tanto como ella. Conforme desenrolló el rollo sobre el mostrador, ¡me enamoré! Fue un *coordinado* perfecto. Flores blancas elegantes y suaves formaban el elaborado dibujo de mi revista de sueño. No muy moderno, pero tampoco tipo abuelita, justo elegante y atemporal. Pase mis dedos suavemente sobre una de las flores mientras las pesadas tijeras de la Sra. Italia, de mango negro, separaba *mi encaje* del resto del rollo. Mamá y yo nos abrazamos como si acabáramos de descubrir un tesoro escondido. Le agradecimos al Señor por darme este pequeño deseo de mi corazón. Lo vi como una señal de que Dios le estaba sonriendo a mis planes.

Todavía me pregunto acerca de los pequeños milagros que Él hizo para que yo pudiera tener la boda de mis sueños. Nunca he entendido por qué parecía bendecir el desastre que estaba a punto de hacer de mi vida. Pero, he aprendido que Él ama nuestros corazones y Él verdaderamente desea darnos las buenas cosas que deseamos, aunque parezcan tan insignificantes como un dibujo floral del encaje que se pueda encontrar solamente en una tienda obscura en el otro lado del mundo.

Para cuando mi futuro esposo y yo estábamos descalzos en nuestra playa soleada, con las olas del Océano Pacífico creando pintorescas carpas blancas detrás de nosotros, me sentí lista para contraer matrimonio. *"Gracias, Señor, por darnos el clima perfecto. Gracias por mi vestido divino. ¡Me siento como una princesa en este vestido! Me encanta. Te amo. Por favor ayuda a que todo salga bien con nuestra boda y con nuestro matrimonio. Estoy un poco nerviosa. Pero Jon dijo que él quería tener una esposa devota y un hogar cristiano. Creo que de verdad queremos las mismas cosas."*

Ciento cuarenta y cuatro tallos coloridos de gladiolas fueron entrelazados cuidadosamente en el arco por el que habíamos pasado camino hacia el altar improvisado. Cuatro padrinos de boda descalzos con largas bermudas negras y camisas de seda. Mi novio rubio californiano hizo un contraste llamativo en un traje de lino blanco. Dos de sus hermanas, mi hermana Annie y un par de amigas desde hace mucho tiempo, estaban paradas junto a mí, con sus elegantes vestidos negros que habíamos ordenado del catálogo de "Victoria's Secret". Cookie y Vicki, mis futuras sobrinas, llevaban vestidos blancos y sonreían tímidamente conforme me ayudaban a organizar mi cola. La escena completa era impresionante, exactamente como me la había imaginado.

Habíamos escrito nuestros propios votos. Fueron detallados y largos. ¡Viendo el video años después, me maravillaba cómo nuestros hermanos y amigos permanecían bajo el sol tropical por tan largo tiempo! Annie secó su frente con el dorso de su mano un par de veces, pero el resto de ellos estaban parados como estatuas sonrientes durante la ceremonia entera. Sólo cuando avanzaba el video rápidamente, podía ver a todos limpiándose el sudor y meciéndose de un lado a otro mientras cambiaban su peso de un pie al otro. A veces la vida es así; los observadores en tiempo real ven nuestras apariencias impecables y creen que todo es tan perfecto, cuando en realidad estamos sudando a borbotones y balanceándonos lentamente sobre cimientos que se derrumban.

Finalmente, llegamos a los juramentos tradicionalmente redactados y repetí estas palabras vinculantes para el alma: "Yo, Julieta, te tomo a ti, Jon, como mi esposo. Prometo serte fiel en lo próspero y en lo adverso, en la salud y en la enfermedad. Amarte y respetarte todos los días de mi vida hasta que la muerte nos separe." Con su promesa hablada reflejada en la mía, me levantó el velo y "besó a la novia." Todos aplaudieron. Los padrinos de boda chiflaron. Me sonrojé color escarlata. Luego caminamos del brazo por debajo del arco de gladiolas para recibir los abrazos y besos de nuestros huéspedes.

Estos eran momentos mágicos. Nuestro fotógrafo los capturo en película y los imprimió en papel mate. Durante los siguientes doce años, mi foto favorita de ese día estaba enmarcada en nuestro tocador: una novia radiante con su novio de ojos azules, tomados de la mano bajo un arco colorido y detrás de ellos el cielo uniéndose al océano en el horizonte. Llevábamos casados exactamente tres días cuando la realidad estallo mi burbuja nupcial.

Nuestra luna de miel empezó en una casa de hospedaje tranquila. Esa primera noche, nos sentamos cara a cara en la cama, viendo el video de nuestra boda a través del mini visor de mi videocámara. Recuerdo aullar de risa cada vez que el ministro repetía la palabra "holy" como "holly" durante la ceremonia mientras que la banda de marimba medio borracha repetía las mismas tres notas para cada canción.

Después, Jon quiso salir a caminar solo. Me sentí confundida porque estaba lista para celebrar nuestra primera noche juntos. Deseando hacer las cosas "bien" ante los ojos de Dios, nos habíamos abstenido de intimidad sexual por dieciséis meses desde aquel primer beso robado. Estaba orgullosa de que nos hubiéramos esperado, pero ya no quería esperar más. Cuando regresó su agotada novia estaba casi dormida.

Durante el siguiente par de días, pensé que estábamos pasando un tiempo maravilloso y no puse mucha atención cuando Jon con regularidad desaparecía por unos minutos. Sabiendo que él era introvertido y un poco solitario, estaba acostumbrada a que tomara "descansos de la gente." Puesto que yo era la única persona alrededor y *estábamos* en nuestra luna de miel, debí haberme preguntado por qué necesitaba tantos "descansos", pero no lo hice.

A pesar de que habíamos salido por más de un año, por que vivíamos en diferentes ciudades, pasamos más tiempo separados que juntos. Poco después de proponerme matrimonio Jon volvió a Costa Rica mientras que yo acababa mi año escolar en Texas. La comunicación entre nosotros era escasa. El servicio de teléfono en el hospedaje ecológico donde trabajaba no existía. No me molestaba mucho. ¡Estaba extremadamente ocupada con mi primer año de maestra, en un salón de clases con diferentes edades y *finalmente* me iba a casar! *¡Gracias, señor!* Ser maestra y planear nuestra boda me mantuvieron tan ocupada que apenas y tuve tiempo de extrañar a mi novio.

Dicen "que lo que no sabes no puede herirte." Eso es una mentira. Honestamente, solo sabía lo que Jon quería que supiera de él. Dejó muchos secretos ocultos. En retrospectiva, simplemente no habíamos pasado suficiente tiempo juntos para tomar decisiones bien informadas con respecto a nuestra compatibilidad como compañeros de vida. Pasar tiempo de calidad juntos pone importante presión en máscaras y buenas intenciones.

Yo pienso que Jon tenía buenas intenciones inicialmente. Vio a una muchacha que tenía muchas cualidades que él deseaba. Él creía en el matrimonio. Él creía en Dios. Deseando complacer a su nueva novia, él se adaptó a su manera de vida mientras él estaba en su presencia. Incluso él cambio denominaciones y aprendió a usar corbata para ir a su pequeña iglesia conservadora. Desafortunadamente, buenas intenciones no hacen buenas relaciones. La honestidad sí.

Sinceramente, yo le creí a Jon cuando, meses antes de que nos comprometiéramos, él me prometió que él había dejado los cigarros por completo. No tenía idea que tan ingenuo fue de mi parte pensar que un hábito de veinte años podría "dejarse" simplemente porque su novia se oponía al vicio lo suficiente como para nunca considerar matrimonio. Los seres queridos no Dios. Él es el único que puede cambiar los hábitos de una persona. Como seres pecadores nunca debemos contar con que cualquier persona pueda dejar de hacer algo que habitualmente le ha hecho sentir bien nada más porque entramos en su vida exhibiéndolo. Aprendí la lección en mi luna de miel, treinta y seis horas demasiado tarde.

La mayoría de nosotros quisiéramos pensar lo mejor de aquellos a quien amamos. Ese deseo nos puede cegar. El encanto del romance puede nublarse con algunas realidades ásperas que se asoman detrás de noches a la luz de velas y caminatas en la playa. El hecho de que nuestro compañero potencial "está haciendo lo correcto en un área", no garantiza que él o ella estén siendo totalmente honestos en todas las áreas. Antes de recitar los votos nupciales que alterarán nuestra vida necesitamos hacer nuestra tarea. Tan doloroso como es descubrir "un detonador" sobre un defecto de hábito o de carácter en la persona con quien habías planeado pasar el resto de tu vida, *ese dolor* es minúsculo comparado a la angustia que sufres cuando, al pasar de los años un divorcio destroza a una familia entera.

Como maestra, estaba acostumbrada a dejar tarea no a hacer tarea, pero me hubiera gustado que alguien me hubiera dejado una asignación o dos mientras Jon y yo salimos. Antes de aceptar un anillo de compromiso, me hubiera gustado por lo menos haber hecho las preguntas básicas sobre uso previo de drogas, tabaco y alcohol. Si supiera entonces lo que sé ahora, lo hubiera taladrado acerca de su matrimonio anterior y por qué termino. También, le hubiera preguntado por la ausencia de amistades masculinas sanas y compromisos de larga duración.

Ahora, sé cómo aconsejar a una chica para que hable con los amigos y familiares de su posible pareja sobre su infancia y adolescencia. Puede uno sentirse incómodo haciendo preguntas personales sobre pornografía, parejas sexuales anteriores o la posibilidad de enfermedades de transmisión sexual, pero es de vital importancia. Pensamos que estamos respetando la privacidad de alguien al no tener conversaciones incomodas. En realidad, les estamos proporcionando un gran favor, dándoles la oportunidad de ser transparentes y honestos con alguien que se preocupa lo suficiente como para preguntar.

Si empiezan a utilizar tácticas de distracción y pantallas de humo con la intención de evitar este tipo de conversaciones, ten cuidado. Avanza con suma cautela. Cómo me duele pensar que entiendas el peso de mis palabras en este párrafo. Todos merecemos saber a lo que nos metemos cuando nos comprometemos con alguien para toda la vida. ¿No crees que mereces eso? No conocía mis derechos. Me engañé *a mí misma* al no hacer mi tarea.

Muy consciente de mis imperfecciones, yo sabía que tenía problemas de abandono debido a la forma en que habían pasado las cosas con la mayoría de los hombres en mi vida. Cargaba con una gran culpabilidad por la manera en la que había tratado al Hombre Pájaro. Mi defecto para lidiar con el conflicto era interiorizar mis sentimientos, fingiendo que todo estaba bien, hasta que eventualmente colapsaba o explotaba en algún tipo de berrinche. Definitivamente había áreas que necesitaba abordar y permitir que Dios me hiciera crecer a través de ellas.

Entiendo que cada ser humano en este planeta tiene algo que necesita el toque sanador de El Salvador. También sé que no todos están conscientes o interesados en lidiar con sus propias "cosas". Algunas personas optan por esconderlo a propósito. Ésos son los que son realmente peligrosos. Antes de convenir con otro ser humano con defectos, es importante buscar en oración la sanación para uno mismo, y observar que ellos, también desean y buscan la integridad. De lo contrario, ingredientes esenciales faltarán en la receta para un matrimonio feliz. Sin estos ingredientes, tu matrimonio, como el mío, podría volverse en una pesadilla.

Después de pasar un par de días solos, decidimos reunirnos con algunos de nuestros familiares que visitaban puntos de interés cerca de Arenal, uno de los volcanes activos de América Central. Mi padre, que había volado a Costa Rica para llevarme al altar, estaba ahora recorriendo el lugar en su coche de alquiler. Deseando pasar tiempo con él y los hermanos de Jon antes de que se regresaran a los Estados Unidos, planeamos pasar el día juntos, de picnic y nadando en las aguas termales del volcán.

Todo iba de maravilla hasta que cache a Jon fumando. Recuerdo el momento muy claramente. Él estaba en el agua con varios de sus familiares, riendo y pasándola muy bien. Había ido a checar precios del balneario de junto. Los precios eran desorbitados, así que no me quede. Mi regreso rápido lo cogió desprevenido. Cuando el grupo se dio cuenta de que me acercaba, todos se quedaron extrañamente silenciosos. Los movimientos de Jon fueron sutiles y rápidos como un rayo cuando se quitó el cigarro encendido de sus labios y lo apago bajo el agua. Mi corazón estalló en mi pecho mientras que mi cerebro procesaba lo que apenas acababa de presenciar. No sabiendo cómo reaccionar, no hice nada. No dije nada. Al reanudarse las conversaciones a mi alrededor, me pregunté si realmente había visto lo que acababa de ver. Al sumergirme en al agua, mire a Jon mientras que él continuaba hablando como si nada inusual hubiera pasado. Mis ojos buscaron las caras de mi nueva familia, buscando una pista que me dijera que no estaba loca.

Lo que realicé en ese momento fue esto: cuando te casas en una familia, te casas con esa familia. Ellos *se* mantendrán juntos. Te debes de ganar el derecho para que te confíen sus secretos. Si algunos de sus secretos son que saben cosas sobre tu esposo que tu aprenderás solamente con el tiempo, debes de ganarte el derecho a tener conversaciones sobre esas cosas. Yo todavía no había ganado ningún derecho en esta familia. Yo todavía era alguien de afuera, aunque legalmente llevaba su apellido. Serían años antes de que una de las hermanas me hablara sobre ese día, los años puntuados con traiciones sutiles similares, las vergüenzas, y las decepciones.

Mi corazón estaba roto; la fe que puse en Jon se había despedazado. Había vislumbrado accidentalmente el otro lado de su doble vida. Inconscientemente me mostró que estaba mintiendo. Todos lo sabía excepto yo. Fui una tonta.

"Oh Dios", Lloré más tarde, *"¿Cómo pude haber sido tan ilusa, haberle creído cuando me dijo que lo había dejado? ¿Por qué no me di cuenta de las señales? Ahora entiendo por qué evita besos espontáneos, porqué tantas caminatas, porqué es ansioso e irritable en paseos largos en el coche. ¿Por qué nadie me dijo? ¿Qué más está ocultando? Porqué me dejaste que me casara con un mentiroso?"* Me sentía engañada.

Mientras cenábamos con mi papá esa noche, recuerdo fingir que estábamos maravillosamente de recién casados. No estábamos. Me imaginaba revelándole mi corazón a mi papá y rogándole que me llevará a casa. Si hubiéramos tenido una relación más profunda, puede ser que lo hubiera hecho, pero mi orgullo y reservación no me permitieron que hablara una sola palabra de mi decepción, ni siquiera al mismo que me decepciono.

Fue temprano en nuestro matrimonio cuando empezamos a fingir para evitar posibles conflictos. Conforme los años pasaban esos patrones en nuestra relación se fueron enrollando en el tejido mismo de nuestras vidas. Nos dispusimos para fracasar desde el tercer día.

Desde mi punto de vista hoy, entiendo mejor porqué estaba tan devastada con esa revelación en la luna de miel. Algunos de ustedes pueden estar perplejos por mi respuesta y me pueden apodar como la "reina del drama". ¿Después de todo fue solamente un cigarro, no es cierto? No, no es cierto. No fue tanto el cigarro lo que me devastó; fue una combinación del engaño y el hecho de que otros *sabían que* él nunca había dejado de fumar, sino que simplemente me lo estaba ocultando a *mí*, lo que más me hirió. Me sentí tonta en múltiples frentes. Es un golpe duro para una muchacha orgullosa y testaruda descubrir que acaba de jurar matrimonio "sagrado" hasta la muerte, realizando que le dio el "sí acepto" a un mentiroso cuya familia lo encubre.

Después de que la luna de miel hubiera pasado y mi vestido hermoso de novia fuera limpiado y empacado tuve una crisis. Algo sin nombre dentro de mí había muerto. Lo enterré el día que cerré mi vestido de sueño en su bolsa de Barbie rosa y lo empujé a la parte posterior de nuestro armario comunal.

Recuerdo haber amenazado a Jon, "por cada cigarro que fumes me voy a comer un dona." Estaba tan frustrada con mi marido que deseaba hacer algo estúpido para llamar su atención, para estar a mano. Era un pensamiento seriamente dañino, demostrando que los seres humanos heridos, como animales heridos, morderán cuando se sienten atrapados.

Uno de los problemas con este tipo de pensamiento es cuando hacemos cosas destructivas a nosotros mismos para "vengarnos" de alguien que nos ha lastimado, nosotros somos como el perro que se muerde su *propia pierna*, en vez de la pierna del enemigo. La Biblia nos dice quién es nuestro enemigo. Sorprendentemente, no es nuestro esposo, nuestros adolescentes o nuestros compañeros de trabajo. Es alguien que utiliza a estas gentes como peones, para crear la desunión en todas nuestras vidas.

Amenazaba lastimar a mi marido lastimándome, cuando debí haber reconocido que nuestro matrimonio era el blanco de una batalla espiritual y necesitaba luchar de rodillas, ¡no comiendo donas!

El primer año de matrimonio puede ser muy difícil. Cuando dos personas intrínsecamente egoístas se vuelven "una," existe la posibilidad de que habrá problemas, aunque ambos de ellos sean cristianos. Durante esos primeros meses formativos, es imprescindible establecer límites sanos, reciprocar respeto y poner una fundación firme de honradez y confianza. De lo contrario, el mismo enemigo vendrá buscando grietas de esa "unidad" y se filtrara a su manera en algo que Dios ha predestinado como sagrado.

En mi opinión, la humildad, el humor, el perdón y la comunicación son cuatro llaves para abrir la puerta de la felicidad conyugal. Dios sostiene el anillo que une esas llaves juntas y evita que se pierdan en el caos de la vida. Constantemente debemos de ir

Capítulo 4 · De Encaje y Mentiras

con El Guardián de las Llaves para tener las herramientas necesarias para hacer que el matrimonio funcione.

Durante nuestro primer año, Jon y yo perdíamos constantemente nuestras "llaves." Aunque la mayoría de los días leíamos nuestras Biblias y rezábamos juntos, luchábamos por mantener una conexión profunda con Dios. Aparte de cada uno, no teníamos ninguna responsabilidad devocional en nuestras vidas, ninguna comunidad de la fe.

Ambos necesitábamos un mentor espiritual. Ninguno de los dos crecimos con ejemplos consistentes de alguien que nos demostrara como eran la confrontación y comunicación sanas. A pesar de nuestras buenas intenciones, no cumplimos con lo que sabíamos. No era bonito.

Frustrante mes tras mes, el hábito de Jon continuó. Aunque nunca fumó enfrente de mí, según mis cálculos se fumaba una cajetilla de cigarros al día. Él no quería hablar de eso, ni deseaba parar. Lo regañé y acuse. Él se aisló. Puse mala cara. Él me ignoro. Entre más enojada me ponía, más me evitaba. Me empecé a sentir sola en mi matrimonio. *"Querido Señor, esto no es en absoluto lo que pensé que sería el matrimonio. Por favor enséñame cómo componer esto,"* abogué.

Dios respondió mi simple oración dándome una "clave". Esta clave nos impide estar demasiado enfocados en nuestro interior y nos ayuda a desarrollar compasión y otro enfoque en nuestros corazones. Me abrió mis ojos a las necesidades de otros. No, esta llave no "compuso" a mi marido, pero el ayudar a los más necesitados en áreas rurales alrededor de nuestro hospedaje definitivamente me dio una salida y propósito que me ayudaron a no comer donas.

Empecé a vender artículos locales hechos a mano a nuestros turistas y utilicé las ganancias para comprar alimento y ropa para las familias afectadas por la pobreza. Un ministerio hermoso se desarrolló. Satisfizo mi necesidad de ser una cristiana útil y activa en nuestra comunidad. Cuando empecé a ayudar a los demás, mi enojo hacia Jon y Dios (¿no era *su culpa* que me casé con este hombre?) comenzó a desplomarse y la alegría del Señor volvió a mi corazón herido.

Mi marido no parecía estar cambiando, pero *mi actitud* hacia él sí. A veces, la mejor manera de "estar a mano" es comenzar a servir a la gente cuyo sufrimiento es mayor que el nuestro. Mi Mamaw a menudo decía, "dos males no hacen un bien." Ella estaba en lo cierto. Si hubiera empezado a comer veinte donas al día, en lugar de buscar una salida sana, habría terminado obesa y poco saludable, pero no menos amargada o enojada.

Estoy agradecida que Dios me desvió de una posible adición a las donas, pero esa no ha sido la única vez que el enemigo me ha tentado con un pensamiento auto destructivo. Conforme los meses se volvieron años, otros esqueletos de mi marido comenzaron a arrastrarse fuera de nuestro armario. A menudo me enfrentaba con la opción de adormecer mi propio dolor de maneras poco saludables, o ir al Guardián de las Llaves y pedir que me diera humildad, humor, perdón, o una asignación para ayudar a alguien con problemas peores que los míos. A veces tomé la decisión correcta, a veces no; sin embargo, creo que los tiempos que elegí sabiamente me mantuvieron sana y permitió que nuestro matrimonio tuviera muchas oportunidades para prosperar, o por lo menos a sobrevivir el tiempo que lo hizo.

Capítulo 5

Lucha y Rehabilitación

*"Porque no luchamos contra carne y sangre,
sino contra principados contra potestades,
contra los gobernantes de las tinieblas de este siglo,
contra malicias espirituales en los lugares celestiales."*
Efesios 6:12

2000

Mi corazón se sentía tan vacío como la banca acolchonada a mi lado. La iglesia era una de los lienzos sobre los cuales pintábamos la fachada de nuestras vidas. Me encantaba la iglesia. No porque era un lugar para ser falso, pero porque en la iglesia me sentía en un lugar familiar y seguro. Era un lugar para alimentarse. Fue donde busqué la garantía de Dios de que todo estaría bien. Ver a las familias felices sentadas en hileras como patos bien-vestidos, me dio esperanza de que yo también, algún día, tendría eso.

Por cuatro años, Jon y yo nos habíamos bajado de nuestro coche con las Biblias y sonrisas, caminando a través de las puertas de esta iglesia. Estrechamos manos en la puerta, abrazamos a amigos que habíamos hecho y participamos en una discusión animada de la clase. Ryan, el líder del grupo y su talentosa esposa, Meredith, se habían convertido en amigos queridos, que eventualmente sabían lo que realmente pasaba detrás de nuestras sonrisas del sábado. Eran dos de un puñado de gentes, que sabían las vueltas que dábamos en la rueda de la fortuna. La mayoría de los miembros estaban ajenos a lo que nos pasaba y así lo queríamos.

Nuestro silencio estaba arraigado al orgullo y miedo. Preocupada por lo que la gente pensaría o diría sobre nosotros, era renuente admitir que parte del ciclo adictivo estaba gobernando nuestras vidas en cualquier momento. Mientras enseñaba las "3 R" a los niños en la escuela, mi esposo se turnaba en pasar por las 3 R de la Recaída, Rehabilitación y Recuperación.

Una oleada de soledad se arrastró sobre mí mientras miraba alrededor de nuestro santuario medio lleno esa segunda semana después de manejar a Jon a rehabilitación. *Hemos estado atendiendo a la iglesia con esta gente por años, pero no puedo divulgar la verdad sobre la ausencia de Jon.* Cuando la poca gente que se acercó a preguntarme por él la semana pasada, las mismas pobres excusas pasaron por un nudo desagradable en mi garganta y se escaparon a sus oídos santificados. No sé por qué era tan difícil expresar nuestra realidad a mi bien intencionada familia de la iglesia, pero lo era. Simplemente *no* podía hacerlo.

Aunque había gente fuera de nuestro círculo pequeño que sospechaba que mi marido usaba drogas, ellos nunca me preguntaron directamente. Sus preguntas indirectas eran una mezcla de curiosidad y compasión. La iglesia puede ser un lugar solitario, sobre todo si crees que tu familia es la única luchando contra la adicción. Es aún más solitario cuando la poca gente con la que tú has sido transparente no sabe qué hacer con la información. Revelar un secreto familiar, como la adicción a las drogas, puede convertirse rápidamente en alimento para chismes si el cuerpo de la iglesia no está sano o no está equipado para manejarlo. No confiaba en la mayoría de la gente en mi iglesia para poder manejar nuestra verdad, o confiar en que pudieran ayudar.

Había *un* hombre, un regalo del Señor en nuestro tiempo de necesidad, en el cuál su consejo yo confiaba. Su nombre era León. Lo conocí porque su esposa, Elaine, era mi colega. León, había sido pastor, era el capellán en nuestro hospital local. También, era consejero con licencia en la químico dependencia y entendía la adicción, desde un punto de vista cristiano y clínico.

Algunas personas tienen la habilidad de percibir el dolor y de levantar suavemente la "tapa de la olla de presión" de la vida privada de otra persona. León es uno de ellos. Recuerdo el día que fue al colegio a llevarle el almuerzo a Elaine. No pude escapar su radar. ¿Tu sabes cómo es cuando tu corazón se está rompiendo y no quisieras que nadie lo oyera? Cada mañana te pones tus "pantalones de niña grande" y tu cara de piedra, esperando que nadie note lo que hay debajo de tu apariencia. Era buena en ocultar mi dolor, especialmente delante de niños, pero no podía ocultarlo de León. Antes de que me diera cuenta, mi historia entera había salido, ahí en el patio de la escuela, con mis estudiantes riendo, subiendo y bajando las barras.

León inmediatamente ofreció sesiones de orientación para Jon y para mí en su oficina del hospital una vez por semana. Él prometió, sin pago alguno, ayudarnos a navegar las ásperas aguas por las que estábamos pasando y ser amigo y mentor para los dos. El alivio derritió mi apariencia mientras tomaba su tarjeta con lágrimas en los ojos y aceptaba su cálido abrazo.

Así era León. Referente al resto de la iglesia, simplemente, no sabían. Nuestro pastor no estaba preparado para la gravedad de nuestra situación. Nunca había escuchado un sermón sobre la adición. No teníamos un grupo de "12 pasos" en nuestra iglesia. Ni sabíamos de alguien más que estuviera luchando con esta adicción.

El miedo llamo a mi corazón hundido mientras que me centraba en nuestros problemas. Hundiéndome en nuestra banca de la iglesia, permití que el enemigo se robara mi paz. Estaba asustada del futuro. Estaba asustada del chisme. Estaba asustada de perder mi trabajo si la mesa directiva de la escuela compuesta de miembros de la iglesia, descubría que Jon estaba en un centro de tratamiento por adicción a las drogas. El miedo casi me sofocaba mientras estaba sola, sentada en una iglesia llena de gentes.

Voy a perder la cabeza si se me acerca alguien con preguntas. Tengo que salirme de aquí. Poniéndome de pie rápidamente corrí hacia el pasillo y salí hacia la seguridad aislada de mi coche.

Mi plan había sido asistir a la iglesia, luego conducir una hora y media al centro de rehabilitación para visitas familiares. Era la segunda semana del programa de Jon y la primera vez que permitían visitas de los familiares. *Iré temprano,* pensé, conforme me deslicé en mi horno sobre ruedas, prendiendo el aire acondicionado a frío y el ventilador a todo lo que daba.

Mi Pontiac Fiero no enfrió suficientemente rápido para evitar que las gotas de sudor se mezclaran con mis lágrimas conforme salía del estacionamiento de la iglesia rumbo a la carretera. Tenía noventa minutos para orar sobre mis miedos y prepararme para lo que la visita pudiera contener. No sabía qué esperar, o lo que incluso deseaba. Lo único que sabía era que las horas de visita eran de dos a cinco y esperaban mi presencia.

Las dos semanas sin Jon habían sido pacíficas y dolorosas. Una parte de mí estaba agradecida de tener la casa para mí sola y de experimentar alivio del drama. Una parte de mí extrañaba la disfunción que había empezado a sentirse como normal. El vacío abrumador que había sentido en la iglesia era el resultado de una lenta fuga que comenzó en nuestra luna de miel, con el descubrimiento demasiado tardío del engaño.

En los seis años de nuestro matrimonio, mi corazón había sido descuidado y mis sueños de niña se habían hecho añicos. Me había convertido más un padre que una compañera. Tenía miedo a la verdad y viví negando el hecho de que mi esposo evitaba la intimidad y se relacionaba conmigo como una madre en lugar de como una esposa. Ah, pero a él le gustaba pretender que estaba loco por mí, pero la realidad era que me acostaba sola casi todas las noches mientras Jon se quedaba despierto viendo la televisión en la otra habitación, esperando que yo me durmiera antes de salir a fumar el último cigarro del día. Me había vuelto más solitaria en mi matrimonio. Este sentimiento desolado no era nuevo, sino que finalmente era reconocido como tal. No estaba siendo amada bien.

Cuando un cónyuge es químicamente dependiente, realmente le es imposible amar correctamente, pero yo no lo sabía en ese momento. Mis expectativas, las de cualquier joven esposa normal, eran constantemente rechazadas. Mi marido vivía de euforia en euforia, virtualmente incapaz de relacionarse en cualquier nivel íntimo. Algunas relaciones sobreviven de amor sin mucho sexo. Algunas sobreviven de sexo, sin mucho amor. La nuestra tenía poco de ambos solamente apariencias de los dos.

Contemplaba nuestro matrimonio durante varias millas mientras que mi coche finalmente empezó a enfriarse. "Las apariencias son difíciles de mantener, Señor. Ayúdame a encontrar mi autenticidad y mi identidad en Ti."

Meses antes de que Jon fuera a rehabilitación, la desesperación y depresión se apoderaron de mí. Luché repetidamente con pensamientos suicidas. Una imagen particularmente espantosa de cortarme las muñecas me frecuentaba hasta la noche que se lo expresé a Jon en forma de pregunta. "¿Qué tal que llegaras un día a casa y me encontraras muerta en la tina llena de agua sangrienta?"

Pausando en la puerta del dormitorio pregunto, "¿Por qué dirías algo así?" Luego saco a nuestros perros para que pudieran jugar mientras él se fumaba un cigarro.

Ese momento confirmo lo poco que Jon me valoraba. La necesidad de los perros de hacer ejercicio y la necesidad de Jon de la nicotina triunfaron sobre mi necesidad urgente de compasión y compresión. Esa realización conjunta con la confesión que le acababa de hacer, me dejó sintiéndome sin fuerzas y vulnerable. Realicé que sin intervención divina, terminaría castigando a Jon por su negligencia haciéndole que limpiara un lío feo y sangriento. Rápidamente tome mi Biblia de mi buro.

Una foto desgastada del Sr. P parado enfrente de su Renault quemado marcaba el lugar en Efesios donde había yo leído la última vez. Esa imagen me recordó las milagrosas maneras que Dios preservó mi vida en el pasado.

Si me suicido ahorita todos esos milagros habrían sido en vano. Sería como escupirle a Dios en la cara. No importa cómo me sienta, no le puedo hacer eso a Él. Él me ama. Entonces me vino la lamentable pregunta que me había hecho en la cama del hospital suizo, *"Tú me amas, ¿verdad, Dios? Jon no, pero Tú sí."* Cómo desee una afirmación audible esa noche, mientras mis pensamientos se arrastraban a los pasillos oscuros que solamente terminaban en muerte.

Empecé leyendo a través de Efesios. Cuando llegue al capítulo seis la televisión zumbaba en la otra habitación. Me pude imaginar a Jon acostado con un perro en su vientre y otro encaramado en la parte posterior del futón con su cola enroscada como una dona. El verso doce me recordó que no estaba luchando contra "carne y sangre" (mi marido), "sino contra principados, contra potestades, contra los gobernantes de estas tinieblas, contra espíritus de maldad en los lugares celestiales." (RVR).

Mi crianza me había preparado fundamentalmente para la batalla en la que estaba. Solo necesitaba un poderoso recordatorio de la Palabra de Dios que mi lucha no era en contra de la carne y sangre que estaba en el otro cuarto.

La batalla de nuestras mentes siempre es una batalla espiritual. Necesitaba cambiar mis tácticas de una mujer herida a una mujer guerrera. Acostada en mi cama esa noche, me vestí para mi marido, no, no en ropa interior de encaje, sino de pies a cabeza con la armadura de Efesios 6. Utilicé mi pequeño escudo de fe para parar esos pensamientos suicidas diciendo en voz alta, "¡En nombre de mi Salvador, Jesucristo y por Su sangre, ato y reprendo a todos los espíritus malignos de suicidio y desesperación! Te ordeno que dejes mi mente. ¡Vete de esta casa nunca regreses! Elijo ponerme el casco de salvación y darle a Dios el acceso completo para que reine sobre mis pensamientos." Después oré, "*Por favor, Dios, dame la mente de Cristo que pueda elegir vida - sin importar lo que Jon elija.*"

Esa noche llegue a la triste realización de que no tenía un marido que fuera capaz de sentir empatía o compasión por mí. Sabía que hasta que un milagro ocurriera en Jon, Dios tendría que ser mi marido. Tomarían muchas más experiencias de elegir a Dios y de usar su Palabra para luchar contra mi enemigo invisible, pero llegue eventualmente a la realización de que Dios *es* suficiente.

Su gracia divina es suficiente para llevarme por los profundos valles emocionales. El nombre de Jesús es suficientemente poderoso para derribar cualquier fortaleza, desde pensamientos suicidas hasta sistemas extensos de raíces de amargura y cólera. Solo tenía que estar dispuesta a aliarme muy estrechamente con mi Salvador. Eso se volvió más fácil de hacer cuando las opciones de Jon eventualmente lo removieron de nuestro hogar y lo colocaron en el centro de rehabilitación "Blue Sky".

La consecuencia más dolorosa de que Jon se hubiera ido fue financiera. Aunque él se había estado soplando gran parte de su cheque semanal, nuestro presupuesto todavía estaba constituido de dos sueldos. La admisión de Jon en el centro de rehabilitación detuvo en seco sus ingresos, pero nuestros gastos mensuales no pararon. El día que salí temprano de la iglesia, mis pensamientos de cómo podría mantener todo a flote económicamente plagaron mi cerebro ya ansioso.

Estábamos en un lío monetario. Encima de nuestros gastos mensuales estábamos en proceso de construir una casa nueva. También éramos dueños de un pequeño café con mi hermana, Annie. Buona Notte Café había sido una inversión que mi mamá y yo habíamos hecho con parte de nuestro dinero de liquidación de ese horrible accidente automovilístico en Suiza. Annie, Jon y yo éramos socios.

Todos teníamos roles específicos. El trabajo de Jon había sido manejar la contabilidad. Annie trabajaba tiempo completo como gerente, jefe de cocina y panadero. Yo hacia todas las compras para el negocio, así como lavar platos antes y después de la escuela. Mamá, que todavía vivía en Suiza, no era una socia tan silenciosa, ya que había logrado conseguir por lo menos su inversión inicial de regreso. Era una vida agitada para todos nosotros, pero estábamos emocionados que nuestra ciudad voto el café como "El Mejor Café" ambos años que estuvimos abiertos.

Oraba acerca de nuestro negocio mientras manejaba. *"Señor, me apena lo que le confiaron nuestros empleados adolescentes a Annie, que Jon compraba sus drogas del mismo distribuidor que sus amigos."*

También estoy batallando por creer lo que dice Sis acerca de los problemas financieros del café. Ella culpa a Jon de que no podamos pagar la nómina o nuestros impuestos. Ella dice que él ha estado robando efectivo de la caja y de los depósitos bancarios. Sé que ella no se ha podido pagar, aunque trabaja seis días a la semana. Tenemos suficiente negocio, así es que ¿qué otra explicación hay para saber por qué no la estamos librando?

¿Cómo podía hacernos eso a nosotros? ¿Económicamente lisiar algo por lo que todos hemos trabajado tanto? ¿Por qué no puedo creerle a mi hermana cuerda y sobria, a quien he confiado toda mi vida, sin embargo defiendo al marido que me ha engañado y mentido desde que nos casamos?" Golpeando el manubrio con énfasis, abogué por, *"¡Necesito saber la VERDAD! Por favor ayúdame a ver la verdad enfrente de mí, en vez de las mentiras que me parezco tragar tan fácilmente."*

Entonces lance una lista de preguntas:

¿Por qué le creo cuando me miente a la cara?

¿Por qué le doy el beneficio de la duda, aun cuando afecta mi relación con mi familia?

¿Por qué lo defiendo?

¿Por qué permito lo que permito en nuestro matrimonio?

¿Qué me pasa Señor?

"Solamente Tú sabes lo que es para mí. Tú sabes cuánto trato de tener un hogar feliz. Tú me ves, Dios. Todas las noches cuando rezo a solas, Tú me ves."

Milla tras milla, fui anfitriona de mi propia lucha emocional. Mi corazón quería que el programa de rehabilitación cambiará a Jon, pero mi cerebro estaba escéptico. No sabía nada sobre abuso de drogas. Era un idioma nuevo. Necesitaba decidir si *quisiera o no* aprender ese idioma, si iba o no a continuar luchando para este matrimonio. Parte de mí anhelaba correr lejos. No había mucho dentro del matrimonio actual que se pudiera salvar. La verdad, no me había ido por obligación, terquedad y orgullo en vez de amor, entrega y dedicación. Sentía una responsabilidad espiritual de guardar mi voto, "para mejor o peor." Creyendo que la infidelidad física era la única "salida" Bíblica, me sentía obligada a quedarme. En ese momento, el principio detrás de la fidelidad, que prevé las necesidades de una esposa en muchos niveles, era ajeno a mí. No realice que la infidelidad puede ser mucho más que un encuentro sexual.

La necedad corre por mis venas. Mamá dice que lo herede de los dos lados de la familia. Todo lo que sé es que soy parte pit bull. Una vez que encajo mis dientes en una idea o un proyecto, no lo suelto fácilmente. Temprano en mi vida decidí desafiar las estadísticas y nunca terminar en divorcio como los matrimonios de mis padres. Así, que cuando elegí casarme con Jon, era para toda la vida, sin importar lo que pasara. No tenía idea lo que "pasaría" ni podía imaginarme que nuestra relación se volvería en un proyecto más que una unión.

También estaba muy orgullosa, demasiado orgullosa, de la vida que estábamos forjando para nosotros. Cuando decidimos regresar a Texas después de dos años en Costa Rica, todo lo que teníamos era lo que me quedaba de mí liquidación del accidente automovilístico. Con eso, compramos un Honda Accord y rentamos el lado de un dúplex minúsculo en una vecindad no tan bonita cerca de mi escuela. En cuatro años pudimos mudarnos a una mejor zona de la ciudad, construir un negocio y comprar un lote para nuestra futura casa de ensueño.

Todo sonaba muy agradable, pero ahora teníamos que pagar dos vehículos, una casa más grande, el alquiler del café, cuatro tarjetas de crédito, y el préstamo de la casa que habíamos tomado para comenzar la construcción de nuestra casa. ¿Por qué estaba orgullosa de todos esos pagos?, no lo sé. De alguna manera, sentía que todo esto sumado me daba una forma de vida comparable a la de mis 'amigos'. Deseaba mantenerlo de esa manera. Si las cosas entre Jon y yo se derrumbaran, todo lo demás también se colapsaría. Necesitaba que él la librara para que la imagen en la cual yo había trabajado tan duro de crear no se derrumbara.

Escribir estas palabras trece años después me hace sentir triste y apenada por mi "yo" joven. Ella deseaba tanto la apariencia de la normalidad que estaba dispuesta a creer mentiras, volverse inmune al engaño, vivir en un matrimonio sin amor y fingir su manera de vivir una vida evangélica cristiana de clase media americana. Pobre, pobre chica. ¡Con razón su corazón se sentía vacío! ¡Su vida, *mi vida*, eran solo una apariencia!

Obligación, terquedad y orgullo no son suficientes boyantes para mantener a flote un matrimonio. Debe de haber amor en alguna parte de la mezcla. Había estado tan dolida y enojada cuando mi burbuja de negación finalmente se reventó justo antes de que Jon se fuera a rehabilitación, que me olvidé del amor. La verdad impactante de su hábito, de sus robos, de lo que empeñaba, de sus mentiras, completamente entumeció mi corazón para amar. Cuando las emociones de llamarada de petate disminuyeron nada más quedo vacío donde el amor vivió una vez. Era el mismo vacío que llevaba por dentro el día de mi visita familiar al centro de rehabilitación "Blue Sky" el segundo sábado en agosto.

Me recibió en el patio de enfrente con brillantes ojos azules. No podía recordar cuando la cara de Jon había estado más pacífica. Nos abrazamos brevemente antes de que me guiara hacia un grupo de mesas de picnic al lado del edificio, deteniéndose aquí y allá para presentarme a algunos de los otros residentes de "Blue Sky".

Ahí fue donde la vi otra vez, baja, cuadrada, sonriente, y exudando compasión conforme tejía su camino entre los residentes y sus familias. "¿Recuerdas a Mayra?" Jon hizo la moción mientras nos movíamos hacia el grupo alrededor de ella, "¡Ella es asombrosa!"

Observándola desde el otro lado del césped, me sentía como si mirara el movimiento de Jesús mismo entre la gente mientras que las caras endurecidas por la vida se ablandaran y ojos hechizados hacían contacto con los suyos. Demacrados, adictos tatuados y alcohólicos de todas las edades parecían estar pendientes de cada palabra que decía Mayra.

Pronto estábamos parados directo enfrente de ella. Sosteniendo mi mirada habló como si fuera la única persona en la propiedad. Ella vestí uniforme quirúrgico. Una diadema roja enmarcaba su cara redonda y morena. No había nada físicamente atractivo sobre su apariencia, pero Mayra era hermosa. Fue el amor que irradiaba de todo su ser que la hizo verse así. Era obvio que ella amaba su trabajo, amaba a la gente que la contrataron para ayudar.

"Estamos orgullosos de su marido." Mayra sonrió, estrechándome la mano. "Él ha tenido grandes avances en estas dos semanas." Mirándolo de reojo podía ver que su elogio pareciera hacerlo crecer más alto. *Eso espero.* Casi escupí las palabras, pero me las tragué.

"Dios, así lo espero," rece en silencio.

"Hablaremos más después de la reunión de grupo," prometió Mayra conforme se movía hacia un par de padres que habían venido a visitar a su hija adolescente.

Volteando hacia mi marido, me sorprendí de ver el cambio en él. El semblante completo de Jon era diferente. Parecía seguro, incluso esperanzado. Durante la siguiente media hora, persona tras persona me dijo que bendición e inspiración él era. Los muchachos le agradecían por las Escrituras que había compartido y varios que regresaban a casa ese día, le pidieron su número para mantenerse en contacto. *"¿Qué está pasando aquí, Señor? ¿Es posible que esta gente ve algo en Jon que yo no?"*

Después del almuerzo, asistimos a una reunión familiar obligatoria. Mis ojos buscaron caras de víctimas indirectas de drogas y alcohol. Había reflejos de esperanza y desesperación, cólera y resignación. Para algunos como yo, éste era, como decimos en Texas, su "primer rodeo." Otros, como la esposa bonita con tres niños pequeños, tenían una expresión de "déjà vu" desanimada. Su marido no había tomado en quince años hasta el día que cayó en la tentación y salió después del trabajo con sus "amigos" en vez de irse a casa con su familia. Repetidamente oí versiones similares de, "Solamente basto un. . ." Un trago, una aspirada, una bocanada, una fumada. Cualquier "droga de elección," solo tomaba usarla por primera vez para enganchar a la persona, o hacerla recaer en espiral.

Algunos de los miembros familiares eran padres, aferrándose a la esperanza de que el adolescente que se llevarían a casa sería dramáticamente diferente del que habían ingresado en "Blue Sky". Se me partía el corazón por todos ellos, las esposas decepcionadas, los padres desesperados, los niños confundidos. Mi corazón se partía por mí.

Sentada en una silla plegable de metal al lado de Jon, escuchaba a Mayra explicar lo que sucede dentro del cerebro de un adicto y comencé a sentir un grano de compasión muy adentro de mi alma auto protegida. Ella desmenuzo el ciclo de la adicción explicando los "detonadores" y las "señales de alarma" que hace que los adictos y alcohólicos entren en pánico y cómo los miembros familiares quedan atrapados en el torbellino.

También mencionó que ciertas drogas, como la cocaína, forjan físicamente vías en el cerebro, alterando el mapa del lóbulo frontal. "Esa porción del cerebro de una persona," explicó Mayra, "es el centro emocional y de control de la personalidad. La cocaína también destruye la capacidad del cerebro de hacer la dopamina y las endorfinas, que producen sensaciones de bienestar dentro del cuerpo."

Fue un momento de realización para mí. *¡Con razón él no ha podido demostrar empatía hacia mí! ¡Con razón su personalidad ha cambiado drásticamente en los pasados meses!* Ella prosiguió a decir que una vez que la persona deja de usar cocaína, esta permanece en su sistema hasta tres años.

Mis ojos se abrieron ante la gravedad de la situación de Jon y la posibilidad de que su adicción fuera aún más devastadora de lo que había imaginado. Solo quería que dejara de consumir, volviera a casa y fuera "normal." Según Mayra, la recuperación podría ser "un poco más complicada que eso". Después de la desintoxicación inicial en un centro de rehabilitación, implicaba "trabajar el programa", asistir semanalmente a reuniones de Narcóticos

Anónimos, darle cuentas a alguien y eventualmente ayudar a otros a lo largo de su trayectoria hacia la sobriedad. "Blue Sky" no garantizaba ser "arreglo rápido o permanente."

Mayra describió la recuperación como un proceso. "Y," procedió a decir, mientras miraba a los ojos de cada uno de nosotros que habíamos venido a visitar a nuestro ser amado ese día, "cada uno en la vida del adicto será afectado por el proceso. Con la comprensión viene la responsabilidad. Usted está aquí porque está comprometido a ver a su miembro familiar triunfar. Solo tendrán éxito si diariamente eligen la recuperación por sí mismos. Si usted intenta elegirla por ellos, fallarán. Si usted los posibilita, fallarán. Si usted es codependiente con ellos, fallarán. Si usted los ama incondicionalmente con la comprensión de lo qué están experimentando y fija límites saludables y la consistencia que ellos necesitan para trabajar su programa, ellos tendrán una mejor oportunidad para el éxito."

Después de la reunión, definitivamente tenía un mejor entendimiento. Lo que tenía que decidir era si *quería* la responsabilidad. Tuve que elegir si estaba en esto a largo plazo o no, especialmente si pasarían tres años antes de que el lóbulo frontal de mi marido pudiera funcionar a un nivel previo a la cocaína. Sabía que si deseaba correr, este sería un buen momento para hacerlo. De lo contrario, estaría comprometida a los procesos largos e idioma desconocido de una forma de vida llamada "recuperación." No estaba segura estar lista para esto. *"Dios, por favor muéstrame lo que quieres que haga aquí. No sé si pueda aguantar esto mucho más tiempo."*

Un poco más tarde, mientras observaba a Jon participar en la sesión opcional para familiares pero obligatoria para residentes, fui sorprendida otra vez por su confianza y franqueza dentro del grupo. Me sentía como alguien de fuera, como si estuviera viendo una película. Para algunos de los residentes, éste era su reunión final antes de lanzarse de nuevo "a la vida real," así que ellos compartían palabras sabias y aceptaban el estímulo y apoyo de su grupo.

Jon había sido profundamente afectado por un poema que uno de los consejeros había compartido con él a su llegada a "Blue Sky". Le pidieron leerlo en voz alta en el cierre de la reunión. Sacando una fotocopia arrugada del bolsillo trasero de sus pantalones Levi 501, él se dirigió calladamente al grupo. "Cuando te sientes que no vales mucho, y las malas cosas que has hecho parecen tapar lo bueno, siempre recuerda que en las manos del Maestro, tu eres valioso." Luego comenzó a leer el poema de un autor desconocido, "Estaba estropeado y marcado, el subastador pensó que apenas y valía la pena." Una rima sencilla y hermosa que termina con el subastador aumentando mil veces el precio de un viejo violín sucio, porque, en manos del maestro violinista, un instrumento inútil y naufrago, se convirtió en algo precioso y valioso, digno de tener.

La emoción rompió la voz de Jon cuando las últimas líneas salieron casi en un susurro. "Pero el Maestro viene y la muchedumbre insensata nunca puede comprender el valor de un alma y el cambio que se produce por el toque de la mano del Maestro."

La sala estaba callada excepto por algunos sollozos. Por un momento el único movimiento era los dorsos de varias manos que sacudían lágrimas silenciosas. Después aplausos y abrazos por todas partes mientras el grupo se reunía en un círculo apretado para repetir La Oración de la Serenidad.

Todos participaron. Incluyéndome a mí. Era mi primera vez. Con el pie derecho adelante, con los brazos entrelazados con los hombros de los que estaban de cada lado, balbuce mientras los otros repetían la oración, ahora ya conocida, de Reinhold Niebuhr: "Dios, concédeme la serenidad para aceptar las cosas que no puedo cambiar; valor para cambiar aquellas que puedo; y sabiduría para conocer la diferencia."

Las palabras intemporales de Niebuhr perforaron mi corazón, *convirtiéndose en mi oración*. En ese momento, con los ojos cerrados y los brazos que abrazaban a un grupo de totales extranjeros, elegí permanecer. Instintivamente supe que necesitaba tremenda sabiduría del Maestro Violinista. Necesitaba que vertiera su amor en mí, para que pudiera fluir hacia fuera a otros, especialmente al marido que estaba demasiado roto para reciprocar.

Años atrás, había leído un libro por Gary Smalley que decía que el "amor era una decisión." Si nuestro futuro estaba basado en sentimientos, no había mucho con que trabajar. Pero ese día, tomé la decisión de amar a mi marido. Entonces le pedí a Dios los sentimientos que iban con mi elección. Que la simple decisión cambió la manera que yo viviría mi vida.

La visita se había terminado. Cuando abrace a Jon de despedida, él me susurró algunas palabras finales en mi oído, "Por favor deja un poco de dinero en mi cuenta para comprar cigarros." Mi cuerpo instintivamente se puso rígido. En forma de explicación me dijo entre dientes, "Estoy dejando tanto ahora. Es una batalla que todavía no estoy listo para luchar."

¡Ooooh! No deseaba hacer eso pero tampoco deseaba discutir sobre esto con él. Dejar fondos para "gastos varios" me daba la sensación que estaba contribuyendo a uno de los vicios que estaba matando a mi marido. Quería controlarlo a él y a su hábito repugnante pasando por alto el área de recepción derecho a mi coche. Pero no lo hice. En lugar de eso, cabeceando mi consentimiento dejé veinte dólares con la recepcionista y rápidamente salí del edificio.

Pasarían años en mi propia recuperación antes de encontrar un escape hacia mi tendencia de ser codependiente del control y habilitador indulgente. Fijando límites sanos, era algo en lo que nuestro amigo León, fue instrumental en ayudarme con eso. No tenía ninguna pista donde comenzar.

En mi regreso a casa pensé en León. Quería llamar y decirle sobre mi decisión de elegir el amor. Necesitaba compartir los detalles de la visita y agradecerle por usar sus conexiones para conseguir que Jon fuera admitido inmediatamente en "Blue Sky".

Sin la intervención de León, creo que pude haber sido *yo* la que un día llegara a casa para encontrarse con un esposo muerto. Tal vez el desastre no hubiera sido tan feo como la tentación que tuve de terminar mi vida con un cuchillo, pero la muerte nunca es bonita, no importa cuán glamorosa Romeo y Julieta la hicieron parecer. *"Gracias, Dios, por enviar a León a nuestra casa hace tres semanas, el mismo día que temía por la vida de Jon después de su fin de semana de orgía de consumo."*

Recordé la escena. León se inclinó hacia Jon mientras estaban sentados lado a lado en nuestro sofá. Él pregunto, "Donde está tu guardado de droga?" Jon parecía sorprendido.

"Huh?" Él contestó.

"¡No, no 'huh'! Dónde está?" León respondió rápidamente. "Ve y tráeme toda la cocaína que has escondido para que la eches al escusado." Sorprendentemente Jon se levantó y entró a nuestro garaje. Dos minutos después regreso con una bolsa llena del polvo. Ése era mi primer avistamiento en la vida real de la droga que gobernó nuestro mundo.

Amable pero firmemente, León convenció a Jon que eligiera la rehabilitación como opción a la muerte cierta que lo aguardaba si continuaba su espiral hacia abajo. Invitó a Jon a que echara sus drogas en el fregadero de la cocina y se disculpara conmigo por traer una sustancia ilegal en nuestro hogar.

En mis ojos, León era nuestro mejor aliado humano. ¡A partir de ese momento, lo amo como a un héroe! No podía esperar para contarle las buenas noticias de que el centro de rehabilitación parecía estar ayudando a Jon. Como esto era antes de que tuviera un celular, tendría que esperar hasta que llegara a casa. Mientras tanto, tenía otro aliado, alguien que podía tener acceso en cualquier momento, día o noche. Uno quién había dado su misma vida por la mía. Por la vida de Jon. El resto del viaje a casa, le conté todo lo que Él ya sabía, pidiéndole otra vez que Él me diera su amor donde yo tenía muy poco propio.

Mi diario narra mi propia montaña rusa emocional durante ese mes, conforme esperé y rogué a Dios para que trabajara un milagro en la vida de Jon. En Agosto 9, nuestro aniversario de boda, escribí: *Me siento muy deprimida hoy. Triste. Espero que haya esperanza. Me* siento estúpida por haber creído en tal mentiroso. ¡Las cosas que él hizo para cubrir su problema! Espero que Dios me enseñe a perdonar sin importar si él está o no arrepentido.

Annie me recordó hoy lo bueno y considerado que era Jon. Siempre viendo por otros, anticipando sus necesidades o haciendo pequeñas cosas para ayudarles. Es por eso que me enamore de él. Él trataba amablemente a la gente. No quiero que venga a casa todavía, aunque lo extraño terriblemente.

Dos días después, escribí: *Jon suena como él era antes en el teléfono. Estoy contenta de que él este optimista y positivo. Él está compartiendo las Escrituras diariamente con otros ahí. Estoy orgullosa de él acerca de eso. No aguanto las ganas de que venga a casa.*

12 de agosto, sábado: *Fui de visita hoy. Me sentí muy triste - tuve que llorar en mi coche. Jon esta mejor. Puedo verlo en su cara. ¡Alabado sea Dios! Él está trabajando duro para hacer lo que él debe hacer. Él me dijo, "lo siento" y compartió un poema. Tengo fe que la va a librar.*

14 de agosto. lunes: *Vi una película en la noche llamada "28 Días." Decía que solamente tres de diez pacientes en rehabilitación no recaen. Rezo que Jon no recaiga. No sé lo que haríamos. Le pedí a Dios que lo salvara de daño, pidiendo que él estuviera dispuesto a conseguir ayuda a través de asesoramiento continuo, lectura, oración y estudio. Solamente por la voluntad de Dios pasaremos por esto con nuestra salud, cordura y matrimonio intactos. "Todo lo puedo en Cristo que me fortalece." (Filipenses 4:13 RVR).*

15 de agosto, martes: *Jon llamo. Sonaba optimista y tan positivo. Espero que no esté demasiado confiado. Él dijo que nunca va a volver a recaer. Que si lo lograra.*

Después de que me dijo que me amaba varias veces, yo le dije, "Enséñame el dinero." Él lloro. Solo me refería a, "Demuéstrame que me amas; no solo me digas." Me siento mal. No estaba tratando de lastimar sus sentimientos. No fue una buena manera de terminar nuestra conversación.

17 de agosto, jueves: *Hable con mamá. Suena bastante mal. Convulsiones en la cabeza otra vez. ¿Dejará de sufrir mi pobre madre?*

Después del severo trauma que ella sostuvo en nuestro accidente, no puede manejar el estrés de todo esto. Ella quiere que sea muy cautelosa con Jon. Ella teme que esto va a tomar mucho tiempo para superarse. Sé que así será, pero estoy en esto a largo plazo. Solo espero que no me tome por tonta otra vez.

18 de Agosto, viernes: *Aunque quiero que regrese a casa y gane dinero, realmente lo que quiero es que se mejore. Estoy comenzando a creer que él desea estar bien. Dios está en control. Estoy dispuesta a hacer lo que Él necesita que yo haga. Solo me gustaría saber qué es eso. Me gustaría saber cómo ayudar a Jon. Creo que se lo debo de dejar a Dios, porque no hay mucho que pueda realmente hacer. Rezar y perdonar. Es todo lo que sé.*

19 de agosto, sábado: *Pase la tarde con Jon. Su semblante se ve pacífico. Me dijo que esté orando mucho y que Dios le ha quitado la culpa y la vergüenza. Él me pidió que lo perdonara. Me dijo que ya "acepto" su hábito de fumar.*

Estoy muy satisfecha con el progreso que veo. Agradezco al Señor por Su bondad, misericordia, perdón y promesa que Él sostendrá todas estas cargas. Mi oración esta noche es que confiemos en Dios y no confiemos en nosotros.

20 de agosto, domingo: *Hoy me corté la punta de mi dedo con un pelador en el Café. Me sentía totalmente enferma. Hable con Jon en la noche. Me dijo que me amaba muchas veces. Deseo creer en eso tanto, pero necesito evidencia.*

21 de agosto, lunes: *Hoy fue un buen día en la escuela. Me sentí cansada y deprimida. Siento que mi fuerza se ha ido y deseo berrear. Siento que apenas y puedo hacer muy poco esta noche. Incluso el hablar con Jon no levantó mis ánimos.*

22 de agosto, martes: *Amanecí con lágrimas y me fui a dormir con lágrimas. Pienso que la impresión y el entumecimiento se están acabando y verdadero enojo, miedo y depresión están viniendo. Debo reprocharlo "Por qué no nos ha dado Dios el espíritu de temor, sino el de fortaleza y de amor" 2 Timoteo 1:7 (RVR). Deseo una mente sana. Me siento muy abrumada con todo - las cuentas, las preguntas y las*

miradas de la gente, nada de dinero, con todo. No sé exactamente cómo manejar lo que estoy sintiendo. ¿Cuál es la realidad?

24 de agosto, jueves: *Limpie la casa y me prepare para el regreso de Jon mañana. "Dios, ¿estoy lista para que regrese a casa?"*

Segunda Parte

Capítulo 6

Vivir "Limpio"

"Incluso el gorrión ha encontrado un hogar,
Y la golondrina un nido para sí misma,
Donde puede poner a su hijo - Incluso Tus Altares,
Señor de Anfitriones, Mi Rey y Mi Dios."
Salmo 84:3 RVR

2000–2001

La vida es diferente cuando se vive del lugar que uno elige, en vez de ser víctima de la circunstancia. Una vez que erigí empezar a practicar una forma de vida de amor y perdón dentro de mi matrimonio, sin importar la reciprocidad, el Señor comenzó a darme sentimientos necesarios para aceptar mi decisión. Un poco tiempo atrás había sentido enojo, miedo, y repugnancia por Jon. Hacia el final de su estancia en el centro de rehabilitación, comencé a experimentar sensaciones de compasión, perdón, amor y esperanza hacia mi esposo quebrantado.

León me advirtió sobre el "período de luna de miel" después de la rehabilitación. También me compartió que el porcentaje de recaídas de adictos de cocaína es alto; estadísticamente hablando menos de un diez por ciento de los adictos tienen éxito en la recuperación. Mi fe en el poder de Dios de curar era más fuerte que la estadística, sobre las cuales no sabía nada, también sabía que Jon necesitaba su propia conexión profunda con Cristo para mantenerse limpio una vez que viniera a casa. Había algunas concesiones que él tendría que hacer con respecto a su libertad. Deje que sus consejeros y León le explicaran eso. No deseaba ser la mamá de Jon. Anhelaba ser su esposa.

Mientras tanto, Annie y yo tomamos medidas en el café para que Jon ya no tuviera más acceso a las finanzas. Yo continuaría manejando nuestras finanzas de la casa y él sería responsable de darme cuentas de lo que comprara con nuestra tarjeta de gasolina Chevron. Si Jon depositara su cheque semanal en el presupuesto de la casa y acordara funcionar dentro de los límites de un gasto razonable, conseguiríamos eventualmente ponernos de pie financieramente.

Uno de las partes más difíciles sería decirles a nuestros prestamistas, Bob y Aubrey, muy estimados amigos cristianos a quienes habíamos conocido antes de nuestro matrimonio, que Jon había gastado una gran porción de nuestro dinero para la construcción, en la cocaína. Puesto que nuestro hogar estaba parcialmente completo y Jon y su patrón hacían el trabajo, necesitamos un préstamo adicional para acabar el proyecto. Porque no les habíamos dicho antes del problema de Jon con la droga, la conversación sería incomoda. Me daba pavor.

Hablar con mi madre también sería desafiante, porque ella y Sr. P habían vertido varios miles de dólares en nuestro negocio para mantenerlo a flote cuando estábamos teniendo tantas dificultades en el invierno. Los Ps amaban a Jon y habían sido siempre generosos con él, pero las repetidas llamadas telefónicas a Europa de Annie llorando sacaron la "mamá oso" en nuestra madre. Estaba absolutamente desconcertada con su yerno.

Yo estaba emocionalmente desgarrada. Deseaba pagarle a mi familia y componer las cosas financieramente en cuanto antes. Yo también estaba enojada del abuso de Jon con la generosidad de nuestros seres amados. En primer lugar, solamente mi madre y yo comprendíamos por completo la profundidad del sufrimiento que habíamos experimentado para obtener el dinero de la liquidación del accidente. El que haya gastado descuidada y egoístamente en su propio placer está más allá de mi comprensión.

Como no había realizado lo qué Jon había estado haciendo hasta apenas hace poco antes de que se fuera a "Blue Sky", era difícil contestar las preguntas de mi madre. No tenía todos los detalles. Sabía que me sentía miserable y me sentía demasiado avergonzada para sacar lo herida que estaba.

Si una persona está intentando salvar un matrimonio, deben tener particular cuidado con lo que les dicen a los miembros familiares sobre su esposo. La cólera de una madre con respecto a cómo su yerno trata a su hija se rezaga después de que la hija ha perdonado y ha olvidado. No quisiera que mi familia o amigos detestara a mi marido si íbamos a permanecer juntos y arreglar nuestra unión fragmentada. Tenía cuidado con lo que compartía con los demás.

La única persona que sabía la mayor parte de la verdad por lo que estábamos pasando era León. No sé cómo hubiera manejado todo esto sin sus consejos. Él y Elaine se volvieron las personas más valiosas de mi mundo. Creo que Dios nos revela Su corazón a través de ciertos seres humanos que permiten que Dios los utilice. Con el ministerio de León, experimenté algunos aspectos del carácter de Dios del cuál no tenía ningún conocimiento.

Aprendí que el amor incondicional no significa permitir que otra persona te utilice. Aprendí que el perdón es una opción, no una sensación. Lentamente, comencé a aprender cómo encontrar alegría en la vida, independientemente de cualquier elección que Jon tomara. Mi alegría no tenía que depender de las decisiones de otra persona.

Merriam-Webster.com define codependencia como "Una condición psicológica en la cual alguien está en una relación infeliz e insana que involucra vivir con y cuidar a otra persona (como un drogadicto u alcohólico)." Gracias a León, comencé a dar mis primeros pasos para alejarme de patrones codependientes no saludables en mis relaciones, hacia la libertad de una vida con límites sanos.

Cuando dieron de alta a Jon de "Blue Sky", solo comenzaba a entender algunos de los principios básicos de la recuperación. Jon y yo éramos ambos productos del quebrantamiento en varias formas transmitido a nosotros por nuestros miembros familiares que también sufrieron daños emocionales o de relaciones. Dios uso a León para que nos equipara con varias herramientas que nos hacían falta en nuestros cinturones de herramientas de salud mental.

Una semana antes de que Jon regresara a casa, decidí comprarle un camión para su próximo cumpleaños. Su camión viejo era repugnante. Con solo verlo me disgustaba. Había estado cociéndose en nuestra entrada por semanas antes de que valientemente bajara las ventanas para ventilarlo. No sé exactamente lo que hacía ahí, pero mi Mamaw hubiera dicho que "olía a diablo".

Sabía que el camión de Jon había llevado algunos caracteres sombríos desde y hacia los peores lugares de nuestra ciudad. Lo que había aprendido sobre los "detonantes" de los drogadictos, es que sentado detrás del manubrio de ese Dodge Dakota azul Jon podría ser detonado bajo el mismo camino, el cual lo arrastró tan lejos de su curso que apenas y pudo regresar a casa.

De regreso el día de mi visita familiar vi una agencia de coches que anunciaba intercambios. Apunté su número e hice una cita para traer el camión viejo de Jon para que me hicieran un presupuesto. Parece que no les importo la peste y me ofrecieron quitármelo de mis manos. El cumpleaños de Jon sería el fin de semana que lo daban de alta, así que arreglé negociar su viejo camión por un Dodge Ram mucho más nuevo de tamaño completo.

El Ram era verde y brillante con una parrilla protectora de ganado y un asiento tan alto que tuve que usar el escalón de la barra lateral y la manija para subirme a él. Cuando termine con el papeleo parecía ser un buen trato. El pago sería solamente algunos dólares más por mes de lo que ya pagábamos. El Señor vendedor de coches usados tomó mi foto parada al lado del camión nuevo de Jon y convirtió la foto en un llavero y en un calendario para Jon. Manejándolo fuera del lote me sentía como una verdadera tejana.

"Va a amar esto. ¡Sé que va a amar este camión! No puedo esperarme para ver su cara cuando le de las llaves. ¡Gracias, Señor por conseguirme una buena negociación con esto!"

Saber que me llevaría la camioneta nueva de Jon para recogerlo al final de su estancia en "Blue Sky" aumentó la anticipación de su regreso a casa. Pensé que sería un regalo encantador de cumpleaños y un símbolo de principios nuevos. Mientras tanto, empezaban las clases y tenía muchos pendientes de última hora, detalles del comienzo del año escolar que tenía que atender, así que la semana paso rápidamente. Antes de que me sintiera lista, la primera de las treinta y seis semanas de nuestro año escolar había pasado e iba rumbo a "Blue Sky" en un enorme camión Tejano a recoger a mi marido reformado.

Fue tedioso pasar por despedidas y detalles de la dada de alta. Mayra se reunió con nosotros para hacer un plan de acción para la recuperación a largo plazo. Ella le informó a Jon que asistir a las reuniones semanales de Narcóticos Anónimos era una parte fundamental de su proceso de recuperación y le dio las ubicaciones de los grupos que se reunían por nuestros rumbos. Entonces ella me dijo qué señales de peligro buscar como indicadores de que Jon podría sufrir una recaída. Nos animó a seguir con la terapia de León para trabajar con la raíz de donde emanaba la adicción de Jon.

Cuando la jale a un lado para decirle que le había comprado un camión nuevo a Jon para su cumpleaños, no pareció impresionarle. Ella simplemente me advirtió que tuviera cuidado.

Cuando finalmente salimos del edificio, giré mis muñecas en un movimiento "ta-da" y aplaudí "¡Feliz Cumpleaños Jon!" como al estilo "Vanna" le di el llavero de lujo con dos llaves de su camión casi nuevo. Estábamos parados en la banqueta directamente enfrente de la parrilla protectora de ganado del camión. Las rodillas de Jon se doblaron. En una milésima de segundo se arrodillo junto al camión con lágrimas rodando de sus mejillas. Decir que no cabía de gozo sería quedarse corto. ¡No lo creía! Corrió de regreso al centro de rehabilitación regresando al instante con varios residentes y empleados, incluyendo a Mayra, a rastras.

"Miren lo qué mi esposa me ha dado para mi cumpleaños!" Clamó orgulloso. "¡He sido redimido!" Abrió la puerta y saltó a la cabina, arrojando su bolsa de cuero al asiento trasero con un movimiento suave. Luego se salió y me abrió la puerta del pasajero antes de saltar nuevamente dentro del asiento del conductor. Con una mano dijo adiós y con la otra encendió el motor. Tan pronto como salimos del estacionamiento, me jalo para darme un abrazo y un beso. "Gracias por creer en mí," grito, "incluso cuando yo no estaba seguro si creía en mí mismo."

De regreso a casa, Jon ofreció ponerme al tanto de muchos huecos sobre su vida. Él me contestó a varias preguntas inquietantes. Me entere que había experimentado con alcohol en la primaria, que había consumido drogas severas en la secundaria, y que había salido a muchas fiestas durante su primer matrimonio. Él me compartió que empezó a usar cocaína otra vez alrededor de un año y medio antes de su admisión a "Blue Sky". Que su uso excesivo de dieciocho meses empezó cuando él fue a visitar a una hermana que encontró recientemente, que era también adicta a la cocaína. La historia era complicada.

Me culpe por dos cosas. Primero, por no realizar lo profundo que le afecto a Jon la noticia de la muerte de su madre biológica, aun cuando yo sabía que era su deseo de toda la vida conocerla, y la segunda cosa fue no ir con él a conocer a sus "nuevas" hermanas en Florida. "Así que," me pregunté mientras que él paró de hablar por un momento. "cuando Román te llamo hace dos años para decirte que encontró a tu madre biológica, ¿fue el principio de esta pesadilla?"

"Más o menos", respondió. "Cuando Román me dijo que teníamos otros tres hermanos, estaba contentísimo. Supongo que no estaba preparado para lo que dijo a continuación." Román compartió con Jon que había hablado con una de sus hermanas biológicas y le contó la desgarradora historia de cómo su madre murió inesperadamente tres años antes por complicaciones durante un procedimiento quirúrgico de rutina.

Recuerdo la angustia después de la llamada telefónica. Era una de esas cosas que una esposa no olvida fácilmente; uno de esos momentos que te congelas y te sientes tan pequeña ante la sombra de las malas noticias abrumadoras y no sabes cómo algo que puedas hacer o decir calmaría el golpe. Después de recibir esa información, Jon se enrosco en posición fetal en la cama y empezó a llorar como un niñito por lo que parecieron horas.

Después de la noticia, parecía obsesionado con ponerse en contacto con los otros hermanos. Dos de las hermanas respondieron. Inmediatamente nos invitaron a visitarlas en Florida. Jon quería ir inmediatamente, en lugar de esperar a que tuviera vacaciones cuando estaría fuera de la escuela. El momento fue difícil y no me sentía cómoda dejando a Annie sola con toda la responsabilidad de nuestro café recién inaugurado. Lamentablemente, decidimos que Jon debería de ir a Florida solo.

Mientras él compartió la historia de cómo su nueva hermana puso una línea de cocaína en su mesa mientras ella le contaba todo sobre la madre que él nunca había conocido, imagine la escena en mi mente. ¿No ves cómo esa situación era un lugar perfecto para que el enemigo acampara? Satanás siempre aprovecha los momentos de vulnerabilidad. Por esta razón es importante reconocer cuando estamos débiles y rodearnos de personas que pueden orar por nosotros a través de los valles. Por desgracia, Jon estaba en terreno peligroso y su compañera, quien se perdió de las señales de advertencia, estaba a varios estados de distancia. Sin que yo lo supiera, mi marido regreso a casa de ese viaje con un amante en la forma de polvo blanco. Ella competiría años conmigo por su cariño, pero por ahora había esperanza.

Nuestro viaje a casa fue notablemente diferente al que habíamos tenido cuando lo lleve al centro de rehabilitación "Blue Sky" unas semanas antes. Nuestra conversación fue animada e íntima, incluyendo una disculpa sincera de Jon. "Discúlpame por mentirte y por dejarte fuera de mi dolor. No quería que te decepcionaras de mí. No quise hacerte daño. Haré lo posible para compensarte. Me perdonas por favor?"

Dije "Sí." "Estoy eligiendo perdón. Ya no puedo vivir la vida enojada. Debes prometerme ser honesto conmigo, Jon. Eso incluye no esconder tus cigarros. ¿No quieres dejar de fumar? Tu sabes lo que dijo Mayra sobre la cafeína y la nicotina que son sustancias que le dan la entrada a desarrollar antojo para otras drogas."

"Sí, sí. Lo sé. Tu simplemente no entiendes. Los cigarros son como una madre para mí. Cuando yo era pequeño y mis padres peleaban, o las cosas salían mal y me enojaba, me ocultaba en el establo y fumaba. No es fácil renunciar a la única comodidad que has tenido durante casi tu vida entera."

"¿Pero donde consigue un niño cigarros?" Pregunté.

"Con hermanas adolescentes y sus novios, siempre había suficiente alcohol, marihuana y tabaco. Pensaban que era gracioso traer a Román y a mí a sus fiestas y dejarnos probar sus cosas. Creo que tenía siete años la primera vez que me emborraché. Empecé a fumar mucho antes de eso," explicó.

"Todo lo que estoy diciendo es que me mantengas enterada," dije. "No evites besarme porque temes que oleré los cigarros. No dejes que todos te vean fumar menos yo. Por supuesto no quiero que fumes en la casa o en nuestros vehículos, pero hasta que dejes de fumar, te agradecería que me trataras como a cualquier otra persona y te disculpes para salir a fumar en vez de esconderte. No es como que no sé lo que estás haciendo de todos modos."

"Trabajaré en ello," me prometió, cambiando de tema. "¿Cómo están las chicas?"

"Te han echado de menos, pero están bien", le respondí, sabiendo que él había frenado *esa* parte de nuestra conversación.

Las "chicas" eran nuestros dos perros, Snuffles y Whipper Snapper. Los he mencionado antes, pero te diré un poco más acerca de ellos. Snuffles, un gordo pug chino color pardo con una submordida, era mi bebé. Jon me lo dio en mi cumpleaños el primer año que me mude a Texas. La Pequeña Snuffs estaba sola en casa mientras los dos trabajábamos largas horas, así que cuando ella tenía un año, le agregamos a nuestra familia un enérgico Boston terrier.

Al principio, la obstinada pug se negó siquiera a reconocer a su nueva "hermana". Dándole la espalda, se escapaba al jardín y saltaba a la mesa de picnic, donde Whipper no podía alcanzarla. Desde allí, se quejaba gruñendo y refunfuñando cada cuantos minutos para que los humanos supieran lo infeliz que era. Insistente a que se convirtieran amigas, las obligue a dormir juntas en la misma cama de perrito en el piso al lado nuestro. No fue mucho antes de que el corazón de Snuffles se derritiera y las chicas se convirtieron en inseparables.

Las perras mantuvieron nuestra vida en una rutina y le dieron cierta semblanza de normalidad a nuestra casa antes de que Jon sucumbió a la rehabilitación. Cuando regresó, restablecimos nuestras rutinas y nuevamente nos convertimos en una pareja que jugaba, oraba y adoraba juntos. Como yo, nuestros amigos y miembros familiares aceptaron las disculpas de Jon y siguieron con la vida tal y como la conocíamos todos. Sus jefes incluso lo aceptaron de regreso al trabajo. Al poco tiempo retomaron la construcción de nuestra casa.

El 26 de agosto, mi diario dice: *Tengo muchas esperanzas para el futuro mientras ambos permanezcamos en Cristo. Jon admitió que demonios habían tomado el control de su vida y su mente. Espero que él no dará cabida a que entre el diablo nunca más. Quiero que crezcamos como cristianos. Sé que Jon es sincero y que hará lo que sea necesario. Él incluso ha dejado de fumar. ¡Alabado sea Dios por eso! Ahora puedo llorar lágrimas de alivio.*

Annie era la persona que tuvo meas dificultad en creer en la transformación de Jon. Ella aprendió a no confiar en él. No fue hasta que se le acercó en la iglesia para reparar el daño durante un servicio especial que ella aceptó su sacrificio de arrepentimiento y a su vez, le ofreció perdón. Mientras lloraban lágrimas, susurré:

"Gracias Dios, por el poder de Tu Espíritu para traer reconciliación. No tenía idea cómo orquestaste este momento, pero estoy tan agradecida por lo que estoy viendo. ¡Te alabo!"

Esa grieta en nuestra familia me estaba hiriendo. Constantemente me sentía obligada a elegir lados, aunque sabía que el único lado que una esposa debería elegir es el de su esposo, si ella planea conservarlo. Mi decisión de apoyar a Jon no ayudo a disolver la desaprobación flotando en el aire cada vez que los tres estábamos juntos.

Una semana después de que Jon regresó a casa, comenzamos a ir a reuniones de Narcóticos Anónimos. No tenía que ir. Fui porque no confiaba en que saliera de noche solo. También quería ver que estaban haciendo que era tan vital para la recuperación de Jon.

Esas reuniones, además de nuestras sesiones semanales de asesoramiento con León se convirtieron en el centro de nuestras vidas. Como introvertidos, ambos estábamos exhaustos por la combinación de conocer y saludar a personas desconocidas y exponernos emocionalmente "allá afuera". Nos habíamos comprometido a "hacerlo bien" y Mayra dijo que Jon no lo lograría si él no asistía a reuniones de recuperación semanales.

Nunca había participado en un programa de 12 Pasos antes y me encontré temiendo las palabras que mi esposo tenía que repetir cada martes a las 7 p.m. "Hola, soy Jon y soy un adicto", no me parecía muy redentor. *¿Va a recitar esto semana tras semana hasta que Jesús venga?* Pensé una noche mientras miraba las caras en nuestro círculo cuando contestaban en unísón: "¡Hola, Jon!" con algo de entusiasmo forzado. *¿Que tal acerca de 2 Corintios 5:17, que dice "De modo que si alguno está en Cristo, nueva criatura es: las cosas viejas pasaron; he aquí todas son hechas nuevas?" (RVR) ¿Dónde en la Biblia encontramos que continuamente debemos hacer nuestro pecado nuestra identidad? No lo entiendo. Esto me parece una profecía auto cumplida."*

Pensamientos conflictivos inundaron mi cerebro mientras escuchaba historia tras historia de relaciones arruinadas, trabajos u oportunidades de educación fracasados y atentos de suicidio por sobredosis. La mayor parte de los participantes eran adolescentes y en sus veintes, jóvenes desplomados y sucios con los ojos huecos y sin esperanza. Las reuniones revelaban un cuadro sombrío de la vida que nunca había visto antes. Me rompió el corazón, especialmente la parte donde mi marido rubio robusto de treinta y tres años, recién salido de rehabilitación, compartió cómo se había enredado en la red de mentiras que había creado intentando vivir dos vidas, que había sentido ganas de terminar con su vida por completo.

¿Cómo trae el enemigo a dos personas cristianas al borde del suicidio sin que nadie lo note? Gracias a Dios por León. Él ha salvado nuestras vidas.

Rumbo de regreso a casa una noche varias semanas después de la confesión de Jon, el afirmo "Quiero empezar a venir a Narcóticos Anónimos solo."

"¿Porqué?" Pregunté. "No me siento bien acerca de eso."

"Necesito empezar a hacer esto por mí mismo," dijo bruscamente. "No necesito que me lleves de la mano todo el tiempo."

No entendí su razonamiento. Ni me gusto, pero asentí. ¿Qué podía hacer? Si no me quería ahí, no me quería ahí.

Pasaron los meses y nos acomodamos en lo que parecía una vida normal. El 18 de enero, escribí en mi diario: *Creo que Jon ha estado fumando otra vez. No me dice nada de él; dice que no está siendo tentado realmente.*

"Por favor Dios, ayúdalo a ser honesto." Muéstrame las preguntas correctas que hacer. Ayúdame a ver a través de las apariencias. Dame sabiduría para trabajar con el enojo que tengo sobre nuestras finanzas, la naturaleza deshonesta de Jon y todo. Necesito ayuda para ser como tú, Jesús. Necesito que el Espíritu Santo me de esas frutas especiales: amor, alegría, paz, paciencia. . ."

Para la primavera siguiente, la fase uno de nuestra casa estuvo casi terminada. Nuestro plan era construir una cochera doble con un apartamento arriba y vivir en el hasta que hubiéramos ahorrado suficiente dinero para agregar la casa principal. No estábamos seguros cuánto tiempo podría ser, por lo que el apartamento fue diseñado para alojarnos cómodamente. Pensamos que quizás un día los Ps terminarían viviendo allí. Mientras tanto, lo hice mío.

¡Simplemente me encanto! El techo era alto como una catedral y las ventanas altas hacían que el espacio pequeño se viera luminoso y airado. Pinte todo el interior yo misma, incluyendo los gabinetes de la cocina mandados a hacer, color crema y mi alegre cuarto de lavandería amarillo. Una ventaja adicional era que nuestros amigos Ryan y Meredith vivían en la misma calle; Ryan había dibujado los planos de nuestra casa. Nos habíamos vuelto muy unidos desde que Jon salió de rehabilitación.

Ryan y Meredith nos apoyaban con prácticos consejos religiosos. Su matrimonio era prueba de lo que Dios podía hacer con dos personas destrozadas dedicadas completamente a Él. Sus vidas demostraban los resultados de permanecer diariamente con Cristo y los efectos positivos de escribir en su diario las conversaciones con Dios. Fue Ryan quién introdujo a Jon a los trabajos de Neil Anderson, animándole a permitir que Dios fuera el Interruptor de su Esclavitud en su vida. Estaba emocionada acerca de ser sus vecinos así podríamos pasar más tiempo bajo sus alas.

Un poco antes de la mudanza ese mayo, recibí dos sorpresas: la primera del enemigo, la segunda de Annie. Pasábamos largas horas en nuestra propiedad nueva poniendo los últimos toques finales en el hogar y erigiendo una barda para las perritas. Incluso Jon construyó una perrera chica de estuco solo para ellas. Con nuestra fecha de mudanza encima de nosotros, Jon y yo trabajábamos hasta tarde. A veces no conseguíamos llegar a casa hasta bien pasada la noche, agotados, pero emocionados con los progresos que estábamos haciendo. Nuestros amigos y prestamistas, Bob y Aubrey vinieron por unos días para ayudarnos a instalar la calefacción y aire acondicionado. Después de eso, todo se movió rápidamente.

Una noche, llegamos a casa al atardecer para descubrir nuestra puerta de enfrente estaba entreabierta. *Estoy segura que cerré esta puerta cuando me fui hoy. ¿Qué pasó?* Al entrar a la casa, noté el contenido de mi buro desparramado a través del piso de la sala. *¡Nos han robado!*

"¡Jon! ¡Nos han robado!" Seguí temblorosamente un rastro de ropa interior aventada en la recamara principal. "Quien quiera que haya estado aquí obviamente tenía mucha prisa."

"Parece ser que vaciaron tu buro y lo llenaron de cosas que querían", dijo Jon. "¡Patanes! Se llevaron todos nuestros productos electrónicos."

"Y mi colección de monedas," gemí. "Han destrozado todo nuestro armario. Ésta era la única cosa de valor que tenía adentro."

Peinamos cuidadosamente la casa, buscando por artículos que faltaban. No consiguieron mucho. Casi todo podía reponerse, excepto esas monedas, que había coleccionado durante años. El Sr. P había contribuido con una porción grande a esa colección, tesoros coleccionados durante toda una vida de recorrido. Era una pérdida enorme, pero no la peor.

Para mí, la pérdida más grande fue mi libro de bebé. En él mi madre escribió cariñosamente los detalles dulces de mis primeros meses y años de vida. Había cartas y fotografías de mis padres cuando primero se casaron, y recuerdos de eventos especiales. Era absolutamente irreparable. ¡No podía entender porque alguien en el mundo lo querría! Como una persona profundamente sensible y coleccionista de recuerdos y momentos, eso era una gran pérdida para mí. Sentía como que se habían robado una parte de mí.

La sorpresa de Annie fue más alegre, pero no sin su propia rociada de pérdida. Eddie, un apuesto y joven capitán del ejército pasaba por nuestro café todas las mañanas no solo para comer panecillos. Él capturó el corazón de mi hermana y ahora planeaban una boda. Esta noticia afectó a todos los involucrados en el negocio. Sin Annie, no había "Buona Notte Café". Tuvimos que idear un plan, porque en seis meses nos dejaría.

Primero, decidimos tratar de vender el negocio "como-estaba" a cualquier persona que estuviera interesada en mantener funcionando como "Buona Notte Café". Vergonzosamente, cada vez que un comprador potencial quería ver nuestros libros, inmediatamente perdía interés. Aunque teníamos una línea de clientes desde nuestro mostrador hasta la puerta casi todos los días, el negocio no se veía bien en papel. Fue difícil no culpar a Jon mientras luchamos por salvar nuestra inversión.

Eventualmente, solamente vendimos los contenidos de nuestro amado café a un extraño que los reorganizaría en otro espacio. Annie y yo lamentamos profundamente la pérdida, al igual que muchos de nuestros fieles clientes. Nuestro último día de negocios fue emocional. Fue el 14 de julio, cumpleaños de mi hermana, exactamente tres años después de que abrimos nuestras puertas. Muchos de nuestros clientes y empleados trajeron flores y las pusieron en la entrada, como creando un monumento a alguien que había muerto. Supongo que en cierto modo, fue una muerte. Fue la muerte de nuestro sueño.

La muerte de un sueño a menudo crea espacio para otro. Para mí, cerrar nuestro café creó pedazos de tiempo libre en mi vida. Puesto que Jon parecía estar tan bien y ya no pasamos cada hora del día involucrados en algún tipo de trabajo, mis suprimidos anhelos maternales comenzaron a despertar.

Hay algo que se despierta dentro de una mujer cuando está haciendo un nido. Con la mudanza a nuestro nuevo hogar, anidando fue exactamente lo que estaba haciendo. No lo puedo explicar fácilmente, pero es un tipo de esponjamiento maternal que ocurre. Conforme elegía tratamientos para las ventanas y ropa de cama para nuestro nuevo hogar, podía sentirlo agitándose dentro de mí. Desempacando las cajas de la cocina y colocando los preciados platos azules y amarillos en el estante suspendido arriba del mostrador de granito, me sentía como si también estuviera desempacando mis sueños frágiles y apagados de un hogar alegre lleno de amor y niños. Saboreé esos sueños mientras salían, reflexionando sobre ellos mientras acomodaba los muebles, esponjaba las almohadas y regaba los alegres geranios rojos de mis jardineras amarillas en las ventanas.

Ese verano fue feliz cuando Jon y yo nos acurrucamos en nuestro acogedor apartamento tipo ático. Disfrutamos estar fuera de la ciudad, tener un espacio que podíamos llamar nuestro. A menudo sacábamos nuestros binoculares mirando desde el balcón como guajolotes salvajes buscaban forraje en el campo de nuestro vecino. Una familia de venados de cola blanca hizo camino a nuestro césped con sus juguetones gemelos creciendo frente a nosotros. Celebramos varias lunas llenas impresionantes y Grullas Canadienses haciendo camino hacia México.

Lentamente, un hilo de confianza comenzó a tejer su camino en nuestro matrimonio. La combinación de nuestro nuevo entorno rural, más noches juntos y el sabio consejo de León, nos acercó más de lo que nunca habíamos estado. El amor de Dios estaba construyendo un puente entre nosotros. Lo podía sentir. *Un día, pronto, compartiré mis sueños más profundos con él,* pensé una noche mientras estábamos sentados en silencio en nuestro balcón. *Por ahora, simplemente disfrutaré este tiempo que tenemos juntos. Confiaré en el Señor y sus tiempos para todas las cosas. ¿No dice Hebreos 13:5 (RVR), "... ¿contentos de lo presente?" Después de todo, hace apenas un año que Jon está "limpio". Según León, todavía estamos en nuestra luna de miel.*

Y vivimos y nos amamos como recién casados durante siete meses.

Capítulo 7

Amor Infantil

"Por este niño oraba..."
1 Samuel 1:27 RVR

2002

Annie y Eddie se casaron en octubre y se mudaron a Fort Leonard Wood, Missouri. Lloré su partida. Después de trabajar como esclavos durante tres años bajo mucha tensión, construyendo el negocio del café y viendo mi matrimonio casi fracasar, era necesario que Sis se alejara e hiciera su propia vida. El reconocimiento de esas verdades no hizo nada para aliviar el vacío doloroso que dejó atrás. Todavía hasta la fecha, no hemos vivido tan íntimamente entrelazadas como lo hicimos antes de que se casara Annie. La nostalgia a menudo me jala a los días que picábamos apio y charlábamos juntas mientras mezclábamos nuestra famosa ensalada de pollo vegetariano en la pequeña cocina del café. Ella fue mi aliada más cercana, mis ojos cuando estaba ciega, mi mejor, mejor amiga.

Febrero nos sorprendió a Jon y a mi entregándonos un regalo inesperado en nuestras vidas. Es una historia larga y dolorosa. Escribí los capítulos antes y después de este con relativa facilidad, pero omití el Capítulo 7 porque sabía que hacerlo sin anestesia sería insoportable. Sin embargo, mi historia estaría incompleta sin ella. Es irónico que "Capítulo 7" también es una abreviatura común del "Capítulo 7 La Bancarrota". Describe exactamente lo que le sucedió a mi corazón en el transcurso de este capítulo de la vida. Mi corazón se arruino.

"Está bien, Señor Jesús, ahí voy. Esto va a ser difícil. El nudo ya está en mi garganta. Lo puedo sentir que sube a cortar mi respiración. Respira, chica. Respira y ora. Tu puedes hacer esto."

"Ah y Dios, gracias por darme este lugar tranquilo para escribir. Sé que solo Tú podrías haber orquestado mi vida de tal manera que pudiera tomar una semana ininterrumpida para enfocarme en este tipo de trabajo de derramar tu alma. Gracias por la hospitalidad y oraciones de mi dulce amiga Nancy y por las hermosas vistas de naranjos y del lago desde su ventana panorámica. Gracias por la paz que me sobreviene conforme tecleo estas palabras en mi computadora portátil. Gracias porque puedo hacer todo a través de Ti y que este testimonio me conectará con otras madres que entienden el intenso dolor de la pérdida. Amén."

Era febrero. El día después de San Valentín para ser exactos. Mi primer y segundo grado estaban afanosamente ordenando nuestro salón de clases cuando el papá de Priscilla, Phillip, entro vestido con su uniforme del ejército. A veces él de la base camino a su casa recogía a Priscilla de la escuela. Después de señalarme hacia la puerta, reviso el salón de clases y le hizo una seña a Priscilla que se alejara de los sacapuntas hacia la mochila en su escritorio. "¿Quieres pasar esta tarde en tu camino a tu casa?" me preguntó cuándo su hija dejó de afilar gruñendo y agarró su mochila. "Carrie tiene algo que quiere mostrarte."

"Está bien", respondí conforme intercepté dos muchachos que se estaban correteando entre los escritorios. "Debo de terminar aquí alrededor de las 4:30, entonces me dirigiré hacia tu casa. ¡Parece que te veré en un rato más!" Le dije a Pricila conforme jaló a su padre por la puerta hacia el estacionamiento. "Dile a tu papá como te fue en tu prueba de ortografía hoy. ¡Estará muy orgulloso!"

La mamá de Priscilla y yo nos habíamos hecho amigas en el transcurso de ese año escolar. Carrie era una mujer inspiradora y generosa con un gran corazón para los niños. Ella y Phillip eran padres adoptivos de varios niños pequeños además de tres hijas de Carrie de su matrimonio previo. Estaban esperando a su primer hijo juntos en cualquier momento. Pensé que tenía algo nuevo del bebé que quería enseñarme ese día después de la escuela.

"¡Hola a todos! ¿Cómo les va? Salude alegremente a Priscilla y a cuatro hermanos menores que respondieron a mi llamada a la puerta. Me tomaron de las manos y me llevaron a la sala semi oscura donde Carrie, ya muy avanzada en su embarazo, estaba sentada tranquilamente en el sofá con una bebe recién nacida llorando envuelta en una cobija rosa.

Mirando hacia arriba, me hizo una seña para que me sentara junto a ella y dijo: "Hola, quiero que conozcas a Kiki. Acaba de llegar."

"Por tu aspecto, ella no vino de una manera convencional," bromeé mientras miraban la cara arrugada de un adorable manojo de frustración y señalé al vientre maduro de Carrie.

"No exactamente", ella sonrió. "Su mamá la dejó en el hospital. Sólo se levantó y se fue después del parto. Cocaína. El hospital llamo a los Servicios de Protección Infantil. SPI había recogido a Kiki, pero no podía encontrar a nadie que se la llevara, por eso me llamaron. Les explique que estoy a punto de dar a luz y no puedo acoger a un recién nacido en este momento, pero me la trajeron de todos modos, prometiéndome que pronto encontraran otra familia adoptiva."

"Es adorable. ¿De qué se trata todo este alboroto? ¿Ella tiene hambre? Se ve enojada," pregunte, sorprendida de como algo tan pequeño podía estar tan enojado. ¡O tan fuerte!

"No, no tiene hambre. Se está desintoxicando. ¿Quieres abrazarla?"

"Está bien. Pobre tesorito. A lo mejor la puedo calmar." Alcanzando a ese pequeñito bulto, la puse cerca de mi corazón y comencé a susurrarle cosas suaves.

"¿La quieres?" la pregunta fue callada, pero directa.

"¿A que te refieres?" le respondí elevando mis ojos hacia Carrie.

"Quiero decir ¿deseas adoptarla?" contesto. "Ella necesita un hogar amoroso. Serías una madre maravillosa. No tienes hijos. La adoptaríamos, pero ya tenemos ocho y uno en camino. Creo que lo debes de considerar. Ve a casa y pregúntale a tu marido si quiere adoptar a esta bebita."

"Dios, ¿me lo dice en serio? ¿Por qué bromearía sobre algo así? Sé que ella es una mujer devota, pero ¿cómo podría ella saber el deseo más profundo de mi corazón? ¿Le dijiste?"

Tuve algunas conversaciones francas con Dios acerca de mi deseo de ser madre sin hospitales y el posible trauma que el embarazo podría causar en mi debilitada pelvis. Detestaba los olores y los recuerdos de ser paciente. Mi aversión a los hospitales era tan fuerte que me debilitaba y me daban náuseas en el momento en que caminaba a través de las puertas para visitar a un familiar o amigo enfermo. Sólo Él sabía mi deseo secreto de que una cigüeña me dejara a un bebé en mi puerta. Por eso la pregunta de Carrie me tomo por sorpresa.

"Que tendríamos que hacer?" Las palabras se salieron antes de poder editarlas. En dos segundos, mi corazón que palpitaba rápidamente, estaba "en mi manga" para que todos lo vieran. Estaba enganchada.

Carrie, explicó emocionada el programa de adopción. "En Texas," dijo, "hay un programa que facilita a los padres adoptivos el adoptar. Una vez que pasan por los pasos básicos de la verificación de antecedentes, clases de crianza y primeros auxilios, el resto debe darse sin problemas. Como sus padres adoptivos, el estado te pagará para que cuides de ella hasta que pase el proceso de adopción. Llámame inmediatamente cuando tú y Jon decidan acerca de esto. Podemos ser sus referencias puesto que ya participamos en el programa. Kiki puede permanecer con nosotros hasta que terminen todas las clases. Deben de tomar algunos meses antes de que la acomoden permanentemente en tu hogar."

Kiki se durmió mientras hablábamos. Ahora la podía examinar sin los llantos. *Pobrecita. Ella no tiene una mamá. Con razón ella grita. Ella sabe que este mundo es tan grande y tan atemorizante sin un mamá. ¿Cómo podía su madre dejarla nada más así? No me puedo imaginar.*

Pienso en la madre biológica de Kiki mientras escribo estas palabras, me pregunto si todavía está viva, si ella consiguió rehabilitarse, si sueña con su bebita, o celebra el día de su nacimiento cada doce de febrero.

Pensé en la pequeñita en mis brazos. Sus caireles oscuros y piel oliva en contraste contra mi pecho pálido. Mientras que ella dormía, enrolle sus largos dedos alrededor de los míos, examinando cada uña perfecta y rosada.

Es tan linda. Una muñequita. Ella ciertamente no se parece a ninguno de los dos. Pero no me importa nada eso.

No sé tú, pero cuando algo pequeño e indefenso esta en mis brazos, instintivamente deseo cuidarlo. Cuando esa cosa pequeñita, es una vida indefensa, una criatura que respira — una persona real creada a la imagen de Dios, pero dañada por un mundo pecaminoso, uno tiende a ser aún más compasivo. En el pasado, ore por un hijo mío, pero las drogas que mi esposo consumió habían frustrado esos sueños porque temía el drama de traer a un pequeñito a esa incertidumbre. Sin embargo, aquí estaba yo, siendo presentada con un bebé ya creado, aunque adorablemente enojado. ¿Quién puede resistir?

"Voy hablar con Jon al respecto", le dije regresándole el paquete de tres días de edad de regreso a mi amiga. "No puedo hacer ninguna promesa, pero vamos a hablar. Te llamaré más tarde." Los pequeños se despegaron de Plaza Sésamo para acompañarme hasta la puerta. Los abracé a todos ellos y me despedí de Carrie. Ella me guiñó un ojo y asintió con la cabeza.

"Adiós mamá", ella profetizó.

"Oh, Padre ¿Qué dirá Jon? ¿Cómo le voy plantear esto? Estoy emocionada y nerviosa. ¿Es Tu Voluntad? ¿Estamos preparados para un bebé? ¿Estamos preparados para un "bebé adicto"? ¿Qué irónico es eso, después de lo que hemos pasado? ¿Así es cómo redimes a un adicto?

Dándole una bebita en proceso de desintoxicación. Por favor, Señor, no dejes que me lastime aquí. ¿Ya he pasado por bastante, no es así?" El camino de regreso a casa estaba lleno de oraciones de súplica, mientras le pedía a mi Padre Celestial me diera respuestas.

"¿Cómo te gustaría adoptar a una niña?" Lance la pregunta a través de la habitación en la noche. Sin detenerme para una respuesta, lo bombardee con el resto de la información. "Ella sólo tiene tres días de edad. Su madre estaba tomando cocaína y la dejó en el hospital. Carrie y Phillip la tienen ahora, pero su bebé va a nacer en cualquier momento. Buscan una familia que la adopte. Ella es adorable y adicta. ¿No estas opuesto a adoptar una bebé mestizo, verdad? No me importa. Ella es una personita que necesitan una familia. ¿Qué opinas, Jon?"

El siguiente sábado, ya habíamos hablado con nuestras familias y nos asesoramos con León y Elaine sobre la posibilidad de convertirnos en padres adoptivos de una niña adicta. Jon rápidamente decidió "darle una oportunidad." Como hijo adoptado, su corazón tenía un lugar suave para bebés rechazados. Inmediatamente pusimos mi Fiero a la venta para poder invertir en un coche con asiento trasero.

En mi diario ese día escribí: *Mucho ha sucedido desde que supimos del bebé Kiki. He tenido dos personas interesadas en mi coche. Mamá me ha dado su "OK" y León y Elaine creen que podemos hacerlo. Tengo sentimientos encontrados. Un momento estoy asustada y el siguiente emocionada. No quiero cometer un grave error sobre esto. Sin embargo, esta podría ser una oportunidad increíble de amar y atender a otro ser humano.* "¿Qué, Señor, podemos extendernos como tapete? ¿Cómo podemos saber Tu voluntad?"

Afirme la escritura escrita en la página de mi diario de ese día, "Me mostrarás la senda de la vida:" (Salmo 16:11 RVR).

Mi siguiente entrada en el diario está fechada *8 de marzo de 2002*: *Siento en mi corazón que el tiempo simplemente no es el apropiado para que tomemos a este bebé. No sé qué, exactamente, me ha hecho sentir de esta manera. Simplemente no se siente bien.*

En la página opuesta había escrito esta lista (yo y mis listas...) de obstáculos:

Planos de la casa - no hay espacio (No habíamos planeado suficiente espacio para un bebé o un niño)

Clases de manera oportuna para ambos (Había MUCHOS trámites y tarea de las clases que tendríamos que realizar entre nuestros trabajos de tiempo completo.)

Manejo del tiempo - ¿Niñera? (no tenía idea de cómo nos iba a alcanzar para una niñera o manejaríamos nuestras vidas ocupadas con un bebé.)

Obligaciones financieras (¿cuantas veces esta cualquier persona financieramente listo para tener un niño?)

Coche - no tiene asiento trasero (comencé a trabajar en este punto.)

De alguna manera, ni mi instinto, ni la lista de obstáculos nos disuadió de seguir adelante. Por abril nos habíamos abandonado al amor incondicional y habíamos nombrado a "nuestro bebé" Chloé Esperanza. Ella no era exactamente nuestra todavía, pero habíamos comenzado el proceso. En mi cumpleaños, el 9 de abril, escribí: *Hoy cumplo treinta y dos. Siento que Dios está en control de mi vida. Él me está guiando a ser como Él. Chloé es mi oración constante.*

"Que Dios la bendiga y la conserve y la sane Amén."

Desde que tomamos la decisión de convertirnos en los padres de Chloé, Carrie tuvo la gentileza de permitirme pasar la mayor parte del tiempo con ella. Empecé a pasar casi todos los días para que Chloé y yo pudiéramos unirnos. (Nunca supieron que la nombramos "Chloé". En su presencia continuábamos llamándola Kiki, como ella había sido presentada a ellos.) El bebé de Phillip y Carrie, Frankie, nació una semana después de que Kiki llegó a su casa. A menudo miraba con asombro mientras que hacía malabares con ambos bebés y el resto de su cría. Aunque nunca se le permitió pasar la noche en nuestro hogar, comenzamos visitas diurnas tan pronto como terminamos las clases básicas de adopción. Rece por Chloé, pidiéndole a Dios que eliminará todos los rastros de drogas de su sistema, mientras trabajaba con ella para conseguir hacer contacto visual conmigo.

Tres días después, el doce de mayo, escribí esto en el diario: *Chloé vino a "casa" por primera vez. Ella se quedó de 5:30 – 9:00 p.m. Jon le dio una botella. Tenía lágrimas en los ojos cuando la miraba. Él dijo que nunca espero que esto pasará pero que fue una buena cosa. Me siento bendecida de haberla conocido y querido, aunque no podamos quedarnos con ella. Rezo para que podamos. Hoy aprendí más sobre su historia familiar biológica. Ella tiene dos hermanos. Uno tiene seis años de edad y el otro diez. Su madre comenzó a usar drogas después de que nació el niño de seis años.*

Al día siguiente, escribí con entusiasmo: *¡Reconoce mi voz! Oh, la amo. Su pequeño y dulce olor a bebe y sus ojos cafés redondos. Que precioso, precioso regalo de Dios.*

Sentía un espíritu afín con Chloé cada vez que la quería y la convencía a hacer contacto visual conmigo. Ella y yo, ambas habíamos sido afectados por la cocaína. Estábamos sanando ambas y ayudándonos una a la otra en el proceso.

¿Fue coincidencia que la madre biológica de Chloé estuviera atrapada en la misma adicción que casi destruyó a nuestra familia? Sabiendo que ambas habíamos experimentado abandono por alguien que debería habernos amado mejor, pero en vez de eso eligieron el abuso de la droga, esto me dio un amor intenso y sin límite por esta niña. Su pequeña alma y cuerpo no merecían el dolor o rechazo que había experimentado. Viví para amarla completamente.

¡Cómo celebré la primera vez que hicimos contacto con los ojos! Qué alegría sentí la primera vez que ella realmente me sonrió reconociéndome cuando fui a cargarla. Cómo se rompía mi corazón todas esas noches cuando después del baño, leerle un libro y rezar, la abrocharía en el asiento de coche infantil para llevarla a la casa de Carrie y Phillip a su cama. Ella se quejaba todo el camino sabiendo que significaba adiós hasta el otro día.

Una vez terminado el año escolar, empecé a recogerla en las mañanas y me quedaba con ella todo el día. Le cantaba en esos paseos nocturnos y le susurraba "Mamá va a regresar mañana. Solo duerme por ahora. Antes de que lo sepas, ahí estaré. Pasaremos otro día feliz juntas. Sólo unas semanas más hasta que terminemos las clases de adopción. Entonces podrás dormir en tu cuna en nuestra casa. Solo espera, shhhhhh. Mamá va a regresar. ¡No llores! Lo prometo."

Derramé mis propias lágrimas camino a casa, contando los días hasta que ella regresara a casa para quedarse. "Jamás había sentido un amor tan desmesurado por otro ser humano". Tampoco Jon. Lo extraño era que ambos lo sabíamos, sin embargo, ninguno de los dos estábamos celoso del amor del otro por Chloé.

No veo la hora en que este proceso tan minucioso termine. Le pedí a Dios, en silencio, una noche de agosto cuando regresaba a casa de llevar a Chloé con Carrie y Phillip. *"¿Cuanta más información necesita esta agencia? Estoy agotada de la espera. Por favor moviliza las cosas para que podamos instalarla con nosotros antes de comience otro año escolar."* Susurré muchas súplicas similares hacia el cielo acerca de nuestro papeleo. Fervientemente, rogué que la agencia no descubriera que solo hacía un año que mi marido había sido dado de alta del centro de rehabilitación por uso de drogas.

Jon me convenció que no incluyera la información del centro de rehabilitación en nuestra información personal. Su orgullo no le permitía palomear el cuadro con "sí" al lado de la pregunta, "¿Ha usted alguna vez usado drogas ilícitas?"

"Nadie necesita excavar viejos huesos y utilizarlos en contra mía," dijo. "Lo que fue en el pasado se queda en el pasado."

Estaba convencido que si Dios y su esposa lo perdonaron, nadie más necesitaba saber sus pecados. Me prohibió incluir su historia de drogas en nuestro papeleo. Sentí que tenía que elegir entre ser leal a él o leal a Dios y decir la verdad. Elegí mal.

En ese momento, me sentí como la esposa de Achan en el capítulo 7 de Josué, participando silenciosamente en un pecado ocultado. Como ella pudo haberlo hecho, intenté convencer a mi marido de que ocultar cosas nunca es una buena idea. Al final, el orgullo viril y la persuasión ganaron sobre el sentido común y la conciencia. Como Achan y su esposa, al final terminamos siendo castigados. Fue una lección que me llevaré a mi tumba.

Cuando estamos conscientes de un pecado oculto en nuestra familia, no nos podemos hacer de la vista gorda. No podemos darnos el lujo de cubrir ese pecado, o barrerlo debajo de la alfombra. No podemos proteger al pecador por el bien de la familia, por el bien del matrimonio, o por el bien de la relación. La Biblia es muy clara, "Porque la paga del pecado es muerte..." (Romanos 6:23 RVR). Cuando alguien que está en nuestra cama, bajo nuestro techo, o bajo nuestra autoridad está abriendo puertas al enemigo con nuestro consentimiento silencioso, ponemos nuestra casa entera en tierra peligrosa. La familia de Achan durmió tranquilamente en su tienda de campaña sobre un changote de oro robado y enterrado, los doscientos siclos de plata y la ropa de lujo. Al final, todos fueron encontrados culpables por la asociación. ¿Cómo podrían ellos haber evitado las consecuencias? ¿Cómo podría yo hacerlo?

Es algo difícil sacar a la luz el pecado oculto. Es dolorosamente difícil decir la verdad en el amor. Va en contra de nuestra suave naturaleza femenina de ponernos firmes cuando todo dentro de nosotros quiere proteger (alias posibilitar) al pecador, querer rescatarlo, ayudarlo, querer creer sus promesas y aún sus mentiras. A veces vemos el pecado con nuestros propios ojos, sin embargo nos pueden convencer de que realmente no sucedió. ¡Entonces nos preguntamos *lo* que vimos!

El resto de Romanos 6:23 dice, "...más la dádiva de Dios es vida eterna..." La vida eterna es un regalo de Dios. No podemos ser la salvación de otra persona. De hecho, podemos contribuir a su prolongada separación de Dios al permitirles continuar sin interrupciones en un camino que conduce a la destrucción. La trayectoria puede parecer tan estrecha como el palomeo en el cuadro que diga, "¿Tiene usted antecedentes con el uso de drogas?" pero el engaño de cualquier clase es camino a la infelicidad. Se de lo que estoy hablando. Lo hice por años. Vivir con un adicto o un abusador te hará eso. Tus sentidos se entorpecen. Empiezas a desconfiar hasta de ti misma.

Al acercase la fecha de la mudanza de Chloé, Phillip y Carrie básicamente nos la dejaron durante el día. Ella vino a la iglesia con nosotros, asistió a varios conciertos cristianos en nuestros brazos y vivió con nosotros ese verano. Tengo una imagen clara de Chloé con un jumper color verde lima el cuatro de Julio, contenta sentada en el regazo de Jon mientras él conversaba con un grupo de amigos alrededor de una fogata en el patio de atrás. Todos la adoraban, especialmente Jon.

Recuerdo el día que casi la hirió. Por supuesto, fue un accidente, pero aterrador. Estábamos a sólo un par de semanas de mudarla. Nuestra casa había tomado definitivamente un aire nuevo y amigable para niños. Su cuna y mecedora esperaban en nuestro dormitorio. La practicuna tomaba bastante espacio en nuestra sala y su asiento del coche se convertía en silla alta. Queríamos que ella estuviera con nosotros, pero no teníamos otro lugar para que ella se sentara mientras cenábamos. A menudo la poníamos en el centro de la mesa donde la podíamos ver donde ella se sintiera parte de la familia.

Lo único que no teníamos era tapetes. Los azulejos de cerámica son hermosos, pero brutales. Yo ya había tirado un par de platos. ¡Zanco Panco lo tuvo fácil comparado con mis platos y vasos!

El accidente paso antes de que nos sentáramos a cenar. Chloé estaba esperando en su silla infantil en el piso junto a la mesa mientras yo llevaba alimentos de la cocina al comedor con el teléfono entre mi hombro y oreja platicando con la esposa de mi padre, Janet, una enfermera registrada. Snuffles me seguía para atrás y para adelante como era su costumbre, con la esperanza de que un bocado se cayera, mientras Whipper yacía tranquilamente a los pies de Chloé. Ambas se deslizaron cuando escucharon los pasos de Jon en el hueco de la escalera.

Él entró directo a la bebé, no saludo a las niñas ni se quitó sus zapatos.

"Hola pequeña," susurro poniéndose en cuclillas al lado de ella. "¿Cómo está mi niña? ¿Qué estás haciendo ahí abajo? ¿No te quieres venir a sentar con Mamá y Papá a la mesa?"

Con esa pregunta, Jon movió de un tirón el asiento de coche infantil para arriba hacia la mesa con un movimiento rápido. No tuve tiempo para decirle que no estaba abrochada, que acababa de colocarla ahí para sentarme por unos momentos mientras contestaba mi teléfono.

A los seis meses Chloé estaba pesada. La fuerza del movimiento de Jon la echó para adelante propulsándola de cabeza primero hacia el piso de azulejos. Tan rápido como un relámpago Jon saco su pie derecho, protegiendo la caída con su zapato tenis. Los dos nos congelamos por un momento cuando Chloé inhaló bruscamente, aguantando su grito en el aire como hacen los niños cuando van a lanzar un alarido gigante. "¡Oh, Dios! ¿Qué he hecho?" Jon arrojó el asiento infantil y se agacho para voltearla suavemente mientras ella soltaba un alarido gutural tremendo.

"Janet, me tengo que ir!" Grité en el teléfono. "Algo terrible ha sucedido."

"*¡Por favor, Jesús permite que este bien! No dejes que le pase nada. No puedo creer lo rápido que Jon saco su pie y evito que su cara golpeara el piso. Tú lo hiciste, Dios. La salvaste de un golpe directo. ¿Qué tal si se lastimo su cuello? ¿Qué tal si se lastimo algo más? Ayúdanos, por favor.*"

Janet volvió a llamar y tranquilamente nos guio para hacerle un chequeo básico de su cuerpo. "Mírale los ojos para ver si hay signos de sangre o pupilas anormales," nos instruyó "¿Puedes mover sus extremidades lentamente sin malestar evidente? Revisa su cuerpo en busca de signos visibles de hinchazón o moretón."

Con cuidado y atención la revisamos. No notamos nada anormal. Nada. Janet nos aconsejó que inmediatamente nos pusiéramos en contacto con Phillip y Carrie y que partiéramos de ahí. Como eran sus tutores legales, no podíamos llevar al bebé al hospital sin ellos. Cuando colgamos el teléfono con Janet, Chloé parecía feliz como siempre lo está. Jon y yo seguíamos temblando y con lágrimas.

Recuerdo la llamada a Carrie. "Hola Carrie. Me da pena molestarte, pero tenemos una posible emergencia." Le expliqué lo qué había sucedido mientras Carrie escuchaba en silencio.

"Tráiganla," instruyo. "No estamos en la casa ahorita, pero Phillip les dirá cómo llegar aquí." En pocos minutos, teníamos a Chloé abrochada en su asiento de coche en la parte posterior de mi nuevo Mercury cuatro puertas. Jon manejo. Me senté en la parte de atrás con el bebé. Estábamos callados y asustados.

Cuando llegamos a su iglesia diez minutos más tarde, Phillip nos vio y dijo, "¡Ustedes dos se ven peor que el bebé!" Carrie la examinó a fondo. "Ella esta alerta y contenta. No veo nada malo con ella," ella nos tranquilizó. "Continuaremos supervisándola y la lleváremos a emergencia si cambia cualquier cosa. Yo les hablo si decidimos hacer eso. No se culpen por esto. Los accidentes suceden. ¡Solo podemos agradecerle a Dios que Jon tiene reflejos rápidos!"

El manejo de regreso a casa fue callado mientras reflexionábamos en lo qué había sucedido. Al entrar a la casa nos recibieron dos perritas confundidas. Haciéndolas a un lado Jon y yo nos sentamos juntos en el sofá. Nuestra cena estaba fría en la mesa pero no importaba ninguno de los dos teníamos apetito. Estábamos angustiados con emociones conflictivas conforme batallábamos con el hecho de que no éramos los padres de Chloé y no podíamos estar con ella ahora. Ninguno de nosotros podíamos explicar los lazos paternales tan fuertes que nos ataban a ella. Nos dolía haberla puesto en peligro.

Jon, traumado y enojado consigo mismo, bajo rápido por un cigarro. Yo me quede sin fuerzas en el sofá, agradeciendo a Dios por

Su misericordia, mientras Whipper me lamía el dorso de mi mano. Ella siempre trataba de dar alivio a la gente lamiendo la piel de cualquier parte del cuerpo expuesta; solamente dejaba de hacerlo si ella sabía que te sentías mejor, o cuando le gritabas que parara.

Ese día tan estresante nos unió de alguna manera. Somos una familia. Chloé nunca fue a la sala de urgencias o tuvo complicaciones por la caída. Jon y yo nunca volvimos a hablar de esto, pero siempre nos cercioramos de que su asiento de coche estuviera abrochado de forma segura, aun cuando no estuviéramos manejando.

¡Finalmente… finalmente, después de seis meses de ser mamá de día y regresando a Chloé por las noches a casa de Phillip y Carrie cada vez, el día llegó para nuestra inspección final de la casa. Todo estaba en su lugar. Habíamos gastado cientos de horas y dólares para la preparación de ese día. Una vez que pasáramos la inspección, le permitirían a Chloé venir a casa para quedarse. Después de eso, todo lo que hicimos como padres adoptivos serían simplemente una formalidad hasta que firmáramos los papeles finales de la adopción. No planeábamos adoptar a más niños.

Nuestra menuda y joven trabajadora social nos encontró en el camino de la entrada. "Buenas tardes, Sr. y Sra. Miller." Nos dimos la mano formalmente. Ella se veía más seria de lo normal, reconocí esa observación en retrospectiva.

Muy emocionados, le dimos el recorrido de nuestro pequeño hogar. Le gusto la distribución, no le importaba que la cuna estuviera en nuestra habitación, pero estaba preocupada por la inclinación de las escaleras al desván. "Prometemos poner una reja de bebé ahí, una vez que Chloé comience a gatear," me apresure a explicar.

"Bien, parece que tienen todo en orden," ella afirmó conforme los tres nos sentábamos abajo en la sala. Entonces ella nos miró de una manera incomoda, a Jon, a mí y de nuevo a Jon antes de decirnos, "Hoy recibimos una llamada telefónica anónima a nuestra oficina, con información inquietante que podría impedir que ustedes continúen trabajando con nuestra agencia."

Inmediatamente mi garganta se apretó y mi cuerpo se aflojo. Sabía lo que venía. "Sí," continuó, "Alguien llamo esta mañana preguntando si estábamos enterados del uso de drogas del Sr. Miller y su reciente estancia en un centro de tratamiento. Puesto que fue una llamada anónima, necesito preguntarles cara a cara sí o no esa información es válida. Por supuesto que tendremos que hacer una investigación si usted niega las alegaciones, porque el uso de drogas y el mentir automáticamente descalifica a los individuos de nuestro programa."

No recuerdo la conversación que siguió, lo único fue que pregunté si había un proceso de apelación. "Sí, hay." ella contestó. "Usted debe de hacer eso a través de nuestra oficina central. Lo siento," ella dijo suavemente mientras se paraba para irse.

Capítulo 8

Recaída

*"Cuando pasares por las aguas, yo seré contigo;
y por los ríos, no te anegarán.
Cuando pasares por el fuego,
no te quemarás, ni la llama arderá en ti."
Isaías 43:2 RVR*

2002–2003

La luz anaranjada se extendía a través del cielo justo cuando acabé de teclear. Desde mi asiento en nuestro desván, vi el sol rojo salir a través de la ventana redonda que miraba hacia nuestras tres acres de matorrales. Había estado despierta toda la noche, vertiendo mi corazón en palabras que escribí en una carta para la agencia de adopción. Mis palabras se convirtieron en párrafos, luego páginas de explicaciones, disculpas y súplicas de misericordia. En un atento desesperado de apelar al director principal, escribí nuestra historia íntegra, incluyendo la parte de cómo amamos a Kiki como si fuera nuestra propia carne y sangre, prometiendo que nunca haríamos nada que intencionalmente le causara dolor.

"Si usted no confía en la capacidad de mi marido de no recaer," escribí, "Yo estoy dispuesta a adoptarla, aparte de Jon. Prometo cuidarla yo misma si cualquier cosa pasa entre Jon y yo."

Teníamos una junta con el director del programa a las 9:00 de la mañana.

"*Por favor Señor Dios,*" rogué mientras la impresora escupía página tras página, "*Por favor permítele tener compasión de nosotros.*"

Me puse un traje pantalón azul marino y me torcí el pelo en un rollo francés. Jon usó los ojos más tristes que he visto. Silenciosamente viajamos juntos en su camión. Mi espíritu estaba muy triste, pero me aferré a una pizca de esperanza, creyendo que si el director solamente leyera mi carta podría ser que entendiera y estuviera dispuesto a trabajar con nosotros.

Jon y yo esperamos menos de dos minutos en el área de la recepción cuando el director nos guio a su oficina. No recuerdo ni su nombre ni ningún detalle sobre él. Solamente sé que miraba a mi marido a los ojos y le preguntó,

"¿Cuánto tiempo lleva limpio?"

"Un año."

"¿Todavía va a las reuniones?"

"No."

"Usted no debe de tomar muy en serio estar libre del uso de drogas. Le puedo garantizar que usted terminará de regreso en el centro de rehabilitación."

Entonces, incluyéndome en su mirada continuó, "Si la gente es deshonesta en su papeleo, automáticamente se les descalifica de adoptar a cualquier niño de nuestra agencia. También compartimos esa información con otras agencias en el estado de Texas."

Además de vetarnos, también rechazó mi carta de apelación, diciendo con un gesto de desacuerdo conforme se ponía de pie, "Realmente no tiene caso leer todo esto. No les hará nada de bien. Lo siento por su decepción, pero creemos que es para el bienestar de la creatura ser adoptada por la familia con la que ella ha estado todo el tiempo."

Me sentía lo suficientemente pequeña para caber en una de las grietas del piso de linóleo. Caminé hacia la puerta, todavía agarrando esas palabras desesperadas sin leer en mi sobre de manila. Recuerdo que Jon azoto su puño cerrado sobre el tablero del camión, mientras salían de sus labios con enojo maldiciones al mismo tiempo que su pie aceleraba a una velocidad de miedo apresurándonos a casa.

Cuando llegamos sin decir palabra subió a cambiarse a su ropa de trabajo. Estaba inmóvil en el sofá cuando él se fue. Éramos dos almas con tal agonía que no había consuelo que ofrecernos el uno al otro. A partir de ese día, Jon buscó el consuelo entumecedor de su nevosa amante blanca, Cocaína. Los brazos de mi Salvador se convirtieron en mi único refugio.

Muy rara vez lloraba. Cuando lo hago, grito como una hiena atrapada. No es lindo. Cuando estaba creciendo mi familia me bromeaba y pensaba que era muy gracioso oír a una persona emitir tal sonido. Afortunadamente, ningún oído humano escucho mis gritos ese día. No existía nada gracioso acerca de ellos. Mi sensación de pérdida era tan grande que no podía expresarla con palabras sólo con aullidos. Cuando mis lágrimas se agotaron fueron seguidas por jadeos e hipo. Después silencio.

Me recosté en nuestra cama mirando fijamente a su cuna vacía. Saber que ella estaba viva y bien, tan cerca y esperándome, era peor que la permanencia de la muerte. Jon no vino a casa a consolarme. Mi familia se sentía muy lejos con Annie y su nuevo esposo viviendo en Missouri y esperando un bebé propio. Incluso abrazando a Snuffles y a Whipper no me dio ningún consuelo. Solamente mi Padre Celestial se sentía lo suficientemente cerca para atender a mi alma dolida.

Conforme cayó la noche el silencio era sofocante. Baje las escaleras hacia la calle rumbo a la casa de Ryan y Meredith. Deben de haber detectado que venía pues me recibieron con los brazos abiertos en la entrada de su pórtico estilo sureño. Lágrimas frescas mojaron el hombro de Ryan por un momento antes de que me pasara con su esposa. El crujir de las cadenas del columpio en el pórtico de Meredith continuó bien entrada la noche mientras nos columpiábamos juntas, hacia adelante y hacia atrás, hacia adelante y hacia atrás. Cuando volví a casa, Jon estaba dormido en el futón arriba en el desván, la televisión a todo volumen.

En la mañana le pregunté, "Jon, quieres ir conmigo a ver a la bebé?" No quería. Junte sus libros y juguetes favoritos de nuestro hogar y cruce la ciudad a decirle adiós.

Chloé estaba en mis brazos mientras lentamente inhalé su olor suave y derramé mi lado de la historia a sus padres adoptivos. Ya les habían informado que nos habían removido de la lista de adopción y que no se nos permitía llevárnosla a visitas sin supervisión. Una capa tibia de vergüenza me cubrió mientras nos sentamos juntos a platicar. Suprimí mis lágrimas mientras esperaba su respuesta.

Carrie amablemente me invitó a que fuera madrina de Chloé prometiendo, "Puedes visitarla en cualquier momento."

"Gracias. Eso significa mucho." Levante la vista del dulce rostro dormido de Chloé, su cuerpo flácido y pesado en mis brazos. Aunque me dolían con su peso, me rehusé a ponerla abajo.

"Si *seré* su madrina. Aunque, necesito desprenderme de ella. Duele demasiado ahora estar con ella, sabiendo que ella ya no es mía."

Mi intuición me decía que si continuábamos pasando tiempo juntas, el lazo entre nosotras nos lastimaría a ambas. Mis pensamientos fueron confirmados un poco más adelante cuando Chloé lloró mientras me preparaba a irme. Por instinto, una barrera protectora cubrió mi corazón conforme le di mi espalda a los brazos extendidos de mi bebé y le dije a su madre que pasaría a visitarla a veces después de la escuela. Serían semanas antes de que podría hacerlo. Mientras tanto, trate de funcionar lo más normal posible cuando estaba en público. En privado, me deshacía.

Recuerdo como Dios me busco de varias maneras durante esa tormenta. Una fue a través de la música de un grupo de hermano y hermana llamado Selah. Unas semanas antes, después de su ministerio en nuestra iglesia, yo estaba sosteniendo a Chloé en mi cadera mientras esperaba para que me firmaran su nuevo CD, "Quédate Quieta Mi Alma." ("Be Still My Soul"). Las poderosas palabras de esos himnos revividos se convirtieron en ungüento para mi corazón herido, cada canción era una oración. *"Quédate quieta, mi alma: el Señor está de tu lado. Carga pacientemente la cruz de pena o de dolor. Déjaselo a tu Dios para que ordene y provea; en cada cambio, Él permanecerá fielmente."* Toque la música sin cesar para mantener la oscuridad que me llamaba al mínimo.

Me las maneje para empezar otro año escolar, pero no recuerdo los detalles. La enseñanza era mi segunda piel. Dependía de su ritmo para mantenerme en una pieza. Mi clase ese año fue particularmente preciosa. Un alumno de primer grado con un hueco entre sus dientes era un niño llamado Ian. Su madre intuitiva notó mi dolor y me dio el libro mejor vendido de la lista de Beth Moore, *Rezando la Palabra de Dios,* junto con una tarjeta índice 3x5 con una oración de las Escrituras impreso cuidadosamente en lápiz. Ese libro fue otra herramienta que Dios puso en mis manos junto con la música de Selah. Lo llevé conmigo a todas partes. Rezar las Escrituras del capítulo titulado "Superando la Desesperación que Resulta de la Pérdida" se convirtió en una parte crucial de mi supervivencia.

Aunque algunas personas trataron de tenderme la mano durante mis meses de oscuridad, dudo que cualquier ser humano imagino la profundidad de mi pérdida. En mi mente, Chloé era mi única esperanza de ser madre. La adopción era inadmisible ahora, y la respuesta con la recaída de Jon a nuestra decepción aparto cualquier sueño que él y yo pudiéramos haber tenido de tener un hijo juntos. Me sentía como un animal herido, cogido en una trampa.

Debido al tiempo que había pasado en terapia con León y las cosas que había oído en las juntas de los 12 Pasos de Jon, comencé a reconocer que no eran la única persona en nuestra familia con problemas. Leer el libro de Beth Moore me hizo dolorosamente consciente de algunas fortalezas específicos que el enemigo tenía en mi vida. Mis propios patrones de relaciones estaban lejos de ser sanos. No estaba manejando bien mis pérdidas.

Sabiendo que llegaría a una casa sola, decidí trabajar cada vez más horas en la escuela. Cualquier maestra de la escuela primaria sabe que el trabajo nunca se acaba; uno tiene que decidir a qué hora se va a la casa. Me quedaba hasta que tenía demasiada hambre o demasiado cansancio para hacer algo más.

No importaba a qué hora llegaba a casa, mis pobres perros corrían de su perrera para felizmente saludarme en la puerta, benditos sus corazoncitos. Nunca tuvieron ni un resentimiento, incluso cuando no viene a casa por seis semanas. Déjame decirte cómo sucedió eso. Pero primero, debo decirte donde estoy mientras que escribo este capítulo.

He estado acostada toda la tarde bajo el cálido sol de septiembre como se asoma a través de un balcón embaldosado en la pintoresca ciudad costera de Novigrad, Croacia. Cuando me paro para estirarme, puedo ver el puerto con sus filas de pequeños barcos de pesca. Desde esta posición ventajosa, la oscuridad del pasado aparece muy negra de hecho. Porque sé el resto de la historia, puedo escribir línea tras línea en mi cuaderno con espiral con esperanza y alegría, sabiendo que sirvo a un Salvador que redime los sueños que pensamos perdidos. Quédate conmigo y verás de lo que estoy hablando. Quédate con Él y lo experimentarás en tu propia vida. Ahora, de nuevo a esas seis semanas.

"Necesitas ponerle un límite," León me aconsejo. "Él se está aprovechando de que tu pagarás las cuentas y pondrás comida en el refrigerador."

"Pero que se supone que debo de hacer?" me queje. "No quiero que nuestro crédito se arruine. *Mi buen nombre* está en todo también."

Me estaba quejando con León de que Jon cargaba más de quinientos dólares *en* la tarjeta de crédito y se gastaba la mayor parte de su cheque en cocaína, otra vez. León sugirió que lo eche de la casa, "hasta que esté listo para conseguir ayuda."

"No me siento segura ahí desde que nos robaron. No estoy segura de lo que deseo hacer," me resistí.

"Está bien, ¿hay algún lugar *donde te sientas segura quedándote* durante un tiempo?

"Quizás. ¡Pero no lo pienso justo que *sea yo* la que tiene que dejar *mi* casa por lo que él *está haciendo*! Pienso que es *su culpa* que nos

Capítulo 8 · Recaída

hayan robado otra vez. ¿Porqué alguien viene a nuestro hogar y tira la puerta con una pala?"

León escuchó mi frustración y ofreció soluciones inspiradas del Dr. Dobson sobre "amor con dureza". Ya estaba harta con el espiral descendente de Jon desde que perdimos a Chloé. Él estaba fuera de control y yo estaba intentando mantener todo junto en medio de la exacerbante pena. Encima de todo, nuestra casa fue invadida otra vez.

Era una tarde soleada de septiembre cuando Jon llamó a la escuela y dejó un mensaje que fuera a casa inmediatamente porque nos habían robado. "Robado" se quedó corto. ¡Nuestra casa fue *saqueada*!

Mientras tiraron nuestra puerta de metal con una pala, los ladrones voltearon varias macetas que delineaban las escaleras del garaje a nuestra puerta de entrada. Trajeron la tierra de las plantas a la casa, moliéndola en nuestra alfombra Berber color crema mientras subían y bajaban las escaleras del desván con nuestra televisión, nuestro sistema de sonido y casi todo lo que tuviera un enchufe eléctrico. Cada cojín del sofá estaba parado precariamente al final. Nuestro colchón fue levantado y puesto torcido en el marco de la cama. Mi hogar ordenado parecía tragedia del terremoto. Los ladrones violaron nuestro refrigerador abstemio de alcohol dejando en la parrilla de arriba una cerveza Budweiser medio vacía para burlarse de mí.

Ya estaba enfurecida por el trastorno de nuestro vestidor pero verdaderamente perdí mi juicio cuando descubrí que incluso mi cajón de ropa interior fue abierto. Derrotada completamente, me tiré en nuestra desordenada cama, lamentándome sobre mi perfume que falta mientras los agentes de policía pasaban por el desastre tomando notas para su informe. Estaba más allá de hablar. Jon manejó todo.

Más tarde esa noche, Ryan y Meredith nos prestaron una televisión. Estaban extrañamente callados mientras nos ayudaban a componer nuestra casa. Pocos minutos más tarde otros amigos llegaron con cena, creo que fue sopa. El detalle fue estremecedor. En una época de crisis se recuerda la bondad aunque no los detalles. Cuando Jon finalmente consiguió arreglar la puerta de la entrada caímos agotados en nuestra cama recién hecha.

"¿A quién le debes?" Me atreví a acusarlo. ¿No tiene la ira una manera de superar el agotamiento? Culpé la narcoactividad de Jon por el crimen y quería respuestas. "Porqué cualquiera sabría dónde vivimos?"

"No le debo nada a nadie. Lo prometo. Lo único que puedo pensar," contestó lentamente, "es que sacaron nuestra dirección de mi licencia."

"¡De tu licencia!" Chille. De cero a sesenta decibelios en 2.2 segundos es el sonido del dolor y enojo sin resolver de una esposa. "¿Porqué cualquier persona tendría tu licencia de conductor?"

"Porque la tienes que dejar con alguien cuando vas a recoger tus cosas."

"¿DEJAS TU LICENCIA CON LOS TRAFICANTES? ¿HAS PERDIDO LA MENTE?" Grité las palabras mientras lágrimas frescas aparecieron. Continuaron empapando mi almohada mucho después de que Jon se hubiera subido al desván. Su ida confundió a los perros. Primero fueron detrás de él, pero pronto volvieron a su propia cama.

Esas emociones fuertes seguían frescas mientras conversé con León sobre límites y amor con dureza. Dentro de unas semanas mi hogar feliz en el campo se convirtió en mi propio infierno privado. Estaba asustada de dormir ahí sola y asustada de dormir con mi esposo que una vez más se había convertido en un extraño. Necesitaba sabiduría que no era propia para saber cómo manejar mi realidad.

El viernes siguiente, Jon no regreso a casa del trabajo. El sábado en la mañana fui a la iglesia como de costumbre con una sensación repugnante cuajada en el hoyo de mi estómago. Asustada de estar en casa sola cuando vinieran las malas noticias, arreglé pasar la noche con el Director Steve y su esposa Renée que habían sido mis ayudantes en mi clase por seis años. Después de trabajar juntos tanto tiempo éramos más familia que colegas. No sabía cuál era la mala noticia, pero me sentía inquieta... incómoda. Apresurándome a casa después de iglesia, atendí a Snuffles y Whipper, dejando una nota de donde me podía encontrar y me salí.

Tarde la noche del sábado entro la llamada a mi celular nuevo. Puesto que ya estaba dormida en el amado sofá de Steve y Renée el buzón de voz tomo la llamada. "Estoy bien. Estoy en la casa." Eso fue todo. Esas cuatro palabras reactivaron consuelo y cólera. Las escuché repetidamente conforme la luz del sol de la mañana del domingo se filtrada a través de las ventanas, derramando patrones sobre mi cama improvisada. Sentía consuelo que no estaba en una zanja en alguna parte, pero furiosa que desaparecería otra vez sin advertencia. Noches como esa eran tortura.

Esas pocas horas, conforme descubrí más adelante, le costaron su cheque. Eso me enfureció, pero estaba aún más angustiada por no tener ni idea de con quién había pasado mi marido el fin de semana. No sabía nada sobre la cultura de la droga y estaba aterrorizada de lo que no sabía, aterrorizada de lo que no podía supervisar o controlar, de lo que no confiaba.

Después de eso, no quería ir a casa. Un par de llamadas telefónicas me consiguieron estancia temporal con otra pareja de la iglesia. Tenían raíces alemanas muy fuertes y un gran desván no lejos de mi escuela. "Te puedes quedar todo el tiempo que necesites," me ofrecieron amablemente. "Nos apena que no haya una cocina ahí arriba."

"Querido Dios en el cielo," rece una mañana lluviosa de octubre mientras que llegaba a la escuela temprano para poder calentar mi salchicha de desayuno en el microondas y tener un momento de silencio antes de que llegara alguien. *"¿Porqué soy yo la que está sufriendo las consecuencias de las elecciones de Jon? ¿Por qué debo comer salchichas congeladas y sopas de fideos Ramen de una taza de poliestireno cuando tengo una magnífica cocina en casa? Extraño cocinar. Extraño a mis niñas. Extraño mi propia cama y baño."*

Ahí mismo en mi clase empecé a lamentarme a medida que continué mi súplica. *"¿Estoy haciendo lo correcto al mantenerme alejada? ¿Le importa a Jon que me haya idoooo? Por favor enséñame que haceeeer."*

¡Ding! El desayuno estaba listo. Antes de que mi llanto se saliera de control, lo sofoqué con un perro salchicha caliente.

Fue difícil dejar a las niñas atrás, pero no se permitían animales domésticos en el estudio. Además, tener que ser responsables de ellas aumentaban las probabilidades de que Jon fuera a la casa cada noche. Le pedí a Ryan y Meredith que pasaran cada noche para ver si él había llegado a la casa para cuidarlas. No quería que mis niñas sufrieran.

Resulta que estaban bien. Yo era la que estaba sufriendo.

Había dejado una breve nota en el refrigerador el día que me lleve mi maleta.

"Querido Jon, ya no me siento segura aquí. Regresaré a casa cuando decidas obtener alguna ayuda." Codificado entre esas líneas estaba el llanto del corazón de cada doncella a su príncipe: *¿Me amas? ¿Valgo la pena rescatar? ¿Vendrás por mí?*

Desafortunadamente para mi corazón, después de seis semanas él ni había respondido, ni había venido por mí. Me colaba a la casa cada dos días para regar mis plantas y jugar con los perros. Se veían bien, siempre emocionadas por verme. La casa, sin embargo, se había convertido en una cueva de hombre: cocina sucia, sábanas húmedas y montañas de alimento chatarra. Las sobras de comida regadas por todo el desván indicaban cómo Jon pasaba su tiempo enfrente de la televisión nueva de pantalla grande recientemente reemplazada.

Desde que perdimos a Chloé tenía cero tolerancias para el ruido de la televisión. En vez de alegría falsa y realidad distorsionada de la televisión, descubrí una fuente muy valiosa de cordura en mis tiempos de soledad en silencio, con las Escrituras y con mis oraciones. Poco después de esa mañana de mi desayuno congelado en la escuela sabía que era hora de volver a casa a pesar de que Jon se había vuelto casi soltero en mi ausencia y que tendría que batallar para obtener tranquilidad.

León estaba de acuerdo conmigo. Él podía ver que no estábamos consiguiendo los resultados deseados de nuestro experimento unilateral y Jon estaba gozaba demasiado de su libertad. Extrañar a su esposa era la última cosa que le pasaba por su mente. Era hora de hacer un chequeo de realidad.

Ambos obtuvimos uno cuando nos robaron otra vez semanas más tarde. Acabábamos de terminar nuestras compras de Navidad. Varios regalos envueltos brillaban debajo del alto pre iluminado pino que Jon había cargado a nuestra tarjeta de Lowe's durante una ola de compras compulsivas por la droga. Vine a casa después de la escuela una tarde a otra sorpresa no deseada. Los ladrones abrieron nuestros regalos tomando solo los artículos que quisieron. Además, se robaron todos los aparatos electrónicos recién reemplazados y los Nikes nuevos de Jon, los cuales habían sido usados una o dos veces.

Nada de esto me afecto tanto como la desaparición de mi cofre de esperanza de cedro. ¡Los ladrones lo habían levantado de su lugar al pie de la cama y lo arrastraron por la puerta, pensando probablemente que se llevaban un botín! El cofre no tenía nada digno de empeñar, pero mucho digno para llorar. Un edredón, hecho a mano por mi Mamaw, libros de recuerdos, fotos, y recuerdos de mis recorridos - todo irremplazable.

También lo que faltaba era un regalo de mi madre, una marioneta única hecha a mano nombrada Ursli, la cual había comprado en una minúscula aldea suiza donde todavía hablan la lengua poco usual de Romansh y valoran el arte de relatar historias y de la artesanía. Frecuentemente usaba la marioneta y su libro, *"Una Campana para Ursli"*, cuando les enseñaba a mis estudiantes sobre Suiza. Ursli era especial.

Nada en mi cofre de esperanza valía un comino a cualquiera que no fuera de mi familia, pero era un enorme golpe saber que alguien se lo llevó fuera de mi hogar en plena luz del día.

"*Padre, no me puedo imaginar que quieren los ladrones con mis cosas personales. ¡Ya me cansé de que nos roben! Mi hogar ya no se siente como un lugar en el cuál deseo estar. Dios, por favor sácame de aquí.*"

En otra nota al margen: Hoy estoy escribiendo desde un camastro en la playa de Croacia. Sentada aquí bajo el cielo azul, mirando periódicamente al chispeante Adriático, con la brisa suavemente soplando el toldo blanco, es fácil olvidarse de que tan obscuros esos días fueron. Deseo recordar. Estoy rogando acordarme, porque quisiera que mi historia trajera esperanza a aquellos que están pasando por una oscuridad similar. Anhelo compartir mis experiencias por el valle porque otra mujer puede ver su reflejo en la muchacha de esta historia. Ella puede elegir manejar su vida de una manera diferente debido a algo que compartí o ella puede tener mayor compasión por alguien en su círculo que esté viviendo una pesadilla similar.

"*Padre, conforme ofrezco esta historia, este testimonio de Tu bondad y Tu providencia, ruego que mis lectores no se desalienten mientras que caminan a través de los valles y las pérdidas que he experimentado. Por favor dales la esperanza de que hay días de cielo azul y sol más adelante. Guíalos a través de las tormentas de sus propias vidas. Amén.*"

Dios contestó mi rezo de conseguir que me saliera de aquí, pero antes de que Él me moviera Él me sostuvo a través del resto de un año escolar muy difícil. Mantener mis obligaciones profesionales fue desafiante porque estaba muy distraída con la locura de mi vida en casa. A pesar de la locura, Dios me utilizó para compartir su amor con la madre "del niño nuevo."

Shane era el tipo de niños que golpeaba, repiqueteaba, se meneaba, se zangoloteaba, hablaba, tarareaba, era todo un reto para enseñar. Se transfirió a mediados del año a nuestra escuela cristiana porque apenas y podía con el sistema escolar del condado. De alguna manera logre enseñarlo a leer después de todo el meneo y zangoloteo. En vez de gritarle intenté redirigir sutilmente sus comportamientos. Él estaba acostumbrado a que le gritaran. Una vez exploté y me sentí terrible después de que paso y me disculpé.

Él me miro sorprendido y después se engancho con sus brazos alrededor mío como una tira alrededor de la barra de pan. Tomé eso como perdón.

Shane no era de una familia cristiana, pero sus padres desesperadamente lo pusieron en una escuela cristiana para ver si ayudaría. Solo Dios que me dio la paciencia para ese niño en particular y ese año escolar en particular. Él me la dio. Él también me dio un amor para ese niño que hizo a su madre deseara conocer al Señor.

La mejor manera de recordar y experimentar el amor de Dios es compartiéndolo con otros. En medio de mi lío emocional, con mi corazón hecho pedazos por la pérdida de mi bebé y con un marido encadenado a la cocaína, Dios me pidió que compartiera Su amor con la madre de Shane. No habría podido darle esa responsabilidad a cualquier persona porque ella vino directamente a mí y me pregunto si estudiaría la Biblia con ella. ¿Cómo podía decirle que no?

Así es como Dios trabajó para darle vuelta a mi enfoque *en mí misma, en mis pérdidas* y *en mi dolor* a *Su amor* y *Su regalo* a la humanidad a través de Su hijo Jesucristo. Semana tras semana rece con la madre de Shane y abrí la Palabra de Dios con ella, sentía al Señor tranquilizándome que Él me veía, que Él me amaba y que Él curaría mi herido corazón.

La parte que a mí me correspondía al aceptar la promesa de que Dios me sanaría sería permitir que Él me utilizara aun cuando yo estuviera deshecha. Dios me invito a que fuera un conducto limpio para que Su amor pasará, siempre y cuando rechazara ser consumida por la amargura y la culpa. Era una batalla diaria, pero no quería que el enojo o un corazón rencoroso bloquearan los canales de la bondad de Dios en mí. Creo que Él me dio a la familia de Shane para mi ventaja tanto como para la de ellos.

Los meses pasaron. Mucho de ese año sigue nublado. Chloé cumplió un año en febrero, ahora era oficialmente llamada Alexandra desde que Carrie y Phillip la habían adoptado legalmente.

En mi mente, ella siempre será Chloé, porque ése es el nombre con el cuál la ame y ése es el nombre que utilizo cuando rezo por ella.

Nos invitaron a Jon y a mí a su fiesta de cumpleaños. Fuimos juntos. Antes de que se sirviera el pastel ambos estábamos desechos emocionalmente. Chloé era levemente tímida con Jon pero se lanzó derecho a mí. En los últimos meses, cada santa vez que había reunido suficiente valor para verla cuando regresaba a casa en mi coche aullaba como una hiena. Fue una agonía que nunca se hizo más fácil. Esta fiesta no me libro de mi dolor.

No ayudó nada que Phillip y Carrie nos apartaran para compartir su teoría sobre la trabajadora social y que uno de los puntos en nuestra contra era que no éramos "los suficientemente negros" para ser padres de Chloé. Chloé no parece haber realizado eso porque ella se aferró a mí como la piel de un plátano mientras que intentaba decirle adiós. A los niños no les importa el color de la piel. Ellos saben lo que está en tu corazón.

Nunca podía decidir que era peor verla o no verla. Intenté no tener mucho contacto después de que Carrie me explicara que estaba teniendo dificultad de vinculación con ella después de que nos negaran el derecho de adopción. Su relación de madre-hija era importante. Vacilé entre no interferir y no abandonarla, debido a que la mayoría de los niños adoptados batallan mucho con temas de abandono.

Fue mucho después que comprendí los lazos espirituales del alma y la influencia que pueden tener en las relaciones. Fue entonces cuando corte nuestro vínculo espiritual para liberarla y que pudiera dar y recibir amor de su madre adoptiva. Después de eso, recuerdo claramente cuando Carrie compartió conmigo que su relación se mejoró significativamente. También, mi larga ausencia pudo haber tenido algo que ver con su vinculación, porque Chloé ya no estaba teniendo vínculos conmigo.

Al mismo tiempo que los acianos de primavera estaban pintando las colinas de Texas con un océano de color yo finalicé mis planes para mudarme. Vivir con el constante miedo a ser robada y el chisme que circulaba sobre Jon hicieron que deseara irme. Temer por la vida de Jon fue catalizador suficiente para que convocara una cita con su jefe, Larry.

"Por favor solo despídelo," implore conforme nos sentamos en una mesa en el parque al lado de mi escuela una tarde de abril. "Él no puede seguir teniendo acceso a dinero. El acabará suicidándose. Esta drogado todo el tiempo, inhalando en el trabajo y en la casa." Nunca lo había visto consumir pero su comportamiento, su cara rojo púrpura y su goteo crónico lo delataron.

"He tenido sospechas durante mucho tiempo." Larry aparto la mirada. "Incluso uno de los dueños de una casa se me acercó sobre el comportamiento errático de Jon un tiempo atrás. Cuando mis herramientas se estaban desapareciendo y sus accidentes en el trabajo aumentaron, yo estaba seguro que estaba usando otra vez. No me atrevo a despedirlo. Me cae bien el individuo. Él es un buen trabajador cuando trabaja."

Frustrada, pare la conversación y me fui cuesta arriba de la colina a la escuela.

"Dios, ¡no puedo entender por qué Larry lo sigue empleando después de todo lo que se ha robado y que ha empeñado! Es un peligro en el trabajo. Es asombroso que no se mató cuando se cayó de la azotea y se rompió el brazo. ¿Y qué tal la vez que se disparó su mano con la pistola de clavos? Simplemente no lo entiendo. ¿Si a Larry realmente le cayera bien Jon lo correría del trabajo, o no? ¡Eso incluso podría salvarle la vida! Estoy cansada con todo esto. Por favor dame algo de sabiduría."

Después en la semana, le llamé a Bob y Aubrey para que pusieran nuestra casa a la venta. Primero les pedí su consejo, porque les tuve que decir que Jon había escrito muchos cheques personales en contra de los fondos de la casa y que debíamos más dinero que el valor de la casa. Debido a que soy una persona reservada por naturaleza y porque nunca quieres que tu prestamista piense que no estás en una posición para pagarle, no había compartido con ellos el hecho de que Jon se había ido al extremo otra vez y estaba gastando alrededor de mil dólares por semana en cocaína. Estábamos verdaderamente endeudados sin mucho que demostrar, excepto un árbol de Navidad muy grande y un hogar amarillo de estuco en tres acres de tierra en el campo.

La compasión y amor que envolvieron la respuesta de nuestros amigos fue un alivio. Derrame mi corazón con ellos, contándoles todo, buscando su consejo. Me ofrecieron una solución interesante.

Bob sugirió que consiguiéramos un agente de bienes raíces y poner la casa en el mercado, pidiendo diez mil dólares más de lo que debíamos. También ofreció llevarse a Jon inmediatamente a trabajar con él en su negocio de calefacción y aire acondicionado. Aubrey convino diciendo "Jon se puede quedar en nuestra casa durante un tiempo, así se puede desintoxicar. Necesita alejarse de su ambiente actual."

"Es verdad," afirmo Bob. "Él es bienvenido aquí, pero tiene que estar dispuesto a dejar las drogas."

Pensé que sonaba como un buen plan.

"Bob y Aubrey viven en un área rural al norte como a cinco horas de nosotros. Eso es demasiado lejos para ir por droga," le dije a León durante nuestra siguiente sesión de terapia. Asombrosamente, Jon estaba asistiendo otra vez conmigo a ver a León. Pienso que realizó que se estaba dirigiendo hacia la muerte o la prisión. También estaba con actitud humilde porque aunque Larry no lo había despedido lo *confronto* acerca de los robos que había hecho y el uso de drogas en el trabajo.

León había sido duro últimamente. Le había reprochado a Jon por no tener un patrocinador y por no asistir a las reuniones de Narcóticos Anónimos regularmente. Jon tenía excusas poco convincentes como "No tengo suficiente tiempo para las reuniones." o "Están demasiado lejos." León no le creyó sus mentiras.

"Tienes suficiente tiempo para encontrar drogas y drogarte. Ésa no es excusa. ¿Qué deseas realmente de tu vida, Jon?"

"No sé."

León lo miraba directo a la cara. "¿Quieres vivir?"

"Sí."

"¿Crees que vivirás si permaneces en esta ciudad?"

Bajando su mirada Jon sacudió su cabeza y murmuro "No."

Cada uno de nosotros sabíamos que era verdad. La cara de Jon estaba demacrada y hundida. Seguido el experimentaba dolor en el corazón y la cocaína le había quemado literalmente un agujero a través de su tabique.

León rápidamente confirmo que mudarse era una idea brillante. Él ya nos había advertido que "las probabilidades de que los adictos permanezcan limpios mejoran inmensamente si tienen un comienzo fresco en un nuevo ambiente después de salir de rehabilitación."

La respuesta de Jon fue lenta pero alineada con su expresión del deseo de vivir.

"Iré," él finalmente consintió.

Salimos de la oficina de León con un plan de intervención para mantener a Jon vivo enviándolo a vivir al Norte de Texas con Bob y Aubrey. Yo me quedaría para vender nuestra casa y acabar el año escolar. Mi alivio fue inmediato. Se sentía bien tener un plan.

Me había resignado al hecho de que podría fácilmente enviudar a la edad de 32. Sé que suena terrible, pero a veces deseaba que Jon se apresurara y terminara una vez por todas para que dejara de preocuparme por él. Se estaba volviendo excesivamente difícil tener la suficiente energía emocional para una clase de alumnos de primer grado cuando había estado despierta toda la noche por que me preocupaba si Jon estaba vivo o muerto. Estaba agotada de los meses de duelo encima del rechazo y adicción de Jon, las deudas y los robos. Apenas y podía esperar que el año escolar terminara. Fue mi Jesús solamente el que me sostuvo a través de abril y mayo.

La vida mejoró inmediatamente después de que Jon se fuera. Descanse más fácil, sabiendo que él vivía con mi amiga de oración Aubrey y no estaría escabulléndose en nuestra cama en medio de la noche después de regresar de una juerga. También sabía que Bob le había pedido que estacionara su camión y que le entregara las llaves. Eso significaba nada de andar por ahí. Irían juntos a los trabajos en la camioneta de servicio de Bob y comerían los almuerzos sanos que Aubrey preparaba. Esas pocas semanas me dieron tiempo para pensar y rezar sobre qué hacer después. Aunque varias fuentes me estaban dando consejos similares, estaba dividida entre esos consejos y mis sensaciones.

León había sugerido una separación legal cuando me quejé del desastre financiero que el hábito de Jon había creado. "Hay diversos tipos de abuso que pueden ocurrir en un matrimonio," explicó. "el abuso financiero es uno de ellos."

Entonces me pregunto directamente "¿Hace cuánto tiempo que tú y Jon han tenido intimidad?" No podía recordar, sino que totalmente me identifiqué con la explicación de León de la vulnerabilidad creada en un matrimonio cuando no hay una vida sexual sana. Él se acercó más a mi dolor con su siguiente pregunta. "¿Todavía quieres tener niños?"

"Sí. Pero no con Jon como esta. No podría hacerle esto a un niño."

"¿Deseas continuar haciéndote esto a ti misma?" Ay. León sabía cómo forzarme a confrontar mi realidad. Su siguiente pregunta no era menos directa. "¿Puedes concebir que las cosas se mejoran en tu matrimonio?"

"No sé. Es difícil ahora para mi ver el futuro. Solo veo oscuridad. Pero, no deseo darme por vencida acerca de Jon si las cosas se pueden mejorar. ¿Dios nunca se da por vencido de nosotros, cierto?"

"Es verdad. Pero tú no eres el salvador de Jon. Él tiene un Salvador en Jesucristo. Tú no puedes elegir libertad por él. No lo puedes seguir rescatando de él mismo. Tú necesitas empezar a pensar por ti, porque ciertamente tu marido no lo está haciendo. Recemos sobre esto, pero no estoy convencido que él desea permanecer limpio o seguir casado. Cuando solamente una persona está haciendo todo el trabajo, esa persona fácilmente puede perderse de vista ella misma y su propósito. Veo que eso te está sucediendo a ti."

Sabía que León tenía razón. Podía sentirme absorbida por la codependencia y el control, mis mecanismos predeterminados cuando sentía que la vida se me escapaba de las manos. Rezamos juntos, pidiendo sabiduría sobre lo que debía hacer. Las siguientes semanas seguí orando por mí, sobretodo pidiéndole a Dios que me ayudará a escuchar Su consejo. Parte de mí deseaba dejar ir a Jon. Parte de mí suplicó que pasara un milagro en nuestro matrimonio.

Estaba aprendiendo a caminar de cerca con mi Padre Celestial. Mi cordura y fuerza diarias dependían de mi conexión con Él. Tenía que permanecer conectada con Su poder porque también estaba luchando con un tipo de residente del mal. Cualquier acuerdo que Jon había hecho con el enemigo en nuestra propiedad había invitado la presencia de algunos espíritus oscuros. No porque él se haya ido, significaba que ellos también se hubieran ido.

Había una presencia pesada alrededor de la casa especialmente abajo en la habitación de huéspedes y la cochera. Desafortunadamente, tenía que bajar a la lavandería. No podría descifrar claramente el problema, pero definitivamente había uno. Años más adelante, mi hermana compartió que ella había visto y reprochado una aparición en el cuarto de huéspedes una vez cuando ella nos había visitado.

Desde entonces, he aprendido más sobre la guerra espiritual y los "umbrales" que esos espíritus malignos utilizan para acezar la vida de una persona. Definitivamente, el uso de drogas es uno. Entonces tenía suficiente conocimiento para remover cualquier cosa de nuestro hogar que yo pensara que pudiera ser una invitación al lado oscuro.

Unos meses antes, cuando luchaba contra la depresión, tuve el sentimiento intenso de quitar la cuna de Chloé de nuestra habitación y dejar ir todo lo demás que la idolatrara o me recordara constantemente que no iba a regresar a casa. Eso me ayudo a disipar la oscuridad.

Ahora que Jon ya se fue, busqué cualquier cosa que pudo haber dejado atrás. En nuestro armario, encontré una lata con parte de un popote de McDonald's en ella. (¿Te habías dado cuenta como el popote de McDonald's es más grande en diámetro que los otros popotes?) Inmediatamente supe *que ese popote* había sido utilizado para inhalar cocaína. A la basura se fue. Encontré muy poco suyo, rezando depure mi colección de música y tire algunas botellas bonitas de whisky y vino que había coleccionado a través de los años. No quería nada en mi casa que no representara una forma de vida honorable a Dios. Incluso con todas mis extirpaciones, todavía había una presencia maligna. No siempre la podía detectar, pero a veces era bastante fuerte.

"Porque no nos ha dado Dios el espíritu de temor, sino el de fortaleza, y de amor, y de templanza." Parada enfrente al lavabo del baño, repetí 2 Timoteo 1:7 (RVR) a través de un bocado de pasta de dientes. "*He tenido mucho miedo en esta casa, ¿Verdad Dios? - Asustada de ser robada, asustada de encontrarme a Jon muerto, asustada cuando él no venía a casa, asustada cuando él venía a casa. ¡Tengo miedo de lo que la gente está diciendo de nosotros, asustada de perder a Chloé, asustada de irme a la bancarrota, asustada, asustada, asustada!*"

Tal vez eran los espíritus de miedo que estaban acechando alrededor. Tal vez estaban ahí por invitación mía y no la de Jon. Tal vez mi falta de confianza los había invitado a burlarse de mí. Cualquiera que haya sido la razón de estar ahí ya estaba harta de sus tonterías.

Una noche me quede afuera de la parte principal de la casa. Llegando a casa después de pasar un fin de semana con Jon, atontada realicé que había dejado mi llave con Bob y Aubrey. Era demasiado tarde para llamar a nuestro agente de bienes raíces. El abridor de la cochera me dejo entrar al piso de abajo. Decidí dormir abajo en el cuarto de huéspedes y contactar a nuestro agente por la mañana para conseguir una copia de su llave. Agotada por la visita emocional y el largo manejo a casa inmediatamente caí dormida.

¿Has tenido esa sensación desconcertante de saber que alguien te está mirando mientras duermes? Bien, por ahí del amanecer tuve esa sensación misteriosa. Sabía que había cerrado ambas puertas de la cochera y del dormitorio. No había escuchado ningún ruido, pero el miedo me cerraba la garganta. Sentía su presencia oscura y pesada.

"¡En nombre de Jesucristo de Nazaret," le ordene debajo de mis cubiertas, "salte de esta casa! ¡No tienes derecho a estar aquí! Reclamo este territorio para Dios y renuncio cualquier actividad profana que haya ocurrido en esta habitación o en esta propiedad. ¡Ahora, vete!" Para entonces ya me había incorporado gritando "¡Y no vuelvas más!" Inmediatamente la oscuridad opresora desapareció.

"Gracias, Jesús, por el poder de Tu nombre y por Tu sangre derramada, que ya me ha salvado de todas las energías de la oscuridad y me ha dado autoridad sobre ellas gracias a la victoria eterna que Tu ganaste en la cruz."

Me acosté y dormí en paz hasta la mañana. A partir de esa noche hasta que me mudé por completo nunca me sentí asustada en esa casa. En obediencia a Jesús y en la relación con Jesús, hay poder y protección contra el enemigo. Esa experiencia me proporcionó una herramienta más para mi cinturón de herramientas espirituales - audacia santa frente al miedo.

Después de que Jon se fue de la ciudad, las opiniones me llegaron como lluvia, algunas no solicitadas y otras absolutamente bienvenidas. Intenté mantener una mente abierta porque tenía que tomar decisiones grandes.

Bob y Aubrey me mantenían actualizada sobre el programa de desintoxicación de Jon. Era simple: "Trabajar muy duro todo el día en el calor que no tienes una onza de energía ni para pensar en las drogas. Después levántate y hazlo otra vez mañana." Según ellos, parecía estar funcionando.

"La única cosa," Aubrey me confío en el teléfono una noche "no para de fumar. Es lo bastante respetuoso para irse lejos de nosotros cuando lo está haciendo, pero no parece que desee parar."

"Bien, ¿de donde está consiguiendo cigarros si no puede ir a ningún lado?"

"Los pide o los compra de otros trabajadores en los sitios de trabajo, o corre a la tienda de la gasolinera cuando Bob está llenando el tanque de la camioneta."

"Puede vivir sin mí, pero no puede vivir sin su madre," murmure.

"¿Qué?" Aubrey sonaba confundida.

"Ah, no hagas caso. Creo que solo podemos cruzar un puente a la vez."

Bob y Aubrey pensaban que me debería mudar para el norte y comenzar de nuevo con Jon. Dijeron que tenían algunos amigos que ayudaron a mucha gente a encontrar la libertad de las drogas y de toda clase de esclavitud con su ministerio de rezo y salvación. Pensaban que Jon se podía beneficiar de algo similar. "Ya va mucho mejor. Tal vez le debes dar otra oportunidad." me alentó Bob.

Otros amigos tenían opiniones distintas: Ryan juzgaba el comportamiento de Jon inmensamente egoísta y pensaba que ya me había tratado muy mal sin mucho remordimiento. Meredith estuvo de acuerdo, agregando, "Yo apoyaré tu decisión, pero honestamente Julie, pienso que obtendrás más de lo mismo." Me animaron a pensarlo largo y tendido acerca de trasladarme a otra parte del estado a estar con un marido que no parecía preocuparse por mí.

Mi familia estaba enojada acerca de los robos, la recaída de Jon, y la decepción profunda que había experimentado ese año. Mi mamá y Annie seguían dolidas por nuestras pérdidas de Buona Notte Café. Estaban cansadas con el daño y la decepción en mi voz, aunque raramente les revelaba mucho de lo que sucedía. A veces los más cercanos a nosotros saben cosas sin que las digamos con palabras.

En las vacaciones de Semana Santa había decidido presentar a Dios con un "paño grueso y suave" al estilo Gedeón. Aplicaría a una posición de maestra cerca de Jon. Si conseguía el trabajo, lo tomaría como muestra de que debo mudarme y reconciliarme con mi marido.

Capítulo 8 · Recaída

En el tiempo que comencé a entrevistarme Jon ya era mucho más el mismo. Él se había disculpado conmigo varias veces y había acordado hacer "lo que fuera" para permanecer limpio y ser un mejor marido. Necesitaba creerle.

"¡Encontré una casa!" me había dicho emocionado durante una conversación en el teléfono. "Es de renta en una acre. No muy lejos de Bob y de Aubrey." Me di cuenta que quería que me alegrara por ello. "El dueño me dejará arreglarla a cambio de un par de meses de renta. ¿Por qué no planeas venir durante las vacaciones de Semana Santa? Podemos pintar el interior juntos." Contra los consejos de León, acordé ir.

Al final de abril tenía una cocina recientemente pintada de amarillo en una vieja casa crujiente en un lote de una acre. También había conseguido un trabajo de maestra de primer grado en una escuela pública local.

"Creo que me mudo al norte de Texas," le informé a mi agente conforme terminamos el papeleo final en la venta de nuestra casa. Después de que ella tomo su comisión y se les pago a Bob y Aubrey, tendríamos suficiente efectivo para pagar los impuestos sobre la propiedad y depositar cinco mil dólares en el banco. Desafortunadamente, eso era solamente una fracción de nuestra deuda con las tarjetas de crédito. No obstante, estaba encantada con el resultado de la venta. No estaba tan positiva acerca de mudarme al norte. Me consolé con el pensamiento de que estaría cerca de mi amiga Aubrey.

"¿No soy solo yo tratando de forzar las cosas para que funcionen, verdad? Tu contestaste mi rezo del paño grueso y suave, ¿verdad Dios?"

León permanecía sin convencer. Él mencionó otra vez la separación a largo plazo durante una de nuestras sesiones de terapia, manteniendo que Jon no tomaba medidas activas para lidiar con sus problemas.

"Él los está enmascarando por ahora trabajando duramente y viviendo en un ambiente semi-controlado. Esto no es algo sostenible a menos de que él este activamente en un proceso profundo de sanación. Sí, Dios puede restaurar a Jon. Pero Jon necesita buscar esa restauración. De otra forma él fácilmente puede terminar exactamente donde él comenzó. ¿Has visto evidencia de esto en tus visitas? ¿Está asistiendo a un grupo de recuperación o buscando el asesoramiento el solo?"

Esas eran preguntas difíciles. Sabía que la respuesta era no. "Pero," razoné, "¿dejo a mi marido porque él está deshecho y rechaza conseguir ayuda?"

Equivocadamente identifique "separación" con "divorcio", lo cual *no* podía justificar. Había hecho una promesa hasta la muerte. Y lo dije en serio. Hice un voto de no perpetuar el patrón de divorcio en mi familia.

"Estoy eligiendo darle el beneficio de la duda," le dije a León durante nuestra última sesión antes de salir de la ciudad. "Si estoy errando, estoy errando del lado del perdón y de la compasión. No deseo tener arrepentimientos."

"Siempre estoy aquí por si me necesitan," prometió. "Estoy a una llamada telefónica de distancia. A cualquier hora del día o de la noche. Los quiero a los dos y realmente les deseo lo mejor. Lo digo en serio."

"Gracias León. No sé cómo habría sobrevivido esto sin tú. Me has salvado la vida." El me abrazó adiós.

León era un ángel. Probablemente lo debería haber escuchado. Algunos de nosotros insistimos en cometer nuestros propios errores. Desafortunadamente, yo cabía *en esta definición*. Además, tenía mi paño grueso y suave.

Despedirme de Chloé fue muy difícil. Creció tan rápido me perdí de tanto entre visitas. Ahora tenía que decir adiós por un período de tiempo indefinido. Serían meses, quizá años antes de que la tuviera en mis brazos otra vez. El dolor me desgarro el corazón largo y profundo mientras le besaba la frente de su rizada cabeza castaña antes de cerrar la puerta principal de Carrie. Despedirme nunca había sido fácil. Nunca lo sería.

Jon volvió a casa para recoger lo que quedaba de la mudanza y limpieza. Nuestra iglesia nos preparó una gran fiesta de despedida. Habíamos sido parte de su familia por siete años. Fue difícil dejar a los amigos que habían caminado con nosotros las altas y las bajas de la vida. Dios me había amado de verdad a través de esta gente preciosa. Me los llevaría conmigo en mi corazón.

Años más tarde nos pondríamos al día en Facebook, pero en ese momento, era una pérdida enorme irnos de una comunidad que se sentía como casa, creyendo que perdería contacto con la mayoría de ellos.

Nuestros amigos más cercanos vinieron a ayudar a cargar el camión el domingo en la mañana. Conservo la imagen de nuestro círculo de amigos abrazándonos y rezando por nosotros antes de que nos fuéramos. En este momento me gustaría poder escribir, "y todos vivieron felices para siempre. El Fin." Pero no fue así como se dieron las cosas. Sentí una punzada de tristeza y una chispa de esperanza cuando vislumbré nuestro precioso hogar de piedra y estuco en mi espejo retrovisor mientras doblaba la esquina al futuro.

Capítulo 9

Un Nuevo Comienzo

*"¿Por qué te abates, oh alma mía
Y por qué te conturbas en mí?
Esperaré a Dios, porque aún le tengo de alabar:
Es el salvamento delante de mí, y el Dios mío."
Salmo 42:11 RVR*

2002—2003

"Ay, Aubrey, que bueno que me contestas," grité. "No puedo comunicarme con Jon y he arruinado mi coche. Pienso que estoy bien."

"Voy para allá," Aubrey jadeó. "¿Donde estás exactamente?"

Sabía que ella vendría. Aubrey y yo tenemos historia juntas. Ha venido a mi rescate en muchas ocasiones. Mientras la esperé, recordé el rescate más grande.

Era 1993. Había convencido a los directivos de la escuela de una academia cristiana pequeña que podría manejar la posición que ofrecían: maestra de tiempo completo para los grados de jardín de niños, primero, segundo, tercero, quinto, sexto y octavo. Aun cuando habría solamente doce estudiantes, un proyecto como ese era un desafío para alguien primerizo. Aubrey, maestra jubilada, estaba en la junta escolar que me contrato.

Fue el verano después de que suprimiera al Hombre Pájaro de mi vida. Después de Costa Rica, me mude a Texas buscando entrevistas para cualquier trabajo de maestra que contratara a una novata. Jon de Costa Rica se mudó con su hermana Laurel a Dallas, que estaba a cincuenta millas de distancia. No realicé mi fragilidad física y emocional mientras me incorporé al año escolar.

Aubrey apareció un día de agosto para ayudarme a organizar y a inventariar la clase. Gracias a su ayuda, mi año comenzó con un espacio de trabajo bien ordenado. También me llevó a almorzar un par de veces, lo cual me hizo sentir como que tenía una amiga en una ciudad en donde no conocía a nadie. No tenía ni idea de qué un amiga tan bendecida ella resultaría ser.

Hice mi práctica en una clase de varias edades, aprendí cómo equilibrar la instrucción directa con la práctica independiente y como usar la tutoría de los alumnos para beneficio de todos. Esa experiencia me ayudó a saber cómo estructurar los días de la escuela. Algunos fluyeron notablemente bien. Mis estudiantes eran dulces y serviciales. Sin embargo, me costó trabajo saber qué hacer con dos niños activos de Kínder con inglés limitado. "Si Maestra," se reían cada vez que redirigía sus travesuras inocentes hacia un comportamiento más apropiado en la clase.

Cada momento en la clase era un acto de malabarismo. El verdadero trabajo ocurría después de la escuela y en los fines de semana mientras manejaba los manuales del maestro para varias materias en siete grados. Después de calificar papeles y planear las lecciones, mis tardes y fines de semana se redujeron a unas pocas horas de sueño y adoración con poco tiempo para cualquier otra cosa. Incluso contrate a Jon para que calificara papeles de matemáticas cuando venía a visitar.

Cuando llegaron las lluvias de octubre yo sabía que no la haría hasta mayo. Sentía que les estaba dando un mal servicio a esos niños, pero no encontraba tiempo para implementar los cambios necesarios. Mis semanas de trabajo de sesenta horas eran físicamente agotadoras. A menudo estaba en lágrimas. Recuerdo una mañana conducir sobre un puente con el pensamiento: *Podría lanzar mi coche por el puente, por lo menos entonces podría descansar.* En ese momento de desesperación decidí renunciar.

La decisión me dolía porque la palabra renunciar no era parte de mi vocabulario. Yo era emprendedora, no me daba por vencida, pero después de solo dos meses y medio como maestra, estaba agotada. Acabar el año no era una opción.

Cuando el presidente de la directiva escolar recibió mi carta de renuncia convocó una reunión de emergencia. Observando las caras alrededor de esa mesa solo encontré compasión. "Sé que hace unos meses los convencí que podría hacer esto." Mi voz tembló. "Realmente pensé que podría. Pero no puedo. No voy a terminar el año. Lo siento mucho. No sé qué más decir." Baje mi cabeza en vergüenza.

Silencio. Entonces Aubrey habló. "Qué tal si tuvieras ayuda?"

"¿A que te refieres, como una ayudante?" Pregunté.

"Sí, pero que tal que esa persona se encargara de los grados inferiores, para que te concentraras en proveer a estudiantes más grandes lo que necesitan."

"Eso definitivamente ayudaría," suspire. "Los pequeños exige tanta atención."

Aubrey entonces se dirigió a la directiva. "He hablado con Bob, y estamos de acuerdo si el superintendente educativo y la mesa directiva piensan que sería una situación que funcionara." Ella se detuvo brevemente. "¿Qué tal si yo enseñara los grados K hasta segundo, cuatro días a la semana mientras que Ms. Julie les enseña a los otros? El viernes, ella tendría todos los estudiantes, pero el día se podría estructurar con evaluaciones y proyectos especiales."

La mesa directiva convino unánimemente, recomendando al superintendente aceptara la oferta escrita de Aubrey. ¡Me rescataron!

El sacrificio desinteresado que Aubrey y Bob hicieron ese año por una tambaleante maestra joven fue enorme. Verás, vivían a una hora de la escuela, y en vez de gastar dos horas al día manejando Aubrey se venía a la ciudad los lunes por la mañana y se iba a casa los jueves por la tarde. ¡Ella se quedaba con el presidente de la directiva y su esposa tres noches a la semana por ocho meses! Me pongo emocional recordando cómo ella redimió mi carrera con su sacrificio de amor. Cuando estaba lista para desertar lo que pensé que era la profesión incorrecta, Aubrey me rescato.

"Gracias, Señor Dios por enviarla a mi rescate entonces y ahora. Ella ha sido una amiga maravillosa."

De regreso a la situación actual, era exactamente trece millas de camino serpenteante de donde vivimos a mi escuela nueva. Antes del accidente, estaba camino a la orientación. Una lluvia más temprano mojó el camino lo suficiente para traer el aceite a la superficie. Frené en una curva inmediatamente perdiendo control de mi Mercury Sedan. Hidroplaneando en un giro, simultáneamente llame a Jesús, quite mi pie del freno y me aferré al manubrio. Mi coche se salió de la carretera y se golpeó en contra de un roble grande parando el coche repentinamente, volteado en la dirección opuesta de la que había estado viajando. Mi sandalia se atoro en el pedal de gasolina torciendo mi pie derecho con el impacto.

"Estoy bien. Estoy bien. Pienso que estoy bien," medio gritado, zafando mi cinturón de seguridad y abriendo la puerta. Cuando me levanté el dolor me atravesó mi pie. Intenté caminar en él. Parecía estar bien. Mi coche definitivamente no estaba bien.

Aubrey llegó en veinte minutos. Empecé a llorar en cuanto ella me abrazo. Después de examinar mi pie, ella estuvo de acuerdo que probablemente no necesitaba una ambulancia. Llamamos a la policía y a la grúa para mi pobre coche. Aubrey me llevó a la escuela y uno de mis nuevos colegas me trajo a casa esa tarde.

Luego en la semana fui al lote de coches chocados a recuperar mis pertenencias. Cuando vi lo que ese árbol le hizo a mi coche estaba agradecida que solo necesité un poco de Neosporin y a buen quiropráctico. ¡Habría podido ser mucho peor! Según el informe del seguro, el coche fue pérdida total.

Aubrey me recomendó a un quiropráctico de nuestra nueva iglesia. "Él es muy bueno. Y él es un buen hombre cristiano."

"No sé si me siento cómoda de ir con alguien de la iglesia."

"Como gustes," ella contestó. "Él es el mejor de la ciudad."

Fui. Fue el principio de una relación que mejoraría mi vida en muchos niveles. El Dr. Alan y Darcy, su divertida y cariñosa esposa, rápidamente se hicieron amigos de Jon y míos. Dios los utilizó para bendecirnos con mucho más que el cuidado del quiropráctico.

Fui cuidadosa al principio. Hacer amigos para mí era difícil desde niña y adolescente. Entre las múltiples mudanzas y ser introvertida por naturaleza, se me hacía difícil entrar en los grupos sociales existentes en la escuela o la iglesia. Las amistades que había formado las mantuve toda la vida.

La edad adulta no lo ha hecho más fácil. Las mujeres a veces pueden ser bastante crueles entre ellas, incluso las que se dicen ser cristianas. Aprendí a ser un poco cuidadosa especialmente porque Jon y yo teníamos secretos. El chisme destruye relaciones. Sabía que lo que no necesitaba era amigas chismosas. Aubrey era mi amiga y no estaba segura que deseaba estar cerca de cualquier otra persona en mi ciudad nueva.

La personalidad exuberante de Darcy y su genuino interés rompieron mis barreras y me jalaron a su círculo. Rápidamente aprendí que le podía confiar mis secretos. Ella y el Dr. Alan era miembros activos de nuestra iglesia nueva. ¡Nos incluyeron en todo! Si Jon y yo íbamos a lograrlo necesitamos de buenos amigos cristianos. Necesitábamos conectarnos al cuerpo de Cristo para poder comenzar a sanar contactando a otros en vez de auto medicarnos con drogas o trabajo.

El calor del verano de Texas mantuvo a Bob y a Jon ocupados con trabajo de aire acondicionado. El trabajo duro era bueno para Jon financiera y físicamente. Había desarrollado una capa de músculo y había recuperado unas cuantas libras saludables. Un poco bronceado y con cuatro meses sin drogas Jon se veía mucho mejor. También había comenzado actuar más como un marido y menos como un compañero de cuarto. Ambos le agradecimos a Dios por darnos un principio nuevo.

Siguiendo los consejos de León empezamos a ir a un grupo cristiano de recuperación llamado Celebrar la Recuperación

(Celebrate Recovery) en una ciudad más grande a veinte millas más o menos de distancia. Aprecié el hecho de que a diferencia de las reuniones de Narcóticos Anónimos, Jon no se tenía que presentar diciendo, "Hola, soy Jon y soy un adicto." Nunca estuve de acuerdo con la premisa de que un alcohólico o adicto debería repetir eso semana tras semana, año tras año, sin importar cuanto tiempo ha estado limpio. En cierta forma parecía como una maldición autoproclamada.

Entre más entendía el evangelio y creía que en Cristo una persona realmente puede ser una nueva creación como lo dice en 2 Corintios 5:17 (RVR); menos útil me parecía seguir haciendo afirmaciones acerca de siempre ser un adicto. Comencé a creer que sabiendo que nuestra identidad está en Cristo es vital para la recuperación a largo plazo. La Biblia es clara; después de aceptar a Jesucristo y Su sacrificio, una persona puede vivir en victoria por la fe en Él. Gálatas 2:20 (RVR) dice, ". . . y lo que ahora vivo en la carne, lo vivo en la fe del Hijo de Dios." Estaba feliz de reunirme con un nuevo grupo de recuperación donde Jon podía decir, "Hola, soy Jon y soy un creyente de Jesucristo. Lucho con un hábito de cocaína que pone en peligro mi vida."

A medida que continué aprendiendo sobre la adicción y la recuperación, comencé a realizar que todos somos adictos, siendo el pecado nuestra adicción en común. Nuestro pecado puede ser aceptado socialmente, como glotonería o farmacodependencia o la televisión para entumecer nuestro dolor y ayudarnos a superar el día. O puede ser la clase de pecado que no está bien vista en iglesias y la sociedad como las drogas ilícitas, relaciones ilícitas, o una propensión al material pornográfico. Sea lo que fuere, cualquier persona, actividad, o cosa que constantemente hacemos para sentirnos mejor o para no sentir, esa es nuestra adicción. Sea o no vista como "normal" en nuestra sociedad ese no es el punto.

La gran noticia como estábamos aprendiendo en nuestro nuevo grupo de recuperación y en los sermones del pastor joven, es que todos tenemos un Salvador "que fue tentado en todo según nuestra semejanza, pero sin pecado." (Hebreos 4:15 RVR)

Es gracias a Su victoria que podemos ser victoriosos también. Nuestra fe en Jesucristo, que mora en los corazones de Sus seguidores a través de su Espíritu, aplasta cada adicción y da al creyente algo muy emocionante y poderoso para compartir con los que no le conozcan. Éstas son Las Buenas Noticias, el evangelio, en ropas de calle. Podemos verdaderamente empezar a vivir las vidas alegres y abundantes que Jesús quiso que viviéramos. ¡Aquí mismo! ¡Ahora! ¡Empecé a estar, y aún estoy, muy emocionada sobre esto! Comencé a pedir la alegría del Señor diariamente. Deseé vida abundante para mí y para Jon.

Había veces que Jon lo deseaba, también. Ésos eran los tiempos de avance y crecimiento espirituales. Los líderes en nuestras vidas colocaron algunas herramientas hermosas en las manos de Jon mientras que vivimos en esa pequeña ciudad. Él era siempre lector, pero sus previos géneros preferidos no le habían ayudado espiritualmente. Repentinamente se estaba devorando los libros como Mero Cristianismo *de* C.S. Lewis y la obra clásica de Watchman Nee *Siéntate, Camina, Párate*. Para su cumpleaños, Ryan le envió *Corazón Salvaje* de John Eldredge. Con la influencia de estas obras y con el ejemplo santo de hombres como Bob y el Dr. Alan, Jon comenzó a crecer en el Señor.

Probablemente el mensaje más importante que Dios vertió en la vida de Jon a través de cada canal posible fue su nueva identidad en Cristo. Ese tema hermoso fue repetido una y otra vez en libros, sermones, estudios de la Biblia y conversaciones con los amigos.

Es vital que todos nosotros entendamos que nuestra identidad no es quiénes son o no son nuestros padres. No es lo que hemos hecho, o lo que no hemos hecho. No es nuestro trabajo o donde vamos a la escuela o a la iglesia. Nuestra identidad como hijos e hijas del Rey del Universo nos da autoridad sobre el enemigo y sus ángeles malvados (Lucas 10:19 RVR). Nos da una herencia eterna que comienza ahora, porque, como lo dice en Efesios 2:6 (RVR), "y asimismo nos hizo sentar en los cielos con Cristo Jesús," Romanos 8:16 - 17 (RVR) lo dice de esta manera, ". . . también herederos; herederos de Dios, y coherederos de Cristo;"

Para Jon esta verdad era transformadora dándole una imagen completamente nueva de él cuando se miraba en el espejo. En vez de ser un pequeño bebé rechazado por su madre biológica, era un niño atesorado Del Rey. No era necesario que contara sus regalos de Navidad para ver si había sido menospreciado, porque era un individuo por el que valía la pena morir. En vez de ser hipercrítico o hincharse con falso orgullo, podía alentar a otros en su andar porque creía que solo "por medio de Cristo" podía hacer "todas las cosas" (Filipenses 4:13 RVR). Jon ya no era un drogadicto desesperado más sino era victorioso momento a momento mientras caminaba con Jesús y se ponía la coraza de Su justicia cada mañana antes de salir de la casa.

Cuando Jon permitió que este mensaje se filtrara profundamente en él, comenzó a transformar su vida desde su interior. Esto era diferente a cualquier cosa que había sucedió en el pasado. Esto no era un fórmula, programa o rezo repetido sin sentido. Éste no era Jon esforzándose más, haciéndolo mejor, o usando más fuerza de voluntad. Esto era una relación. Esto era filiación. ¡Éste era un pródigo que finalmente acepto el hecho de que su Padre no estaba fingiendo cuando salió corriendo a su encuentro y le dio una túnica real, un anillo especial y un fiesta que sacudió los cielos!

Cuando Jon comenzó a entender y aceptar cuánto era amado, cuánto le importaba a Dios; cuando él comenzó acoger su filiación y su identidad verdadera, entonces empezó a servir a Dios sirviendo a otros. Fue entonces cuando él empezó a servir en nuestra iglesia local.

Jon se ordenó como diácono una tarde de Sabbat en un servicio memorable. Él dijo, "Es la primera vez que me he sentido digno de servir en la iglesia." Era algo importante. Incluso invitó a su familia de Dallas para que atendiera la ceremonia. Estaba encantada, porque a través de los años, esas hermanas y yo oramos muchos

Capítulo 9 • Un Nuevo Comienzo

rezos juntas. Deseaba que Mona y Laurel vieran el cambio positivo por sí mismas.

Jon se puso un traje. Esto era casi nunca visto para un hombre que generalmente usaba pantalones de mezclilla negra y botas vaqueras a la iglesia. Su corbata hacía juego con sus ojos. Se veía muy bien. Le tome una foto impresionante a él luciendo ese traje. Era una foto de comparación. Digna de enmarcarse.

Su sonrisa es lo que mejor recuerdo de ese día. "¡Hay alegría en su sonrisa!" Le susurré a Mona, quien se sentó a mi lado en la banca acolchonada. Alegría verdadera en Jon era rara. Muy a menudo, sus músculos de la cara hacían los movimientos de una sonrisa, pero no había emoción detrás del movimiento. Era como una máscara de plástico que un mimo se pone en una obra de teatro.

Sin embargo, el día de la ordenación de Jon sus emociones eran auténticas. Derramo lágrimas mientras compartía algunas palabras con el grupo. Él sonrió y se rio después de la comida de celebración, agradeciendo a todos por venir y por apoyarlo en su nuevo andar con Dios conforme empezaba a servir nuestra iglesia en una capacidad oficial. El día marcó un hito en nuestras vidas.

Recuerdo sentirme inmensamente orgullosa de Jon, pero más orgullosa aún de Dios por crear una transformación en mi marido. Estaba lejos de ser perfecto, pero podría ver "la bondad de Dios conduciéndolo al arrepentimiento," como Romanos 2:4 (RVR) promete. Eso era algo que la culpabilidad, miedo o vergüenza nunca habían hecho. Cuando Jon, sin advertencia sugirió, "dejare de fumar," *sabía* que una transformación estaba ocurriendo. ¡Intenté ocultar mi entusiasmo mientras que en mi interior hice la danza del aleluya!

Poco después de que Jon se hizo diácono, tomé la posición de Directora de Servicios de la Comunidad en nuestra iglesia. Aparte de desear un hogar y matrimonio feliz, soñaba con nosotros dos ser un equipo que servía a la gente. Fue una respuesta al rezo cuando Jon y yo comenzamos a servir no sólo a nuestra familia de la iglesia, pero también a los pobres en nuestra comunidad. Mi posición como maestra de escuela pública me dio una pista interna a algunas de las familias más necesitadas de nuestra área. Tenía la responsabilidad de hacer algo para ayudar. Dios proveyó de maneras notables para resolver esas necesidades.

Nuestros miembros de la iglesia estaban totalmente dispuestos a participar en nuestras aventuras de servicio a la comunidad. Juntos entregamos alimento y ropa, pagamos cuentas atrasadas de servicios públicos, visitamos a solitarios recluidos e ilegales hambrientos. Incluso la gente se reunió para comprar una dentadura nueva para una mujer.

Hicimos una colecta de comida para las fiestas. El camión de Jon fue muy práctico para entregar todas esas cajas. Incluso llego a cantar villancicos con nosotros en Diciembre y ayudó a una abuela a colgar sus luces de Navidad mientras que nuestros amigos de la iglesia le entregaban bicicletas a cada uno de sus nietos. Jon era una gran parte de nuestro ministerio ese primer año conforme comenzamos a ser reconocidos en nuestra comunidad como una iglesia que ayuda a la gente.

Trabajar juntos para demostrar el amor de Dios en una manera tangible que nos dio una meta en común. Debido a las adicciones de Jon desarrollamos algunos malos hábitos en nuestro matrimonio. Uno de ellos era hacer cosas independientemente uno del otro. Nuestra nueva vida y ministerio nos dio una razón para comunicarnos más y pasar tiempo productivo juntos. Esto además de las otras ventajas hizo que valiera la pena mudarse al Norte de Texas. Podía ver que Jon estaba creciendo en el Señor. Ésa era la mejor razón de todas. Confíe en que lo lograría.

Jon no era el único que estaba floreciendo. Debido a mis propios sufrimientos me volví mucho más intuitiva sobre el sufrimiento de otros y empecé a notar cuando otras mujeres estaban lastimadas. Dios utilizó mi experiencia para conectarme continuamente con la gente que de otra manera nunca hubiera tenido compasión. El verdaderamente trabaja todas las cosas juntas para el bien de la gente que Lo ama (Romanos 8:28). Comenzaba a creer eso.

Capítulo 9 · Un Nuevo Comienzo

Nuestro primer año en el Norte de Texas paso sin incidentes. El verano pronto nos estaba ardiendo a todos y proveyendo a Bob y a Jon con mucho trabajo. ¡Al parecer Jon estaba sobresaliendo porque consiguió un aumento significativo, y una promoción! Había incluso pláticas de hacerlo socio cuando Bob se retirará y fusionar su negocio de calefacción y aire acondicionado con el de su hermano. Jon amaba venir a casa los viernes agitando su cheque grande y bueno. Todo estaba muy bien. Hasta el viernes que Jon no vino a casa.

"¡*Ay, Dios! Ay no. Ay, no por favor. . .*"

Una sensación de nausea profunda me abrumó mientras que manejaba en nuestra entrada circular con la cajuela llena de víveres. Era más tarde de lo que anticipe; me había distraído en la tienda de comestibles con estudiantes curiosos y un miembro de la iglesia que deseaba charlar. Cuando llegue a la casa con mis comestibles de la tienda el sol se ponía sobre el pasto detrás de nuestra casa. El camión de Jon no estaba en su lugar usual junto a la cochera.

Bob, como nosotros, observaba el Sabbat veinticuatro horas del día de descanso, del ocaso el viernes al ocaso del sábado. Solamente trabajaba tarde los viernes si era una emergencia, y siempre nos avisaba a Aubrey y a mí. Mi teléfono seguía en silencio. Llamé rápidamente al número de Jon. Fue derecho al buzón de llamadas.

Whipper saltó a la barda del patio trasero mientras yo llegaba a la cochera. Ella era una señal segura de que Jon no había llegado todavía. Nuestro primer movimiento al llegar a casa era abrir la puerta y dejar que las niñas entraran a la casa con nosotros. Trotaron felices de atrás para adelante conmigo mientras descargaba los comestibles de la tienda.

Conforme los rayos dorados del sol desaparecían, me pare enfrente de la ventana de nuestra cocina raspando helado de menta con chispas de chocolate Blue Bell con tapa dorada. Era una tradición semanal que esperaba con ansias. Si la cajuela estaba particularmente caliente, el helado se semi derretiría a lo largo de ambos lados del envase y con una cuchara me comería las orillas hasta que ya me hubiera comido todas las partes suaves. Esa era la única vez que comía helado Blue Bell. El resto se iba al congelador para que Jon lo gozara cuando descansara en las tardes después de trabajar todo el día en el calor.

Parada en un montón de bolsas de plástico de Walmart en mi cocina amarillo brillante, me comí cucharada tras cucharada del helado de menta con chispas de chocolate de Blue Bell. Estaba tan fresco y refrescante, con pedacitos cuadrados de chocolate que se quedaban en mi lengua después de que cada mordida de helado se había ido. Repetidamente como si en cámara lenta sumergía mi cuchara en ese envase redondo de medio galón, raspando a lo largo de los lados donde estaba la parte derretida. Pronto, todo que quedaba era una pequeña montaña verde ladeada en el centro, y yo me sentía mucho mejor acerca de las cosas.

Talvez están trabajando fuera del rango de teléfonos celulares pensé, presionando la tapa sobre la montaña y empujándola en el congelador junto con dos bolsas de coles de Bruselas congeladas y una pizza de Totinos. *Talvez su batería del teléfono se murió y quizá por eso mis llamadas se van al buzón de voz.* Abrí la puerta de la despensa y empecé cuidadosamente a apilar las latas de frijoles negros y pintos con la etiqueta al frente.

Mi teléfono sonó justo cuando acabe de guardar el ultimo comestible. "*¡Ah, qué bueno! ¡Gracias, señor!*" Era Aubrey.

"¡Hola!" Ella estaba alegre como de costumbre. "Espero que no esté interrumpiendo tu cena. Acabamos de acabar la nuestra. Bob y yo hemos invitado a algunos amigos a cenar ligero mañana por la noche. Disculpa que no te llamé antes pero son bienvenidos a venir si ustedes no tienen ya planes."

Mi cerebro estaba como huevos revueltos.

Si acaban de cenar eso significa que Bob está en su casa y ella está asumiendo que Jon está aquí conmigo. Pero él no está conmigo, de modo que él está en otra parte, lo cual no ha sido históricamente bueno en día de paga. ¿Qué digo? ¿Le digo que él no está aquí? ¿Qué tal si no es lo que estoy pensando? No quiero plantar semillas de duda en las mentes de Bob o de Aubrey si no es nada. Tampoco deseo comprometernos a una cena en su hogar mañana si es algo.

"Uh. Gracias por pensar en nosotros," contesté después de un incómodo retraso.

¡Piensa! Piensa rápido. No puedo mentir. ¿Qué puedo decir? "Ayúdame Jesús."

"Suena divertido, pero talvez tengamos que dejarlo para la siguiente vez," contesté. "Gracias, de todas formas por pensar en nosotros."

"*Perfecto. Gracias.*" *¿Por qué no pensé en eso?*

"Ah, entiendo. Ustedes dos siempre están haciendo algo. Debo haberte hablado antes en la semana. Bien, que tengas buena noche."

"Gracias, Aubrey. Tú también. Adiós."

Estallé en lágrimas mientras puse el teléfono en el brazo del sofá. Ambas perras vinieron inmediatamente cerca para consolarme. Pobrecitas. Me oyeron llorar más que cualquier humano. No apreciaron la parte de los aullidos. Había pasado tiempo desde que había aullado, pero estoy segura que no se les había olvidado. Whipper era particularmente sensible a la tensión o a la pena. Su entero cuerpo blanco y negro temblaba y sus oídos se movían para atrás y para adelante en señal de preocupación. Snuffs trataba de brincar a mi regazo. Si las ignoraba, se enroscaban juntas en su cama, esperando a que la tormenta pasara.

Sabiendo en mi corazón que esta tormenta en particular acababa de empezar, hice algo fuera de lo común. Algo reservado solamente para ocasiones o momentos especiales de gran debilidad. Dirigiéndome hacia nuestra habitación, me metí en la cama y di dos palmaditas en el colchón. Whipper saltó inmediatamente a través del cuarto, aterrizando en la cama y zambulléndose bajo las cubiertas a su lugar preferido cerca de mis pies. No tan ágil y pesando una tercera parte más, Snuffles solo se podía parar en sus patas traseras, meneando su cola y esperando a que la levantara. Ella nunca fue al fondo de la cama, pero encontró una almohada vacía y se quedó tan cerca de mi cabeza como le fue posible.

Así fue exactamente cómo pasamos esa noche, acurrucadas juntas en la cama, esperando a que regresar Jon a casa. Si me quedaba dormida sabía que ellas lo oirían mucho antes que yo y que me alertarían de su presencia en la casa.

Aunque mis lágrimas terminaron, mis rezos continuaron a lo largo de la noche. Recuerdo usar repetidamente la palabra *porqué* conforme reproche los espíritus del miedo y del enojo y rogué por la protección de Dios sobre mi esposo.

"Por favor, Señor Dios, envía Tus ángeles para protegerlo y dirigirlo salvo a casa. Por favor no permitas que le suceda nada malo. ¿Porqué, oh porqué está haciendo esto otra vez?"

Rece hasta que ya no puede permanecer despierta.

Las niñas escucharon su llave hacer clic en la cerradura. Antes de darme cuenta, se sentaron en el borde de la cama, listas para saltar y deslizarse sobre el piso de madera para encontrarse con él. Yo no estaba muy entusiasta. Una mezcla de aceite y agua de alivio e ira se acumuló dentro de mí, cada emoción compitiendo por la primera posición. Mientras emocionadas brincaban alrededor de sus piernas yo me senté en la cama, en silencio.

Por experiencias pasadas sabía que una confrontación a las 4:00 a.m. con una persona que viene de una juerga, era una mala idea. Pero conforme su extraño olor rancio me llego a mi nariz, no pude resistir dos palabras. "Tu apestas", le repudie conforme se desabrochó sus pantalones Levis 501 los dejo caer al piso y se metió a la cama.

Las niñas vinieron de mi lado, de pie sobre sus patas traseras, esperando una invitación para unirse a la fiesta. "¡No!" Les grité para que se bajaran. "¡Váyanse a su cama!" Obedecieron sin escándalo, metiéndose a su cama al lado de la nuestra. Podía sentir que me miraban. Girando mi cabeza vi sus grandes ojos reflejando la luz de las estrellas desde la ventana. Mis pobres niñas. No era la primera vez que recibían mis emociones mal dirigidas.

Lágrimas amenazan mis ojos mientras escribía este capítulo en mi cuaderno verde. Estoy en un tren express de Venecia a Milán. La escena que acabo de describir parece irreal en comparación con mi entorno actual. Respiro mirando por la ventana el pintoresco campo Italiano.

"Dios, seguramente redimes las cosas que pensé estaban perdidas."

Con un corazón agradecido y el valor para continuar, retome mi historia.

La respiración constante de Jon pronto me dijo que estaba durmiendo. El *sí* apestaba. Era una combinación desconocida de sudor rancio, cigarros baratos y otra cosa que no podía identificar del todo. Fuera lo que fuera, lo odiaba. Odiaba todo eso. Lo odiaba a él.

"Odiar el pecado, amar al pecador". El cliché cristiano rebotaba en mi cerebro mientras luchaba conciliar el sueño.

"No lo puedo hacer, Dios. Tendrás que hacerlo a través de mí. Esto es simplemente demasiado. Esto ya es el colmo."

Más tarde una pequeña pepita de verdad sobre esa noche se me reveló. Aunque nunca entendí el "por qué" de la recaída de Jon, si me entere que después del trabajo fue a la ciudad donde asistimos a Celebrate Recovery. En lugar de buscar una reunión buscó cocaína. Cuando no pudo encontrar "mercancía buena" a la que estaba acostumbrado, aceptó la oferta de un distribuidor de una sustancia menos costosa y más fácil de obtener llamada "crack".

El olor inusual esa noche fue el olor residual del crack impregnado en la ropa y piel de Jon. Altamente adictiva, inmensamente peligrosa para la salud y fácil de obtener de fuentes dudosas, Crack era la nueva amante de Jon. La noche que le dio entrada al crack altero para siempre nuestro futuro. Se sentía imposible recuperarse de ese golpe a nuestro nuevo comienzo. Reprimí firmemente la libertad y los recursos de Jon. No le gusto. De hecho, él se rebeló. Jon, muy pronto se transformó en el alma pálida, hosca y engañosa que era antes de haber ido a rehabilitación al centro Blue Sky.

Me comuniqué con León y descubrí que él y Elaine se mudaron a una ciudad a dos horas de nosotros. Nos invitó a Jon y a mí, a una sesión de terapia tan pronto como pudiéramos. Sorprendentemente, Jon accedió a ir.

"Quisiera reunirme primero con Jon en privado, si no te importa," dijo León después de que nos saludó con un abrazo compasivo.

"Claro. Espero aquí en el vestíbulo," dije. Desesperada por *que alguien* entrara a la cabeza de Jon, yo estaba feliz de dejar a Jon a solas con León. Puesto que ya tenían una buena relación y él sabía la historia de Jon, pensé si alguien podría hacer una diferencia, sería León.

"Gracias, Dios, por León," recé mientras estaba sentada en el vestíbulo justo enfrente de una tienda de regalos caros. León se había transferido de capellán a un hospital mucho más grande. Aunque su nueva carga de trabajo era pesada y su horario apretado, él una vez más nos atendió gratuitamente.

"Si nos viera, aunque sea una vez al mes, sería una bendición. Él nos conoce. Él conoce nuestra historia. Por favor, Dios, dale sabiduría a León ahorita mientras habla con Jon. Por favor, toca el corazón de Jon y suavízalo."

"Perdóname por odiar a Jon. Perdona las palabras de enojo que he hablado. Quiero ser como Jesús. No quiero darle un lugar en mi vida al diablo albergando pensamientos impíos hacia mi esposo. Sé que prometí amar, honrar y apreciarlo en la enfermedad y en la salud. Esta adicción es una enfermedad. Por favor, Señor, derrama tu amor en mí para que yo puedo amarlo ahora adecuadamente. Porque, si soy honesta, me siento enojada y desesperada."

Seguí orando pasada una hora antes de que León abriera la puerta de su oficina para señalarme que pasara. Jon estaba enojado. Sus músculos de la mandíbula se apretaban y aflojaban mientras estaba sentado rígidamente en la silla cerca a la puerta. León explicó que la conversación fue difícil, pero que Jon sabía lo que necesitaba hacer si quería ayuda.

"Que quisieras hacer?" León dirigió la pregunta hacia mí. "¿Estás dispuesta a seguir este camino con Jon?"

Dije "Sí." "Si él va a ser honesto conmigo. Y si continúa aceptando ayuda." Rápidamente agregué, "También, él tiene que permitirme estar a cargo de nuestras finanzas sin pelear. Estoy tratando de sacarnos del hoyo. Sigue cavando el hoyo más profundo."

"Jon, estás dispuesto a hacer eso?"

"Sí."

"Bien," afirmó León. "Me pueden llamar a cualquier hora. Si tienes una alerta roja, me llaman. Podemos trabajar a través de ella. Regresa a tu grupo de apoyo semanal. Tu puedes hacer esto. Vamos a rezar juntos." León nos juntó en un círculo apretado para orar. Cuando León oraba, sentí como si todo iba a estar bien.

Me dio gusto que él no dijo: "Se los advertí." Él no tenía que. Ya me lo había dicho a mí misma. *Él me lo había advertido.*

El viaje a casa fue tenso. Al principio Jon, aun enfadado con el enfoque directo de León, permaneció en silencio. Jon solía aparecer bajo en el radar con la gente aparentando ser un tipo agradable y tranquilo. Se las arreglaba para mantener a la gente a distancia. Fuera de mí, nadie le estaba haciéndole preguntas difíciles o pidiendo que le rindiera cuentas.

Bob era una persona que no confrontaba. No le iba a preguntar a Jon si estaba usando otra vez. También era el jefe de Jon, así que su relación era primordialmente de trabajo. Dada nuestra historia con Bob y Aubrey, yo quería informarles lo que estaba sucediendo, aunque significara arriesgar el trabajo de Jon. Yo quería que los cheques semanales de Jon se hicieran a nombre de los dos, por qué no quería que se acaparara dinero para las drogas, pero Jon no quería que Bob se enterara de la recaída. Definitivamente se opuso a poner mi nombre en su cheque de paga.

"Pero Jon," le supliqué, "no hay cheques y saldos. Tu sabes que el efectivo es un detonante. Solo hagámoslo por un tiempo. Por lo menos hasta que tengas más tiempo limpio. No es justo que te soples todo tu cheque y yo tenga que pagar las cuentas con el mío. Quiero prevenir para que eso no vuelva a suceder. No puedo cargar a los dos. ¡No con toda la deuda residual de la tarjeta de crédito!" Mi voz se levantaba con cada frase.

"Lo sé. ¡Lo siento, okay! No sé qué pasó. No pasará otra vez." gruñó. "Nadie necesita conocer nuestros problemas."

Palabras como estas construyen muros de aislamiento entre las parejas que tienen problemas y las personas que les pueden ayudar. Encontrar equilibrio entre la responsabilidad saludable y el mantener limites que protegen la privacidad y dignidad de un matrimonio pueden ser difíciles cuando un cónyuge abusa de drogas o cualquier otro tipo de abuso. Cuando las cosas empezaron a salirse de control, quise hacerme cargo, ajustar, arreglar, organizar y garantizar que la locura no se apoderará de nuestras vidas. Entre más ajustaba, Jon más se resistía. Y por lo mismo, nuestro ciclo de controlar la adicción, el aislamiento y la codependencia continuaban.

Capítulo 10

Guerra Contra las Drogas

*"Porque las armas de nuestra milicia no son carnales
sino poderosas en Dios para la destrucción de fortalezas;"
2 Corintios 10:4 (RVR)*

Diciembre de 2004 – Julio de 2005

En 2004, pasamos las vacaciones en Kentucky con Annie y Eddie. Fue nuestra primera Navidad juntos desde que el cáncer nos había robado a 'Dessa', mi abuela materna. Mamá, Annie y yo estábamos llorando de nostalgia. Fue un año de cambios difíciles. Eddie regresó a casa después de servir en la guerra de Irak, habiendo perdido su inocencia y su sentido de idealismo. Perdimos a Gram. Jon perdió su mente. Cada uno necesita un nuevo comienzo y esperábamos un 2005 más amable.

En agosto, Eddie acepta un trabajo de civil en Lexington, en donde él y Annie inmediatamente compraron una casa de tres pisos. En Navidad, Lucas tenía casi dos años y Sis estaba embarazada otra vez. Entre la encantadora hermana de Eddie, Jill, los Ps y nosotros, su nido estaba lleno esas fiestas.

Mi espíritu se animó conforme Jon y yo empacábamos comida, regalos y perros en su confiable Dodge verde. Jon estaba experimentando su propia clase de alza de ánimo ese día. A pesar de sus payasadas, estaba decidida a pasar tiempo con mi familia. Las horas y millas no podían pasar lo suficientemente rápido. Bueno, en realidad, se fueron demasiado rápido. Jon iba manejando a exceso de velocidad. Aunque me sentía en peligro, Jon se negó a ceder el volante.

"*Querido Señor, por favor, protégenos de nosotros mismos. Protege a otros de nosotros,*" oré en la noche mientras él iba manejando a alta velocidad por la carretera alimentado de la cocaína de alto octanaje.

Con bajas temperaturas afuera, Snuffles y Whipper permanecieron resguardadas entre nosotros. Las obligue a bajarse en las zonas de descanso. Aunque Jon trató de ocultarlo, usaba estas oportunidades para un resoplido y fumar, para lanzarnos otras cien millas hacia nuestro destino de vacaciones. Cuando estaba bajo la influencia, que resultó ser la mayor parte del tiempo durante los próximos seis meses, era como el conejito de Energizer en esteroides.

En la primavera, estaba desesperada. La adicción de Jon estaba en estado avanzado.

"*Dios, estoy agotada. No puedo seguir haciendo esto. El esconderse, los secretos, el fingir. Me está matando. Me está realmente empezando a asustar. No quiero estar cerca cuando sus humores oscuros se apoderen de él. ¡Algo tiene que cambiar!*"

Una vez más estaba manteniendo las apariencias hasta el punto de agotamiento, con miedo que nuestra pequeña comunidad descubriera el secreto de Jon. No compartía el problema de Jon con Aubrey porque podría poner en peligro su trabajo. No nos podíamos dar el lujo de eso. Me avergonzaba decirles a mis amigas maestras y sufría en silencio en la iglesia, especialmente los días del Sabbat Jon estaba demasiado crudo para aparecerse. No quería decirle a mi familia. Ya estaban hartos de sus tonterías.

Annie todavía estaba furiosa con lo que pasó en la Navidad, cuando Jon coqueteó con la hermana de Eddie. "Sólo aléjate de él," Sis me rogó después de que Jill indignada le conto el incidente a su hermano. Ese fue mi primer indicio del potencial de infidelidad de Jon. Sabía que ya no estaba interesado en mí, pero pensé que eran las drogas que lo hacían perder todo deseo. La infidelidad no era su modus operandi.

El uso de drogas de Jon se intensificó durante el invierno. No le dijimos a Bob y Aubrey. No tuvimos que. Como con la mayoría de las adicciones, la de Jon no se podía mantener en secreto para siempre. Finalmente comenzó a levantar su fea cara en el lugar de trabajo. Bob noto los cambios: primera su actitud y luego su comportamiento. Aubrey vino a mí con los brazos abiertos y una expresión de "Ya lo sé" en el rostro. La deje que me abrazara mientras yo lloraba.

Mientras orábamos juntas, le agradecí a Dios por el alivio de una amiga que no me mantenía a distancia a pesar de que yo a ella sí y a todos los demás fuera de mi propia fiesta privada de víctima. A veces tenemos que bajar la guardia para que alguien seguro pueda amarnos cuando quién se supone que nos debe de amar nos ha defraudado. A veces necesitamos ser como Aubrey y acercarnos devotamente un amigo enclaustrado en sus paredes con brazos abiertos y con una invitación al alivio, aunque parezca que se han retirado o rechazado nuestros intentos anteriores. No sobra señalar con suavidad el "elefante en la habitación" y para ofrecer el simple alivio del reconocimiento sin prejuicios. Fue una ocasión rara durante esos años que alguien se me acercara y me dijera, "Puedo ver que estás sufriendo. ¿Quieres hablar de ello?"

Por eso la iglesia a menudo se sentía sola a pesar de que los programas eran agradables y la gente bastante amable. Con toda honestidad no fue culpa de la gente de la iglesia, yo era una experta en ocultarme detrás de mis ocupaciones y sirviendo con una sonrisa brillante. Entonces "poner una cara feliz" era parte de mi rutina de la mañana como cepillarme los dientes.

Afortunadamente, Dios constantemente ponía personas en mi vida que me pedían que les rindiera cuentas. Aparte de mi familia, tuve el apoyo de amigos como Bob y Aubrey, León, Ryan y Meredith y nuestros nuevos amigos, el Dr. Alan y Darcy. Estas personas no me permitieron deslizarme a través de las grietas. Escucharon cuando el Espíritu de Dios los motivo a que me mantuvieran en su radar.

Un viernes en marzo, Jon nunca regreso a casa del trabajo. Bombardee su celular docenas de veces. Siempre me mandaba al buzón de voz: "Soy Jon. Deja tu mensaje." Quería llamarle a Aubrey para preguntarle si Jon y Bob estaban trabajando hasta tarde, pero mi instinto ya sabía la respuesta. Noches como estas eran agonizantes. Odiaba el no saber, la infinita espera, la parte enfermiza de mí que oprimía el botón de volver a marcar una y otra vez, desesperadamente esperando que respondiera a mi llamada.

La invitación bíblica de orar sin cesar adquirió un nuevo significado durante estas horas incesantes. Oré por su seguridad. Oré para que fuera arrestado. Oraba que no matar a nadie durante los efectos de sus drogas. A veces rezaba para que se muriera.

Luego oré por cordura, por paz, por un espíritu de perdón. Usé las Escrituras como munición contra mi invisible enemigo y para obtener alivio para mí. Esas noches me agotaban. Estaba dividida entre la compasión y la repulsión. Supliqué para que el estuviera bien, mientras que en la misma respiración le rogué a Dios que se lo llevara para que yo pudiera proceder con mi vida.

Antes de irme a dormir, ungían con aceite cada puerta y ventana e invitaba a los santos ángeles a pelear en contra de cualquier espíritu oscuro que intentaron venir con él. Oré casi toda esa noche. Dios respondió dándome una fuerte compasión por Jon. Tuve un renovado deseo de volverlo a ver libre otra vez.

Jon se deslizó en nuestra cama cerca del amanecer, oliendo como la guarida del diablo. Sentí la batalla tan pronto como llegó a la casa. El aire estaba pesado, los perros inquietos. Jon tenía el semblante negro.

A pesar de la larga noche, decidí asistir a la iglesia la mañana siguiente. A veces forzándome a ser falsa fue demasiado agotador después de noches como esta, pero ese Sabbat me sentía motivada a ir. ¿No es iglesia donde la gente va cuando el mal parece estar ganando la guerra por las almas de su familia?

Un Grito de Ayuda

Ese fue un Sabbat raro, cuando me atreví a aparecer sin mi máscara. ¿Acaso la desesperación tiende a producir transparencia?

Cuando el pastor y el mayor me saludaron en la puerta, su amistoso "¡Hola! fue seguido por ¿Dónde está Jon esta mañana?"

"Él está en cama, recuperándose de una juerga de drogas," dije.

"¿Estas segura?" El Pastor Josh me pregunto incrédulo después de un momento de silencio atónito. Él y el mayor Scott rápidamente me guiaron a su estudio donde podíamos hablar en privado.

"Por supuesto que estoy segura. Jon se abrió a la oscuridad y ahora él está tomando el control. Es complicado. Probablemente deberíamos de haberles dicho antes, pero nos mudamos aquí hace dos años para comenzar de nuevo cuando él recayó gravemente después de pasar por su rehabilitación. Sé que Jon se dio a sí mismo a Dios y se convirtió en un diácono en esta iglesia, pero ahora él está lleno del diablo. Hay una fuerte batalla en nuestro hogar. Necesitamos ayuda. Tal vez pueden venir esta tarde y hacer algo." Mi monólogo les dejó sin palabras. Cuando encontraron sus alientos, era tiempo para que comenzara el servicio.

El pastor Josh, su esposa Kyra y sus dos hijos jóvenes vinieron después de la iglesia. Jon fue bañado, vestido y parecía estar en sus cabales cuando estaba sentado charlando con ellos en nuestro sofá de flores. Cuando Kyra se excusó para jugar afuera con los niños, me escondí en la cocina mientras Josh hablaba con Jon.

Momentos más tarde, el Pastor Josh caminó afuera; nuestra ventana enmarcaba su familia perfecta cuando él estaba parado hablando con Kyra mientras los niños se trepaban a nuestro roble. *¿Me pregunto lo que están diciendo? Probablemente no me creen, ya que Jon está poniendo su gran acto de cordura. Deseo que lo hubieran visto hace unas horas.*

Cuando el Pastor Josh caminó a través de la puerta de la cocina otra vez, se acercó el fregadero donde me quedé rígida con anticipación. "Kyra está más familiarizada que yo con cosas como estas," susurró. "Dice que ella no sintió ningún espíritu malo cuando llegamos aquí. Piensa que Jon sólo necesita una buena desintoxicación y algo de terapia."

Estaba aturdida. Por supuesto que necesitaba desintoxicación y terapia, pero lo que yo había descrito anteriormente fue una batalla en el reino espiritual. He experimentado suficiente mal en nuestro hogar para saber de lo que estaba hablando. Hubo momentos cuando Jon literalmente corría fuera de la casa si leía la Biblia en voz alta. Había veces cuando él no podía orar, o no me permitía que orara por él. En los tiempos cuando la opresión era tan pesada que me sentía como si estuviera nadando a través de melaza cuando pasaba de una habitación a otra. Yo sabía lo que se había manifestado en Jon la noche anterior. Era feo y de miedo. No *era* mi marido.

Por desgracia, no era la primera ni la última vez que un pastor nos defraudará cuando buscamos ayuda en el reino espiritual. Lamentablemente, hay ministros que logran completar el seminario con escasos conocimientos prácticos de cómo ayudar a las personas con ataduras demoníacas. De alguna manera, el mito prevalece que espíritus malignos solo viven en tierras extranjeras.

Justo cuando nos reuníamos en la sala de estar para orar, llegaron el Dr. Alan y Darcy. Les había informado en la iglesia y los invité a venir a "luchar". Se unieron a nuestro círculo de oración y cada uno tomamos turnos para orar por Jon, que estaba apretujado entre el Dr. Alan y yo, sus manos callosas sin fuerzas en las nuestras. El Pastor Josh nos guio en oración final sincera, pero superficial. Luego cada uno se fue.

Fue sólo más tarde que Darcy me informó que ella y el Dr. Alan habían tomado mi grito de ayuda tan en serio que fueron después de la iglesia a orar a su casa, prepararse para la guerra y tomar algunos recursos espirituales para compartir con Jon. Venían listos para ver a Dios "limpiar casa". Después del círculo de oración, sin embargo, se dieron cuenta de que no estábamos todos en la misma página, y que Jon estaba negando la necesidad de ayuda. Darcy y Alan, ambos sintieron un espíritu resistente y optaron por no forzar el tema.

Después de que se fueron, me le quedé viendo a Jon con incredulidad. "¿Ni siquiera quieres *ayuda*?" Dije entre dientes. "¿Por qué no les dijiste lo que realmente estaba sucediendo?"

"¿Por qué los invitaste aquí en primer lugar?" Me dijo precipitado. "¡Sabes que no tengo ganas de compañía hoy!"

"No son compañía. Son nuestros amigos. ¡Josh es nuestro pastor! ¿Por qué no dejas que alguien te ayude?" Grité.

"Nadie puede ayudarme," murmuró. "Déjame en paz de una buena vez."

Retirándome a la cocina, me preparé una taza de manzanilla, sabiendo que era inútil discutir con esa mentalidad.

"*¿Y ahora que Señor?*" Añadí una gota de miel a mi té, revolviéndolo camino a la mesa. "*¿Qué debo de hacer después de que ya he hecho todo lo que sé hacer? Si no quiere ayuda, ¿qué más se puede hacer? ¡Estoy tan decepcionada! Estoy decepcionada del Pastor Josh por no entender la guerra espiritual. Estoy decepcionada de Kyra por hacer un juicio sin saber por lo que estaba pasando. Estoy decepcionada de Jon por fingir que todo estaba bien cuando no lo estaba. Siento haber dicho algo en la iglesia. ¿Qué bien hizo de todos modos?*"

Tres días después, el Pastor Josh fue a la escuela durante mi turno de salida en la línea de coches.

"¿Puedo hablar contigo un minuto por favor?" Preguntó conforme abrí la puerta de una minivan granate y despedí a un niño que estaba en contra de la pared donde esperaban los niños de primer grado enfilados como lagartos. El sol de la primavera calentaba los ladrillos de nuestro edificio y los conductores de los coches esperaban en contra de la pared tratando de atraer calor a sus cuerpos.

"Por supuesto. ¿Le importa esperar hasta que ponga a los pitufos en sus vehículos?" Contesté mientras un Jeep amarillo subía rugiendo hasta el pilar donde esperábamos. Pronto, el último niño fue abrochado a su cinturón de seguridad. Cerré la puerta con cuidado y le dije adiós mientras salía del estacionamiento.

"Gracias por esperar." Le hablé con cautela a mi pastor, dándome cuenta de que esto era más que una visita casual. "¿Qué está pasando?"

Me pregunto si lamenta cómo se dieron las cosas en la casa el último Sabbat. Me sorprende que no haya tenido noticias suyas antes. Probablemente piensa que yo estoy loca y necesito terapia.

"¿Cómo van las cosas con Jon?" Su acercamiento fue directo. "¿Ha decidido que quiere ayuda? Nos dimos cuenta de que nos tomó el pelo a todos el otro día. No quería tomar responsabilidad por nada que estuviera fuera de lo ordinario. Pero sabemos que no habrías dicho esas cosas y nos hubieras invitado a menos de que algo estuviera mal."

"Las cosas sigue igual," le dije. "Él puede estar saliendo poco a poco de la negación. Cuando llamé a nuestro antiguo terapeuta e hice una cita, Jon aceptó ir. Manejamos cuatro horas ida y vuelta. Sé que suena loco, pero León ha pasado a través de cosas muy profundas con nosotros. Él conoce a Jon. Creo que él cruzo el mal y le llegó al corazón de Jon," expliqué. "¿Quiere entrar? El viento me está molestando, y necesito poner sillas de mis alumnos arriba para que el conserje pueda aspirar."

"Claro. No puedo quedarme mucho tiempo, pero quería compartir un pensamiento contigo. ¿Estás familiarizada con The Rehab, es un centro de tratamiento residencial para alcohólicos y adictos cristianos? Está a tres estados de distancia, pero he oído cosas buenas. Al parecer, plantean la recuperación desde una posición cristiana. Tal vez ofrecen lo que estás buscando. Si crees que Jon consideraría ir, yo feliz de ser una referencia para él."

Cargando una silla amarilla de plástico la voltee boca abajo sobre la mesa más cercana a la puerta. Luché por mantener una expresión neutra. "No," contesté, "nunca he oído de ese lugar. Suena bastante genérico."

¡Haría cualquier cosa para ayudar a Jon, pero NO HAY manera de pagar la rehabilitación en otro estado! ¿Y no hemos pasado ya por eso?

"La única razón por la que sé de ese lugar es porque un miembro de la familia de Kyra fue allí. Realmente lo ayudaron", respondió. "Entonces, ¿crees que Jon podría estar interesado?"

"No lo sé," le dije, continué volteando las sillas y enderezando escritorios chuecos. "Otro programa de convivencia está fuera de discusión. La última vez que fue no tuvimos que pagar porque estaba en mi plan de seguro, que sólo pagaba por este tipo de tratamiento una vez en la vida. Si lo arruinas, *no* hay segundas oportunidades. Lo que está ofreciendo no es una opción. No tenemos esa cantidad de dinero, y la manera en que últimamente se ha estado gastado sus cheques, apenas y cubrimos nuestros gastos," me salió mi repuesta frustrada conforme me agache a recoger dos crayones rotos y un pañuelo de papel sucio.

El pastor Josh se dirigió hacia la puerta, luego pauso diciendo: "Bueno, vamos a orar sobre eso y ver si al menos lo consideraría. De hecho, vamos a orar ahorita mismo."

"Buena idea." Deje de moverme como torbellino e incline mi cabeza en el aula tranquila. Después de "Amén," el Pastor Josh me entregó una nota con el número de teléfono de The Rehab garabateado en tinta azul.

"Gracias," susurré, doblando la nota con el lado pegajoso hacia dentro y la metí en mi bolsillo mientras regresaba a la actividad que tenía entre manos. En una clase de primaria hay muchas "tareas asignadas." Las hice todas: clasificar y archivar documentos, poner las calificaciones en la computadora, revisar el trabajo del estudiante, preparar los planes de las lecciones, sacar fotocopias. Sería la última persona en salir del edificio esa noche. No queriendo regresar a una casa vacía, adormecía mi dolor con el trabajo.

Días Después

"Jon la factura de electricidad esta vencida," anuncié sacando mi tazón de avena del microondas. "Si no pagamos de inmediato, notificarán a los propietarios. ¡Ayyy! ¡Caliente!" Conforme el tazón me quemó las manos, mi voz era más fuerte. "Realmente NO quiero que Gary y Gloria se pregunten qué está pasando aquí. ¿Qué vamos a hacer con respecto a esto? Nuestras cuentas corrientes y de ahorros están vacías. Ni nos atreveremos a pedirles dinero a Bob y Aubrey, ya que conocen cuánto te pagan cada semana." Saqué una caja de leche de arroz del refrigerador. "¿Cuál es tu plan?"

Jon tomó su taza azul favorita de la alacena gruñendo, "No tengo un plan. No tengo ni idea de que hacer. Todas mis cosas buenas ya han sido empeñadas. No puedo sacar más efectivo."

"Cómo pueden dos personas...." Comencé la oración, pero él la acabó.

"... con buenos trabajos no poder pagar su factura de electricidad?" Se burló. "¿Qué tal porque uno de ellos es un adicto a las drogas?" Levantó su voz con esas últimas palabras, poniéndole azúcar con rabia a su café.

"No estoy tratando de pelear contigo, Jon," le supliqué en medio de un bocado caliente de avena. "Es que no sé qué hacer. Por favor piensa en una solución a este problema mientras estás en el trabajo hoy. Se nos ha acabado el tiempo."

Jon cuidadosamente puso su café humeante sobre la mesa y se deslizó al viejo escritorio de escuela cerca de la puerta para ponerse sus zapatos tenis. Perpetuamente de prisa, rara vez se molestaba en desatar las agujetas cuando se quitaba sus zapatos, así que tardó sólo segundos para ponerlos otra vez. No dijo nada más. Me tragué mi avena en silencio mientras ojeaba nuestro libro devocional esperando secretamente que se quedaría el suficiente tiempo para al menos escuchar un verso de la Biblia de la parte superior de la página. Cuando finalmente encontré la fecha correcta Jon pesco su café y abrió la puerta.

"¡Ya me fui!" Lanzó las palabras por encima del hombro, un hueso a su esposa; luego agregó, "adiós chicas," a los perros.

Jon solo desayunaba en ocasiones especiales. En las noches normales, ponía su café Folgers en el filtro antes de acostarse. En la mañana, todo lo que tenía que hacer era encender un botón. Para cuando su ducha de la mañana se volvía fría, el desayuno líquido de mi marido estaba listo. Ese café y algunos cigarros de alguna manera lo alimentaron hasta la hora del almuerzo. Él nunca parecía carecer de energía.

Yo, por el contrario, soy una chica que desayuna. Sin desayuno, con seguridad tengo un dolor de cabeza por la tarde. Esa mañana, no pude disfrutar mi comida favorita. La boca de mi estómago estaba tan amarga como los desechos que quedan en la cafetera de Jon.

"Buenos días de nuevo, Dios. Por favor soluciona este problema. Gloria y Gary han sido vecinos y propietarios generosos. Ven nuestras idas y venidas. Saben que trabajamos. Saben que sólo pagamos quinientos dólares al mes por vivir aquí. ¡Si nos cortan la luz voy a estar mortificada! Por favor interviene. ¡Por favor!"

Darcy me llamó después de la escuela. "¿Quieres ir a caminar?" A veces nos veíamos en la pista de la escuela secundaria para pasar tiempo caminando y hablando juntas. Para la segunda vuelta, se dio cuenta de que algo andaba mal.

"¿Qué pasa amiga?" Ella preguntó "Estas terriblemente callada hoy."

"¿De verdad quieres saber?"

"¡Por supuesto!" Puedes contarme lo que sea. "¿Te estaban dando lata los niños de primer grado?" Ella pescó.

Procedí cautelosamente. "No. Estuvieron muy bien. Es personal. No me gusta hablar de mis asuntos, pero no estoy segura de cómo manejar esta situación."

"Está bien, dime. No te puedo ayudar si no sé lo que está mal," Darcy resopló. ¡Pobrecita, en mi frustración estaba caminando muy aprisa!

Bajando la velocidad le dije, "Este es el asunto. ¿Recuerdas lo que sucedió después de la iglesia el último Sabbat? Estoy desanimada que las cosas no resultaron como esperábamos. En lugar de mejorar, Jon realmente está peor. Él se está drogando nuevamente esta semana. Esta mal. Él se ha estado soplado todo nuestro dinero y nuestra cuenta de luz está atrasada. Intento hacer malabares con todo, pero estoy luchando por pagar las cuentas yo sola, especialmente cuando tengo que continuamente sacar sus herramientas de las tiendas de empeño. Me siento enojada y apenada de compartir esto contigo. ¡Estoy lista para estallar!" Aceleré el paso cuando llegamos al marcador de una milla.

En retrospectiva puedo identificar mis tendencias codependientes: control, tomando la responsabilidad de los comportamientos que no eran míos, rescatando. . . ¡Ay! Le debería de haber dado un ultimátum y visto que se cumpliera.

"¡Ay NO! ¡Lo siento! Aunque él parecía normal el otro día, podíamos detectar que algo estaba pasando con él. Sé que esto debe de ser muy estresante para ti." Darcy respondió con sorpresa y preocupación sinceras. Caminamos y hablamos cuatro vueltas más antes de que ella le echara un vistazo a su reloj. "¡Ooh! Me tengo que ir a recoger a Alan a la oficina. Gracias por caminar conmigo y por decirme tus secretos pesados. ¿Te importa si los comparto con Alan? Él puede tener algunas observaciones adicionales. Él es un hombre muy sabio."

Aunque nada estaba técnicamente diferente, me sentí mejor a mi regreso a casa. La combinación de ejercicio y de comunicación honesta hizo maravillas para mi estado mental. Todo eso cambio cuando vi el camión de Jon en nuestra entrada.

Uh-oh. Llegó temprano a casa. Me pregunto qué quiere decir eso. Espero que no siga de mal humor. Espero que haya pensado cómo hacerse de ciento treinta y dos dólares para mañana.

Cuando entré a la casa lo oí hablando en el teléfono de la habitación de atrás.

"No, hasta donde yo sé no tenemos planes para hoy en la noche. Sí, recuerdo cómo llegar allí en la oscuridad. . . "Está bien. Gracias. Hablaré con Julie y te avisaré si algo cambia. De otra manera, te vemos en aproximadamente una hora. Está bien. Adiós."

Metí mi cabeza justo cuando colgaba.

Hombre, casi suena alegre. Me pregunto con quién está haciendo planes cuando no tenemos dinero.

"Ya llegué," dije cómo si nada agachándome para acariciar la base de la cola rizada de Snuffles. "¿Qué está pasando?" Jon, todavía con ropa sucia del trabajo, se veía demacrado mientras se apoyaba contra el escritorio.

"Ah, ese fue Alan. Él y Darcy quieren que vayamos a su casa en un rato. Algo sobre una propuesta. Tal vez él tiene algo de trabajo de aire acondicionado para mí. ¿Te animas?" Me preguntó.

Hmmmm. Me pregunto que estará planeando Darcy. Espero que esto salga bien. Jon estará furioso si se entera que dije algo sobre nuestras finanzas.

"Seguro. Darcy y yo acabamos de caminar en la pista. ¿Tengo hambre, tú? Comamos algo primero."

No me puedo acordar lo que hice de cenar, pero recuerdo conducir a casa del Dr. Alan y Darcy en mi Cadillac. Estaba oscuro cuando llegamos. Nos estacionamos en el césped en lugar del camino de entrada porque mi coche derramaba aceite y nos preocupamos que mancharíamos el concreto.

Antes de que Jon tocara el timbre, dos perros miniatura Pixie y Paintbrush espiaron nuestro movimiento en la ventana y comenzaron a ladrar furiosamente. Darcy nos saludó con gusto mientras que ella amonestó a Pixie "¡Que se callara!" y le dio a Paintbrush un trancazo firme con su pie descalzo.

"Adelante pasen adentro," ella nos invitó, cargando a Pixie y llevándola hacia el sofá. El Dr. Alan, aún en su camisa almidonada del trabajo, se paró para darnos a cada uno un abrazo. Esta no era nuestra primera visita a su casa. Habíamos compartido varias comidas juntos. *Eran nuestros amigos, pero no habíamos deseado atosigarlos con cada esqueleto en nuestro armario, así que había cosas que nunca habíamos discutido abiertamente. El uso de drogas de Jon era uno de ellos.*

Al final de la noche ya sabían todo. Cómo sucedió eso solo pudo haber sido dirigido por el Espíritu. Por primera vez en mucho tiempo, vi una chispa de esperanza en los ojos de Jon. Él compartió su problema y todavía les caía bien. Creo que esperaba ser rechazado.

Tal vez por eso no se había abierto con ellos cuando venían en las tardes de Sabbat. Jon tenía el máximo respeto por el Dr. Alan. Él sentía que no merecía ser su amigo pero Alan lo había tomado bajo sus alas desde que llegamos al pueblo.

Dr. Alan nos escuchó muy atentamente mientras explicábamos nuestro dilema actual. Entonces les dije acerca de la visita del Pastor Josh a la escuela y su sugerencia de una segunda vuelta de rehabilitación. Me sentía segura de mencionar rehabilitación a Jon en ese ambiente. De hecho parecía estar abierto a la idea.

El Dr. Alan alentó a Jon a considerar sus alternativas. El tiempo que él había invertido en Jon le daba el derecho de hablar la verdad en amor. "Al paso que vas hermano, puedes terminar en una caja de pino. Te ves demacrado. Si ya tuviste un ataque de calor una vez, tienes que tener mucho cuidado en los áticos y lugares donde pasan de los cien grados. El verano ya viene y tu cuerpo puede que no resista la presión que le estás poniendo. Estas juergas donde tú no comes o bebes por días son peligrosas, sin mencionar las sustancias tóxicas que estás inhalando con el crack de la cocaína. Necesitas parar antes de que te mueras."

Jon escuchó sin ningún signo de enojo. Podía decir por el movimiento incesante de sus dedos que estaba queriendo fumar un cigarro pero no estaba ignorando la conversación.

Rezamos juntos antes de irnos. Tal y como salimos por la puerta Darcy me entregó un sobre. "Queremos que tengas esto," dijo. "No es un préstamo. Es un regalo. Paga tu cuenta de luz, el resto guárdalo para situaciones de emergencia."

"Gracias, Darcy," susurré abrazándola fuerte. "Ustedes son amigos verdaderos."

Jon los abrazó y les dio las gracias a los dos. El alivio en su cara era evidente.

"Recuerda lo que dije," el Dr. Alan le recordó conforme el cerraba la puerta. "Piénsalo."

Jon acordó pensar en ello. Abrimos el sobre en el auto. ¡Nos habían dado quinientos dólares, en efectivo! Los dos lloramos.

"¿Cómo pueden ser tan generosos?" Preguntó Jon. "Y encima no quieren que se los paguemos. Ahora *eso es* cristianismo."

Discutimos camino a casa. Jon insistió en tomar ciento cuarenta dólares del sobre para pagar la factura de electricidad. Dijo que pasaría "justo enfrente" de la cooperativa de luz del condado camino a su trabajo al día siguiente. Yo estaba desecha porque no quiera que tuviera dinero en efectivo; especialmente esa cantidad. No había tiempo para enviar el pago por correo. Tenía que pagarse al día siguiente. La única respuesta era que uno de nosotros lo llevara. Discutimos acerca de cuál de nosotros lo haría. Estaba dispuesta a tomarme el día para evitar darle dinero en efectivo. De lo contrario, estaría en el trabajo antes de que se abriera la cooperativa y debido a la junta de empleados después de la escuela, no podría llegar antes de que cerraran.

Él dijo: "Eso es ridículo. Especialmente porque voy a pasar por ahí de todos modos." A regañadientes acepte, sintiéndome como una idiota por hacerlo.

"Gracias, Padre celestial," oré conforme permanecía despierta en la cama esa noche, "por demostrarme Tu promesa de que mi Dios proveerá cada necesidad....[Filipenses 4:19 RVR]. Gracias por estos dos regalos: el regalo de la amistad de Alan y Darcy y el regalo de estos fondos. Por favor, asegúrate de que se usen apropiadamente."

Mis oraciones la mañana siguiente rumbo a la escuela se sentían presuntuosas.

"¿Dios, estoy loca por orar para que Jon llegue a la cooperativa con ese dinero cuando durante meses no ha sido capaz de manejar más de diez dólares a la vez? ¿Estoy pidiendo demasiado de Ti al entregarle el dinero en efectivo, cuando es tan débil y luego Te pido para que le des la fuerza de voluntad para gastarlo en el lugar correcto?"

Todo el día estuve inquieta y me preguntaba.

En total hubo tres grandes sorpresas esa semana. Les enumeré en mi diario:

1. ¡Dios suplió nuestra necesidad y más!

2. Jon pagó la factura de electricidad. Me enteré esa noche cuando llegó sano y salvo a casa.

3. Accedió ir a rehabilitación si podíamos recaudar los fondos.

Llamé con escepticismo a The Rehab para hablar con ellos sobre su programa. Era caro, pero afirmaban un alto índice de éxito entre sus graduados.

"Nuestra próxima sesión comienza en dos semanas a partir del Lunes," dijo la voz amistosa en el teléfono. "¿Tiene un número de fax donde le puedo enviar la documentación? Tendríamos que aprobar la solicitud de su esposo y recibir el pago antes de su llegada."

En ese momento sentí como si todo encajaba en su lugar para que Jon pudiera entrar en ese programa. Hablamos con Bob y Aubrey sobre la posibilidad de que Jon faltara al trabajo un mes. Bob estaba renuente a dejar ir a su ayudante, pero estaba de acuerdo que sería mejor para Jon "deshacerse de este lío" ahora en lugar de esperar a que el clima estuviera más cálido y las llamadas de reparación de aires acondicionados fueran abrumadoras.

Durante meses, estuve frustrada con Bob porque le seguía pagando a Jon todos los viernes por la tarde como un reloj, sabiendo que Jon iría directamente a la casa de empeño a sacar sus cosas a la venta antes de que alguien las comprara y luego directamente a su distribuidor para gastarse cada centavo que le quedaba. No te puedo decir cuántas veces Jon empeñó y volvió a comprar sus costosos binoculares de Swarovski, *y los míos*, antes de verme inteligente y empezar a dejar los míos en la escuela. Me acerqué a Bob y le pedí que me hiciera el cheque de Jon a mi nombre para poder pagar nuestras cuentas, o al menos que me diera una parte del dinero, para que no se lo volara.

Bob insistió, "El dinero de un hombre es el dinero de un hombre. Si él trabaja por él, es suyo. Nadie puede quitárselo."

Eso fue increíblemente *frustrante* para mí. Me sentí traicionada por los dos.

Juntar varios miles de dólares para la rehabilitación fue un gran obstáculo. No teníamos ningún activo libre y claro, fuera del camión de Jon. Ese pobre camión estaba en su última etapa después de la forma en que Jon abuso de él. Incluso golpeó el cofre con un mazo para cobrarle dinero al seguro y con eso poder fumar a través de su pipa de crack. Sin duda, el valor del camión no alcanzaría para una estancia en The Rehab, y yo todavía tenía pagos mensuales en mi Cadillac que goteaba. El único activo que pude pensar fue mi fondo de retiro de maestra. Acumulé suficiente ahí para cubrir el costo de la rehabilitación, pero me cobrarían una gran multa por usarlo antes.

No consulté con nadie excepto con Jon acerca de asaltar mi fondo de jubilación. Él estuvo de acuerdo con mi plan. Llorando le dije que estaba dispuesta a acezar mi fondo de jubilación porque "Te amo, Jon y de verdad, de verdad quiero que estés bien. Esta rehabilitación será incluso mejor que la anterior. Estas personas son cristianas. Ellos sabrán qué hacer con la oscuridad dentro de ti. Debes prometerme esto Jon," dije, buscando su rostro, tratando de hacer contacto con sus ojos, "prométeme que les permitirás que te ayuden. Prométeme que trabajaras el programa. Prométeme darle tu todo, Jon. ¿Me lo prometes?"

"Le voy a dar todo lo que tengo," admitió. Eso fue lo más parecido a una promesa que pude conseguir, pero lo acepté. Dentro de los siguientes días retiré de mi cuenta de jubilación y lo envié a The Rehab. La aplicación de Jon fue aceptada, en espera de recibir mi pago.

Durante los próximos días, tuvimos una discusión continua sobre cómo llegaría a The Rehab. Yo quería llevarlo ahí y dejarlo . Había dos problemas con ese plan. El primero era que la escuela estaba todavía en sesión, y realmente no podía darme el lujo de perder el trabajo. El segundo problema era que Jon nunca quiso sentirse "abandonado" en ninguna parte. Era como un burro, negándose a ceder. Jon siempre quiso una forma de escapar. Ni siquiera consideraría permitirme a mí ni a nadie llevarlo a The Rehab y dejarlo sin coche.

Me pareció imprudente enviarlo solo. Sabía que necesitaría dinero para gas, lo cual era peligroso. Tampoco, podía confiar en él con una tarjeta de crédito. Ya había excedido la tarjeta de gasolina varios cientos de dólares antes de que yo congelara la cuenta. No sé cómo lo hizo. Tal vez él compró gasolina a cambio de crack. No sé exactamente el funcionamiento del mundo de la droga, pero de alguna manera manipulaba el sistema para conseguir lo que necesitaba. Con una tarjeta de crédito regular, él podía comprar artículos grandes y llevarlos a las casas de empeño o devolverlos a las tiendas para obtener dinero en efectivo. Eso era en los días antes de que la mayoría de los comercios escarmentaran con los estafadores. Puesto que The Rehab estaba tan lejos, no pude averiguar cómo llevarlo ahí sin darle dinero para gasolina, o correr el riesgo de incurrir aún en más deuda. Todavía compartíamos la cuenta de banco y las tarjetas de crédito, pero yo controlaba las finanzas fuera de los cheques de Jon. No quiera darle acceso a cualquier cosa.

Escuchen, especialmente las señoras. La Biblia nos instruye a buscar consejo divino. Proverbios 15:22 (RVR) dice, "Los pensamientos son frustrados donde no hay consejo; Más en la multitud de consejeros se afirman." Viéndolo en retrospectiva deficiencias importantes se revelan en el plan anterior. La principal deficiencia fue, que el único consejo que busque sobre liquidar mi cuenta de jubilación, fue la de mi esposo drogado y poseído por el demonio. Todavía estaba tratando de relacionarme con él como un cónyuge que tenía mi mejor interés en mente. Todavía intentaba respetarlo y los límites de nuestra relación de marido y mujer, pero él violó esos límites dejándome en una posición vulnerable, financiera e emocionalmente. Debí de haber buscado la sabiduría de la gente que Dios coloco en mi vida antes de tomar una decisión financiera tan seria.

Al final, le presté mi coche a Jon para el viaje. Tomó efectivo para alimentos y gasolina y se fue temprano la mañana del Domingo. Él debió haber llegado a The Rehab a la hora de la cena. Hablé con él un par de veces en su celular. Por la tarde él ya estaba fuera del radar. Fue mucho más tarde que me dijo que mientras conducía sobre un puente en Nowheresville, echó un vistazo a un barrio del centro de la ciudad y el pensamiento cruzó su mente: *ir ahí y comprar drogas.*

"Eso fue todo," confesó, "Tomé la siguiente salida y encontré el distribuidor más cercano."

Llegó a The Rehab a las 10:00 p.m., "más alto que una cometa," me explico. "Fingí, sin embargo . Nadie sabía por qué llegue tan tarde. Me hicieron darles las llaves del coche. Querían mi teléfono también, pero les dije que no tenía. Quería quedarme con él así podía hablar contigo a veces."

La información me llego semanas después mientras me explicaba por qué lo habían corrido del lugar. Sí, dije corrido del lugar. ¡De rehabilitación! ¡Después de que saqué el dinero de mi cuenta de retiro para mandarlo ahí! Lívida sería una subestimación para la emoción que estaba experimentado al recibir esas noticias. Pienso que estuve más trastornada sobre la traición de recursos que sobre la traición de nuestro matrimonio. No sé los detalles completos, pero él se refirió al hecho de que a él y a un par de residentes se les pidió que abandonaran el programa porque los cacharon en compañía mixta en un establo propiedad de The Rehab. Lo que sea que haya pasado fue un factor decisivo para que los directores de The Rehab los despidieran del programa. Al parecer, Jon fue también amonestado por algunas otras infracciones menores. Dijo que fue despedido porque tenían demasiados errores contra él.

Llamé a The Rehab para verificar las historias de Jon. Se negaron a hablar conmigo porque yo no era su cliente. La voz amable en el teléfono dijo: "Lo siento. No podremos compartir con usted ninguna información del Sr. Miller. Entendemos que él es su marido, pero nosotros estamos obligados por las leyes de confidencialidad a proteger la privacidad del Sr. Miller."

¿Cómo podían negarse a hablar conmigo ahora? ¡Ciertamente no les importo hablar conmigo cuando estaba mandándoles los fondos para este desastre! Soy su esposa. Tengo el derecho a saber que sucedió ahí... ¿no?

Mi trigésimo quinto cumpleaños vino y se fue mientras que Jon se había ido a rehabilitación. Me celebré comprándome una hamaca fabulosa con mi dinero de cumpleaños. Sabía que era una compra extravagante, dada nuestra situación financiera actual. Justifiqué el costo evitando ir a la tienda de comestibles. Mi hamaca tenía barras de madera que sostenían la tela ancha, así que dos personas, o una persona con dos perros pequeños, podrían cómodamente caber ahí, mirando a las estrellas por horas.

La noche que me enteré que le pidieron a Jon que se fuera de The Rehab llamé a las niñas y me fui a mi hamaca. Nos mecimos suavemente hasta que las perras se durmieron y las últimas lágrimas se rodaban de los lados de mis ojos a la almohada de la hamaca.

"*¿Dios, estás ahí?*" susurré hacia la Osa Mayor. "*¿No Te dije que no sé cuánto más puedo aguantar? Estoy tan herida por esto. Aunque no haya hecho nada con otra mujer, solo el hecho de que él estaba ahí afuera cuando sabía que era contra de las reglas demuestra una indiferencia evidente hacia el programa... y hacia mí. ¿Por qué está actuando como un adolescente? ¡Esto era serio!*"

Cuando me recuperé de mi impacto inicial, le pregunté a Jon acerca del programa. Deseaba saber si había algunas razones que lo salvaran por estar ahí. "Después de todo," dije sarcásticamente durante otra conversación, "estuviste ahí por tres semanas. Tu debiste de haber aprendido *algo*." Sé que el sarcasmo no es amoroso. Desafortunadamente es defecto de mi naturaleza pecadora, y sale en momentos de debilidad. Después de esta completa experiencia, me sentía muy, muy débil.

Jon compartió la historia de cómo, como parte de su terapia, lo ponían en un cuarto con un bate, pegando y rompiendo cosas mientras que gritaba y maldecía a sus padres invisibles o a cualquier otra persona con la cual él estaba enojado. Me dejo impresionada.

"Pensé que se trataba de una institución cristiana. ¿Es así como Dios llama a los cristianos a resolver sus problemas de ira? ¡No lo creo!" Respondí.

Tomó tiempo analizar las historias de Jon en busca de pepitas de verdad. Finalmente, reconstruí una imagen incompleta de lo que sucedió después de que lo expulsaran de The Rehab. Para mantener su despido en secreto, él y otro compañero desterrado, decidieron hacer un viaje hasta la fecha oficial de la liberación de Jon. Según la historia, Jon ofreció llevar a ese individuo a su casa, sólo para descubrir que su casa se quemó en su ausencia. Excavaron las cenizas para sacar la caja fuerte del individuo y la encontraron enterrada bajo los escombros. Sobrevivieron con esos fondos hasta que fue oficialmente hora para que Jon regresará a casa. Esa es la mejor historia que recuerdo. Sea lo que fuere que paso fue inapropiado y solapado. Me era difícil encontrar perdón para mi esposo. Estaba furiosa.

Huéspedes

El polvo no se había asentado todavía del incidente de the rehab cuando mi hermana embarazada de seis meses vino a visitarnos. Desesperadamente necesitaba una distracción. Lucas tenía dos años y medio y era absolutamente adorable con sus rizos rubios y su panza de sandía. Aunque bebita Ariana no nacía hasta agosto, también el vientre de Annie estaba bastante maduro. Haber hecho ese viaje desde Lexington fue un sacrificio. Creo que Sis sabía que yo necesitaba esto.

Tendí una cama acogedora en el futón de nuestra oficina para Lucas. Mi familia de osos de peluche se acurrucaba junto a una pila de mis favoritos libros ilustrados. A Lucas, como a mí, le atraían las historias. Le encantaba leer con su "Tía." Preparar la casa para nuestros huéspedes era una distracción agradable para mi angustia interior.

Llegaron un viernes. Cuando la camioneta azul de Annie llego a nuestra entrada, mi chillido de emoción sorprendió a los perros. Salieron corriendo por la puerta en frente de mí, casi siendo aplastados por Sis cuando atravesaba al patio. Apenas se paró la camioneta cuando ya estaba yo abriendo la puerta de la minivan para sacar a Lucas. Había crecido considerablemente desde diciembre. Le quite su cinturón de seguridad y lo jale para darle un abrazo de oso. "¡Lucas!" Grité. "¡Mírate! Ya eres un muchacho grande." Mi hermana se fue directo al baño después de su largo viaje. "Sólo tenemos uno. ¡Tú lo encontrarás!" Le grité.

Después de que descargáramos la minivan les di un tour de nuestro magnífico hogar. Lucas descubrió su cama inmediatamente. "Léeme, Tía," él dijo, espiando los libros. "Me encantaría. Tía leerá muchos y muchos libros contigo, pero primero, vamos a ver a tío Jon."

"¿Dónde está?" Annie me miró fijamente a los ojos y levanto una ceja inquisitiva.

"Él está saliendo temprano del trabajo. Le pagan hoy. Finalmente convencí a Bob para poner ambos de nuestros nombres en sus cheques, los dos tenemos que firmar para que Jon los pueda cobrar. Lo vamos a encontrar en el banco primero y luego tenemos que ir a sacar un montón de cosas de la casa de empeño en la ciudad vecina antes de que cierren. De otra forma se perderán. No lo quiero enviar ahí solo con dinero en efectivo. Son quinientos dólares en cosas. Si va a esa ciudad con quinientos dólares, puede que nunca lo volamos a ver otra vez," contesté.

"De acuerdo, ¿así que vamos a pasar aún más tiempo en el coche hoy? ¡Perfecto!" Sis dijo sin entusiasmo. "La única manera que vamos a conseguir que Lucas se meta a su asiento del coche será sobornándolo con helado."

"¿Lucas," me puse en cuclillas a nivel de sus ojos y le pregunté "Quieres ir por un poco de helado con mami y tía? Si quieres te echo carreras al coche." Eso fue todo lo que tomó. Pronto estábamos abrochados con Sis conduciéndonos hacia el banco local.

"No me siento cómoda que Lucas este alrededor de ya sabes quién," susurró Annie, mirando por el espejo retrovisor para ver si Lucas estaba escuchando. "Después de todo lo que ha hecho últimamente me pongo nerviosa al estar cerca de él."

"Te entiendo totalmente, pero él estará bien con Lucas," yo le aseguré. "Ha estado actuando bastante normal esta semana. Nunca hace nada en la casa, de todas formas. Siempre se va a otra parte, arrastrándose a casa cuando se le baja el efecto. De todas formas, no me puedo imaginar que él intentaría hacer cualquier truco mientras ustedes están aquí. Por lo general, él es perfectamente normal con otras personas. Es sólo cuando estamos solos que se pone grosero y extraño."

Jon estaba esperando en el Banco. Entré con él y firmé el cheque. Lo depositó en nuestra cuenta, excepto por los quinientos dólares que necesitaba para la casa de empeño. "Dame ese dinero, por favor," le dije, extendiendo la palma de mi mano.

"No sabes a dónde ir," respondió.

"Lo sé, pero me puedes decir que casa de empeño es."

"Pero no sabes cuales son mis cosas," me contesto, agarrando el sobre lleno de efectivo.

"Tu puedes ir conmigo y decirme," dije bruscamente. "Dame el dinero."

"Ustedes no querrán manejar todo el camino a la ciudad esta tarde. No después de que Annie ha viajado la mayor parte del día. ¿Por qué no me dejas ir y sacar mis cosas? Llegaré a casa antes del atardecer."

"De ninguna manera. No te voy a dejar que vayas solo. Ahora dame el dinero antes de que haga una escena aquí," conteste. "Tú te hiciste esto a ti mismo. Podríamos hacer cien cosas con este dinero en vez de comprar cosas por las que ya hemos pagado. Ahora dame el dinero para que nos vayamos. Nos están esperando en el coche."

"Voy por delante. Tú me puedes seguir," dijo, dándome al dinero en efectivo. "Cuando lleguemos allí, me puedes dar el dinero y yo iré a conseguir la mercancía. Tengo que tener mi camión para transportarlo. Algunas de las herramientas son grandes. No soy un niño. No necesitas escoltarme a la casa de empeño."

"Ya veremos," le dije mientras me adelantaba. "Pero no conduzcas muy rápido. No queremos perderte."

Sis me leyó la cara conforme me subí al coche. Traté de mantenerme neutral, pero me conocía muy bien.

"Jesús, por favor no dejes que arruine esta visita. Casi nunca veo a mi familia. No quiero que ella me vea llorando ahorita. Por favor has una intervención divina para que podamos tener un buen fin de semana juntos."

"Todo está bien," sonreí, dándome la vuelta para darle una palmada a Lucas. "Solo lo vamos a seguir a la casa de empeño. Tiene cosas muy grandes que sacar y él necesita su camión para llevárselas. Yo entraré y me ocuparé de la parte del dinero y después podemos ir a conseguir helado."

Manejamos treinta millas hacia la sección vieja del centro de la ciudad. No hay estacionamiento disponible cerca de la casa de empeño. Dimos vueltas en círculos buscando un lugar. Finalmente, Jon se detuvo cerca de la entrada lateral e hizo un gesto para que nos detuviéramos detrás de él. Bajé la ventana del pasajero.

"No se necesita entrar conmigo," dijo. "No hay donde estacionarse de todos modos. Dame el dinero y yo me encargo de esto. Llevará un tiempo para encontrar todo y ponerlo en el camión. Ustedes chicas, váyanse a casa y diviértanse. Estaré ahí en breve. Lo prometo."

Miré a Annie. Ella permaneció callada. "Bien," cedí. "¡Estoy confiando en ti!" Le entregué el sobre del banco con quinientos dólares adentro.

"Adiós Lucas," él dijo, golpeando la ventana y saludando a su sobrino con su mano izquierda conforme tomo el sobre con su derecha. "Hasta luego, Annie." A mí, me articulo "Gracias."

Miramos silenciosamente a Jon manejar su camión en un lugar de estacionamiento recién desocupado. Mientras nos alejábamos le dije a Annie, "Sé que él no vendrá a casa esta noche. Estoy cansada de luchar contra esto. Podemos pasar un buen rato sin él."

Así lo hicimos por algún tiempo. Llevamos a Lucas a McDonald's y lo dejamos correr alrededor en el área de los niños. Después fuimos a casa a preparar la cena. Aunque reímos y charlamos juntas como siempre, había una tensión en el aire conforme los minutos se volvieron horas y aún nada de Jon.

Después de la cena, salimos a mecernos en la hamaca. Sis se sentó en el borde, cautelosamente meciéndose hacia adelante y hacia atrás con ambos pies en la tierra mientras Lucas y yo estábamos en el centro con las niñas. Incluso nuestro gato loco, "Mamá Kitty," vino a estar con nosotros. Mamá era un gato montés que medio nos adoptó. Ella vivía al aire libre, pero ella se acercaba a comer y molestar a los perros cuando estaban afuera. Me sorprendió verla puesto que ella generalmente se escondía, confiando en nadie.

En esos pocos momentos, me sentía contenta mientras me imaginaba como sería tener una familia feliz y mecernos juntos al atardecer. A medida que la oscuridad y los mosquitos llegaban, nos metimos para la hora de bañarse y del cuento. Mi parte preferida de la noche era acurrucarme en el futón con Lucas a mi lado mientras que leímos *El gallo sale a ver el mundo*, de Eric Carle, seguido por una "historia de Jesús" de *la Biblia* de niños y rezos de la noche. Esos preciosos momentos eran irremplazables. Me negué a permitir que el drama silencioso me los robara.

Nuestra tradición familiar es celebrar los Sabbat apagando la televisión y las distracciones de este mundo y enfocar nuestra atención en Dios y en nuestra relación con Él y las personas que Él ha colocado en nuestras vidas. Por lo general los viernes por la noche eran tranquilos en nuestra casa, especialmente si Jon estaba de juerga. ¡Ese viernes por la noche era diferente porque tenía alguien con quien hablar! Sis y yo charlamos y reímos y soñamos juntas acerca de cómo sería Ariana, a quién se parecería y qué tipo de hermano mayor sería Lucas. Ella compartió algunos de sus desafíos del embarazo entonces preguntó si había escuchado de Chloé.

"¿La viste solo una vez?" Pregunté. "No recuerdo."

"Sí. Cuando Lucas tenía uno y Chloé tenía dos" recordó.

"Bueno, ahora ya tiene casi tres y medio, once meses más que Lucas. No puedo creer que tanto tiempo ha pasado. Todavía sueño como sería la vida si se hubiera quedado conmigo," confesé. "Tuve un momento de nostalgia al leer *El gallo sale a ver el mundo* a Lucas. Era un libro que le leía a Chloé una y otra vez cuando era una bebé."

Estar con mi hermana parecía hacer que el tiempo se fuera más rápido que si estuviera esperando a Jon a solas. No paraba de preguntarme qué hora era y me preguntaba si alguna vez aparecería. Intenté llamarle, pero su teléfono estaba apagado. Esto sucedió tantas veces en el pasado, que ya era insensible a lo extraño que era todo esto. A Annie no le gusta la idea de irse a la cama sin saber qué pasó con él.

"Bienvenida a mi mundo," dije tristemente. "Pero no podemos quedarnos despiertas toda la noche. Mañana vamos a la iglesia. ¡Quiero presumirte!"

En algún momento en la madrugada, Jon llegó a casa. Se metió a la regadera antes de llegar a la cama, pero todavía él olía a la duración de la droga.

"¿Te lo gastaste todo?" Pregunté mientras se metía entre nuestras sábanas amarillas.

"Sí. Cada centavo. No quiero hablar de ello. Ya me siento como un fracaso." Se volteo dándome su espalda.

La mañana siguiente todos nos vestidos para la iglesia. Incluso Jon. Se veía mal. Pude ver a Sis mirando conforme se servía su café. No dijo una palabra. En la iglesia, Jon se desempeñó como diácono, tomando la ofrenda y fingiendo ser amable e interesado en las personas. ¡Me sorprendí! Incluso se quedó para el almuerzo de fraternidad después del servicio. Después todos fuimos a casa a descansar. Las máscaras son un juego agotador, incluso para los jugadores de tiempo parcial como mi hermana.

Lloré cuando Annie se fue. El fin de semana fue demasiado corto; también emocionalmente agotador.

"Gracias por el tiempo agradable," dijo secamente cuando me abrazo para despedirse.

"¡Claro! Cuando quieras," respondí. Entonces, "Sis, realmente siento que esto resultó así. Sé que fue incómodo para ti. Por favor ven a verme de nuevo otra vez. Sabes que yo no puedo visitarte. Si lo hago, todo lo que tengo va a terminar en la casa de empeño."

"Tú puedes hacer algo acerca de eso, sabes" ella respondió. "Te amo."

"Lo sé. Te mantendré informada. Adiós." Y luego, "Adiós Lucas, Tía te ama."

Estaba enfurecida con Jon por arruinar su visita, hace mucho que me molestaba cómo él egoístamente se las arreglaba para que el fin de semana fuera todo acerca de él. No hacia ninguna diferencia que tratara de redimirse a sí mismo jugando con Lucas dándole paseos en el cortacéspedes. Yo estaba avergonzada por la lástima en los ojos de Annie al ser testigo de mi vida. Fue la única vez que mi hermana me visitó en esa casa. Lamento el drama que oscureció su estancia.

Una visita con Chloé

Unas semanas más tarde maneje a San Antonio para la graduación de Robert, un sobrino de Jon, de la Academia de las Fuerzas Aéreas. El trabajo no le permitió a Jon asistir a la ceremonia, así que hice el viaje sin él. En el camino, pude ver a Chloé por primera vez desde nuestra mudanza. Sabía que era una mala idea dejar a Jon en casa solo porque seguramente estaría drogándose y empeñando mientras yo no estaba. No me importaba. Me necesitaba escapar de la locura.

No es mi problema, me dije. *Necesito una vida aparte de tratar de controlar a Jon.*

Era algo que estaba aprendiendo en las reuniones de Celebrate Recovery, a veces todavía asistí, aun cuando Jon no lo hacía. Estaba cada vez más consciente de que él no era el único en nuestra familia con un problema.

Sorprendí a Carrie, la mamá de Chloé, con una impulsiva llamada de teléfono cuando me di cuenta que estaría pasando por su casa camino a San Antonio. Aunque enviaba cartas y paquetes, era raro que llamara. Tres años después de perderla, mi corazón seguía lastimado. Quería ser una buena madrina, pero me dolía el tener demasiado contacto. Además, quería que Chloé, aunque todavía luchaba para acordarme de llamarla Alexandra, se vinculara con su familia adoptiva más que conmigo.

"¡Por supuesto que puedes venir! Ella estará alegre de verte. *Nosotros* estaremos encantados de verte! Te hemos extrañado," exclamó Carrie cuando compartí mis planes de viaje.

Planee una visita rápida, breve y dulce, nada demasiado pesado. Pensé que podría manejarlo. El tiempo cura todas las heridas. ¿No es eso lo qué dicen?

Era un ciclón emocional. En cuanto más cerca estaba de esa ciudad, más anhelé cambiar de parecer y seguirme derecho. Demasiadas memorias acechaban pasando el letrero del límite de la ciudad. No sabía si podría ir ahí y salir ilesa.

"*Dios, ayúdame por favor. Tu Palabra dice que puedo hacer todas las cosas en Cristo que me fortalece. ¿Puedo hacer esto?*"

Y entonces llegó una respuesta fuerte y clara: "*Tu puedes hacer esto, muchacha. Tu puedes salirte de este coche. No te importe las axilas sudorosas o las rodillas débiles. Tu puedes ir con la cabeza en alto y cargar a esa niña. Yo estoy contigo.*"

Mi corazón latía más fuerte que mis toquidos en la puerta. Oí los sonidos de niños jugando, mi amiga, Carrie cantando junto con Kirk Franklin. Ella no podía oírme. Toque otra vez, un poco más fuerte. Una sensación de "He estado aquí antes" se presentó, cuando se abrió la puerta y pequeños se reunieron alrededor de mis piernas, buscando mi rostro con ojos brillantes. Eran todos más altos de lo que recordaba, pero conocidos. Carrie se sentó en el sofá junto a una montaña de ropa. Ella se levantó a abrazarme y me dio un beso en la mejilla. Escaneé la habitación en busca de Chloé, quiero decir, Alexandra.

Se mantuvo apartada del grupo, mirándome con cautela.

"Es muy tímida y silenciosa con los extraños," explicó Carrie.

Pero yo no soy un extraño. Soy su mamá, mi corazón lloraba.

Años más tarde, le escribí a mi bebé una carta, que no le envíe, como parte de un proyecto de posgrado. Incluí una foto de las dos, tomada el día de mi visita. En la foto, estamos de pie en el pórtico de adelante. La estoy cargando en mi cadera con sus largas piernas colgando. Su esbelta mano morena descansaba en mi pecho. Las dos sonreímos a la cámara.

14-6-08
Querida Chloé,

Sí, Bebé, esas somos tú y yo. Tenías tres años ese verano. Tímida y "un poco reservada con los extraños", dijo tu madre. Pero de alguna manera sentiste que no éramos extraños, tú y yo. Algo invisible dibujó nuestro corazón delicadamente el uno hacia el otro. Sabía que tú también lo sentiste cuando levantaste tus ojos, aunque no tu barba, para checarme.

Lentamente, mientras tu mamá platicaba, poniéndome al tanto desde la última vez que te vi, tú te acercaste a mí. Hasta que por fin fuiste envuelta en estos brazos donde tu cabes tan bien.

¡Piernas largas, niña! Cuando tenías tres días de nacida, juré que llegarías a medir seis pies de alto. Vienes de raíces de estatura alta, ves. Una vez que vi una foto de tu otra madre - la que te dio luz. Hermosa piel cobriza, piernas laaargas y rasgos delicados...

¿Cómo puede ser tan bendecida una niña con tener tres madres? Eres realmente especial, de seguro.

Anhelé llevarte a casa el día que nos tomamos esta fotografía juntas. Pero mientras asimile tu vida, rodeada de compañeros de juego y tu casi hermano gemelo, sabía que estarías muy sola en mi mundo. Yo estoy sola en mi mundo.

Por supuesto que no sabía cómo resultarían las cosas cuando me enamoré de ti. Sólo te quería para mí, y me concentre en ti los primeros seis meses de tu vida.

Tú eras todo para mí. Cada mañana me despertaba con una sonrisa en mi corazón, ¡no podía esperar para amarte! Manejaba a la casa de tu mamá, aunque todavía no era completamente tu mamá, para recogerte, y pasamos el día juntas. Trabajé contigo para enseñarte a responder y hacer contacto visual. Te leí y te canté y te besé un millón de veces. Tuviste algunos problemas menores debido a las sustancias que tu madre biológica uso mientras ella estaba embarazada, pero, ¡Beba, floreciste! Oré todos los días para que Dios sanara tu cuerpo y mente. ¡Y creo que Lo hizo!

Sabía que algo especial sucedió entre nosotros cuando comenzaste a llorar por las noches, después de tu baño y pijamas, te amarraba en tu asiento y te llevaba a 'casa'. Trataba de hablar contigo y cantarte en el auto, pero solo llorabas más fuerte como queriendo decir: "Solo quiero quedarme contigo y dormir en mi cuna en tu habitación esta noche."

Se me rompía el corazón cuando te aferrabas a mi cuello y tenía que desenredarte para devolverte a tus padres adoptivos. No podía esperar a que se completara la documentación para que te pudieras transferir a nuestra casa. Fueron seis largos meses. Yo estaba lista para ser tu mamá de tiempo completo.

Algún día, cuando seas mayor te contaré el resto de la historia. Mientras tanto, necesitas saber que te amé entonces y te amo ahora. Ni una onza menos. Tu eres mi bebé.

Siempre lo serás.

Mi corazón es tuyo,
Madrina TQM

Al escribir esas últimas palabras en mi computadora despertaron una fuente de emociones; lágrimas que pensé que no podía llorar más, terminaron en sollozos secos. *Estoy agradecida por la soledad. Nadie debe escuchar la angustia que surge de las profundidades de estos recuerdos.*

"Dios, sana mi pena. ¿Cómo es posible que ella va a cumplir trece en unos días?"

Tal vez estas serán mis última lágrimas que le llore a Chloé. ¿Ahora, donde estaba? Ah, ya me acordé.

Nuestra visita terminó demasiado rápido, pero tenía un largo viaje por delante. Después de una ronda final de abrazos y besos, yo estaba sola en mi coche, desahogándome desenfrenada y ruidosamente. Ésa fue la última vez que vi a Chloé en persona.

Una Intervención

Fue a mediados de julio cuando regresé de ese viaje, consciente de que los eventos de verano marcaron un punto de inflexión mental. Decidí no seguir escondiéndome detrás de "todo está perfecto" cuando las cosas se volvieron incompletas con Jon. Estaba empezando a darme cuenta cuánto necesitaba de aliados espirituales en mi vida cotidiana.

Aubrey se convirtió en tal aliado. Ella podía ver que las cosas iban rápidamente cuesta abajo en nuestro matrimonio. Una tarde me invitó a hacer jardinería con ella. Vivíamos sólo tres millas de distancia, pero la mantenía a distancia para que no se acercara demasiado a mi dolor. Mientras juntábamos jitomates enormes y pepinillos con espinas, examinábamos mi vida con Jon.

"Me doy cuenta que últimamente las cosas no han sido fáciles en casa," dijo aventando una calabaza grande en el bosque.

"Ha sido horrible. Miente todo el tiempo." respondí. "Desde que regresó a casa de esa rehabilitación, es como si no tuviera ninguna conciencia."

Aubrey y yo charlamos durante mucho tiempo mientras trabajábamos juntas. Cada año ella y Bob plantan un jardín enorme. Aprendí mucho de ella sobre cultivar y preservar cosas. Ese día en particular, nuestra conversación era sobre preservar mi matrimonio. Ella y yo estuvimos de acuerdo que el diablo estaba listo para destruirlo y algo drástico se tenía que hacer.

Antes del atardecer, teníamos una carretilla llena de verduras frescas y un plan que solo podría funcionar. Todo lo que teníamos que hacer era convencer a Bob y a Jon. Decidimos que cada una de nosotras convenceríamos en oración a nuestros propios maridos. Ambas sentíamos que la tarea de Aubrey era la más fácil.

"Escúchame." Me senté al borde del sofá junto a los pies de Jon, conforme él se estiraba después del trabajo con una mano en el control remoto de la televisión y la otra sin pensar rascando los rollos en el cuello de Snuffle mientras yacía en el piso cerca de él.

"¿Qué?" Sus ojos nunca dejaron las noticias.

"Necesito hablar contigo de algo importante."

Mi pecho palpitaba mientras rezaba en silencio, "*Espíritu Santo, por favor atraviesa las paredes que él ha construido. Suavice su corazón endurecido. Dale el deseo de ser libre otra vez.*"

"Estoy escuchando." Aún sin hacer contacto con los ojos. El único movimiento era la lengua de Whipper conforme ella lamió el dorso de la mano de Jon conforme descansaba en la espalda de Snuffle. Snuffs se estaba quedando dormido, como se veía por el lento despliegue de su cola normalmente en espiral. Si no fuera por la tensión palpable entre los seres humanos, la escena familiar casi pudo haber sido una pintura de Norman Rockwell.

"Gracias. ¿Por favor solo escucha hasta el final, de acuerdo? Quiero preguntarte algo." Levanté sus pies sobre mi regazo y me escabullí hacia los cómodos cojines del sofá. Supongo que se dio cuenta de que no iría a ninguna parte, así que su pulgar encontró el botón de silencio, silenciando el ruido de fondo. Ahora mi propio latido y la incesante lamida de Whipper fueron los únicos sonidos que escuché.

"¡Basta, Whipper!" Le grité. "¡Vete a acostar!"
Inmediatamente tres pares de ojos se fijaron en mí y rápidamente me arrepentí. "Ve a acostarte," Jon repitió suavemente, señalando en la dirección de la cama para perros. Nuestros ojos se encontraron. Los míos se llenaron de lágrimas.

Lánzate. Tanto aspaviento para nada sobre la calma y lo neutral. Déjame tratar otra vez.

"Está bien." Yo sabía que necesitaba hablar mientras tenía su atención completa. "Lo que quiero decir es, ¿quieres ayuda?"

"Tú sabes la respuesta a eso," dijo con brusquedad. "Nada funciona. Estoy cansado."

"Pero ¿qué tal si hubiera algo que funcionará y aún no lo hemos tratado?" Pregunté.

"Como qué?" Lanzó sus manos en alto. "He intentado todo."

"¿Qué tal orar?" Casi murmure.

"¿Orar?" Se medio levantó del sofá conforme lo dijo. "Oramos diario. Le pido a Dios todo el tiempo que me ayude. Él no lo hace. Ya estoy harto de orar." La cara de Jon se enrojeció.

"Estoy hablando de un tipo diferente de oración . Estoy hablando de la oración de liberación."

Ay, hombre ahí voy.

"Bob y Aubrey tienen unos amigos que oran por las personas que tienen puertas abiertas para que el diablo trabaje en sus vidas a través de la participación oculta u otras ataduras, como la adicción. Aubrey me dijo que Dios ha trabajado a través de ellos para liberar a muchas personas de la esclavitud de las drogas, el alcohol. . . cualquier cosa. Ella dijo que nos daría su número si estábamos interesados. Se sobre este tipo de oración y creo que vale la pena intentarlo. ¿Estarías dispuesto a intentarlo?"

Jon no dijo nada como por uno minuto. Entonces simplemente dijo, "Lo pensaré," mientras tomó el control remoto y lleno el cuarto con CNN.

A la Mañana Siguiente

"Así que, eso es lo que sucedió," le dije a Aubrey a la mañana siguiente cuando estábamos de pie en su pórtico circundante comparando notas.

"Bueno, al menos no dijo no," ella me tranquilizó. "Y si él decide ir, Bob prometió darle el tiempo libre del trabajo." Ambas creemos que es una buena idea. Algunas personas tienen el don de la oración de intercesión. Si alguien lo tiene, son los Stewart. Ellos realmente se preocupan por la salvación de los demás. También creen en el poder de Dios para liberar a la gente de la esclavitud hoy, al igual que en tiempos bíblicos. "Todavía luchamos contra el mismo diablo, tú lo sabes."

¡Hombre, que si lo sabía! Cada vez que Jon se desaparecía en una juerga y reaparecía en algún momento temprano por la mañana, siempre podía sentir la oscuridad entrando a nuestra casa. Si trataba de orar o de leerle cualquier cosa de la Biblia, se agitaba severamente y no quería saber nada de eso. Incluso su semblante cambiaba. Sus rasgos faciales se volvían ásperos y sus cálidos ojos azules, oscuros y duros. Entre trabajar en el calor, el crack, sus cigarros normales y cafeína, la sangre de Jon no estaba fluyendo muy bien. Su cara a menudo estaba roja, pero con esta nueva recaída después de The Rehab, su piel había adquirido un tono casi violáceo. Esto era más que un problema de salud física. Era un problema de salud espiritual.

A veces Jon intentaría salir de la oscuridad asistiendo a la iglesia, orando o escuchando música cristiana. Cada vez que sus adicciones lo llamaban, parecía que caía más fácilmente y tardaba más tiempo para regresar a la "normalidad". A veces se quedaba en una racha funesta durante días después de una juerga, negándose a participar en cualquiera de nuestras habituales rutinas espirituales, como oraciones antes de las comidas o de irnos a la cama. Nunca lo había visto en ánimos tan oscuros. Nunca había visto espíritus tan oscuros en él.

Durante uno de esos hechizos malévolos le llamé a mi mamá que ahora vivía en Arkansas. Le expliqué la batalla espiritual tan tremenda que estaba en nuestro hogar. Comenzamos a orar juntas en el teléfono, y compartí con ella lo que Aubrey menciono acerca de llevar a Jon con sus amigos para que le impartieran el ministerio de oración para la liberación. Mamá y el Sr. P pensaban que podría ser una buena idea y ofrecieron ir con nosotros si Jon estaba de acuerdo.

Cuando Jon desapareció por varias horas una tarde después del trabajo, me comí mi cena con la sensación abrumadora de que no vendría a casa esa noche. Algo necesitaba cambiar, rápido. La escuela iba a comenzar en unas pocas semanas. Estaba desesperada por no comenzar otro año más con mi marido tomando decisiones que afectaran mi capacidad de funcionar en el lugar de trabajo. Trabajar con niños pequeños se convirtió cada vez más difícil mientras mi vida en casa me había agotado mis reservas físicas y emocionales. Dormí inquieta hasta que volvió, poco antes del amanecer.

La mañana siguiente, me pare junto a mi cama con un vaso de líquido negro en la mano y un plan de acción en mis labios. "Despierta Jon," le dije. "Y siéntate porque necesitas beber todo esto."

Los Ps ya estaban bajo alerta, esperando mi llamada telefónica. Les avisé lo que había sucedió y les pedí que oraran mientras me acercaba a Jon acerca de pedir ayuda otra vez. Jon abrió los ojos y se incorporó lentamente. Se veía terrible: demacrado, gris y derrotado.

"Bebe," le ofrecí otra vez. "Absorberá cualquier veneno que aún no ha sido absorbido por tu cuerpo."

No sabía realmente que tan rápido el crack era absorbido por el cuerpo de una persona, pero sabía que el carbón activado absorbería cualquier toxina de sobra. El carbón estaba en la bolsa de trucos de mamá desde que tengo memoria. De niños, Sis y yo lo odiamos porque nos dejaba los dientes negros y nuestras gargantas sintiéndose rasposas. ¡Pero seguro te aliviaba el dolor de estómago! Oré para que Jon se lo bebiera todo y no me peleara. No podría ser peor que algunas de las otras cosas que se metió a su cuerpo.

Alcanzando el vaso, preguntó: "¿Qué *es* eso?"

"Carbón y agua. Te curará lo que te aqueja," trate de sonreír. "Definitivamente necesitas curarte."

Se lo tragó de un solo trancazo y rápidamente se recostó mientras me tendía el vaso, gris con sobras de carbón.

"Dios, ayúdame a decir esto bien."

"Jon", supliqué, dejando el vaso junto a la Biblia en su mesita de noche. "Te estás matando a ti mismo."

Ay, hombre, eso no salió bien.

"Dios, Ayúdame por favor."

Me senté al borde de la cama. Los ojos de Jon se cerraron otra vez; las esquinas dobladas de su boca negro hollín. Se veía tan mal que lo visualicé acostado en un ataúd. Sabía que era donde se dirigía sin intervención.

"¿Por favor, irás conmigo a Illinois?"

"¿Para qué?" Él murmuró.

"Para la oración. Para la liberación. Para recibir ayuda. Por lo que sea que podamos pedirles a los amigos de Bob y Aubrey que hagan por ti antes de suicidarte. ¿No quieres ayuda? Puedo sentir la batalla. Puedo sentir al puro diablo cuando estás cerca."

Tanto alarde para decirlo con suavidad. Pero no está evadiendo la conversación, eso es una buena señal.

"Esto es peor de lo que era antes de que nos mudáramos aquí. Te ves terrible. ¡Estás siendo destruido y ya no quieres orar más!" Ahora mi garganta se contraía y podía sentir las lágrimas calientes venir. "Por favor, Jon," le supliqué. "Ven conmigo a Illinois. Los Stewart solo estarán allí por unos días más antes de que se vayan más al norte. Esto es lo más cercano que su ministerio llega a nosotros. Sé que es un camino largo, pero estoy dispuesta a hacer cualquier cosa. ¿Tú no?"

"¿Qué hay del trabajo?" Me pregunto, con sus ojos todavía excluyéndome.

"Ya he hablado con Aubrey. Ella dice que está bien con Bob si te tomas unos días libres. Aubrey dice que los Stewart tienen mucha experiencia orando sobre personas con adicciones y Dios los usa en su ministerio para liberar a las personas. ¿No vale la pena intentarlo? Aunque nada más, salgas de aquí por unos días. Mamá y el Sr. P están dispuestos a ir con nosotros como apoyo de oración. Incluso podemos visitar a Annie y Eddie en el camino. Hay que darnos una pequeña escapada. Por favor, Jon. ¿Por favor?" Insistí para que se comprometiera.

"Está bien. Está bien. ¿Por qué no?" Él admitió.

"*¡Gracias, Señor! Gracias.*"

Salté y corrí para llamar a los Ps. Así es como los cuatro terminamos haciendo un viaje de doce horas a través de las llanuras y los campos de maíz, con la esperanza de encontrar libertad para Jon y el alivio de la opresión que parecía estar mortalmente cercana.

Al principio, Jon estaba sorprendentemente contento con el viaje. Una vez que se tomó la decisión y se hicieron los planes parecía estar bien. Recogimos a los Ps y los dejamos con Annie y Eddie, para poder visitarlos en ambas direcciones de nuestro viaje. Aunque habíamos visto a Sis en junio, esperaba tener mejores recuerdos esta vez.

Tenía ganas de pasar más tiempo con Lucas. Anhelaba la oportunidad de relajarme y disfrutar a mi familia por fin, y esperé que Jon no lo saboteara.

Creo que realmente trató de actuar de manera normal cuando nos detuvimos en casa de Annie y Eddie. Le gustaba su cuñado y quería conectarse con él, pero los comentarios inapropiados de Jon a la hermana de Eddie en Navidad tensaron su relación. Al igual que muchos otros cristianos, Eddie también se mostró escéptico sobre la "liberación". Aunque sabía por qué íbamos a Illinois, nunca lo mencionó. Jon también guardó silencio sobre el tema mientras todos nos reíamos y hablamos juntos durante la cena en el restaurante mexicano favorito de Eddie.

Annie, siempre una para capturar y recortar los recuerdos, tomó algunas fotos en su nueva cámara Coolpix. Jon me abrazo y sonrió, pero después cuando vi la foto, no observé ninguna alegría en su gesto o expresión. Las facciones de Jon formaban una sonrisa, pero sus ojos solo tenían oscuridad. Su piel era ese extraño color violáceo y su rostro pesado. Parecía que la oscuridad lo tomo desde su interior. No había notado que tan miserable se veía. ¿No es extraño cómo podemos aclimatarnos tanto a alguien que dejamos de verlos? ¿O podría ser que lo que vemos nos duele tanto, que nos hacemos de la vista gorda en realidad? Supongo que a veces no nos percibimos de la oscuridad hasta que se enciende la luz. Eso es lo que hizo el viaje a Illinois para nosotros, encendió los reflectores.

Nuestro primer día de viaje fue bastante tranquilo. Pero la segunda noche, cuando nos detuvimos a descansar en un motel sobre la carretera, Jon noto que las gentes en el cuarto de enfrente al nuestro estaban traficando drogas. Su estado de ánimo se oscureció mientras luchaba entre la indignación de lo que estaba sucediendo y la tentación de participar. Terminamos cambiando habitaciones.

Al día siguiente, había una melancólica pesadez en Jon que empeoraba con cada hora y milla que pasaba. Cuando nos detuvimos a almorzar, se fue solo a fumar un cigarro. Su rostro estaba oscuro, incluso aterrador. Mamá y yo lo miramos de reojo mientras untamos puré de garbanzos en galletas de arroz.

"Creo que está teniendo una batalla interna", ella dijo. "Tenemos que orar."

Diez minutos después, Jon decidió unirse a nosotros nuevamente. Respiramos aliviados cuando abrió bruscamente la puerta del Cadillac y se metió.

"*La escaramuza gano. Gracias, Jesús.*"

Finalmente llegamos a la modesta iglesia en el campo de maíz donde los Stewarts iban a presentar su seminario el fin de semana, los cuatro estábamos agotados por la batalla invisible.

William Stewart nos encontró en el coche con una cálida sonrisa y un firme apretón de manos. "Entren," nos invitó. "Conozcan a mi esposa, Barbara."

"Necesito un minuto", Jon se detuvo mientras que, los Ps y yo nos estirábamos e íbamos hacia la pequeña iglesia. La iglesia era una isla en un mar de tallos de maíz verde oscuro. Recé para que lo que estaba a punto de suceder ahí sería el salvavidas que necesitamos para mantenernos a flote.

"*Oh, Dios,*" silenciosamente le supliqué, "*esto seguramente ha sido una batalla, pero creo que Tú prevalecerás. Estamos aquí. Gracias. Por favor, dale valor a Jon para salir del coche.*"

Fue un alivio conocer a William y Barbara y mentalmente traspasarles a Jon bajo su cuidado. Sé que probablemente suena extraño, pero a veces sentía que lo estaba cargando. Había aprendido acerca de la codependencia en las reuniones de Celebrate Recovery a las que asistimos y me di cuenta de que estos sentimientos eran una señal de alerta para mí, pero no tenía suficientes herramientas en mi cinturón para saber cómo apoyar a mi esposo habilitándolo a él sin deshabilitarme a mí. Estaba mentalmente agotada al igual que los Ps. Necesitamos refuerzos.

William Stewart era un hombre bueno y tranquilo. Le explicó suave pero firmemente a Jon que, por mucho que el resto de nosotros deseáramos su sanación y liberación, la voluntad de Jon era suya y solo él podía rendírsela al Todopoderoso.

"¿Quieres renunciar a pelear y rendirle todos los aspectos de tu vida a Él?" Le preguntó a Jon cuando finalmente se unió a nosotros en el vestíbulo de la iglesia.

"Sí. Claro. Quiero terminar con esto de una vez por todas," vino la respuesta.

"Bueno. Entonces vamos a orar juntos y pedirle al Espíritu Santo para que nos revele cada puerta que has abierto en tu vida para que el enemigo trabaje. Le daremos tiempo a Dios para que trabaje con tus pensamientos mientras te preparas a cerrar esas puertas. Después de que oremos esta tarde, te daré una ficha. En esa tarjeta, puedes escribir cualquier relación, hábito, adicción, patrón de pensamiento, cualquier cosa que el Señor te muestre, como lo que ha sido una invitación para que el diablo tenga la libertad de controlar tu vida. Planea pasar algún tiempo a solas con Dios esta tarde y por la mañana. Él te aclarara estas cosas."

"Si has formado relaciones sexuales profanas con alguien, solo anota el nombre de la persona o tu edad en el momento del incidente, pero no te preocupes ni te esfuerces por recordar eventos específicos. El punto es no concentrarse en el pecado, pero estar consciente de las puertas. Encuentros sexuales o actividades fuera del matrimonio siempre son puertas. Mañana por la mañana todos nos reuniremos para un tiempo de oración. Mientras tanto, Barbara y yo ayunaremos y oraremos por tu liberación."

No pasó mucho tiempo antes de que estuviéramos rezando. Justo ahí en el piso del pasillo de la iglesia, los seis nos arrodillamos juntos. Cada uno de nosotros nos postramos humildemente ante Dios, pidiéndole que nos revelara cualquier pecado no confesado para que pudiéramos arrepentirnos y recibir Su prometido perdón. Sabía que albergaba pozos de ira y resentimiento hacia Jon. Orar para la liberación de la esclavitud del rencor, le pedí a Dios por su perdón para que escuchará mis oraciones para mi esposo (Juan 9:31).

Mamá también estaba amargada por lo que Jon nos había hecho pasar a mí y a mi familia. Ella también escogió el camino del perdón para que nada obstaculizará el trabajo del Espíritu Santo entre nosotros. Salmo 66:18 (RVR) dice claramente que pecado no confesado o "preciado" afecta negativamente los oídos de Dios. No importaba lo mucho que justificara mi amargura, estaba mal. Amaba a Jon lo suficiente para liberarlo con la esperanza de que sanara. ¡Dios inmediatamente me arranco los feos sentimientos conforme los confesaba!

Después de la oración, Jon dio un paseo largo solo. El resto de nosotros hablamos sobre el poder de Dios para liberar a los cautivos. Barbara y William nos compartieron varias increíbles historias de sus tantos años de trabajo en el ministerio de sanción y liberación. Su fe era inspiradora. Mi esperanza se elevó mientras regresábamos a nuestro motel esa noche. Creí que nuestro Dios Poderoso no nos fallaría.

Jon seguía callado, incluso cuando nos quedamos solos. Él parecía contemplativo, reflexivo. No hablamos mientras nos desvestíamos para la cama, pero noté su ficha, cubierta con tinta azul, sobre la mesa de noche mientras que apagaba la lámpara.

"¿Jon?" Susurré en la obscuridad mientras alcancé su mano bajo las cobijas.

"¿Sí?" vino su respuesta suave.

"¿Estás nervioso?"

"Realmente no. Pienso que estoy listo," él contestó. "¿Estás tú nerviosa?"

"No. Sentía la paz del Espíritu Santo cuando estábamos rezando todos juntos esta noche. No pienso que haya razón para tener miedo. Buenas noches."

Dejando mi mano, se volteó hacia su lado, susurrando 'buenas noches' que apenas y se escuchó por el zumbido del aire acondicionado. "Noche", dije de nuevo.

Por casi una hora, permanecí despierta, sola con mis pensamientos. A pesar de todas las mentiras y el comportamiento loco, amaba a mi esposo. Solo quería que él pudiera amarme de nuevo. Anhelaba que él pudiera ver más allá de sí mismo y verme a mí. Nuestra relación se sentía desequilibrada. Estaba cansada de estar en el pedestal de "niña buena" donde tan a menudo me ponía. Quería bajar del pedestal y anhelaba que saliera del pozo.

Mi oración final esa noche fue algo así:

"Dios, a menudo siento que Jon y yo estamos en un 'yugo desigual'. Pero sé que yo no soy tan buena. Tengo pecados recurrentes en mi vida. Los estas trabajando en mí. Las adicciones de Jon siempre lo hacen ver

como el peor pecador. Él actúa como si él fuera tan malo y yo tan buena. Sabes que eso no es verdad. Es gracias a Jesús solamente que cualquiera de nosotros tenemos la oportunidad para luchar. Por favor, ayúdanos a ambos a encontrar y mantener la libertad en nuestras vidas. Por favor, haznos crecer más cerca de Ti y más cerca el uno del otro. Por favor, libéralo de estos espíritus oscuros. Mantenme libre de espíritus del enojo, amargura y falta de perdón. Muéstrame qué puertas le he abierto al enemigo. No quiero que Jon sea el único que se vaya a casa libre mañana. En el nombre de Jesús, Amén."

Rescate

Antes de llegar a la iglesia en la mañana, los cuatro fuimos condenados por nuestros propios pecados y ansiosos por el momento de la oración. Todos le pedimos a William que nos pusiera en nuestras frentes aceite de unción, un símbolo del Espíritu de Dios, mientras le pedíamos a Dios que nos limpiara de cualquier cosa impía a la que alguna vez nos hayamos abierto. Los Ps tuvieron su propio tiempo de oración con Barbara y William. Entonces fue el turno de Jon y mío.

Me había dado cuenta vergonzosamente de algunas puertas en mi propia vida donde el mal había entrado. El Espíritu Santo me reveló que aún me sentía culpable de cómo las cosas terminaron con el Hombre Pájaro, que todavía culpaba y resentía a Jon porque perdimos la oportunidad de ser padres de Chloé, y que me estaba protegiendo de más daños al no permitirme amar a alguien sin reservas, como en la forma en la que amaba a esa niña. Construí paredes alrededor de mi corazón y no era así como Dios quería que yo viviera. Había confesado mi dureza de corazón como pecado e invite al Espíritu de Dios a llenarme y darme un suave y amoroso corazón capaz de perdonar. Renuncie a la culpa y la culpa falsa. Renuncie a un espíritu cruel y amargo. Renuncie y reprimí a un espíritu imperdonable. Experimenté una cálida paz mientras William y Barbara me ungían y oraban sobre mí, reprimiendo a los espíritus que nombré y otros que podrían estar acechando en mi vida. Barbara oró específicamente para poder tener mi propio hijo para amar y nutrir. Recuerdo la pequeña chispa de esperanza que se encendió en esa sección amurallada de mi alma donde yo quería ser una madre. La esperanza, fue una de esas cosas preciosas que me mantuvo viva por dentro.

No estoy segura de qué es lo que mantuvo vivo el interior de Jon, porque las cosas que eligió compartir de su ficha revelaron que había estado medio muerto a la vida abundante durante mucho, mucho tiempo. Bárbara tomó algunas notas mientras él derramaba su alma. Me dolió la angustia en sus ojos cuando expresó profunda vergüenza y remordimiento por haberme herido en el fuego cruzado entre sus adicciones y su deseo de ser un "buen esposo cristiano". Él habló de las puertas abiertas del rechazo y las sensaciones de sentirse no valorado en su niñez, lo cuál condujo a otras ataduras más evidentes mientras aprendía a utilizar a la gente y sustancias para entumecer el dolor y encontrar un lugar de pertenencia. Según Jon, el enemigo estaba presente y competía por él desde sus primeros recuerdos. El uso de la droga era un síntoma de algo mucho más profundo.

Como William lo describió, Satanás se alimenta de los heridos. Los espíritus malos se pegarán a nuestras heridas y crearán problemas secundarios que a menudo enmascaran los verdaderos. Él dijo que nunca es el plan de Dios que Sus hijos estén en unión con el enemigo. "Dios no puede forzar Su voluntad sobre nadie. Una persona tiene que tener el deseo de ser libre. El Espíritu Santo incluso dará *el deseo* de libertad a una persona que de verdad lo desee. Entonces deben pedirle a Dios que los curen o los liberen." Luego dijo que el siguiente paso es entregarse al proceso de liberación y sanación siempre creyendo con fe en la energía y en el nombre de Jesús, nosotros nos liberamos. Me hizo sentido.

William dio un ejemplo de una persona que su voluntad estaba tan atada *que ni siquiera quería* pedir ayuda. Como el hombre que encontró Jesús en Marcos capítulo 5 todo lo que podía hacer era caer de rodillas.

"La buena noticia es que, aún cuando nuestro deseo de ser sanado es quebrantado, Dios todavía honrará el clamor del corazón de: 'Señor, haz que yo este dispuesto a estar dispuesto'" él continuó. "A veces, una persona se convierte como una marioneta para el enemigo, incapaz incluso de tomar las más simples decisiones por sí mismo. Éso es cuando sus mismos deseos están en ataduras. Ciertas sustancias y adicciones, como la cocaína o la pornografía, pueden destruir eventualmente la capacidad de una persona para utilizar su lóbulo frontal, donde ocurren el bueno razonamiento y la toma de decisiónes. Sin intervención, Satanás causará estragos en la vida de tal persona. El poder de la oración de otros puede hacer una diferencia significativa en la situación de esa persona." Entonces, en un tono serio, él pregunto, "¿Jon, deseas estar libre de las ataduras de la adicción, de la vergüenza, del abandono, del rechazo, del miedo y del enojo?"

"Si, lo deseo. Realmente. Estoy tan cansado de cargar con todo este equipaje," vino la contestación rápida de Jon.

"¡Bueno! Entonces comencemos." William nos invitó a que nos arrodilláramos alrededor de Jon, poniendo nuestras manos sobre sus hombros y cabeza inclinada. Podía sentir su tensión tirante entre mis dedos. Jon oró primero. Las lágrimas brotaban de sus ojos cerrados mientras renunciaba y confesaba pecado tras pecado a Dios, cerrando verbalmente cada puerta que le había abierto al enemigo. Paso a paso y palabra por palabra, Jon recupero el terreno que le había dado al lado oscuro a lo largo de su vida. Le pidió a Dios que lavara cada una de esas confesiones con la sangre derramada de Jesucristo.

William ungió con aceite la cabeza de Jon mientras rezaba una oración de limpieza. Él tomó autoridad sobre esos espíritus y ataduras, amarrandolos y reprimiéndolos en nombre de Jesús y ordenándoles que dejaran la vida de Jon y no volvieran. Entonces él preguntó si Jon, Barbara o yo detectamos algo más que se necesitaba abordar. Barbara mencionó un par de cosas. William le preguntó a Jon si él estaba de acuerdo que ésas eran las áreas donde el enemigo estaba trabajando en su vida y él dijo, "Sí." Así que, William le pidió a Jon que renunciara a ellas y también él le ordenó a cualquier espíritu que pudo haber entrado en la vida de Jon a través de esas puertas que "¡SE FUERAN! En nombre de Jesucristo de Nazareth."

Durante ese tiempo, mantuve mis ojos cerrados, pero podía sentir la batalla. Con cada reprimenda, sentía que la tensión de mis dedos se disipaba mientras que el cuerpo rígido de Jon se relajaba. La opresión se levanto y la paz llenó el cuarto mientras que Dios rescató a mi marido de las ataduras. William y Barbara también lo deben de haber detectado, porque ambos comenzaron a agradecer y a elogiar a Dios por su bondad y su salvación. William entonces invitó al Espíritu Santo que viniera a llenar los espacios vacíos y traer la fruta del Espíritu en la vida de Jon. Le pidió especialmente a Dios para que le diera auto control a Jon y paciencia para esperar que el Señor acabara el buen trabajo que había empezado en la vida de Jon. En el momento que alcanzamos "Amén," Jon era una nueva creación. Él lo sintió y nosotros lo vimos. Había desaparecido el extraño tono púrpura de la piel. Se habían ido los ojos tristes, huecos y espíritu oscuro. Literalmente se transformó la cara de Jon.

Después de nuestra sesión de oración, William ofreció tomarnos una foto para recordar el día. Él dijo: "Es bueno documentar y recordar la alegría que experimentamos cuando Jesús nos libera." Ese momento está marcado en mi cerebro. Usamos el campo de maíz de Illinois como nuestro fondo. Llevaba nuevos capris color hueso y una blusa de bolitas de seda. Esta vez, cuando Jon me rodeó con un brazo, se me acercó con un entusiasmo poco característico. Los dos sonreímos para la cámara cuando William contó, "Uno, dos, tres" y tomo dos fotos idénticas.

Durante el almuerzo en Illinois en un restaurante mexicano, no tan bueno, Bárbara y William hablaron de mantenimiento. Compartieron experiencias de gente que mantuvo su libertad de la esclavitud del enemigo a través de una conexión personal profunda con Jesús. Dijeron que pasar tiempo a solas con Dios diario estudiando la Biblia, orando y reflexionando es una parte crucial de permanecer libre. Bárbara nos dijo que espíritus malos buscan constantemente la oportunidad de volver a infestar un lugar que ha sido "barrido limpio" y dejado vacío. Subrayó la importancia de diario invitar al Espíritu Santo para llenarnos, para que no haya espacio para cualquier otro espíritu en nuestras vidas. Ambos, William y Barbara humildemente nos recordaron que la liberación que hemos presenciado y experimentado no tenía nada que ver con ellos y todo que ver con el poder y la autoridad de Jesucristo.

Bromearon con nosotros diciendo: "Realmente no necesitaron manejar todo el camino hasta Illinois para darle a Dios la autoridad de sus vidas. El nombre de Jesús también funciona en Texas y ¡la comida mexicana es definitivamente mejor allí!" Nos animaron a que diario nos pusiéramos la armadura de Dios y a estar bien parados contra los ataques del enemigo por medio de cantos, rogando y usando alabanza como arma contra el desaliento y la tentación.

Cuando nos acabamos los últimos totopos de nuestra canasta, William se volteó hacia Jon y mencionó que el porcentaje de la gente que recae a usar drogas de nuevo, es muy alto. Él dijo cuándo los individuos experimentan libertad de las ataduras espirituales deben de estar muy conscientes acerca del mantenimiento, porque abrir de nuevo las puertas ya cerradas al enemigo puede invitar una gama de problemas que hacen la vida peor de lo que estaba antes.

"Satanás no juega justo, pero si para quedarse," él dijo. "Se consciente de tus debilidades y nunca tengas miedo de pedir ayuda. Nos podemos meter en problemas cuando intentamos hacer las cosas nosotros mismos. Si sientes al enemigo cerca, llama para para pedir respaldos."

"Así lo haré," Jon dijo seriamente. "No quiero volver a sentirme así nunca jamas . Especialmente ahora que sé como se siente estar libre. Gracias. ¡Gracias a Dios!"

La atmósfera en nuestro coche de regreso a Eddie y Annie era definitivamente más ligera. Cantamos juntos a coro con nuestro CD preferido de Selah y bromeamos con los Ps sobre qué sucede cuando cuatro personas comen comida mexicana mala y se van de viaje juntos. Ver a Jon reír con sus ojos y no con su boca nada más, hizo que el viaje entero fuera valioso para mí. Elogiamos a Dios por Su misericordia y Su liberación. Cuando llegamos a la casa de mi hermana, mi propio corazón se sentía ligero, como si también hubiera dejado mis cargas en los campos de maíz.

Una semana después de que regresamos a casa finalmente tenía las fotos de ese viaje. Puse la foto del restaurante mexicano de Annie y la foto de William lado a lado en nuestra mesa de cocina. No había duda en el semblante y la apariencia de Jon. El Señor realizó un milagro en la vida de Jon del día de nuestra cena con Annie y Eddie a cuando posamos para la foto de William. Tenía fotos para probarlo.

Capítulo 11

El Último Estado de Ese Hombre

*"Después él se va y se lleva con él siete otros espíritus
más malos que él, y entran y moran ahí;
y el último estado de ese hombre es peor que el primero."
Lucas 11:26 RVR*

2005–2006

Los años escolares marcan el tiempo para mí. Amo el comienzo fresco: cuadernos nuevos, pizarras limpias, rosas amarillas en mi escritorio en el primer día de clases. Estas cosas marcaron la mayoría de los agostos desde nuestro matrimonio. Agosto 2005 no era diferente. Como relojito, pedí mis materiales, arreglé mi sala de clase, organicé los estantes y escribí planes de clases. Un cambio emocionante en nuestro distrito fue la transición de las pizarras pasadas de moda a los blanco-tableros magnéticos. ¡Impresionante! No más marcas de gis en la parte posterior de mi falda. No más fino polvo blanco en el teclado de mi computadora. No más sacudir borradores después de la escuela. ¡Ahora podía escribir la fecha de diferentes colores brillantes cada día de la semana! Mi corazón de maestra se emocionaba al ver el "pizarrón perfectamente blanco y limpio" que iluminaba nuestra clase cada mañana, invitándome a llenarlo con cosas hermosas.

El pizarrón de Jon duró limpio solamente por un breve tiempo después de que regresamos de Illinois. Para septiembre, no sólo se cayó del vagón proverbial sino que lo había atropellado. La advertencia de la Biblia sobre el regreso de espíritus inmundos no es ninguna broma. Fui testigo involuntario de ese escenario.

Jesús dijo, "Cuando el espíritu inmundo saliere del hombre, anda por lugares secos, buscando reposo; y no hallándolo, dice: Me volveré a mi casa de donde salí. Y viniendo, la halla barrida y adornada. Entonces va y toma otros siete espíritus peores que él; y entrados, habitan allí: y lo postrero del tal hombre es peor que lo primero." (Lucas 11:24 - 26 RVR).

En mi Biblia, la sección que precede a esa Escritura, se titula "Una Casa Dividida No Puede Subsistir." Te digo, esos *espíritus malvados dividieron nuestra casa*. No pudo resistir el ataque.

No tenía ninguna duda de que Jon regresó a casa de Illinois siendo un hombre libre. Sus ojos eran claros y brillantes. Su semblante era pacífico. Él era cariñoso hacia su esposa. Su corazón estaba bien con Dios. La "casa" de Jon fue barrida y puesta en orden. El problema vino cuando *seguía estando* vacía.

Es como cuando vamos a cargar nuestros vehículos de combustible. Si nuestro coche toma gasolina y le ponemos diésel, eso es similar a lo que nos hacemos a nosotros mismos cuando abrimos las puertas al diablo. Nunca fuimos creados para ser la morada de los demonios. Nuestros corazones fueron creados para ser el hogar para gasolina suprema- el Espíritu de Dios. 1 Corintios 6:19-20 (RVR) lo deja muy claro: "¿O ignoráis que vuestro cuerpo es templo del Espíritu Santo, el cual está en vosotros, el cuál tenéis de Dios, y que no sois vuestros? Porque comprados sois por precio: glorificad pues a Dios en vuestro cuerpo y en vuestro espíritu, los cuáles son de Dios."

Después de una limpieza tan profunda, Jon necesitó ser llenado del Espíritu Santo y seguirse llenado. Regresando a la analogía de la gasolina, si pongo diésel en mi tanque de gasolina, tengo que enjuagar por completo el sistema antes de intentar usar el vehículo. Pero ése no es el final. Aunque mi tanque este limpio y vacío, todavía no puedo ir a ningún lado. Es solo cuando mi coche está lleno de gasolina suprema que puedo seguir adelante con mi vida.

Conforme pasa la vida, mi gasolina se consume. Debo seguir regresando a la estación de servicio por más.

Jon estaba consciente de este principio. Él leyó su Biblia. Él sabía en teoría lo que decidió no poner en práctica. No estoy para denigrarlo. Cada cristiano que conozco, incluyéndome a mí, somos un vaso con gotera. Todos debemos elegir a Jesús diario. Estamos absortos en la vida y en ocasiones fallamos conectarnos a La Viña. Algunas veces hacemos los movimientos de permanencia aunque no estemos experimentando la emoción de permanecer.

Es como un matrimonio. Hay momentos de intensa y profunda euforia y hay desiertos por los que las parejas atraviesan con fe, confiando que llegaran otra vez a un oasis. No puedo empezar a decirte cuánto añoraba ese oasis. Cuánto ansiaba que Jon saliera victorioso. Cómo oré para que él permitiera a Jesús ser el Señor de su vida. Sabía que si se conectaba a Cristo y se quedaba lleno del Espíritu Santo, lo lograría.

Después de nuestra experiencia en Illinois, le supliqué a Jon que cerrara todos los puntos de acceso del enemigo y los sellara con la sangre de Jesús. Lo observaba con ojos de águila para asegurarme que no volviera a caer en un agujero. Aunque lo invité a orar y alabar conmigo, él insistió en hacerlo solo. El aislamiento es el primer paso hacia el lado oscuro. Nos necesitamos el uno al otro. Cuando un esposo cristiano y una esposa cristiana no pueden orar íntimamente juntos en su propio hogar, eso es una señal de advertencia.

La segunda señal de advertencia que noté fue cuando Jon evitaba besarme, una señal segura de que estaba fumando de nuevo. Cuando uno de los hijos de Dios es liberado de la esclavitud, el enemigo tratará de reclamar lo que perdió. Cuando somos libres, como bebés recién nacidos en nuestra fe, debemos una vez más aprender a caminar. Efesios 5:8 (RVR) lo explica así: "Porque en otro tiempo erais tinieblas; mas ahora sois luz en el Señor: Andad como hijos de luz." El versículo 11 nos advierte que "Y no comuniquéis con las obras infructuosas de las tinieblas; sino antes bien redargüidlas..."

Creo que fue la "asociación" con los cigarros que reabrió para que Jon fuera habitado. Había una atadura ahí que necesitaba mantenerse destrozada. Esos cigarros eran su consuelo de por vida, pero Jesús ya había prometió enviarle otro Consolador. Cuando reemplazamos el Espíritu de Dios por un ídolo o un dios falso, estamos caminando en terreno peligroso. Mi esposo llegó a una encrucijada en su vida. Ya no podía andar en la valla ni jugar de un lado a otro con las cosas que querían destruirlo. Una vez que abrió la puerta de Marlboro, el resto de sus vicios regresaron con fuerza.

Jon tuvo una recaída tan violenta que asustó a todos, incluso a sí mismo. Bob despidió a John del trabajo; se estaba convirtiendo rápidamente en un problema para el negocio del aire acondicionado. Decidimos que Jon debería irse por un tiempo, ya que entre el diablo y su traficante de drogas lo traían como un títere en una cuerda. Justo antes de que empezara la escuela, Jon se fue a Arkansas para quedarse con mi abuelo y trabajar para el hermano de mamá, construyendo un departamento en la cochera.

Fue durante ese tranquilo respiro que Ariana nació. Pequeña y perfecta, se parecía a su Nana, que es el nombre que los niños usan para llamar a nuestra mamá. Corrí a Kentucky para pelear mi turno para abrazarla.

Desafortunadamente, el drama de las drogas no se detuvo solo porque un nuevo bebé llegó a nuestra familia. Mientras mamá y yo estábamos en Kentucky, el Sr. P llamó desde Arkansas con noticias inquietantes. Mi marido ya había desenterrado a un traficante de crack y preocupado a la nueva esposa del abuelo por salir después del trabajo una noche y no haber regresado a casa.

Jon de alguna manera rompió su pipa de crack esa noche, cortando profundamente la parte carnosa de la palma de su mano. No quería ir al hospital por temor a ser detenido y tampoco quería regresar a casa del abuelo.

Estaba asustado, drogado y sangrado mucho de la herida. Debido a que el Sr. P fue un enfermero por décadas, Jon decidió hacer el viaje de hora y media al quinto infierno de Arkansas donde los Ps vivían ahora, con la esperanza de obtener atención médica para la herida sin la participación de la policía. Ese fue un verdadero riesgo dada la cantidad de sangre que dijo el Sr. P que Jon perdió. Jon llegó a la montaña tan tarde que las únicas criaturas aún despiertas eran las que nunca duermen por la noche. El Sr. P no era uno de ellos.

Ahora bien, debes de comprender lo aterradora que esta escena fue para un hombre que solo había vivido en apartamentos europeos en ciudades como Londres y Lugano. Mi madre, queriendo ser una Nana práctica, lo había arrastrado a Estados Unidos después de retirarse de la profesión de enfermería. No solo lo mudo a Estados Unidos, sino que lo trasladó a Arkansas, ¡a los bosques de Arkansas! Sus únicos vecinos eran zorros, osos y panteras, a menos que contaras a la gente que se camuflajeaba y almacenaba munición contra el gobierno.

Así que, imagínate en medio de la noche estás solo en una cabaña en el quinto infierno. Es exactamente una milla de tu buzón de correo a tu puerta de entrada en un camino de tierra que solo es accesible a vehículos de tracción y viene rugiendo un camión hasta tu patio. A diferencia de todos los demás en el condado, tú no tienes una escopeta. Todo lo que tienes es un bastón suizo con una campanilla de vaca y un celular. ¿Tú *qué* harías?

Jon tuvo suerte que el Sr. P no poseía un arma de fuego; podría haberse llevado un susto de los suyos. Una vez que ambos descubrieron que se conocían entre sí, el torrente de adrenalina se redujo de forma significativa. El Sr. P llevó a Jon adentro para examinar su cortada. Después de limpiar y vendar la herida, él oró sobre la mano de Jon.

Déjame decirte algo sobre el Sr. P. Algunos podrían decir que tiene el don de curación. Yo digo que tiene el don de fe, porque él cree en el poder de *Dios* para sanar. Él toma literalmente las

Escrituras cuando dice que debe poner sus manos sobre los enfermos y ellos se recuperarán (Marcos 16:18 RVR). Debido a que el esposo de mi mamá toma el pasaje completo en Marcos 16, el cual da "La Gran Comisión" a todos los cristianos, muy en serio, él tiene muchas historias de cómo Dios ha trabajado a través de sus oraciones para curar a las personas.

La fe del Sr. P se ha contagiado en nuestra familia. Cada uno de nosotros tiene por lo menos una historia de haber orado por sanación y de ser testigos de nada menos que un milagro. Ninguno de nosotros podemos explicar por qué la sanación ocurre unas veces y otras no, pero seguimos creyendo que Dios nos llama a que hagamos las obras que Jesús hizo mientras estuvo en la tierra. La sanación es una.

Después de lo que ocurrió esa noche cuando el Sr. P oró, a Jon no le quedo más que creer en el poder de Dios para sanar. Compartió la historia conmigo más tarde. "¡Estaba completamente bien al día siguiente!" exclamó con incredulidad. "Nos fuimos a la cama justo después de que él oró. A la mañana siguiente, no tuve ningún dolor en absoluto. Me levanté y me preparé para el trabajo. A las 10:00 a.m. Estaba usando un martillo en la casa de tu tío."

Jon siempre se sorprendía que Dios eligiera curarlo, un hijo rebelde, adicto. Sin embargo, ¿No es eso lo que Jesús hizo? ¿No iba sanado y perdonando a "lo peor de lo peor," como Jon a veces se llamaba a sí mismo? ¿No estamos llamados a ser como Jesús?

Tristemente, Jon continuó drogándose. Durante todo el otoño y entrado el invierno, el drama relacionado con las drogas envolvió nuestras vidas. Su comportamiento en Arkansas me entristeció y avergonzó. La mayor parte del dinero que se suponía que debía enviar a casa se lo gastó en crack.

Pasé las semanas que Jon estuvo fuera trabajando en un álbum de recortes para él. Esta "Biografía" iba a ser una sorpresa de regalo de Navidad, un esfuerzo de última hora para mostrarle cuánto realmente me importaba. Use algunas fotos preciosas de su infancia que Mona la hermana de Jon me dio para retratar las cosas positivas, felices en su vida. También incluí tarjetas y cartas, recuerdos de viaje y todo lo bueno de nuestro noviazgo y matrimonio. Resultó ser un proyecto notable. Estaba tan orgullosa del libro de Jon que casi no me espero hasta Navidad para dárselo.

En septiembre, mi otro abuelo, un hombre querido en mi vida murió repentinamente. El abuelo Kaiser me quería. Me dolía asistir a su funeral. Escribí un tributo para ser leído en el servicio, pero no era lo mismo que estar allí. Recuerdo estar enojada con Jon porque no teníamos dinero para mi boleto de avión. La muerte del abuelo fue una gran pérdida. Resentí no poder hacer mi duelo adecuadamente.

Noviembre trajo la oportunidad de hacer un viaje gratis a Colorado con el hermano gemelo de Jon, Román. No queriendo dejar pasar la oportunidad de estar el día de Acción de Gracias con mi Nannie, la tomé. Ella vivía con su hijo, mi papá, su esposa Janet y sus hijos, cerca de Colorado Springs. No había visto a ninguno de ellos en mucho tiempo.

Mi padre y yo batallábamos para estar cerca, no porque así lo queramos, sino porque simplemente así es. El divorcio afecta las relaciones. A veces nunca se recuperan; incluso cuando las personas queremos pero las circunstancias no te dejan.

Cuando Janet se casó con mi papá, oraba porque su familia permaneciera intacta, y así se ha mantenido. Han criado a tres jóvenes extraordinarios, los cuáles he amado de lejos. ¡Todos pasamos un momento memorable juntos ese Día de Acción de Gracias, a pesar de que mi Nannie egoístamente me acaparó! Pasé horas en su departamento en el sótano, deleitándome con su perverso sentido del humor. A Nannie le encantaba contar historias sobre personas de la familia.

Entre las sesiones de chismes, papá y yo logramos devorarnos un pastel de nuez entero. Después gemimos acerca de nuestra miseria y nos reíamos burlándonos hasta que nos dolieron los costados. Entre bocado y bocado, me preguntó por Jon. No le revelé nada sobre el uso de drogas de Jon. De hecho me arrepiento ahora. En aquellos días, simplemente no sabía cómo decirlo.

Por Navidad el Sr. Ebenezer Scrooge no me llegaba ni a los talones. Tenía el dinero tan firmemente afianzado que Jon apenas y podía frotar dos centavos juntos. Estaba aprendiendo nuevas habilidades, por ejemplo, cómo tener mi propia cuenta de cheques sin Jon y cómo ahorrar dólares para no perderme de más funerales.

Manejamos a Arkansas para la Navidad, aunque no al quinto pino. Los Ps se mudaron a los suburbios. Recuerdo haber cuidadosamente guardado el álbum de la Biografía de Jon en una caja y metiéndola a escondidas en la cajuela del coche entre nuestro equipaje. A pesar de que fue negligente y ausente en nuestro matrimonio, todavía esperaba que mi regalo pudiera encender algo dentro de él que pudiera prender fuego y calentar nuestra casa nuevamente con amor.

Ojalá y pudiera decir que las drogas no arruinaron la Navidad, pero lo hicieron. No toda la Navidad, pero la mayor parte. Estos días la familia bromea cuando se refiere a ese año como, "La Navidad de la Cuchara de Madera." Eddie especialmente le gusta reír y bromear sobre eso. Cuando las cosas son demasiado extrañas para que tu cerebro las entienda, a veces lo único que puedes hacer es reír.

Todo comenzó así: Jon trabajó con Bob hasta el día que nos fuimos. Sí, Bob lo empleo después de que regreso de ayudar a mi tío. Después de que Jon firmó su cheque de vacaciones pagadas, añadí mi firma y lo deposité en el Banco. Luego cargamos el coche, les silbamos a las niñas y nos fuimos a Arkansas.

"Señor Dios, gracias por permitirnos salir de aquí sin que Jon tenga la oportunidad de comprar drogas o hacer algo loco. He hecho mi mejor esfuerzo para impedir que ponga sus manos en el dinero ni que empeñe cosas. Sabes lo mucho que he esperado este momento familiar. Por favor, protégenos mientras conducimos. Por favor, que tengamos unas vacaciones agradables. Sé que Tú no controlas gente, pero Tú puedes controlar circunstancias."

El viaje en sí paso sin incidentes. Llegamos un día antes que Annie y Eddie. Jon insistió en ir a la ciudad porque no había aún comprado un regalo para mí. No quería que fuera solo. Él resintió eso. Me mantuve firme, finalmente convenciéndolo que lo acompañara el Sr. P.

Le entregué cincuenta dólares a Jon. "Más te vale que me compres algo bueno. Y me traigas el recibo," lo dije de broma, pero no de broma. No queriendo arriesgar más chanchullos, quería que me diera cuentas de cada centavo. Sí, era controladora. Es lo que las personas codependientes hacen cuando su mundo gira fuera de control. Encuentran alguna pizca de algo en lo cual puedan ser un dictador. Mi pizca era dinero. Me volví la Nazi del dinero. Le pedí a Jesús que él estuviera en control, pero le estaba tratando de ayudar.

El Sr. P más tarde le dijo a mi madre que Jon lo dejó en Barnes and Noble, diciendo, "regreso en una hora o así". Al Sr. P le gustan las tiendas de libros. Él toma un montón de revistas de viajes europeos y se toma unas vacaciones mentales. Él se puede quedar sentado ahí por horas. Y eso fue lo que hizo. Se sentó ahí por horas. Jon se desapareció. Cuando finalmente resurgió con una excusa poco convincente sobre cómo condujo por toda la ciudad en busca del regalo perfecto, la hora de la cena ya había pasado hacía tiempo.

La mañana de Navidad desenvolví una almohada de pluma y cerca de veinte diferentes clases de cucharas de madera. Creo que el razonamiento de Jon fue que si envolvía cada una individualmente, parecería como si fuera excesivamente generoso. Reconozco que algunas de ellas estaban muy bonitas. De hecho, todavía utilizo una con el mango extra largo cuando cocino grandes cantidades de salsa para la pasta para los convivios. A veces pido por Jon mientras lo mezclo, preguntándome si él es capaz de orar por sí mismo. Todavía recuerdo la mueca de Eddie cuando dijo, "¡Oh y es... otra cuchaaaara de madera!" o "¡Sorpresa! ¡Otra cuchaaaara de madera!" Una y otra vez mientras desenvolvía cada una. Mis mejillas se enrojecieron de vergüenza.

Cuando le di el álbum de su biografía, la reacción de Jon fue similar a su respuesta cuando yo le había entregado las llaves del camión el día que salió de rehabilitación del Blue Sky. Se desplomó como una marioneta de cuerdas cuyo titiritero se alejó del escenario. Sus ojos se llenaron de lágrimas, derramándose mientras le daba vuelta a cada página con mucho cuidado. Pausó por un tiempo en la página con la foto de él sonriendo en su traje de día de la ordenación.

Lucas y Ariana mantuvieron la energía alta en el pequeño hogar de los Ps, mientras mamá y yo preparamos la cena navideña. Lucas jugaba con el pequeño set de tren de Nana, o corría a través de la cocina chillando de placer mientras tío Jon lo perseguía y le hacía cosquillas. El bebé sonreía y se arrullaban en el piso de la sala de estar junto a Annie. Sis no se sentía bien. Creo que el estrés de tener un adicto en la familia le estaba afectando. Ella y Eddie no se sentían cómodos alrededor de Jon.

Nochebuena trajo más alboroto. Annie y Eddie fueron a Walmart para comprar algunas cosas de última hora para rellenar las botas de Navidad. Jon fue con ellos. Se desapareció durante mucho tiempo, también. Cuando regresaron, Jon tenía tanta energía que saludó a mi mamá levantando y apretándola tan fuerte que literalmente le agrieto sus costillas. Después de esas vacaciones, un dolor insoportable la mantuvo en cama durante el resto del invierno. Jon jura que no estaba en drogas cuando hizo eso. De cualquier forma, mamá se tardó años en perdonarlo. Todavía no se le olvida.

Lo seguí observando, preguntándome de dónde estaba obteniendo toda esa energía. Por lo general, cuando salíamos de casa por un tiempo prolongado, contraía "gripe". Al menos eso es lo que les dijo a cada uno como explicación de sus síntomas de gripe repentinos y pérdida de energía y apetito. Por años, le creí.

PARÍS 1999

Recuerdo la primera vez que le dio "la gripe". Era diciembre de 1999, el invierno anterior de que se fuera al centro de rehabilitación

Blue Sky. No tenía idea que Jon estaba inhalando cocaína. Sólo pensé que tenía catarro crónico. Los tres, Jon, Annie y yo trabajamos las 24 horas del día durante un año y medio tratando de despegar Buona Notte Café del suelo. Necesitábamos un descanso urgente.

Los nómadas de los Ps todavía vivían en Europa en ese tiempo. ¿Cómo podríamos resistir su invitación a pasar unos días en París antes de dirigirse a su casa en Torquay, Inglaterra para Navidad? ¡Cuando incluso ofrecieron dinero para el pago de vacaciones de los empleados, cerramos el café durante dos semanas y nos fuimos!

"Gracias por este viaje, Dios." Recé mientras nuestro avión despegaba. *"¡Necesitamos esto! Jon y yo nos estamos separando. Espero que podamos volver a conectarnos en estas vacaciones. ¡París en Navidad! ¡Qué romántico! ¡Me alegra que el Sr. P nos reservó nuestra propia habitación de hotel!"*

A veces las situaciones en el extranjero y los presupuestos ajustados conducen a arreglos para dormir poco románticos, pero esta vez fue un éxito.

"Y Dios, por favor, dale a mi hermana descanso mientras está lejos del café. Ella ha estado trabajando muy duro últimamente. Ella parece estar muy estresada. Aunque Eddie, ese chico amable del ejército, le trajo rosas hoy ella sigue todavía de mal humor. No entiendo."

Lo que yo no sabía en ese momento era que nuestros empleados le advirtieron a Sis que Jon estaba en algo turbio. Le vieron sacar dinero a escondidas de la caja y salir con personajes cuestionables. Ella estaba sospechosa, pero no sabía cómo decirme a mí porque yo vivía en un lugar llamado "Inconsciencia."

Tal vez era mi inconsciencia que me hizo emocionarme el ir de vacaciones a Europa, encantada de que Jon y yo tendríamos un tiempo especial juntos. Recuerdo que secretamente esperaba que pudiéramos concebir un bebé en París. Durante el vuelo, mientras que todos veían películas o dormían, yo soñaba con nombres que sonaran franceses para niñas. Chloé era mi favorito. Mantuve el nombre en mi corazón mucho antes de tener a Chloé en mis brazos.

Nos encontramos con los Ps en Londres y desafiamos juntos el Túnel del Canal. Antes de que nuestros pies tocaran Francia, Jon ya tenía "gripe" en estado avanzado. Duró sorprendentemente bien durante el largo vuelo. En retrospectiva me acuerdo por qué. Jon se desapareció justo antes de registrarnos en Texas. Apuesto a que resopló la última de sus líneas antes de abordar.

París estaba lluvioso y gris. Sin saber que los parisinos visten solo negro en invierno, me puse un abrigo de lana blanca de cuerpo entero. Era el único punto brillante en la congelada ciudad conforme los cinco de nosotros arrastrábamos nuestras maletas a través de las callejuelas de atrás de nuestro hotel.

El Sr. P inadvertidamente reservó un antiguo burdel en decadencia. Mientras que el sitio de internet *había* mencionado una vista de Notre Dame, no pudo decir que era la cualidad más redentora del hotel. Rodeamos las escaleras y pasamos por pasillos estrechos, hacia arriba y hasta el último piso.

"¿Llegaremos a nuestro destino? ¡Nunca había visto tantas puertas tan diminutas en mi vida!" Soplé.

Al llegar a nuestras habitaciones, todo el mundo estábamos sin aliento. Jon perdió la paciencia. Su nariz empezó a escurrir en el aeropuerto de Londres. En París, ya tenía escalofríos. Estaba tembloroso, malhumorado y simplemente miserable. La caminata congelada y lluviosa del metro a nuestro hotel no hizo nada para mejorar su estado de ánimo.

Hasta aquí llego mi idea de una noche romántica en París. Permítanme dejarlo solo mientras me voy visitar a Sis.

¡Su cuarto tenía siete camas! Nos reímos mientras rebotábamos de cama en cama, bromeando acerca de tener reservaciones en una casa de citas Parisina. Nuestra risa resonó por el pasillo, invitando a los Ps a interrumpirnos e invitarnos a su dormitorio. Estaba decorado al estilo típico victoriano con papel tapiz de terciopelo a rayas, cojines toile con borlas de oro y alfombras exuberante. Nada hacía juego en su recámara con moho. "¡Oooh Ps! ¡Que se diviertan aquí esta noche!" Annie se burló con una voz melodiosa, agitando su mano elegantemente sobre su lujosa cama.

Ninguna diversión tuvimos *en nuestra* habitación esa noche, o cualquier otra noche en esa vacación. Abstinencia se convirtió en la norma en los meses y años que siguieron. No tenía idea de por qué Jon parecía tan enojado y distante. "¡Aliviánate, Jon. Estamos en París!" Le había suplicado.

La ignorancia no evita el dolor. De hecho, exacerba el dolor. Hay un extraño consuelo en saber la verdad. Es en el *no* saber, donde el alma se atormenta.

¿Todavía me ama? ¿No soy atractiva para él? ¿Ha perdido su impulso? ¿Hay alguien más?

El adivinar puede enloquecer a una mujer. Cuando ella descubre el nombre de la otra amante, por lo menos ella tiene un lugar a donde lanzar su enojo. Muchos meses más pasarían antes de saber que su nombre era Cocaína.

A partir de esas vacaciones, nuestra familia inconscientemente llegó a esperar que cada vez que nosotros los visitáramos, Jon tendría "gripe". Todos aprendimos a continuar con los planes normales, dejándolo con su miseria. Si tratábamos de acercarnos demasiado o invitarlo a orar, él retrocedía.

Jon nunca fue abiertamente hostil hacia mi familia, pero todos sabíamos cuándo dejarlo en paz. Estaban acostumbrados a su necesidad excesiva de estar a solas, dar largas caminatas con sus binoculares o quedarse afuera con los perros. Entre su hábito de fumar no tan secreto y el uso de drogas, todos desarrollamos patrones de comportamiento que se acomodaron a sus adicciones y previnieron enfrentamientos vergonzosos. Si alguien inocentemente preguntaba, "¿Dónde está Jon?" Una ceja levantada producía un inmediato, "¡Oh! No importa."

A veces mentía, "cubriéndolo" cuando se suponía que estaba en el camino a la rectitud, pero había perdido el rumbo. A veces no me daba cuenta que estaba mintiendo cuando trataba de convencer a alguien que "realmente había dejado de usar esta vez." A menudo me creía las mentiras. No sé si alguna vez él dejo de hacer algo, o si se volvió cada vez mejor para ocultarlo. La negación a la codependencia me mantuvo demasiado asustada para preguntar. No mucho había cambiado en seis años. La negación seguía siendo mi defecto.

Primavera

El misterio de cómo Jon financió su consumo de drogas durante La Navidad de las Cucharas de Madera se resolvió en la primavera del 2006 cuando el Sr. P descubrió una caja de herramientas suiza saqueada en su casilla del jardín. *Alguien* empeñó sus herramientas por un par de aspiradas. Estaba desconsolado por las que heredó de su padre.

Yo estaba desconsolada cuando mi Nannie murió el día de la madre.

"*¡Dios, esto duele! Gracias por que pase el día de Acción de Gracias con ella. ¡No dejaré de ir a su funeral!*"

Nannie vino de Hot Springs, Arkansas, así es que mi papá la llevó a enterrar ahí. La familia de papá se reunió ahí para el servicio.

Jon y yo nos tomamos de la mano en la primera fila. Personas que nunca había conocido se levantaron para compartir sus recuerdos de mi Nannie. Me pareció digno de mencionar que cuando era joven en California, señaló a un guapo marinero en uniforme y le susurró a su amiga, "¿Ves ese guapo marinero ahí? Me voy a casar con él algún día." Ella lo hizo y le dio una hija y tres hijos, uno de ellos es mi padre.

Ese pequeño dato me llamó la atención porque mi otra abuela, Odessa, había también señalado y predicho. Sólo que ella, como lo cuenta es que estaba mirando por la ventana del segundo piso del dormitorio de niñas cuando vio a mi guapo abuelo de diecisiete años cruzando las instalaciones de la universidad. "Un día me casaré con ese chico", le profetizó a su compañera de cuarto. Su unión duró cincuenta y seis años.

Para mí, el saber que ambas abuelas de carácter fuerte y con espíritu independiente eligieron a sus maridos de manera similar transmitía una fuerte advertencia. Ningún de los matrimonios fue una pareja perfecta. Ambas mujeres vivieron sus matrimonios en hogares volátiles.

"Oh Dios, ¿no habría sido mejor para ellas haberse sometido a Tu guía cuando llegó el momento de elegir a un marido? ¿No deberían de haberte esperado en lugar de enganchar su ojo al dulce más cercano que sus manos pudieran tomar? Me pregunto ¿cómo mi vida habría sido diferente si ambos de mis padres no hubieran venido de hogares alcohólicos o abusivos? ¿Que no ha caído la manzana lo suficientemente lejos de ese árbol en mi propia vida? ¿He hecho tontamente lo que hicieron mis abuelas al elegir un marido para mí, cuando aún era demasiado joven y herida para tomar una decisión sabia? ¿Seguiré sufriendo, como ellas lo hicieron, bajo la mano dura del abuso y la adicción? ¿Por qué, oh por qué, me salte del Hombre Pájaro al fuego de Jon?"

Terminamos ese día en el cementerio, tomando fotos de la familia cerca de la lápida de Nannie. Nadie estaba preparado para decir adiós. No a ella. No entre nosotros.

Estaba desesperada por que Jon me consolara, como me imaginaba que otros maridos consolaban a sus esposas pasando por un duelo. Él seguía estando distante emocionalmente, eligiendo salir de fiesta esa noche con el marido de mi prima, que tenía adicciones similares y regresando a la cama mucho después de que me dormí.

¿No es interesante?, reflexione, mientras me acurrucaba alrededor de mi almohada, *cómo personas con denominadores en común logran detectarse mutuamente, incluso en funerales. Me pregunto si los denominadores comunes son demonios comunes.*

Hablando de espíritus malignos, creo que todavía estaban empeñados en destruir nuestro matrimonio. Utilizaron a Jon para hacerlo. Pero primero, tuvimos una pequeña temporada de crecimiento espiritual. Dios la usó para prepararme para lo que vendría.

Dr. Alan y Darcy nos invitaron a participar en un estudio semanal de la Biblia sobre el libro de los Hebreos. Ahí, empecé un diario titulado "Reflexiones sobre la Gracia," donde escribí mis fragmentos de la palabra de Dios. Recién consciente del hecho de que mi esposo era incapaz de satisfacer los deseos de mi corazón, cuidadosamente escribí el Salmo 37:4 (RVR), "Deléitate en el Señor y Él te dará los deseos de tu corazón," en la solapa interior.

Mi primera anotación en mi diario de Gracia es la definición de "obras". Como en "fe y obras". Durante nuestra discusión sobre cómo, cuándo y por qué "hacer buenas obras," dijo el Dr. Alan, "Antes de que podemos hacer buenas obras, primero necesitamos saber cuáles son buenas obras." Aquí está su definición. "Cuando caminamos en Espíritu, buenas obras ocurren cuando nos sacrificamos para que otras personas tengan la bendición del Cielo."

Me preguntaba acerca de eso. *Está bien, ¿pero donde está la línea entre sacrificarnos por otros y habilitar a otros? Realmente necesito ayuda para entender la diferencia. Supongo que es donde entra la parte de caminar en Espíritu . Tal vez es donde me necesito enfocar.*

Con cada ciclo de adicción que pasaba, fui tomando conciencia de mi necesidad de permanecer en mi capullo con Jesús. Gracias al libro de Gary Chapman, *Los Cinco Idiomas del Amor,* estaba consciente de que mí "tanque de amor" estaba operando con un déficit. Entre más vacío mi tanque de amor estuviera, más vulnerable me sentía. Sabía que necesitaba enriquecimiento espiritual. Sabía que sólo caminando en Espíritu podía mantenerme sana a través de la "locura" que se había convertido mi vida.

Aprendí a empezar cada día con una oración llena de Escrituras, que descubrí en la parte de atrás de un libro titulado *Despertando a los Muertos* por John Eldredge. Esas cuarenta y cuatro Escrituras fortificaron mi vida. Cuando las rezaba en la mañana antes de mi avena, me sentía preparada para enfrentar mi realidad. La palabra de Dios, rezada fielmente durante esa temporada de mi vida, se grabó en mi mente. Continúo rezando esos versículos en tiempos de necesidad.

En nuestro estudio sobre los Hebreos, encontré un nuevo verso favorito. Dice, Jesús es el "Capitán de mi Salvación" (Hebreos 2:10 RVR). Me encantó esa analogía. Mi nave necesitaba un buen Capitán porque me sentía muy sacudida sobre los mares tempestuosos de la vida con una persona químicamente dependiente. Me estaba empezando a dar cuenta que mi esposo era incapaz de amarme y realmente me estaba abusando. Aunque jamás puso una mano sobre mí, su negligencia a tocarme de manera adecuada era parte de mi abuso.

Esa realización me llevó frente a frente con el espíritu de rechazo. Cuando me sentía rechazada actuaba fuera de mí misma: gritando, aventando platos y rompiendo vasos. Como consecuencia, el enemigo me culpaba y avergonzaba cuestionándome mi posición con Dios. Luché contra esas mentiras con la Espada del Espíritu, encontrando consuelo en mi nuevo verso favorito, el cuál reforzó mi posición espiritual en Cristo, el Capitán de mi Salvación. ¡Yo fui salvada! Sí, estaba destrozada, lastimada y exteriorizando mi dolor. Pero, mi Capitán me rescató.

Otra frase del Dr. Alan que termino en mi diario de Gracia dice, *"Debemos vivir una vida que reivindique el carácter de Dios."*

Si el carácter de Dios es amor, razoné, *luego entonces mi vida debe reivindicar amor. Querido Jesús, ¿cómo vivo una vida que reivindique amor al universo, con un cónyuge que es incapaz de amar?*

La respuesta viene unas páginas más adelante en mi diario. *María era una devota - bebiendo las palabras de Cristo.* Y luego mi simple oración escrita. *Señor, déjame ser devota. Hazme sedienta de Tus palabras.*

Lo que Dios reveló a través del proceso de escribir un diario fue que por medio de la adoración verdadera y la experiencia de una profunda vida de oración, Él guiaría mi nave a salvo a través de la tormenta. A diferencia de Jesús, que descansaba en un barco sacudido por la tormenta mientras sus amigos entraron en pánico, yo no descansé en medio de mi tormenta. Yo estaba inquieta. Inquieta.

Mientras estudiábamos a los Hebreos, forme algunos nuevos pensamientos acerca del descanso. En mi diario escribí:

Hay tres pasos de fe que conducen a la obediencia:
1. *Saber*
2. *Creer*
3. *Entregar*

Podemos entrar en reposo cuando nos entregamos.

El gemelo de Jon que nos visitaba la noche de ese estudio en particular, canalizó. "La obediencia porque 'tienes que' no es obediencia. Es la esclavitud." ¡*Profundo!* Estábamos hablando de ser obediente a Dios, a lo cual él se resistía en ese momento. Me preguntaba si Román había considerado el hecho de que Dios nunca obliga la obediencia. *Siempre* les da a sus hijos una opción.

Siendo obediente a las llamadas de la adicción, por el contrario, *es* esclavitud porque una vez que su cuerpo, mente y espíritu están en las garras del enemigo, el adicto pierde virtualmente el poder de elegir. Como la voz del Espíritu Santo es ahogada por la adicción, es prácticamente imposible para la voluntad de la persona encontrar el poder de elegir otra cosa que el fármaco de elección. Entonces se desata el infierno en sus vidas. Presencié eso con mis propios ojos en cuestión de meses.

Capítulo 12

Una Forma de Escapar

"Y mi Dios proveerá a todas vuestras necesidades, conforme a sus riquezas en gloria en Cristo Jesús."
Filipenses 4:19 RVR

Otoño 2006-Primavera 2007

Nuevamente fuimos a Arkansas para Navidad. Solo que esta vez fue a casa de Román y Kimberly. El hermano y cuñada de Jon fueron pareja por años antes de que Jon y yo nos volviéramos "nosotros." Definitivamente sobrevivieron sus propias luchas. Román lidio con las decepciones de su vida de una manera más legal, pero no menos destructiva que Jon, sin embargo él y Kym navegaron la vida *juntos*. Kym nos animó a Jon y a mí a que hiciéramos lo mismo. Ella y Román estaban muy conscientes de los ciclos adictivos de Jon. Sospecho que ambos sabían de ellos mucho antes que yo.

Román y Kym son gente de perros. Criadores de Huskies Siberianos, siempre tenían varias crías en distintas etapas de crecimiento, así como la familia de Chihuahuas y otros perros callejeros que adoptaban de vez en cuando. ¡Nuestras niñas siempre disfrutaron visitas a casas donde tenían amigos de cuatro patas y niños que abrazar!

Aunque Cookie, la hija adolescente de Kym, vivía su vida detrás de la puerta de una habitación cerrada, Snuffles lograba colarse y revolcarse en su cama deshecha. La cama de Cookie estaba tan baja que la gordita de Snuff podía saltar por sí sola. Ojos grandes y brillantes, cola rizada moviéndose, se agachaba con el trasero en el aire, luego corría en círculos hasta crear un lugar cómodo para descansar. Reggie, el estudiante de secundaria, prefería las mascotas a la gente, así que las niñas también eran bienvenidas a su cama cada noche. ¡Estaban en su elemento! Yo no lo estaba.

Aunque había llegado a amar a Kym y Román, me sentía como mal tercio cuando estábamos juntos. Siendo la única que no fumaba, luchaba por respirar en su hogar. Aunque Jon no fumaba adentro con ellos, él lo hubiera hecho si yo no hubiera estado alrededor. Él y Román se escabullían mucho afuera, aún con temperaturas descendiendo a dígitos muy bajos. Sentía como trataban de alejarse de mí.

Tal vez me había vuelto insegura por la negligencia de Jon. Tal vez era solo mi imaginación la que magnificó la idea de que mantenían secretos entre los tres. Sea lo que fuere, mi espíritu no descansaba bien cuando estábamos ahí. No importa cómo traté de encajar, no lo hice. Me sentí incómoda. No podía identificar la intranquila incomodidad entre Jon y yo esa Navidad.

Estoy segura que Román sabía cosas sobre Jon que yo nunca podría saber. Gemelos tienen enlaces impenetrables. Cuando uno de ellos se desquiciaba, después de salir por aire, el número de teléfono del otro gemelo era el primero en ser marcado rápido. Recuerdo la visita de Román a nuestro hogar el otoño anterior. Entre sus descansos para fumar, él y yo hablamos sobre el uso de drogas de Jon mientras cociné un sartén entero de pollo al curry de la nada. Estábamos esperando a que Jon llegara a casa del trabajo. "¿Por qué crees que él está haciendo esto?" Valientemente, inicié la conversación mientras tomé mis tijeras de cocina para remover las partes blancas de grasa del pecho del pollo muerto.

"No sé, pero espero que pare antes de que se lleve lo mejor de él," respondió, equilibrando su café en una mano mientras se inclinó contra nuestra mesa.

"Justo cuando creo que ya paro y comienzo a confiar en él otra vez, ahí va." Enjuagué el pollo debajo del agua fría y continué cortando la carne en tiras. Cocinar el pollo favorito al curry de Jon

Capítulo 12 · Una Forma de Escapar

era un verdadero acto de amor porque, como vegetariana de por vida, nunca he podido tocar carne cruda sin la sensación de nausea. A pesar de mi nausea al manejar esos pechos rosados babosos, suspiré de alivio cuando finalmente estaban humeando en mi olla de acero inoxidable.

¡Uf, la parte más repugnante ya está hecha! El resto será fácil. Me pregunto lo que realmente está pensando Román. Siempre parece reservado conmigo. Tengo la corazonada de que protegerá a Jon pase lo que pase, aunque termine lastimándolo. Ojalá pudiéramos trabajar juntos de alguna manera.

"*¿Por qué siempre termino sintiéndome como la mala de la familia? ¿Jesús, dónde está Jon? Ya debería de haber llamado para decirme que está en camino. Por favor, no permitas que este día termine mal. ¿Cuánto más puedo aguantar?*"

"Esperaba saber de él para estas alturas." Román miró su teléfono y con cuidado se dobló en una silla de madera de la cocina. El gemelo fraternal de Jon es alto con ondas cafés y características del "Hombre Marlboro". El dolor crónico de su espalda no lo dejaba estar cómodo excepto en su propia silla reclinable en su casa. El viaje de cuatro horas desde de Arkansas a Texas le prendió fuego a sus discos herniados.

Con empatía sugerí, "¿Por qué no lo esperas en la sala? Nuestro sofá es mucho más agradable que las sillas. Estoy seguro que llegará pronto." Mordiendo mi labio, batí una botella entera de polvo de curry de Madrás en mi mezcla de mayonesa de limón con un poco más de afán que lo normal. Mi corazón empezaba a latir rápido eventualmente apretando mi esófago y la inhabilidad de hablar con el miedo de que mis palabras sonaran estranguladas.

"Noooo. Creo que iré a reposar un rato en el camión," Román declino desapareciendo por cuarenta y cinco minutos. Acabé de acomodar el pollo y brócoli cocidos al vapor en mi salsa picante. Mientras el curry se cocinaba en el horno, yo entre en pánico.

"*¿PORQUÉ, Dios?*" Imploré desde la habitación donde había ido a tratar de llamar a Jon por la enésima vez. "*¿PORQUÉ?*"

"¿PORQUÉ?" "¿PORQUÉ?» Esto está muy mal. ¿Por qué se desaparece cuando su hermano está aquí de visita? ¡Nunca ha hecho un truco como este antes! ¿Qué debo hacer? Ayúdame Jesús. No sé qué hacer.» Continué caminando y entré en pánico hasta que el olor de ese curry burbujeante hizo que incluso mis papilas gustativas vegetarianas me pidieran un bocado.

"¿Román?" Grité en la oscuridad desde la puerta de la cocina hasta la cochera. "La cena está lista. ¿Quieres venir a comer?" Robert Plant inmediatamente dejó de cantar sobre buenos y malos tiempos del otro lado de la pared de la cochera. Unos segundos más tarde, Román apareció en la cocina.

"¿Qué tan seguido hace esto esté tonto?" murmuró, vaciando la jarra de café en su taza. Detuve mi respuesta, inhalando el fuerte aroma mientras puso Folgers fresco en el filtro.

"Dios, como quisiera ser bebedora de café. Que reconfortante sería esa pequeña droga para alguien a punto de pasar una noche angustiosa esperando que un ser querido regrese a casa. Ayúdame a encontrar mi alivio sólo en Ti."

"Parece cada vez más y más últimamente. Ya no sólo los fines de semana. Nunca sé cuándo no va a venir casa. Parece que esta noche puede ser una de esas noches," respondí. "¿Quieres curry?"

"No, gracias. Aunque huele bien. Creo que voy a dar una vuelta a ver si puedo encontrarlo. Noté el mismo vehículo pasar lentamente por la casa un par de veces mientras estaba sentado en el camión. Estoy pensando que tal vez es él tratando de tomar valor para venir aquí, aunque sabe que le voy a patear su trasero."

Esa fue una *larga* noche. Román nunca lo encontró, pero finalmente Jon llegó rondando la casa. Para entonces yo estaba enfadada. Mi carne derribó al Espíritu y lancé una rabieta que mantuvo oculto a Román en su camión por la duración de un álbum entero de Zeppelin. Grité. Aventé platos. Lloré. Chillé. Rompí cosas. Fue horrible. Vergonzoso. Estaba demasiado enojada para importarme. ¡Mi cabeza estaba en llamas! Mi lengua lanzó dagas. Me rompí como una presa cuya red de grietas finalmente cede a la presión de un río embravecido. Cuando terminé, Jon salió a traer la escoba y el recogedor de nuestro cuarto de lavado en la cochera y con calma empezó a barrer los vidrios rotos en la cocina. No pronuncio palabra.

Esa fue la última vez que Roma nos visitó en nuestra casa. No lo puedo culpar por ello. Reuniones posteriores fueron también extrañas, al menos para mí. Todo el mundo parecía extrañamente bien.

En enero, empecé a asistir a un estudio bíblico de Beth Moore en la iglesia bautista local. Una de mis buenas amigas maestras, Shirley, condujo el estudio basado en libro de Beth "Cuando Personas Piadosas Hacen Cosas Impías". Entre ese estudio y el *"Programa de Recuperación de Depresión"* del Dr. Neil Nedley, impartido en nuestra iglesia, Dios me proporcionó varias herramientas invaluables para mantenerme sana y funcionando las próximas semanas, conforme la vida que había conocido totalmente se vaporizaba.

Una de las mejores herramientas que obtuve del estudio de Beth Moore fue el desglose de 1 Tesalonicenses 5:16-25. Lo escribí en un conjunto de fichas y las mantuve en un aro de metal junto con otras escrituras significativas que junté en mi tiempo personal con Dios. Dios me habló, me alentó y me dirigió a través de esos versículos. En la página 104 de su libro, Beth llama a este poderoso pasaje de Tesalonicenses, "Un Perfil Conciso de Un Cristiano A Prueba de Seducción". Adapté y escribí la lista en mi conjunto de fichas.

Una Mujer A Prueba de Seducción:
- Es feliz con su fe.
- Se abstiene del mal.
- Es incesante en la oración.
- Agradece y da gracias.
- No apaga el Espíritu.
- No desprecia la instrucción, exhortación o advertencia.
- Examina y prueba todas las cosas hasta que ella reconoce lo que es bueno.

- Permite que Dios Mismo la santifique de principio a fin.
- Mantiene intacto su espíritu entero, alma y cuerpo.
- Sabe que El que la llamó es fiel para cumplir Su llamado en su vida.
- Sabe que ella necesita oración.

Esas palabras se convirtieron en mi mantra cuando rece oraciones diarias como esta.

"Dios, soy Tuya. No importa lo que pase, soy Tuya. Elijo Darte las gracias, aunque no entiendo mi situación. Elijo vivir de fe y de Tu gracia, abstenerme del mal. Escucharé el consejo divino que Tú me proporcionas y pondré a prueba todas las cosas antes de tomar decisiones apresuradas. Te doy permiso para que me santifiques de pies a cabeza. Por Tu provisión y Espíritu en mí, viviré una vida sin mancha. Tú eres fiel. Tú me estás llamando y Tú vas a hacer estas cosas en mi corazón conforme lo sumito a Ti. Sé que tengo una profunda necesidad de orar y no me negaré a Tu constante invitación a reunirme contigo en oración, ni rechazaré a otros cuando desean orar por mí."

Aunque sabía que no me había estado sintiendo muy bien, no reconocí los signos de depresión en mi espejo hasta que los materiales del Dr. Nedley lo revelaron. Los participantes debían responder a la pregunta, "¿Ha experimentado cualquiera de los siguientes síntomas por dos semanas o más?" de una lista bajo el encabezado "¿Cómo Puedo Saber Que Es Depresión?"

- Profunda tristeza o vacío
- Agitación o inquietud
- Trastornos de Sueño
- Cambios de peso o apetito
- Sentimientos de inferioridad
- Fatiga
- Interés o placer notablemente disminuido en todas o casi todas las actividades
- Disminución en la capacidad de pensar o razonar
- Falta de concentración
- Disminución en su capacidad de emitir un buen juicio

Capítulo 12 • Una Forma de Escapar

Conforme llené el libro en la iglesia aquella noche de invierno, comprobé sin duda después de que llené casilla tras casilla que si tenía depresión. Después de marcar todas las casillas, sabía que algo estaba mal, había *estado* mal. El seminario de Nedley me ayudó a darme cuenta de que nunca había lidiado con todas las pérdidas que experimenté, solo las había enterrado con trabajo.

Mi duelo de perder a Chloé aunado con el regreso de Jon al uso de drogas. Él no fue capaz de consolarme o estar en duelo a mi lado. Mi sensación de aislamiento fue una pérdida por sí sola. Me lastimé a mí misma por no haberle llorado a Chloé correctamente y por restarle importancia al perderla con la mayoría de la gente que me conocía. Sentía que nadie podía entenderme por qué fue tan importante para mi perder a un bebé que nunca fue mío. Creo que no entendí plenamente que tan profunda fue esa pérdida.

Agregua a eso el ciclo de la adicción de otra persona, que me hizo abandonar mi trabajo, mi hogar y mi proximidad con mis amigos cercanos. Amontona la desesperanza que amenazaba con abrumarme después de que el demonio parecía haber ganado el alma de Jon, y su último intento de rehabilitación me dejó con el corazón destrozado. Estas de acuerdo que es una verdadera maravilla y un testamento de la Gracia de Dios que funcioné en la vida tan bien como yo lo hice.

Como cristiana que ha tenido siempre un sentido de responsabilidad de cuidar por su cuerpo, estaba haciendo muchas cosas "bien" según el Dr. Nedley. Tal vez por eso no caí totalmente en el oscuro, oscuro agujero de la depresión. Durante su seminario, nos pidió que tuviéramos "Fichas del Estilo de Vida Sana," las cuáles nos ayudarían a supervisar nuestro ejercicio, sueño, respiración, dialogo negativo, insumo diario de agua y luz del sol, actividades espirituales y curiosamente, disfrutar de la música clásica. Al seguir su programa, comencé a enfocarme más en cuidarme a mí misma en vez de consumirme rescatando a Jon de él *mismo*.

Por todas las apariencias externas, Jon se cuidaba bastante bien. Ese año nuevo se premio con una camioneta 2006 Ram Rojo Llama 1500 cabina extendida con el motor Hemi. "Porque," como él dijo con lágrimas de alegría, "nunca he tenido nada nuevo como esto." No me puso en ninguno de los papeles, aunque mi coche, que había pagado en su totalidad, tenía su nombre en el título. Esa compra fue una de esas cosas que él hizo por su cuenta. "Compra ahora; dile a la esposa más tarde." Los pagos eran altos, pero seguro que era un camión bonito.

Estaba feliz por él que tuviera algo bueno en que conducir. Su camión verde tomó demasiado abuso; la última vez fue cuando él arranco el espejo lateral del conductor manejando muy cerca del tráfico en sentido contrario mientras manejaba drogado una noche. Él dijo que nunca paró. Solo se siguió. "Estoy agradecido de que no mate a nadie."

En enero, los Ps regresaron de visitar a familia en Inglaterra. Un par de semanas después vinieron a visitarnos emocionados con regalos e historias de sus viajes. Después de que se fueron a la cama, recuerdo a Jon enfadado, aventando una preciosa corbata de seda italiana en su tocador murmurando, "Siempre nos traen la misma cosa. ¿Nunca puede ser algo bueno? Lo cual interpreté como: *"¿Por qué no me dan algo que pueda empeñar para poder comprar más drogas?"* Eso es lo que hizo con todos los "buenos" regalos que él recibió de la gente que se preocupaban por él. La mentalidad de Jon era: "Si no puede ser empeñado, no tiene ningún valor para mí."

No ocultó muy bien sus hábitos durante la visita. En épocas pasadas, él intentaba ser cordial, por lo menos fingiendo que las cosas estaba muy bien. Esta vez, actuó como si no le importara un comino. "Jon," le advertí una mañana, "Mamá puede ver cómo me estás tratando. ¿Puedes al menos *actuar* como si te importara? Puedo ver que la está lastimando." La mayoría de las madres son sensibles de cómo sus yernos tratan a sus hijas. La mía es especialmente perspicaz porque ella sobrevivió disfunción marital. Ella no quiere eso para sus "niñas."

No sirvió de nada. ¡Jon no solo reveló su falta de amor por mí, sino que cometió el pecado imperdonable en nuestra familia y discutió con mi madre! Sucedió un viernes en la mañana antes de que Jon se fuera al trabajo. Dejé algunas de mi Escrituras especiales en la mesa de la cocina, esperando que Jon las leyera. Mamá asistió conmigo a los estudios de Beth Moore esa semana y escribió una tarjeta de Escritura propia. Ella comenzó a decir algo sobre el poder de hablar la palabra de Dios sobre nuestras vidas mientras se lo dirigía hacia Jon. Inmediatamente se lo devolvió diciendo: "¡No! No servirá de nada."

A veces mi mamá dice cosas bromeando cuando no está bromeando. Esto es lo que sucedió después. Mamá pasó junto a los hombros encorvados de Jon camino al fregadero y colocando sus manos en cada uno de sus brazos, le dió un pequeño apretón, diciendo con una sonrisa entre dientes, "¡Yerno, podría simplemente darte una paliza!" Ése fue todo lo que tomó. Jon estaba instantáneamente furioso y defensivo.

"¿Por qué?" Él gruñó, "No he hecho nada." Regla número uno: nunca le gruñas a tu suegra.

Mamá saco toda la munición, culpando a Jon de todo, desde que me robaron a Ursli, hasta que tenía que conducir un viejo Cadillac que tiraba aceite mientras que mi marido se exhibía en un camión rojo nuevo, gastando dinero como si fuera del papel del Monopoly. Jon negó saber sobre porqué desapareció Ursli, diciendo que la marioneta era simplemente parte del botín que los ladrones tomaron.

Mamá dijo: "No sé de lo que estás hablando, pero eso es simplemente extraño. ¿Qué querrían los ladrones con Ursli o su libro de bebé?" Mamá casi gritó la última pregunta. Jon, que nunca fue bueno para la confrontación directa, se fue rápidamente al trabajo y no regresó a casa hasta casi las 4 a.m. Los Ps y yo sufrimos una noche de ansiedad.

Mamá recuerda que me levanté cuando Jon llegó a casa. "Le cocinaste huevos revueltos y pan tostado y se lo llevaste en una charola a la habitación," me recordó recientemente.

Se me había olvidado. Pero recuerdo haber sentido lástima por él cuando llegó a casa abrumadamente demacrado después de una juerga como esa. Nunca fue un hombre grande de todos modos, durante años Jon usó los Levis con 28x30 tatuado en la etiqueta. Pasó más de una década de matrimonio antes de que se graduara a 29 pulgadas de cintura. Después de atrancarse de crack durante días sin comer ni beber, regresaba a casa luciendo como uno de esos demacrados modelos masculinos de *Yves Saint Laurent*. No podía soportarlo. Lo primero que quería hacer era meter algo de comida en él.

Cuando éramos niñas, eso era lo que Annie y yo hacíamos con los pájaros frágiles que caían de su nido. Les forzábamos alimento a esas criaturas feas con mitad de plumas. Remojábamos pan en leche hasta que estuviese como papilla y lo forzábamos a bajar por sus escuálidas gargantas desnudas. Conmigo era instinto.

Si se ve medio muerto y medio muerto de hambre, dale de comer, aunque no tengas ganas, porque sabes que no podrás dormir un segundo sabiendo que está perdido y miserable y no puede durar hasta la mañana.

Bueno, Jon duró, pero no los Ps. El martes por la mañana se dirigían a Arkansas para prepararse para su próxima aventura, un viaje de misiones al sur de Italia. Sin saberlo ellos, ese incómodo fin de semana sería su último adiós a Jon. "Supongo que lo envié al limite," dijo mamá mientras comentamos el incidente por teléfono. "Tal vez no debería de haber dicho nada." Entonces, "Nawww. Si no era eso, iba a ser otra excusa para destruirse."

¿Por qué alguién elegiría destruirse con drogas? Reflexioné después de que colgáramos. *La mayoría de las cosas materiales pueden ser reemplazadas, ¿pero qué tal su vida? ¿Qué hay de las relaciones que destruyen? ¿Qué hay de todas las fiestas y reuniones y recuerdos que se*

ponen en las bóvedas mentales permanentemente selladas porque nadie las desea recordar por el dolor?

Familias enteras sufren dolor y pérdida como resultado de las malas decisiones de una persona. Por eso es imperativo que Dios elija por nosotros cuando decidamos unirnos a una pareja para toda la vida. Esa decisión fundamental nos afecta a nosotros y nuestros seres queridos y potencialmente por generaciones. No pensé en eso cuando me casé con Jon. Ojalá y lo hubiera.

Febrero de 2007

Un miércoles en febrero fui a la iglesia por la tarde. Pastor Josh inocentemente preguntó si Jon y yo estaríamos interesados en abrir nuestra casa para un grupo de oración semanal. Menos que esperanzada, prometí preguntarle a Jon. Si le pregunté. Él no se comprometió.

"Mi espíritu me dice que es mala idea de todos modos," recé. *"¿Cómo podemos invitar gente cuando Jon nunca aparece? La gente realmente no entiende cómo es mi vida, Señor. Piensan que es normal y que podemos hacer planes. No podemos. Nunca sé más lo que puedo esperar."*

Justo después de las vacaciones, Bob aceleró su plan de jubilación. Me pregunté si eso era en parte para evitar la presión de tener un excelente empleado que se gastaba todo su dinero en drogas. Estaba segura de que mi presión silenciosa para que Bob retuviera algunos de los cheques de Jon, para que al menos pudiera pagar algunas de nuestros gastos, no ayudó a la situación. A veces Bob pasaba por la casa y me daba efectivo en la palma de mi mano. Era más allá de las ganancias de Jon — una curita para nuestras enormes heridas financieras.

Después del retiro de Bob, Jon intentó trabajar para el esposo de otro miembro de la iglesia. Perdió ese trabajo después de unas semanas porque no podía presentarse constantemente para el trabajo. Cuando el uso de la droga cruza la línea de abuso de drogas "recreativas" o "funcionales" hasta el punto de usurpar la capacidad de un hombre para mantener un trabajo, la última bandera de advertencia comienza a ondear. Desafortunadamente, Jon estaba demasiado lejos para prestar atención a la advertencia. Trató un trabajo diferente. Esta vez con el hermano de Bob, Daniel, un experto en calefacción y aire acondicionado muy paciente, que vio potencial de promoción en Jon. Inicialmente Daniel incluso consideró traer a Jon a su compañía como socio. Jon era muy trabajador y rápido, especialmente cuando estaba bajo la influencia de crack.

El 8 de febrero, un jueves, registré en mi diario: *Jon se negó a orar conmigo. Se fue a la ciudad.* 'La ciudad' siendo sinónimo con 'encontrar' a su distribuidor.

Le llamé a Daniel, rogándole que no le pagará a Jon mañana debido a su estado mental, escribí. El comportamiento de Jon me llevó a creer que estaba en una misión para suicidarse con drogas. Tenía miedo de que tuviera el sueldo de otra semana para fumarselo a través de su pipa de crack.

Después de darme cuenta de que no regresaría a casa esa noche, le escribí una nota a Jon antes de acostarme. Simplemente decía "Le dije a Daniel lo que estás haciendo."

Llegó a casa aproximadamente a las 4:00 a.m., furiosamente respondiendo a mi nota, diciendo que "invadí su único refugio seguro" (trabajo).

¿Qué hay de mi refugio seguro? ¿Mi propio lugar de trabajo debe ser el único lugar donde me sienta a salvo de la locura con la que vivo?

Dormimos un par de horas. Cuando la alarma sonó, nos levantamos y hicimos nuestra rutina "normal" de la mañana.

Mi diario de ese día dice: *Oró conmigo en la mañana, y parecía feliz y agradable. Después de que salí para el trabajo, Jon tomó mi chequera y escribió un cheque por $400 al 'portador' y se fue a la ciudad.*

Me desperté temprano el sabbat por la mañana y sin duda me arreglé para la iglesia. Otra noche sin dormir, pero necesitaba escapar de la casa.

Capítulo 12 • Una Forma de Escapar

"Oh Dios," gemí mientras me bañaba, *"No sé cuánto tiempo más puedo hacer esto. He esperado toda la noche esa llamada telefónica, la que significa que está muerto o encarcelado. ¡El silencio me está matando! ¿Donde está? Por favor, has que me llame para saber que está vivo. Por favor muéstrame qué hacer. Estoy agotada por el temor."*

Jon llegó a casa justo antes de las 8 a.m. Él se arrastró a la cama, durmiendo todo el día y noche, sin comer o beber. Al día siguiente, que era domingo, él se levantó y se trasladó a la sala para ver la televisión. El aire en nuestro hogar era espeso. Incluso las niñas estaban lánguidas con el peso del mismo. En la tarde finalmente me le acerque suplicándole, "¿Podemos hablar?"

"¡Se acabó!" él respondió con el monólogo más penetrante de nuestro matrimonio. "Estoy fuera. No quiero ser cristiano. No quiero ser tu marido. Solo quiero vivir mi propia vida y ser yo mismo y no tener que fingir más. Soy falso. Siempre lo he sido. Solía hacer cocaína en Costa Rica. Solía salir con mis amigos antes de casarnos. La primera vez NO fue cuando murió mi madre. NUNCA he dejado de fumar. Estoy cansado de vivir una mentira. Si eso es lo que me mantiene fuera del cielo, que así sea. Me voy a mudar."

Esa noche dormimos en camas separadas.

La entrada de mi diario del día siguiente me hizo reír ahora mientras lo leía: *Tuve una migraña y me perdí el seminario de depresión.*

¡Pobre niña! No pudo asistir a su seminario de depresión porque su realidad era tan deprimente que las garras de hierro de la migraña tenían su cabeza y cuello con un apretón que le causaba náuseas.

La anotación continúa: *Lloré y lloré y lloré y lloré. Me senté en el regazo de Jon, llorando por lo que se perdió.*

Esa última frase me sorprende. Recuerdo haberle pedido que me abrazara, pero aún me sorprende. ¿Por qué buscamos consuelo en la cosa que nos está destruyendo? En mi caso era una persona, para otros es otra adicción. Buscamos consuelo en los brazos del enemigo y le permitimos palmear nuestras espaldas mientras nos arranca el corazón del pecho. ¿Quién puede explicar ese oxímoron a alguién cuya cada terminación nerviosa está en carne viva con expectativas incumplidas? Solo necesitamos algo para adormecer el dolor un poco, algo para calmar nuestros nervios y aliviar nuestras almas hasta que estemos exhaustos por el llanto. Quizás entonces podamos continuar funcionando.

Sabiendo que necesitaba ayuda, concerté una cita de emergencia con nuestro nuevo consejero matrimonial, el Dr. Wayne Fox. Yo ya lo había visto varias veces. Leoón se sentía muy lejos y desesperadamente me aislé en mi matrimonio que se desintegraba.

Ante mi insistencia, a veces Jon fue conmigo, quejándose de que estábamos malgastando el dinero que podría utilizarse para algo "necesario". Me gustaba el Dr. Fox. No era León; él nunca nos abrazo o rezó con nosotros. Lo que si hizo, sin embargo, es ofrecernos buen consejo sólido sobre cómo lidiar con la adicción en la familia. Necesitábamos una intervención.

Mi sesión de terapia de emergencia trajo poca esperanza, pero Dios tenía un plan establecido. Mi diario dice: *Le dije a Jon que necesitaba irse. Me sentí bien diciendo eso.*

"¡Dios, no puedo seguir viviendo así! ¿Cómo puedo dar clases a los niños pequeños cuando no he dormido y estoy constantemente preocupada de que algo terrible va a suceder? Siento que me estoy volviendo loca. Por favor, sácame de esto. No sé qué hacer."

No le ví de nuevo en diez días. En aquellos diez días milagros sucedieron. Pude sentir la mano del Señor por toda mi vida. Mi diario documenta los eventos.

Miércoles, 14 de febrero: Fuí al estudio bíblico de Beth Moore. Me abrí un poco sobre mis problemas en casa, sobre mi marido actuando como un adolescente. También compartí en al escuela que tenía problemas en mi matrimonio.

¿Por qué nos esperamos hasta que el matrimonio este sin vida antes de decirle a la gente que estamos luchando? ¿No sería sabio tener ayuda a lo largo del camino? Supongo que fue orgullo y temor que mantuvo mi apariencia en su lugar durante los estudios de la

Biblia anteriores y sesiones de planeación de maestros. Estas mujeres se habían vuelto más que colegas para mí durante los cinco años que trabajamos juntas. ¿Por qué no podría confiarles con mi dolor?

Una vez que revele la verdad sobre mi vida desmoronándose nuestras sesiones semanales de planificación en la escuela pública se convirtieron en mini reuniones de oración. Esos preciosos maestros de primer grado, sentados en pequeñas sillas alrededor de una mesa en forma de riñón, tomaron mis manos y rezaron por mí con tanto fervor como si hubiera estado sentada con los doce apóstoles. Esas oraciones me sostuvieron semana tras semana a medida que transcurría el año escolar. Fue un gran alivio el darme cuenta de que ya no tenía que esconder mi dolor en mi lugar de trabajo. Quitarme esa máscara me permitió respirar mejor. También creé un equipo de aliados que me cubrieron cuando tenía un día particularmente difícil. Habría muchos de esos antes de que todo estuviera dicho y hecho.

Llegué a casa después del anochecer, agotada de acorralar a los niños en nuestra fiesta anual del día de San Valentín y de ser vulnerable en el estudio de la Biblia.

"¡Hola niñas! Lo siento, que llegue tarde. ¡Apuesto a que tienen hambre!" Saludé a los perros cuando Mamá Kitty vino saltando a la puerta, en busca de algo. "Ah, Mamá, ¿estás cansada de perseguir ratones de campo? ¿Quieres un poco de comida de verdad? Me permitió rascarle las orejas antes de entrar para dejar caer mi botín del Día de San Valentín en la mesa. Agarrando algo de comida para gatos de la despensa, sacudí un pequeño montón en el piso de la cochera junto a la puerta trasera. "¿Dónde está tu papá?" Les pregunté a las niñas cuando entramos a la cocina vacía. Vertí dos cantidades iguales de Kibbles 'n Bits en un recipiente de plástico en el piso de linóleo. Snuffles, como de costumbre se tragó lo suyo sin masticar y se afilaba en el montón de Whipper con la esperanza de una croqueta extraviada. Whipper era exigente. Ella meticulosamente separó su comida, comiendo los pedazos más suaves primero, seguidos por los pedazos más grandes y más duros. Si Snuffs se acercaba demasiado, Whipper le gruñía en advertencia. Nunca estallo, pero Snuffles entendió la señal.

Dejé la puerta abierta. Mamá miró a escondidas a los perros, su cola negra-inclinada que se crispaba cautelosamente. Cuando Snuffles se acercó a una croqueta que no era suya, el gruñido de Whipper hizo que Mamá Kitty huyera en la noche. Nunca sabíamos adónde se iba en la noche, pero yo le guardaba una cama para gatos encima de nuestro congelador en la cochera en caso de que ella deseara domesticarse. Mamá tenía mente propia. No podíamos forzarla a ser parte de nuestra familia. Ella hacia lo que quería. Ella deseaba ser amada, pero no demasiado, sostenida a veces, pero no demasiado firme y alimentada solamente cuando los ratones y los pájaros llegaran a ser escasos.

Jon se parece mucho a ese gato salvaje, pensé, revolviendo los dulces en mi mesa. *Pase años tratando de domarlo, pero él siempre recurre a sus propias maneras salvajes. Él solo vendrá a casa cuando quiera.* Pasé por alto los corazones de caramelo terrosos y los chocolates cerosos del almacén Dollar Store, desenterré un par de Tazas de Crema de Cacahuate de Reese envueltas en papel aluminio rojo del fondo de una bolsa de golosinas de uno de mis estudiantes. ¡Bingo!

Examiné nuestra casa tranquila mientras pelaba cuidadosamente la envoltura plisada del chocolate. En mi corazón sabía que no habría rosas o cena esa noche, sólo yo y las niñas y una bolsa de caramelos al azar de la cual ya me había robado las cosas buenas.

"*Va a ser otra noche larga, Señor — una triste memoria más para añadir a mi ramo. Por favor, ayúdame a pasar por esto. Me duele mi corazón. Sólo quiero ser amada.*"

Después descubrí que Jon se gastó cuatro cientos dólares en él mismo esa noche mientras yo estaba sentada sola en casa con mi bolsa de chocolates baratos. Después de unas horas, no podía quedarme a ver si venía o no a casa. Estaba asustada y enferma del estómago. No de los dulces de San Valentín. Mi diario dice que pase la noche orando y organizando cosas personales. Como a las

9:30 p.m. le llamé a Darcy, preguntándole si podía ir. "Trae tu bolsa de viaje," insistió. Lo hice.

La habitación de huéspedes de Darcy era amplia y luminosa con un edredón de pluma blanca en un firme colchón doble. Recuerdo hundirme en esa cama sintiendo segura y cuidada. Incluso dejó panquecitos frescos y calientes con jugo sobre la mesita de noche. Había amor en esos panquecitos; Lo podía probar. Y amor en ese hogar; Lo inhalaba. Por primera vez en meses no sólo dormí sino descansé.

Cuando fui a checar a las niñas al día siguiente, podía ver que Jon había ido a casa brevemente, pero no había empacado nada. Revisé el baño. Su cepillo de dientes todavía estaba ahí. Fui a trabajar temprano y le dije a mi amiga maestra de al lado, Donna, "No dormí en casa anoche."

Donna, alta, delgada, experimentada y sabia me dijo que pusiera mis papeles en orden. "Necesitas cubrir tu espalda. Pon tus patos en una fila. No dejes nada a la vista que no quieras que él tenga acceso." Ella siempre había sido directa, pero me gustaba. Donna tuvo duras experiencias en su haber. Escuché.

Esa noche manejé a casa y puse en una caja de archivo documentos importantes. La casa estaba silenciosa excepto el ritmo de ocho garras inquietas en el piso de madera dura de habitación a habitación, detectando que algo era diferente. Una simple llamada telefónica reveló la razón de la ausencia de Jon. Daniel le pagó un día antes. Cobró mil doscientos dólares y ni siquiera se molestó en venir a casa después del trabajo, sólo corrió hacia la ciudad.

Mi mente se aceleró mientras empaqué algunas cosas personales y coloqué los documentos importantes en la cajuela de mi coche.

"Señor Dios, no estoy segura qué hacer. Sé que el Dr. Alan y Darcy dijeron que su casa es mi casa y me invitaron a quedarme en su habitación el tiempo que fuera necesario, pero no sé si debo ir ahí esta noche. No es justo que sea yo la que se sale de mi casa, cuando él es el que quiere dejar nuestra vida juntos. Odiaba ir de sofá en sofá, cuando

hizo esto después de que perdimos a Chloé. ¡Todavía lo odio! Simplemente, no es justo."

El paso inquieto de las niñas se detuvo cuando comencé a gemir. Inmediatamente dos perros de corazón tierno competían por espacio en mi regazo mientras me desplomaba en el piso y grité.

Para las 10:00 p.m. Ya no podía manejar los sentimientos familiares de pánico y miedo. Oré, leí mis escrituras favoritas y reprendí al diablo una y otra vez. Estaba demasiado cansada para dormir y demasiado solitaria y aprensiva para permanecer despierta. Incluso trayendo a las niñas a la cama conmigo no ayudó. Finalmente las expulsé y empaqué mi ropa para el día siguiente, viernes. Eso significaba pantalones vaqueros y una camisa de golf naranja con el logo de la escuela. Fácil. Besé a las niñas diciendo: "Regreso en la mañana". Entonces dejé una nota de "amor con mano dura" a Jon, inspirada por el Dr. Dobson, diciendo: "Si no estás empacado para mañana en la noche, yo lo haré por ti" y maneje once millas a través de caminos oscuros y ventosos a casa de mis amigos con el 'edredón cómodo'.

Dormí tan bien que me desperté tarde y no tuve tiempo para correr a casa y dejar a las niñas salir o darles de comer antes de la escuela. Todo el día me pregunté si Jon había llegado a casa o no. Cuando marqué su número, se iba a correo de voz, que era la modalidad "normal" cuando estaba de juerga. Me volví casi insensible por la familiaridad del ciclo.

Un pensamiento recurrente destellaba a través de mi cerebro mientras les di a mis alumnos su examen de ortografía semanal, las evaluaciones de matemáticas e hice copias para lecciones de la próxima semana. *Renta una bodega.* Varias veces tuve esa sensación. Finalmente, busqué información en el Internet de una unidad de almacenamiento mientras que los niños zumbaban alegremente en sus centros de aprendizaje. Encontré uno en las afueras de la ciudad. Apunté el número en una nota adhesiva y lo coloqué en el exterior de mi bolsa. Después de los abrazos de despedida y hacer guardia del autobús, corrí a la oficina y llamé al número. "Sí, tenemos unidades para alquilar. ¿Que tamaño necesitas?" No tenía idea. "¿Quieres un espacio con aire acondicionado?"

"¿Cuál es la diferencia de precio?" Pregunté. Agregando esa información a mi nota adhesiva, le di las gracias a la señora y colgué. Decidí obtener el espacio más pequeño, más barato y con aire acondicionado. Era todo lo que podía pagar.

Después de verlo físicamente, me di cuenta que tenía que rentar el siguiente tamaño. Sería imposible que mis cosas cupieran en ese cubículo tan pequeño. Tenía que rentar la unidad más grande, pero eso significaba que no tenía clima. Aunque me dolía desembolsar ochenta y siete dólares por un espacio vacío de metal, no podía ignorar la Voz en mi cabeza. Durante mi oración camino al trabajo esa mañana, le pedí a Dios que me guiara paso a paso. Prometí escuchar y obedecer. Sentí que este era el primer paso.

Más Tarde Esa Noche

Un batidillo de perros me recibió cuando abrí la puerta. ¡Las niñas estaban frenéticas! Ninguna de ellas se había hecho en la casa desde que eran cachorros. Asegurándoles que estaba bien y que aún las amaba, las envié afuera e inspeccioné cada habitación. Ninguna señal de Jon. Estaba furiosa. ¡No sólo se habían hecho los pobres perros por toda la casa también estaban hambrientos!

Me enteré por Aubrey, que Jon llamó al trabajo ese día diciendo que estaba "enfermo". No le dije que no había dormido en casa durante las últimas dos noches. Mi diario dice: *Empaqué las cosas personales de Jon y algo de ropa y puse las cajas en la cochera. Fui a casa de Alan y Darcy y me llevé más papeles conmigo.*

Realmente pensé que Jon se podría morir esta vez. Detestaba dejar a las perras confundidas y solas, pero no podía quedarme esperando la llamada de la muerte. Por temor a dejarlas afuera toda la noche y que los coyotes las convirtieran en croquetas, las encerré de nuevo en la casa. Las orejas de Whipper se acostaron y cola de Snuffle se inclinó cuando les ordené "Quédense. Sean buenas niñas. Volveré en la mañana." antes de cerrar la puerta detrás de mí.

La iglesia fue un borrón. No me podía concentrar. Jon no había ido aún a casa y no había oído una palabra de él. Las perras estaban notablemente molestas por el cambio en la rutina cuando fui a sacarlas esa mañana. No estaban acostumbradas a estar solas en la casa toda la noche. No sé si se hicieron porque estaban molestas, o simplemente porque no podían esperar hasta que yo las sacara. Esa tarde tomé la decisión de llevarlas con Mona, la hermana de Jon, por unos días mientras que averiguaba qué hacer.

"Hasta que Jon no se salga de la casa, no me siento segura de quedarme aquí. Ha estado gastando mucho dinero últimamente. No sé cuánto más puede tomar su cuerpo. Después de lo que me dijo el domingo, me doy cuenta que no significo nada para él. No se sabe lo que hará. Parece no tener ningún remordimiento," le expliqué a Mona por teléfono mientras empacaba el alimento, juguetes y cama de las niñas en mi Cadillac.

Corrían emocionadas del coche a la casa y de regreso otra vez. Whipper saltó al asiento de pasajero instalándose en su cama. Ella no estaba a punto de quedarse atrás. "No es bueno que se queden solas en casa, pero no puedo tenerlas conmigo en la casa de mis amigos." Ya tienen dos perros en la casa y su patio no tiene barda. No sé qué más hacer por ahora. Todo lo que sé es que tengo un sentimiento tan incómodo en mis entrañas, que sé que no me puedo quedar aquí. ¿Qué tal si no está solo o sigue drogado cuando regrese? Va a estar enojado que saqué sus cosas en cajas fuera de la casa. Estoy nerviosa. No quiero una confrontación."

Afortunadamente, Mona entendió y convenció a su marido Sergio que ellos deberían de cuidar a las perras por un período de tiempo indefinido, a pesar de que su pequeña casa ya estaba repleta de mascotas y personas.

Mi diario dice: *Laurel, la hermana de Jon, se reunió con nosotros en casa de Mona. Todos lloramos y oramos juntos. La familia de Jon, sintiendo mi pánico, me invitó a pasar la noche. Su amor fue un consuelo. Después de mi explicación transparente de los acontecimientos actuales, sus hermanas apoyaron mi decisión de* separarme de él. Amaban a su hermano, pero temían lo que se estaba haciendo a sí mismo y a mí. La desaparición de Jon preocupó a su familia. La muerte acechaba en las esquinas de nuestras mentes.

Más tarde esa noche le mandé un correo electrónico a los padres de Jon en Costa Rica. Nunca habíamos estado cerca. Algo inexplicable construyó un muro entre nosotros. Estaba sentida que no se habían comunicado a través de los años, cuando deben haber sabido lo que sufrí por la adicción de su hijo. Les escribí de todos modos, quería que supieran que nuestro matrimonio estaba fallando y que Jon estaba cayendo violentamente en un espiral hacia abajo. Sentí como que la declaración de Jon de que ya no quería como su esposa me permitió transferirles la responsabilidad de su hijo a ellos. Pensé que necesitaban saber que estaba disponible si querían tratar de rescatarlo. Yo ya había terminado con eso.

Antes de irme de la casa de Mona el domingo, Laurel y su esposo Doug vinieron otra vez a discutir la situación de Jon con todos nosotros. Doug, un ex-oficial de policía, tenía una visión muy fea sobre el estilo de vida de Jon. Él nos compartió algunas cosas que me dejaron en shock. Me advirtió que no volviera a acostarme con Jon, y afirmó que sin duda estaba involucrado con personas que harían cualquier cosa por el crack y que Jon se había convertido en una de esas personas. Estuvo de acuerdo que probablemente no estaba segura en mi casa, especialmente si Jon le debía dinero a alguien.

"¿Dios, es esta mi vida? Siento como que estoy viendo una mala película. No quiero oír esto. No quiero sentir esto. No quiero saber o pensar en esto."

Tomé consuelo en el apoyo amoroso de las hermanas de Jon y sus maridos. Expresaron verdadera tristeza sobre las malas decisiones de Jon y cómo él afecto a todos en la familia. Dejar a mis niñas resultó en arrepentimiento y alivio. Sabía que era mejor para ellas quedarse con Mona y Sergio hasta que las cosas se estabilizaran, pero odiaba dejarlas atrás mientras abrazaba a todos adioses y regrese a lo que quedaba de la casa.

Había un mensaje de Jon esperando en la máquina contestadora. Él simplemente dijo, "Llegaré a casa mañana." Dejó ese mensaje el sábado en la noche a las 7. "Mañana" significaba hoy. Pasé la tarde en casa aturdidamente clasificando papeles, archivos y organizando cosas que necesitaba traer conmigo cuando me fuera. Me sentía tranquila, pero había una pesadez en mi espíritu ya que esperaba oír su camión llegar en el camino de la entrada en cualquier momento.

"Señor Dios, puedo sentir que me estas guiando. Gracias. También puedo sentir una densa nube de algo que no puedo nombrar. Por favor, dame claridad. Ayúdame a saber qué hacer. Me siento enojada que estoy haciendo todo el trabajo... incluso dejar mi hogar y Jon se está divirtiendo - no importándole nada más que sí mismo. No es correcto. No pedí nada de esto."

Fue solamente después que me entro la realización de que el infierno que yo pensaba que vivía *era* pan comido comparado con el infierno de ser adicto a crack. Años después, deduje pepitas de verdad de los labios de otros adictos. Jon no se estaba divirtiendo. Jon estaba coqueteando con la muerte, luchando contra demonios que yo nunca tuve que enfrentar. Él le dio la espalda a Dios y cosechó las consecuencias de una serie de decisiones dolorosas, opciones que paralizaron su voluntad y le provocaron desesperanza. No podía ver eso en ese momento. Aunque hubiera podido, me pregunto qué diferencia hubiera hecho tener el conocimiento en los eventos que sucedieron a continuación.

Alrededor de las 5 p.m. Jon llamo, llorando. "¡Estoy en problemas! Le debo a una persona cien dólares." dijo energéticamente temeroso. "Otro cuate y yo obtuvimos drogas y las dividimos. Íbamos a revenderlas para ganar una utilidad y pagar de regreso los cien dólares que pedimos prestados. Él otro cuate se fue. Me están deteniendo por el dinero. ¿Me puedes ayudar? Por favor."

Mi mente se aceleraba. *Mentiroso.*

"Dios, está mintiendo, ¿verdad?"

"Déjame hablar con la persona que te está deteniendo." respondí.
"¿Por qué no le hablas a la policía? Háblale a tu hermano. No me hables a mí."

"Yo sabía que no podía contar contigo para que me ayudaras." replicó. Se cortó el teléfono.

Inmediatamente le llamé a Román y le conté de nuevo la interacción. Román le habló a Jon y estaba convencido de que no mentía. "Le ayudaría, pero no tengo cien dólares," Román indico con total naturalidad.

Mis emociones golpearon el botón de pánico. Tomando todo lo de valor en mí casa, empecé a poner todo en la cajuela de mi coche. No nos quedaban muchas cosas que los traficantes de drogas pudieran pagarse al empeñarlas, pero no estaba tomando ningún riesgo con *mis pertenencias*. Frenéticamente, me moví de habitación en habitación, arrebatando cosas que me importaban y rezando para evitar confrontaciones.

"Padre, tengo miedo. Y desgarrada. No sé si debería ayudarlo o no. ¡No quiero que maten a Jon por cien dólares! Aunque necesito ese dinero para mantener este barco a flote, no quiero ser responsable de su muerte."

¿Puedes ver el enfermizo pensamiento codependiente que pasa por mi cabeza mientras respondo a la manipulación de Jon? De repente es *mi* culpa que su vida podría estar en peligro.

Mi defectuosa mentalidad codependiente me llevó a decidir retirar cien dólares del cajero automático de la ciudad. Le llamé a Jon camino al banco. Ninguna respuesta.

"¡Oh, Dios! Le han hecho algo malo a él. Ahora estoy realmente asustada."

"No te puedo ayudar, Jon, si no sé qué hacer." le rogué a su buzón de voz.

Unos minutos más tarde sonó mi celular. "Envía el dinero de Walmart a Walmart. Yo te aviso en cuál voy a estar." ordenó. Después de retirar cinco nuevos billetes de veinte dólares del cajero automático, conduje hacia Walmart. El estacionamiento estaba casi vacío. Mis entrañas y exteriores temblaban de miedo.

¿Qué debo hacer? Esto parece una locura. Creo que debería llamarle a la policía. Sí, eso es lo que haré.

Nuestra oficina de policía preguntó hace cuánto que había estado lejos de casa. "Lo único que puede hacer en este momento, señora," dijo el despachador femenino, "es presentar un reporte de persona desaparecida. A menos de que lo cachemos haciendo un crimen, no podemos tratarlo como un criminal. ¿Quiere reportarlo como desaparecido?"

"Sí. También deseo darle su número de placas en caso de que usted desee cogerlo con las drogas en su coche, o pararlo por conducir bajo la influencia de drogas."

Realizando que Walmart iba a cobrar un cargo por la transferencia, fui de nuevo al cajero automático y retiré otros veinte. Más de una hora esperé en mi coche sin oír palabra de Jon. Pensamientos horribles desfilaron por mi cerebro.

Tal vez lo lastimaron o mataron. Es mi culpa porque no le ayudé lo suficientemente aprisa. Voy atender su entierro y saber que habría podido hacer algo diferente y prevenir posiblemente su muerte. ¿Por qué me demoré? No estaba tratando de ser mala. Sólo no quería que me mintiera otra vez, o me usara.

Había decidido ir a mi escuela y preparar los planes substitutos de la lección para lunes y martes en caso de que tuviera que planear un entierro. Annie me llamó rumbo a la escuela. "No puedo hablar contigo ahora. ¿Te puedo llamar más tarde?" Pregunté.

"¿Que está pasando hermana?" Su antena estaba para arriba.

"Tengo que colgar ahora. Te llamaré más tarde."

La llamada de Jon entro justo cuando llegue a la escuela. "El distribuidor quiere hablar contigo." dijo. El hombre contesto el teléfono gritando e insultando.

"Tengo las llaves de este hombre. Necesito mi @! *! #?! dinero para pagarle a mi hombre. —Ya me cansé de esto $@!*! Me ha estado dando largas y perdiendo mi @! *! #?!tiempo."

Capítulo 12 • Una Forma de Escapar

Mi corazón palpitaba. "Yo puedo ayudarte."

"¡¿Ayudarme?! No necesito ninguna @! * # ayuda. Este hombre necesita la ayuda." Jon tomo la línea, explicando cómo girar los fondos de nuestro Walmart al Walmart de la carretera 84. Su voz sonaba nerviosa y apresurada. Podía escuchar al traficante vociferando en el fondo.

"Está bien. Llámame tan pronto como salgas de allí, así sé que estás a salvo." Con el corazón saltando de miedo, manejé de nuevo a Walmart y completé los trámites para transferir el dinero. De regreso a la escuela Jon había llamado otra vez, para pedirme el número de la confirmación para poder rastrear los fondos. "De alguna manera lo he perdido," expliqué después de varios minutos de frenéticamente cavar a través de mi monedero. "Solo enséñales tu licencia de conductor. Y llámame por favor, tan PRONTO como estés lejos de ahí. Necesito saber que estas bien." Él prometió llamar.

Regresé a mi oscura y abandonada escuela. Ni siquiera los fanáticos estaban ahí un domingo por la noche. Por las próximas dos horas planeé lecciones y puse en orden mi sala de clase, no sabiendo qué más hacer conmigo mientras que esperaba oír de mi marido.

Para las 9:00 p.m. llamé la oficina de policía otra vez. Explicando la historia entera, pregunté si un oficial podría acompañarme a nuestra casa porque tenía miedo puesto que no había oído de Jon. Quería ir a casa a ver si estaba ahí, pero no deseaba ir sola en caso de que estuviera al acecho alguien que deseaba su pago. Acordaron enviar a un oficial que ya estaba en servicio cerca de nuestro lugar. Dándome la vuelta hacia mi hogar, telefoneé al Dr. Alan y Darcy. Ninguna respuesta. Dejé un mensaje tembloroso, "Pienso que algo terrible le ha sucedido a Jon. Por favor recen. Voy a casa a ver si él ha estado allí. Un oficial de policía me encontrará ahí."

El camino de trece millas se sintió eterno. Mi mente se imaginó toda clase de horrores. Cuando llegué, la casa estaba a oscuras sin señas de Jon ni de nadie más. La oficina de policía tuvo un incidente y no podía mandarme a nadie para encontrarme o ayudarme. Tomaron mi número y me dijeron que me volverían a llamar. Nunca lo hicieron.

Le llame a Román. No había oído de Jon otra vez. "Te llamaré si oigo cualquier cosa," él prometió. No fui adentro de la casa. Todo se sentía oscuro y extraño. El miedo comenzó a engullirme. No me podía alejar lo suficientemente rápido. Dándole la vuelta al camino de entrada, hui hacia la comodidad y normalidad de la casa de Darcy.

Me recibió en la puerta con preocupación. Annie contacto a mamá y ambas llamaron a Darcy para decirle que estaban preocupadas por mí debido a la manera que le había respondido a la llamada de Annie anteriormente. Se me olvidó llamarla de regreso. El Dr. Alan y Darcy habían manejado a la casa y después al colegio buscándome. De alguna manera nos cruzamos el uno al otro. Llegaron a casa justo antes de que yo llegara ahí. Estábamos todos trastornados, pero yo estaba consternada.

Una vez que mi familia sabía que yo estaba bien, les dije con lágrimas en los ojos toda la historia a mis preocupados amigos. Alan no creyó en la historia de Jon para nada. Él dijo: "No quiero que te sientas mal, pero creo que te ha tomado por una tonta." Me di cuenta de que estaba enojado, no conmigo, con Jon. "Él se ha aprovechado de tu amor y tu confianza."

Me costó trabajo entender eso. *"¿Padre, realmente me haría tal cosa a mí? ¿Asustarme, manipularme y escurrirme por un pase de cien dólares? No puedo creer eso. Le debe de quedar algo de decencia. Seguramente no se rebajaría tanto para intencionalmente hacerme tanto daño. ¿Lo haría?"*

Alrededor de las 10:30 p.m., mientras todavía estábamos hablando, escuché de Román. Jon le acababa de mandar un mensaje de texto diciendo que estaba a diez minutos de casa. Alivio se apoderó de mí mientras nuevas lágrimas se acumulaban en mis ojos. Me fui a la cama agradeciéndole a Dios por salvarle la vida a

Jon y llevarlo a casa. Todavía no me podía imaginar el pensamiento que todo esto pudo haber sido un engaño.

Me desperté a las 5 a.m. con una clara impresión en mi mente. *Te debes de mudar del caso hoy.* Me puse en oración preparándome para cualquier cosa que trajera el día.

"*Muy bien, Dios. Te seré obediente. Fácilmente puedo faltar al trabajo ya que yo ya había planeado una sustituta, pero ¿cómo puedo mudarme yo sola? ¡Sería una tarea imposible! Por favor guía cada paso. ¿Qué debo hacer primero?*"

Lo que sucedió entre 7 a.m. y 7 p.m. no fue nada menos que milagroso. La mano de Dios orquestó tantos detalles, tengo piel de gallina recordándolos todos. ¡Él fue fenomenal! Dios quería que me saliera de esa casa inmediatamente. Nada Lo iba a parar. Después, escribí sobre ello.

No tenía idea de las maneras en que el Señor trabajaría para que toda mi casa estuviera empacada y mudada al final del día. Él vio lo que Jon me hizo anoche. Su engaño fue el catalizador que movió la mano de Dios.

Después de que Dios y yo hablamos, le llamé a mi director, el "Dr. V" para arreglar mi substitución. Entonces comencé a descargar mi coche. Darcy vino afuera y me pregunto, "Que estás haciendo? ¿Alan y yo necesitamos ayudar?"

"Tengo que mudarme hoy. ¿Puedes venir a mi casa al mediodía y traerte un montón de ropa aquí?"

"Por supuesto. ¿Necesitas suministros? Puedo recoger algunos," ofreció mientras se cargaba los brazos con cosas varias de mi asiento de atrás hacia la casa de huéspedes, donde habíamos acordado que apilaría mis pertenencias hasta que supiera qué hacer.

Me sentí dirigida para ir a mi casa primero. Pude ver que Jon había dormido en la cama de invitados y se fue apurado. Había sacado algunos de sus artículos de aseo de las cajas que había empacado en la cochera. Conforme mis ojos echaron un vistazo de la casa, realicé que necesitaba el camión de Jon para hacer lo necesario que se tenía que hacer ese día.

Le llamé a Daniel, el jefe de Jon. "Cosas terribles sucedieron ayer por la noche," anuncié. "Me tengo que mudar de la casa hoy. ¿Que tan tarde van a estar trabajando hoy?"

"Debemos estar haciendo trabajos hasta cerca de las 5 p.m." él contestó vacilante.

"Voy a pasar por su camión mientras que él está usando la camioneta de servicio. Sé dónde se estaciona. Le dejaré mi coche. Por favor no le digas nada a Jon, pero necesito que me llames antes de que salga de su último trabajo para irme de la casa y evitar una confrontación con él."

"Está bien. Yo te aviso." Podía sentir reticencia de Daniel por colocarlo en el centro de un asunto familiar que involucra a uno de sus empleados. La determinación en mi voz, de una mujer que tiene una misión en mente, lo hizo trabajar conmigo de todos modos.

"¡Señor, tienes que estar en esto, porque aquí voy a recoger el camión de Jon y ni siquiera tengo la llave! ¡Estoy confiando en ti!"

La siguiente directiva me vino directo a la mente. *Llama a Donna a la escuela.* Obedecí.

"Donna, me voy a mudar hoy", le expliqué.

"Estaba preguntándome sobre eso cuando vi que pedías por una sustituta. Bueno. ¡Llámale a mi esposo, Ben! Él no está trabajando y él tiene un camión y un remolque. No te preocupes. Yo le llamaré a Ben y le explicaré la situación. Le diré que te llame de regreso. ¡Bien por ti, niña!" Donna me animó.

"Guau, Señor. Gracias por el señor con el camión y el remolque. ¡Eso es impresionante!" En unos pocos minutos, Ben me llamo y me dijo que recogería algunas cajas camino a mi casa.

Le hable a Scott, nuestro director, preguntándole si él o su esposa, Cheryl estaban libres para ayudar a mudarme ese día. Los había mantenido al corriente de la espiral de Jon para que pudieran rezar por él. Scott tomó especial interés en Jon y sabía que él se sentía impotente sobre lo que sucedía. "¡Vamos en camino!" fue su respuesta inmediata.

Luego vino el fuerte impulso de llamar a Mona, la hermana de Jon. Cuando le dije que me tenía que mudar de la casa ese día, ella ofreció mandarme a su hijo, Wesley, para que me ayudara diciendo: "Él estaba sacando algunas de sus cosas ayer y aún no ha entregado su U-Haul. Él puede ir y ayudar. Solo le tomará una hora llegar ahí."

"Estas trabajando tan rápido Dios, para juntar a un equipo. ¡Eres magnifico!"

Al llegar al lugar de trabajo de Jon, descubrí su camioneta roja, que ya no brillaba tanto, con las ventanillas bajadas y ¡las llaves en el motor! Las llaves a nuestra iglesia estaban también en su llavero.

Necesito regresárselas al Pastor Josh. Con todo lo que Jon está haciendo en este momento, probablemente no es buena idea que tenga las llaves de la iglesia. Desearía que renunciara a ser diácono.

Revisando el desorden en su consola, desenterré un montón de los boletos de empeño para sus binoculares y todas las otras herramientas que él había empeñado. También descubrí y tomé dos estados de cuenta de las tarjetas de crédito, que saco de nuestros archivos de la casa, y nuestros documentos de impuestos sobre la renta del 2006 todavía sin enviar. Dejé mi Cadillac abierto y tomé su camión.

Apestaba. ¡No era de extrañarse que tenía las ventanas bajadas! Me sentía incómoda sentada detrás del volante, preguntándome dónde había estado la camioneta y quién había entrado allí.

"Padre Celestial, limpia este vehículo de cualquier cosa que no sea de Ti. Traigo la cruz del verdadero Señor Jesús entre yo y cualquier cosa aquí. Te encomiendo este vehículo y pido Tu protección mientras lo manejo. Reprocho en nombre de Jesús cualquier espíritu viciado que pudiera haberse unido a este carro o cualquier cosa aquí que participó en actividades ilegales e impías. Gracias Jesús por el poder de Tu nombre y el poder de Tu sangre." Inmediatamente me sentí en paz.

Conforme mi ritmo cardíaco se desacelero, el teléfono celular sonó. Era Laurel. "¡Hola! Mona me dijo que te mudabas hoy. Tengo el día libre y vendré con Wesley para poderte ayudar."

Inmediatamente después, Mona habló ofreciendo irse del trabajo temprano para poder ayudar también.

"*Dios, hablas en serio. ¡Laurel raramente tiene un día libre! El hecho de que la propia familia de Jon esté dispuesta a ayudar muestra cuánto estás Tú detrás de esto. ¡Gracias por proporcionar siete ayudantes, dos remolques y un U-Haul a las 8:30 de la mañana! ¡Eres verdaderamente Dios! Me estás dando valor para seguir adelante con esta difícil, difícil situación. Te amo.*"

Paré en la tienda de comestibles de Brookshire para pedir cajas. "¿Cuántas desea?" preguntó un adolescente con delantal. "No hemos comenzado a despedazarlas todavía."

"Todas," le dije. Cargó la parte posterior del camión con cada caja sin aplastar en el establecimiento.

De mi regreso a la casa llamé a Aubrey. Ella y Bob todavía estaban en Oklahoma visitando a sus nietos. La puse al corriente de los acontecimientos de la última semana y le pregunté si ella estaría dispuesta a cuidar de mis plantas si las llevaba a su casa. "Oh, Julie. ¡Por supuesto! Siento mucho escuchar esto. ¿Qué vas a hacer?"

"Necesito terminar este año escolar. Eso me da tres meses para resolverlo. El Dr. Alan y Darcy me han ofrecido permanecer en la casa de huéspedes. Tiene una pequeña cocina y baño. Me gusta que no está conectada a su casa y seré capaz de ir y venir sin sentir que estoy molestando a nadie," expliqué. "No sé qué más hacer. Dios me ha dejado muy claro que necesito mudarme hoy. Sé que Jon estará enojado cuando regrese a casa. Tengo miedo de eso. No ha sido él mismo últimamente. Por favor reza hoy para que logremos conseguir empacar todo y ponerlo en la bodega antes de que termine su trabajo."

Mi siguiente llamada fue a nuestra vecina, Gloria. Ella y su familia fueron increíblemente amables durante los casi cinco años que habíamos alquilado de ellos. Segura de que Gloria notó nuestra idas y venidas erráticas, yo sabía que necesitaba revelarle la vergonzosa verdad. Tenía que hacerlo, especialmente si estaba pidiendo que se me retirara del contrato de alquiler. Vergüenza y enojo casi me estrangularon cuando le expliqué la situación. Una vez más, me sentí forzada en una posición de dar explicaciones de las malas decisiones de Jon.

Ben y su remolque estaban esperando cuando llegué. Preparamos las piezas grandes de muebles para el transporte. Cheryl y Scott se presentaron momentos más tarde. Cheryl empezó a trabajar callada, constante y cuidadosamente envolviendo mis más preciadas posesiones en envoltura de burbujas y poniéndolas en cajas. Scott y Ben trabajaron juntos cargando cosas grandes. Revoloteé de habitación en habitación - dando instrucciones, respondiendo preguntas.

Pronto llegó Darcy, con montañas de material para empacar escondiendo su sonrisa contagiosa. Ella se ofreció para envolver mis pinturas y artículos especiales, como la colección de leche en cristal de la abuela Dessa y los puso en su SUV para que no acabaran en la bodega. "Puedes tener estas cosas en la casa de huéspedes contigo. Ya te pusimos una cama ahí para ti. Alan dice que eres bienvenida a quedarte ahí todo lo que necesites en paz y solitud." Las lágrimas brotaron de mis ojos conforme sus palabras masajearon mi corazón anudado.

Mona, Laurel y Wesley llegaron sin las niñas. Secretamente esperaba que ellos las trajeran. Extrañaba a mis bebés. Dándole a las hermanas de Jon dos cajas, les pedí que empacaran las cosas que eran específicamente suyas o que habrían sido especiales para él, si estuviera en su sano juicio. "Puedes guardar por favor los libros de pájaros de Jon, su Biografía y sus fotos personales en tu casa?" Le pregunté a Mona. "En caso de que él muera. O en caso de que consiga recuperarse y le importe otra vez."

No quería que nada que perteneciera expresamente a Jon se pusiera en mi bodega. Por otro lado, no confiaba en que se preocupara por cualquier cosa que dejara en la casa. La forma en que su camión se veía, sabía que Jon no estaba en estado mental para cuidar de nada, ni siquiera de sí mismo.

Hice el primer viaje a la bodega, con Wesley en la U-Haul. Ben y Scott siguieron con otro cargo. "Wesley, gracias por venir hoy", hablé con el joven en el asiento del conductor. "Sé que esto es extraño para ti - ayudarme a desmontar el hogar de tu tío sin que él esté presente."

"Está bien, tía Julie. Me da gusto ayudar. Sé lo que las drogas le pueden hacer a una persona. Ahorita, tú solamente estás haciendo lo que es mejor. Entiendo eso." Él habló en voz baja, sin su sonrisa usual.

Todo el día, todos trabajamos constantemente juntos, como abejas u hormigas, cada uno tomando un trabajo y haciéndolo bien. Desmontar una casa en cuestión de horas requiere la mezcla perfecta de personalidades y recursos. Esa mañana, Dios reunió esa mezcla en mi casa. Realmente estaba tan emocional que no fui ninguna ayuda. En un punto alguien se apareció con pizza. Mientras que todos estaban comiendo, me desaparecí al baño a llorar. Mi teléfono sonó mientras me pose al borde de la tina con mi cabeza en mis manos.

"¡León!"

"*¿Cómo sabía de llamarme hoy? ¿Justo ahora cuando encuentro un momento tranquilo para clamar a Ti, Dios? ¡No he hablado con él en semanas!*"

"Estás haciendo lo mejor para Jon y para ti", León me tranquilizó después de que descargue mi historia. "Incluso Dios mismo dice, '¡Basta!' a veces. Con los años le has dado a Jon suficientes oportunidades de elegir una vida diferente. Él ha elegido la vida que desea, dejándote totalmente fuera de ella. Siento que estés sufriendo, pero Dios proveerá por ti. Él ya lo ha hecho. Déjame orar contigo para que puedas regresar y acabar el trabajo que tienes ante ti hoy."

Más tarde escribí en mi diario: *Esas palabras de afirmación y aliento fueron exactamente lo que necesitaba en ese momento. ¡Dios es tan bueno!*

Capítulo 12 • Una Forma de Escapar

Hice otro viaje en el camión cargado de Jon a la bodega en la tarde. Mamá hablo desde Italia cuando iba llegando. "Madre," dije con calma, "Apenas vas a creer las bendiciones. El clima está perfecto. Dios proporciono todos los detalles que necesitaba para poder mudarme hoy, incluyendo una bodega. Cuando me desperté esta mañana, yo no me hubiera imaginado lo que Dios haría en unas pocas horas. Estoy totalmente en paz por la forma en que lo ha orquestado todo." Mamá lamentaba estar tan lejos e incapaz de ayudar, pero mi historia de la presencia de Dios en el día de la mudanza calmo sus miedos de mamá.

Después de que descargamos en la bodega, limpié el camión de Jon, desechando cartones de cigarros, tabaco para masticar, trozos de estropajos de cobre, cristal roto y un montón de basura. Wesley explicó que alguna de esa "basura" era parafernalia de drogas. "Los estropajos de cobre se usan como filtros en pipas de crack improvisadas," dijo.

"Oh. ¡Ohhhh! *Es* por eso qué siempre me encuentro cajas de Chore Boy alrededor. Pensé que era algo que utilizaban en el negocio de calefacción y aire acondicionado. Ahora entiendo." Los momentos de realización como ese trajeron la comprensión y mortificación que surgieron al darme cuenta de lo increíblemente ingenua que era.

Decidí esconderme yo y el camión en casa de Ben y Donna por unos días. Jon probablemente sospecharía que me iría a casa de Darcy. No quería someterla ni a ella ni a Alan a nada feo. Si me quedaba en otro lugar, sinceramente podría decir que no sabían dónde estaba si venía en busca de su esposa o su vehículo.

No estaba planeando quedarme con el camión de Jon. Solo quería verificar con la agencia para asegurarme que mi nombre no aparecía en ninguno de los documentos antes de regresárselo. Tenía la corazonada de que Jon dejó de hacer pagos. No quiera que su irresponsabilidad me persiguiera.

Texas es un estado de patrimonio común. Eso significa que los acreedores de uno de los cónyuges pueden ir tras los activos en común no importando que nombre este en el título. Necesitaba quedarme con a ese "activo" hasta que pudiera conseguir asesoría legal. Si Jon tomaba una sobredosis o se negaba a pagar su deuda, yo podría ser responsable de un alto pago en un camión que no quería.

La familia de Jon estuvo de acuerdo con mi decisión, pero preocupados por mi seguridad, me aconsejaron no manejar el camión. Ben se lo llevó directo a su cochera.

Temprano en la tarde, las señoras tenían casi todo empacado y etiquetado. Darcy y Laurel llevaron una carga a la casa de huéspedes. Donna llegó de la escuela alrededor de las 3:30. Para entonces Mona y Wesley ya habían hecho varios viajes a casa de Aubrey, llevando las plantas en la U-Haul. "¿Cómo te las arreglaste para tener tantas plantas?" Preguntó Mona mientras batallaba con un cactus enorme con brazos tan largos como los suyos.

"Cuando mi abuela Dessa murió, heredé sus plantas. Me hacen sentir que aún tengo una parte de ella conmigo. Las plantas suculentas eran su especialidad."

"Obviamente", Wesley se río entre dientes, señalando sus brazos con cicatrices de cactus. "¡Este será nuestro tercer viaje!"

En 45 minutos, Donna en silencio empaco el resto de la cocina. Le pedí que dejará la jarra de café y la taza de Jon. Mi cocina ecléctica sobre todo contenía colecciones de los viajes extranjeros o tesoros heredados de mis abuelas. Un juego de cubiertos fue regalo de mi mamá, el otro lo había comprado con el dinero que recibí después de que mi primer artículo fue publicado en el Bird *Watcher's Digest* . No iba a dejar ninguno de los juegos atrás. Me arrepentí de dejar armarios vacíos, así que Darcy y yo hicimos un plan para comprar un juego de platos baratos para Jon.

"Pon atención a la hora," dijo Donna. "Tenemos que salir de aquí en un santiamén." Corrí por la casa. Cada habitación estaba prácticamente vacía. Nuestra habitación estaba vacía a excepción de algunas ropas de Jon en el armario. Nuestras cómodas, hechas a mano por mi bisabuelo, estaban guardadas de forma segura en la bodega junto al tocador con espejo antiguo de Nannie. Nuestra cama ... bueno, no quería volver a dormir en ella otra vez. ¡No solo, cuando desplazó a su esposa y definitivamente no con otra persona! *No me puedo imaginar que eso suceda. ¡Seguramente no eso! No en nuestra casa . . .*

Había dejado la cama de huéspedes, el sofá blanco y la silla en nuestra sala de estar, y el escritorio de madera gigante en nuestra oficina. Aparte de eso, el lugar fue despojado. La televisión se quedó, pero de alguna manera el DVR y el control remoto de la televisión fueron empacados en una caja sin identificar. Jon se enfadaría por eso.

A las 5 p.m. Le llamé a Daniel para ver cómo iban con su última llamada de servicio. "Ya terminamos y estamos de regreso," anunció. "Jon se enloqueció cuando vio el Cadillac en lugar de su camión en el estacionamiento. Va camino a casa." Mi corazón revoloteó en mi pecho un par de veces mientras grité, "¡Despejen todo y váyanse! ¡Ya viene! Tenemos quince minutos, tal vez menos."

En un relámpago, las últimas cajas fueron selladas, sacamos la basura, y pusimos los últimos artículos en el tráiler de Ben. Él había estado corriendo con una bolsa de lona, tratando de atrapar Mamá Kitty. No quería dejarla. Aunque ella nunca lo admitiría, ella dependía de nosotros. Cuando Ben y Donna ofrecieron quedarse con ella, yo había dicho, "¡Ustedes se pueden quedar con ella si la atrapan!"

En cinco minutos todo el mundo me abrazó y se fueron. Nadie quería que Jon supiera que participaron en la mudanza, especialmente su familia.

"¿Dónde está el gato?" Grité desde el pórtico mientras Ben se alejaba lentamente de la casa.

"¡Está en la bolsa!" Me contestó. "No lo dejes que se salga." Los tres nos soltamos riendo mientras Donna me daba una bolsa retorcida de lona amarillenta. Coloqué a Mamá en el coche de Donna y regresé para una última barrida de la casa.

Recipientes clásicos para mezclar marca Pyrex llenos de color, apilados en un rincón de la cocina entre un caos de pétalos de flores secas. Tomando los recipientes de mi Nannie, me derrumbé en el piso de linóleo y comencé a gemir. *Mi pequeño hogar dulce hogaaarrrr. ¡Destruido y vacío! Así es cómo se sienteeeeee mi vida. Simplemente destruida. ¡Y vaciiiiiaaaa!*

"No hay tiempo para chillar ahora chica. Nos tenemos que ir," Donna entro como relámpago a la cocina y puso pausa a mi fiesta de víctima. "No queremos enfrentarnos al diablo esta noche. Vámonos." Ella me levanto y apago las luces. Me derrumbé en su coche, balanceando el gato embolsado y el Pyrex en mi regazo mientras ella pasaba por el camino de entrada y hacia la carretera, viajando en la dirección opuesta a la que vendría Jon. Mirando hacia atrás, noté que la casa se veía abandonada. Incluso nuestro comedero para pájaros se había ido. Dios obró un milagro de doce horas. Jon estaría completamente sorprendido.

Donna y yo pasamos por la bodega para dejar algunas cosas. Scott y Cheryl todavía estaban ahí, descargando las últimas cajas de su remolque. La unidad repleta de piso a techo, con apenas una pulgada cuadrada de sobra. Agotamiento marco el rostro de Cheryl mientras me explicaba donde habían apilado artículos importantes. Scott apenas y habló mientras se subieron a su camión. Sé que estaban descorazonados al realizar que la "dulce parejita" que adoraban con ellos casi cada Sabbat durante cuatro años se estaba separando. A menudo comían y estaban en comunidad en nuestro hogar. Fue un día difícil para ellos. Scott era amigo de Jon. Estoy segura de que su corazón estaba oprimido mientras ayudaba a reducir la vivienda de Jon al mínimo.

Yo también estaba agotada. Mis emociones habían pasado por toda la gama durante el día. Después de que soltamos a Mamá Kitty de la bolsa y le presentamos a los otros gatos de Donna. Yo estaba dispuesto a desplomarme. No hubo ni una palabra de Jon. Por mi estaba bien. Yo estaba demasiado agotada para importarme.

Capítulo 12 • Una Forma de Escapar

Lo que me *importaba* era estar dentro de la voluntad de Dios. De todas las veces que había pensado en abandonar la nave de mi matrimonio, algo me detenía a bordo. Hoy era diferente. Cada pequeña cosa que pasó gritaba, "Escápate." Sabía que mi matrimonio estaba muerto. Dios me libero de mis votos. Dormí sin una punzada de culpa. Mi Padre Celestial me liberó. Sabía cuándo decir: "¡Basta!"

El día siguiente fue martes, 20 de febrero de 2007. Me tomé el día libre para encontrar un abogado de divorcios. Donna me dejó en casa de Darcy camino a la escuela esa mañana. Decidimos dejar el camión de Jon escondido. El consejo de Donna fue hacer mi primera prioridad conseguir a un abogado decente. Por lo tanto, Darcy y yo investigamos abogados locales y decidimos en uno que fue altamente recomendado por un cliente del Dr. Alan.

John T. Rube, abogado, tenía por casualidad un tiempo libre para consulta esa tarde. Darcy me llevó a almorzar y luego a su oficina. Gracias a los consejos astutos de Donna, tenía mis papeles en orden. "Nosotros podemos liberarla de las deudas que su marido haya incurrido sin su consentimiento. También nos aseguraremos de que obtenga un nuevo apellido y un divorcio legal. Nuestro honorario por este servicio es mil doscientos cincuenta dólares," dijo sonriendo. "Estoy seguro que saldrá de esto financieramente indemne. Eso es lo que hacemos aquí. Solo necesitaremos que firme la documentación."

"Eso es mucho dinero no tengo esa cantidad ahora," suspiré. "Pero si puede rescatarme de la deuda de todo lo que él ha estado haciendo últimamente, encontraré la manera de juntar su cuota. Quiero una garantía de que no se me hará responsable de lo que ha hecho. Todos los días se sopla cientos de dólares. Las tarjetas de crédito están al máximo. Los pagos de su camión están atrasados. Está robando y empeñando. No sé lo que va a hacer a continuación. Me está costando mucho trabajo mantener los pagos mínimos en todas las tarjetas para que mi crédito no se arruine. Ya no quiero sentirme responsable de su deuda. Necesito separarme de él lo antes posible antes de que la gente empiece a llamarme por dinero."

Darcy esperó en el coche mientras me reuní con el Sr. Rube. Leyó mi cara cuando le dije su cuota. "Podemos ayudarte, si necesitas ayuda con esto," ella ofreció. "Es importante que lo hagas de inmediato. Podemos encontrar una solución."

"Bueno, me pagan de nuevo en unos días y no tendré que pagar la renta de marzo. Pudo poner ese dinero hacia la cuenta del abogado. No es justo que Jon es el que quiere el divorcio, pero él nunca tendrá que pagar un solo centavo hacia esto. Siempre tengo que hacer todo. Voy a estar agradecida cuando esto se termine."

Esa noche el Dr. Alan y Darcy me sentaron en su sala y me hicieron llorar. "Queremos ayudarte a recuperar tus finanzas de nuevo," el Dr. Alan comenzó. "Va a tomar tiempo. ¿Tienes algo de ahorros?"

"No. No tengo nada de efectivo. He estado haciendo malabares para pagar la renta y servicios públicos y pagar el saldo mínimo en las tarjetas de crédito. Eso apenas me deja suficiente para comprar gasolina y comida," admití.

"Está bien. Esto es lo que estamos proponiendo. Escucha con atención," dijo seriamente. Te estamos ofreciendo nuestra casa de huéspedes. Tú y tus perros se pueden quedar ahí todo el tiempo que desees. No necesitas pagarnos renta ni servicios públicos. Queremos que pagues todas tus deudas y comiences a ahorrar lo más posible. Solo gasta dinero cuando absolutamente necesites hacerlo."

"Pero..." Empecé a interrumpir. Él me paró.

"Necesitas empezar a pensar en comprar tu propia casa. Nos encantaría ver que ahorras suficiente dinero para un anticipo mientras vives aquí. Jamás debes de ponerte en una posición como esta otra vez. Tú eres una profesional. Ganas un salario decente como maestra. Volverás a vivir en tu propia casa otra vez. ¡Por ahora, ahorra, ahorra, ahorra! Eso es todo lo que tengo que decir. Ustedes Señoras pueden resolver lo demás." El Dr. Alan se levantó y caminó por el pasillo hacia su habitación.

"Gracias", le dije cuando se iba. "Nunca podré pagarte tu bondad. Nunca."

"No le pagas a los amigos por su bondad," dijo Darcy mientras me abrazaba. "Para eso son los amigos."

"¿Quieres decir que puedo traer a las niñas a la casa de huéspedes?" Pregunté.

"¡Por supuesto! Son tus bebés, ¿verdad? Sé que las extrañas," respondió suavemente.

Lloré lágrimas de alivio. *Había* extrañado a las niñas; y estaba tan agradecida por el asesoramiento financiero y la generosa oferta que no sabía qué más hacer sino llorar.

"Vamos a comer una rebanada de pastel de chocolate", sugirió Darcy. "Este es un momento para celebrar. ¡Voy a tener a mi querida amiga viviendo aquí en el patio de mi casa! ¿No es maravilloso?" Ella dijo alegremente. "Ven. Hice betún hecho en casa."

Sentada en un taburete de bar en la cocina estilo campestre inglés de Darcy, disfruté un trozo de pastel de chocolate casero con un glaseado espeso y cremoso y agradecí a mi Jesús por sus abundantes bendiciones.

"Pase lo que pase mañana, Señor, yo sé que vas a proveer por mí. Gracias por la gente que has colocado en mi vida para ayudarme. Gracias por Alan y Darcy. Por favor bendícelos por su bondad hacia mí. Puedo ver la luz, en lugar de signos de dólares, al final de este oscuro túnel financiero. ¡Te alabo! ¡Te alabo!"

El día siguiente era miércoles. Hora de volver a mis alumnos. Dr. Alan me prestó su camioneta de la granja, así podía mantener el camión de Jon escondido mientras esperaba instrucciones del abogado. Temía su reacción si lo espiaba en el camino de entrada de Darcy o el estacionamiento de la escuela. Le mostré a Vanessa, la secretaria de la escuela, una fotografía de Jon y le advertí que llamar a la policía si él venía a buscarme.

Más en la tarde, maneje hasta la oficina de John Rube a firmar un montón de papeles y pagarle los mil doscientos dólares. Después le llamé a Jon sentada afuera de la iglesia bautista esperando a que el estudio de la Biblia de Beth Moore comenzará. Quería hablar con él acerca de los papeles del divorcio.

"Quiero mi DVR y mi control remoto de la televisión", exigió. "¡Y mi @ #! *! $ camión!"

Haciendo caso omiso de esas demandas. Le informé que había ido a ver a un abogado y estaba elaborando algunos trámites. Honestamente no tenía idea donde estaban los controles. Jon procedió a informarme que todo el estrés que me hizo pasar esa noche del domingo era sólo un truco que él y un amigo habían ideado para obtener otros cien dólares para drogas. "Nadie me estaba reteniendo *como rehén*", escupió. "¿Realmente *te creíste* eso?"

"Sí. Lo creí," casi susurré. "No tenía idea de que fueras capaz de hacer algo como esto. Me has destrozado. Incluso no creí a la gente que confío cuando me sugirieron que estabas mintiendo. No me podía imaginar que fueras tan cruel... conmigo." Ahora mi voz se quebraba conforme las lágrimas comenzaron a fluir. "¿Cómo puedes aprovecharte de mí compasión así? ¿Cómo *pudiste*?"

Colgué el teléfono y lloré durante una hora, sentada en la camioneta del Dr. Alan frente a la iglesia mientras las mujeres de mi grupo de estudio bíblico iban y venían. Solo vieron un DVD, *Cuando Gente Piadosa Hace Cosas Impías*. Lo experimenté de primera mano mientras estaba sentada ahí en el estacionamiento imaginando todo tipo de cosas malas que podía hacerle a Jon para regresarle su mezquindad.

La más profunda de las heridas se puede fácilmente llenar de ira y venganza si se deja pudrir y hervir. Necesitaba el bálsamo purificador de perdón para sanar mi alma. No pude comprender la crueldad de Jon. Me tomaría días procesar lo sucedido y aceptar que él manipuló mis emociones y planeó un truco tan malo. Tarde más aún para mí elegir el perdón sobre la venganza. Me sentía destrozada mientras manejaba a la entrada de Darcy. No quería verla ni a ella ni a Dr. Alan. Estaba demasiado avergonzada para admitir que tenían razón sobre Jon. Demasiado avergonzada al saber que él me trataría de esa manera.

El jueves, pasé por la oficina local de correos para checar si había correo. La semana anterior, había abierto un apartado postal para transferir todo el correo de nuestra ruta rural. Mi abogado dice que debo obtener los estados de cuenta más recientes de todas las tarjetas de crédito y estados de cuenta bancarios. Jon interceptó el correo durante semanas, ocultando cosas que no quería que yo viera. Esperaba encontrar algo útil en mi nuevo apartado postal.

Conforme las adicciones de Jon se intensificaron en las últimas semanas, me di cuenta que ahora yo revelaba los detalles de mi vida que antes debido a mi naturaleza reservada normalmente nunca los habría mencionado con extraños. Eso sucedió en nuestra pequeña oficina de correos la semana antes de que me mudara. Casualmente conocí a la jefa de correos, Shauna, porque su hijo estaba en primer grado en nuestra escuela. Al solicitar mi propio apartado postal, me incliné sobre el mostrador y le solté: "Mi esposo usa drogas y está secuestrando nuestro correo."

Los ojos de Shauna inmediatamente se llenaron de empatía. "He estado ahí," dijo suavemente. "Lo entiendo perfectamente." Todd, otro empleado postal pasó y escucho nuestra conversación. Se miraron el uno al otro sabiendo. A partir de ese momento, tuve aliados en la oficina de correos. Con ellos de mi lado, Jon no tendría más secretos cuando se trataba del correo.

Shauna me llamó a la escuela al día siguiente. "Justo después de que fuiste ayer, tu marido llamó por teléfono, exigiendo saber dónde estaba su correo. Le aseguramos que no teníamos idea."

Más tarde cuando fui a checar el correo, Shauna apareció junto a mí mientras le daba vuelta a la llave de mi caja y susurró, "Tu marido vino hoy y abrió su propio apartado postal me aseguré de que estuviera muy lejos del tuyo. Él estaba enojado, insistiendo que *debería* de tener algo de correo aquí en algún lugar. Le dije, "El correo familiar prevalece." Ella sonrió mientras lo decía. Entonces, "Me miró con esos ojos azules lanzando dagas. Chica, eché un vistazo de con quien estas tratando. No es bonito."

"*Gracias, Padre, por proporcionarme esa información. Gracias, por cuidarme. Sé que Me ves y Estás trabajando para que todas las cosas* sean para mi bien, como dice Tu Palabra. Estoy tan agradecida. Aliviada que no estoy haciendo esto sola."

Después de la escuela, Darcy y yo nos fuimos juntas a la casa. Yo sabía que Jon estaba trabajando fuera de la ciudad ese día, por lo que no había riesgo de toparme con él. Llevamos el microondas de regreso, ya que la casa de huéspedes tenía uno. También regresé un edredón de plumas y alguna ropa de cama a la habitación de huéspedes. Una punzada de culpa perforó mi corazón tierno que lo dejé incluso sin una almohada.

Entrar a la casa fue irreal. Se sentía completamente diferente. Para nada como una casa. Jon limpió el desorden en el piso de la cocina y organizó cuidadosamente sus pocas pertenencias, meticulosamente arreglando cada libro, taza y platillo, como si ordenara el caos de la vida. Sentí lastima por él mientras inspeccioné su casa estéril. *¿Me pregunto si siente lástima por él mismo, o si solamente es feliz de que me haya ido? Me pregunto si continuará alquilando aquí, o si le pedirán que se vaya. Me pregunto.*

"Vámonos. Vamos a Walmart a comprar algunas cosas para la cocina." Las palabras de Darcy interrumpieron mi meditación."

"Sé que no querías dejar tus ollas con fondo de cobre, ¡pero él necesita *algo* con que cocinar!"

"Lo sé. Me siento mal. Pero casi todo lo que tengo tiene un valor sentimental. Prefiero comprarle algunas cosas baratas que traer algo de regreso."

Le compramos un conjunto de platos, un par de ollas y sartenes y algunos utensilios, dejándolos en la casa con una nota.

Querido Jon,

Estoy tan herida por lo que me hiciste que no sé si alguna vez voy a superarlo. Nunca fuiste una persona cruel. No puedo entender cómo me puedes tratar así. ¿Cómo me pudiste mentir y asustarme a propósito por unos pocos dólares? Mañana voy a terapia con el Dr. Fox a las 5:30 para tratar de superar esto. Te estoy invitando para que me encuentres ahí. Creo que tenemos que hablar sobre lo

Capítulo 12 · Una Forma de Escapar

que sucedió, en un entorno seguro. Te tengo miedo, pero necesito que me escuches. Si tienes un poco de cariño por mí, por favor, ¿puedes venir para que darle clausura a esto? Estoy atrapada en un lugar muy doloroso. ¿Por favor?"

Atentamente,
Juliet

El día siguiente era viernes. Cuando fui a la oficina de correos después de la escuela, Shauna me indicó que entrara en la habitación de atrás. Ella me entregó un paquete del correo de Jon diciendo: "Todavía no he entregado su documentación. Mientras su papeleo no haya sido procesado, tu puedes recibir todo su correo."

"Gracias Shauna. Eres un ángel," le dije revisando los sobres ¡Efectivamente, había un estado de cuenta de la tarjeta de crédito! Venía dirigida sólo a Jon, pero Sr. Rube, mi abogado, estaría muy emocionado de tener *esa* información. ¡La necesitaba para ayudar a garantizar que nadie nunca podría llamar a mi puerta buscando ese dinero!

"Cariño", dijo arrastrando las palabras, agarrándome del brazo, "podemos atar las cosas aquí."

Cuando me metí a mi coche, Dios y yo compartimos una risa juntos. Quizás nadie más hubiera entendido el significado de sus palabras, pero yo lo entendí.

"*Sí, Señor. ¡Tú seguro puedes atar las cosas! Tú puedes atar correo y demonios, también. Gracias por protegerme de un enfrentamiento con Jon en la oficina de correos. ¿Puedes recalcarle que venga a la terapia esta noche?*"

Jon me ganó a la oficina del Dr. Fox. Se veía espantoso. Me senté tan lejos de él como el espacio me lo permitió. "Dile al Dr. Fox lo que pasó," le dije, mirándolo a los ojos.

Jon explicó cómo él y su amigo se quedaron sin dinero para droga y diseñaron un plan para asustarme a enviar el dinero. Él contó la historia de nuevo desde su perspectiva - cómo se habían reído después de que el amigo de Jon cascabeleando las llaves por teléfono me dijo maldiciones cuando le dije que yo lo podría ayudar. Se burlaron de mi ingenuidad y el miedo en mi voz. Se felicitaron y celebraron cuando llegaron los cien dólares al centro comercial Walmart en la carretera 84. Jon adrede evito llamarme de nuevo para avisarme que estaba bien.

Oírlo decir las palabras, escuchar el proceso de pensamiento desalmado detrás de esa serie de eventos literalmente rompió mi espíritu. Sé a lo que la gente se refiere cuando dicen, "Esa fue la gota que derramo el vaso." "Algo dentro de mí encajo esa noche." Si había algún lazo entre nosotros, como marido y mujer, incluso como amigos, se cortó con la admisión cara a cara de lo que me había hecho Jon.

En mi mente, siempre me separé de las cosas que hizo Jon. Justificaba los crueles efectos secundarios a su abuso de drogas. Antes, siempre había sido Jon lastimándose a sí mismo y yo atrapada en el fuego cruzado. Esto era diferente. Esto era Jon lastimando a Juliet. A propósito. Me lo llevé direct a mi alma. Pobre Dr. Fox. Estoy segura de que nunca escuchó aullidos y lamentos como los que salieron de mí en su oficina limpia y tranquila. Sí, tenía una caja de pañuelos sobre la mesa al lado del sofá, pero estoy seguro de que estaban destinados para más de un cliente. Los use sin piedad conforme cada lágrima que nunca había llorado salía en un torrente espantoso.

Jon solo se sentó allí por un momento congelado. Luego se disculpó.

Después, el Dr. Fox lo miró y dijo, "Estás en completa modalidad de recaída. Eres un peligro para ti mismo y otros."

Luego se volvió hacia mí y me dijo: "Corre como loca."

"Estoy corriendo," respondí. "Ya he ido ver a un abogado. No hay salvación para este matrimonio."

Durante la conversación que siguió, Jon dijo algunas cosas muy duras como: "No quiero tener un hijo. Ni siquiera quiero tener sexo. Solo quiero tomarme una cerveza y fumar y ver lo que yo quiera en la televisión. No quiero sentirme presionado a ser el Sr. Cristiano. *No soy y no puedo ser el hombre que deseas y necesitas que sea.*"

El Dr. Fox procedió a llevar a cabo una ceremonia de clausura para conmemorar la unión de casi trece años de nuestro matrimonio. Nos hizo decirnos lo que habíamos apreciado el uno del otro a través de los años. Entonces nos pidió que dijéramos nuestras lamentaciones y nuestros deseos para el futuro. El deseo de Jon fue que yo no abandonara a su familia. No recuerdo el mío.

El perdón es la herramienta más aguda para cortar lazos del alma con alguien de nuestro pasado. Es la amargura la que ata. ¿Por qué tan a menudo lo he visto de la otra manera? Mis pensamientos se aclararon conforme el reloj redondo de la pared contaba nuestra última hora de terapia como pareja. Oí el segundero hacer tictac como una bomba de tiempo. Lado a lado, nos sentamos en el mismo sofá gris donde semana tras semana el Dr. Fox atestiguó el desmoronamiento de nuestro matrimonio. La lámpara tenue de la mesa auxiliar no podía disipar la nube oscura que nos cubría mientras compartíamos solemnemente los recuerdos y remordimientos de doce años de matrimonio. Tenía la boca seca y los ojos húmedos mientras relataba algunos de mis momentos favoritos con Jon y expresaba mi decisión de perdonarlo por quemar mi corazón con traición. Cuando nos abrazábamos adiós, respiré su aroma familiar, un brebaje de Acqua di Gio, el sudor y Marlboro. Lo liberé. Él me liberó. Me sentía libre.

Tercera Parte

Capítulo 13

Por Mí Cuenta

*"Confía en el Señor con todo tu corazón,
y no te apoyes en tu propio entendimiento.
Reconócele en todos tus caminos,
y Él enderezará tus sendas.
No seas sabio a tus propios ojos,
teme al Señor y apártate del mal."
Proverbios 3:5-7 RVR*

Mayo-julio de 2007

Celebré mi liberación de esclavitud sobre las expectativas de mi matrimonio asistiendo a un concierto de Selah. En enero, cuando compré dos boletos con parte del dinero de Navidad, Dios ya sabía cuánto necesitaba una noche de adoración para calmar mi alma después de mi semana de mudanza emocionalmente agotadora.

Cuando salimos de la oficina del Dr. Fox, le recordé a Jon del concierto de esa noche. "Todavía tengo tu boleto. ¿Lo quieres?" Pregunté.

"No, gracias. Tú ve y disfruta tu concierto," dijo mientras luchaba por abrir la puerta del conductor de mi Cadillac con la llave de repuesto que le había dado. "¿Por qué no me dejaste el control para no tener que hacerlo de esta manera?" Él se quejó. "De hecho, ¿por qué no me traes mi camión? ¿Dónde *está* mi @ #! *! $ camión?"

"Te lo regresaré una vez que tenga algunas cosas resueltas," respondí con calma. "Yo tampoco lo estoy manejando."

La ira de Jon todavía resplandecía porque el Dr. Fox amablemente le dijo en la despedida, "Llámame en cualquier momento que estés listo para limpiarte. Aunque no tengas dinero."

"Nunca terminaré en la calle," respondió Jon. "Usted puede apostarlo."

Inmediatamente Proverbios 16:18 (RVR) se me vino a la mente. "Delante de la destrucción va el orgullo, y delante de la caída, la altivez de espíritu."

Oh, Jon. No estoy ansiosa por saber dónde terminarás si no cambias tu curso. "Querido Dios, por favor sálvalo de él mismo."

Selah levantó mis espíritus. Mientras cerraba los ojos y cantaba con las manos levantadas, "*Quédate tranquila mi alma, el Señor está de tu lado; Soporta pacientemente la cruz de pena o dolor; Déjale a tu Dios ordenar y proveer; En cada cambio, Él fiel permanecerá.*" La paz me inundó, me calmó. El espíritu de perdón, que extendí a Jon empezó a echar raíces. Lágrimas de alivio y pesar fluyeron conforme se lo libere a Dios.

De repente, me encontré envuelta en los brazos maternales de un extraño. "Puedo ver que estás sufriendo mientras adoras," dijo. "¿Te puedo abrazar?" Seguro que ella era un ángel, lloraba en su hombro mucho antes de que le mire a la cara. Resultó, que simplemente fue un miembro humilde y amoroso del cuerpo de Cristo que entiende lo que dijo el apóstol Pablo, "Y si un miembro sufre, todos los miembros sufren con él" (1 Corintios 12:26 RVR). Nunca vi a la mujer antes de ese momento, ni la he visto después, pero no olvidaré su compasivo y amoroso espíritu.

Donde quiera que estés, dulce extraño, gracias por ser los brazos de Jesús para mí.

En el Sabbat, después de la iglesia, fui a casa de Mona para recoger a las niñas. Nuestra sobrina, Vicki y sobrino, Marco, me recibieron en la puerta. Whipper se zambulló a través de sus piernas, saltando extáticamente tan alto, ¡casi alcanzó mi barbilla con su lengua!

"¡Awww! ¡Los besos de Whipper! ¡Los besos de Whipper!" Traté de abrazarla, pero ella se movía tanto que no la pude contener. Snuffles dio vueltas y vueltas mientras hacía donas en la alfombra de la sala, mientras yo le rascaba la base de su cola y se encogía de la lengua despiadada de Whipper. "¡Ay, niñas! ¡Su mamá las extrañó tantoooooo!"

Me volteé hacia Sergio y Mona diciendo: "¡Gracias! Sé que probablemente ha sido una molestia, pero seguro que se los agradezco. Ahora estoy en la casa de huéspedes y creo que ahí estarán bien. Mi única preocupación es que no haya barda, lo que significa que tendrán que permanecer adentro la mayor parte del tiempo. No están acostumbradas a eso."

Mona se encogió de hombros. "Estamos encantados de ayudarte. Los niños disfrutaron tener a las niñas alrededor. ¿Por qué no te quedas esta noche?" Me invitó "Vicki y Marco disfrutarían pasar un tiempo contigo."

Nuestra sobrina y sobrino tenían miedo de perderme si su tío Jon y yo nos divorciábamos. Quería asegurarles de mi amor. Ellos fueron los que terminaron intuitivamente tranquilizándome.

"No importa lo que pase," prometió Vicki, arrojando sus brazos bronceados alrededor de mi cuello, "siempre serás nuestra tía Julie. ¡Siempre!" Sus dulces palabras calmaron mis miedos. Desde el día en que ella sostuvo la cola de mi vestido de novia, habíamos reservado lugares especiales en nuestros corazones para cada una. No quería que las circunstancias cambiaran eso.

Aunque liberé a Jon ante Dios, aún lo seguía vigilando a través de lo que contaban los demás. No era control. Era preocupación. Yo deseaba saber que estaba todavía vivo y funcionando de una manera semi normal.

Me enteré por Darcy que Jon le llamó al Dr. Alan el domingo por la noche para disculparse de su comportamiento. El Dr. Alan habló con el Superior Scott y supo que Jon había invitado a Scott a ir el miércoles. Tomé esos como signos positivos puesto que Jon se estaba acercando a hombres en los que había confiado en el pasado.

Por otro lado, Mona compartió que Jon llamó el lunes, pidiendo dinero para gasolina después de *que* se pasó el fin de semana drogándose en la ciudad. Ella y Sergio lo encontraron en nuestro restaurante mexicano favorito para llenar su estómago y su tanque de gasolina.

"Se veía mal," dijo Mona. "Nunca lo he visto tan delgado."

El miércoles, cuando Scott pasó a visitarlo, Jon despotricó que le faltaban su DVR y su control remoto de televisión. También estaba enojado *que yo todavía* no había devuelto su camión y su cortacésped oxidado desapareció. Nunca le dije que lo regalé en una ráfaga de emoción el día de la mudanza. Scott le aseguró que me hablaría de esas cosas y ofreció orar con él.

Después de la iglesia, Scott me animó a tratar de encontrar el DVR y el control remoto en mi bodega. "¡Eso imposible!" Exclamé. "Tú sabes lo lleno que está ese espacio. No tengo idea quién empacó esos artículos o en que caja están. Podrían estar en cualquier lado. Jon va a tener que reemplazarlos. Por favor, dile que no lo hice a propósito."

Aunque no desaparecí sus preciados electrónicos, *algo* dentro de mí me hizo sentir secretamente feliz que estaba tan molesto por ello. Tenía que llevar eso a Dios.

"*Padre, por favor, perdóname por sentirme así. En el precioso nombre de Jesús, yo ato y rechazo el espíritu de venganza en mi vida. Rompo cualquier acuerdo que haya hecho con el enemigo cuando pienso cosas como: 'Merece sufrir un poco después de lo que me ha hecho'. Yo sé, Dios, que esos pensamientos no son de ti.*"

El 3 de marzo, escribí en mi diario: *Dios me ha dado paz. Siento que estoy descansando bajo sus plumas. No tengo idea qué hizo Jon este fin de semana, pero desearía que él experimentara la alegría y el descanso del Sabbat como yo. Hay algo sanador cuando pasas tiempo en silencio con el Señor.*

Esa tranquilidad y silencio prepararon mi corazón para la última traición. Creí haber experimentado cada onza de dolor que mi esposo podía ofrecerme. Lo que sucedió después superó todas las cartas que previamente había repartido.

El Sr. Rube me llamó para una consulta antes de completar los documentos de divorcio.

"Ya no necesita preocuparse por el camión. Debido a que su nombre no está en la documentación y usted solicitó una separación legal antes del tercer pago omitido, no será responsable por ninguna porción del saldo; Sin embargo, sugeriría que nos aferremos a él hasta que podamos obtener la firma de Jon en estos documentos. En cuanto al resto de la deuda, todo lo que se incurra en tarjetas de crédito únicamente a nombre de Jon, usted no será responsable. La cuenta conjunta es en la que mi gente todavía está trabajando. Entre más pronto obtengamos los documentos de divorcio firmados por ambas partes y presentados, lo más pronto podremos borrar su nombre de cualquier porción en la que usted no haya incurrido. Su préstamo estudiantil sigue siendo suyo. Todo lo demás debe ser despejado."

"Gracias," le dije. "Trataré de que estos sean firmados y devueltos en unos días. A veces Jon es difícil de localizar. Haré lo mejor que pueda."

No deseaba más reuniones cara a cara con Jon, así que planeé dejar el papeleo en la casa mientras él estaba en el trabajo. Todavía tenía una llave. Además, había dejado mis chanclas brillantes favoritas en el cuarto de lavado. Las quería.

El sol de la tarde se filtró a través de las ramas de mi roble favorito cuando entré en el camino de entrada. Eché de menos ese árbol. Una punzada de tristeza surgió mientras caminaba hacia la cochera. Estaba lleno de cajas desconocidas y dos sillas de jardín hechas jirones e irregulares estaban colocadas debajo de las ventanas donde habían estado mis plantas.

¡Qué extraño! ¿Me pregunto dónde las habrá sacado? Nuestras sillas de jardín son amarillas.

Desprendiéndome de ese pensamiento, comencé a buscar mis chanclas olvidadas. Lo que descubrí colgando en el lavadero fueron varios pares de ropa interior. No eran míos.

"¿Qué rayos estaba pasando?" Dije en voz alta. Después, "Oh, Dios. Ay no. ¡No esto! ¡No en mi casa!"

Tal vez son de su hermana. Quizás Mona y Sergio vinieron de visita. O tal vez Jon comenzó a usar ropa interior femenina. Nawww, no me puedo imaginar que eso suceda. Seguramente él no estaría con otra mujer... ¿Lo haría?

"¡Ohhhh, Jesús! ¿Cómo podría él? ¡Ni siquiera estamos divorciados todavía!"

Se me hizo un nudo en el estómago mientras mi corazón latía tan fuerte en mis oídos que ni siquiera podía escuchar los terribles pensamientos que estaba pensando. Sabiendo que Jon llegaría a casa en breve, debí haberme escapado en el camión del Dr. Alan y haber desaparecido. La 'mujer despreciada' en mí necesitaba ver la verdad, toda. Así que abrí la puerta de la cocina con mi llave y encendí la luz. Nada cambió mucho desde que Darcy y yo dejamos los platos. Miré en la nevera. Pizza de pepperoni y mortadela en rodajas. Un cartón de leche. Una cerveza y una bebida de café Starbucks. Nada de verduras.

Volteándome del refrigerador, espié mis chanclas. Uno de los destellos color turquesa iluminó la luz de la cocina, haciéndome señas en la habitación de huéspedes a través de un umbral estrecho al lado de la despensa. Sin pensarlo, mi mano encontró el interruptor e inundó el cuarto con luz. *Mis chanclas brillantes azul y turquesa favorita* sentadas cuidadosamente una al lado de la otra haciendo frente a *su* cama deshecha. Dije *su cama* porque era obvio que más de una persona dormía ahí. Desconocidas lociones y pociones estaban paradas en la improvisada mesa de noche. Sus artículos de ropa de él y ella fueron derramados alrededor. Me sentía como uno de los tres osos que descubrieron la evidencia de la presencia de Goldilocks mientras que me preguntaba quién había estado durmiendo en *mi cama*. O, más bien, en la cama de mí no todavía ex-marido.

Dejando mis chanclas y los papeles del divorcio detrás, hui hacia el refugio de la casa de huéspedes, tan rápido como me atreví a manejar el camión de la granja de mis amigos en carreteras alternas en el crepúsculo. Mis emociones fueron peleas callejeras. En un momento, Ira parecía tener la sartén por el mango. Luego, Desolación entró con un recorte y me envió a llorar. Traición y Abandono se colapsaron desde atrás, amenazando con sofocar la vida dentro de mí.

"*Oh, mi Jesús, ¿cómo puede traerla a mi casa? Sé que ya no estoy ahí, pero eso es su culpa. Él es quien se debería de haber mudado. Él es el que quería el divorcio. Él realmente no pertenece ahí. Ella de seguro no pertenece ahí. ¿Quién es ella? ¿Es solo una, o una serie de ellas? ¿Por qué tan descaradamente me faltaría al respeto? ¡Cómo se atreve ella a usar mis zapatos y colgar su asquerosa ropa interior arriba de mi lavadora! ¿Cómo Me ayudarás algún día a perdonar esto? ¿Qué es lo que hice para merecer esto?*"

Antes de alcanzar mi pequeñita cama individual en la casa de huéspedes, estaba llorando lágrimas secas. Las niñas sabían la rutina. Pienso a veces *que esperaban* que yo estuviera molesta para poder saltar en la cama conmigo. Apenas y había lugar para mí en la cama, menos para un pug gordo y un Boston terrier que se meneaba todo el tiempo. No duraron mucho. Rápidamente los arrojé fuera de la cama mientras luchaba contra mis emociones.

Horas después mi Padre Celestial y mis pobres perras, habían escuchado cada grito de mi corazón. Él me aseguro de Su amor y protección mientras el Espíritu Santo me recordaba cuánto tiempo hacia que Jon y yo habíamos tenido intimidad. Aunque me hirió cuando Jon verbalizó que no estaba interesado en el sexo, el dolor de la evidencia contraria que dejaron él y Ricitos de Oro se comparaba a un ataque de colmena de abejas. Mi único alivio era la esperanza que el celibato matrimonial me rescató de posibles enfermedades sexuales. Ese es el pensamiento que me dio alivio cuando finalmente caí en un sueño inquieto justo antes de que mi alarma me despertara para la escuela.

Esa mañana me examiné en el espejo. Aparte de las ojeras de mis ojos rojos e hinchados con anteojos súper gruesos, pensé que todavía me veía atractiva.

Me pregunté por qué realmente no quería dormir conmigo. ¿Me pregunto qué aspecto tendrá ella? ¿Por qué fui tan repulsiva para él? ¿Qué causaría que la eligiera a ella en vez de a mí?

Pensamientos tristes y de autocrítica plagaban mi mente mientras me vestía ese día. Me sentía peor de mi misma de lo que me había sentido en mucho tiempo. Era suficientemente malo haber vivido con el hecho de que mi marido "no quería tener intimidad." Esas dos palabras adicionales "conmigo" agregadas a la frase junto con la la revelación de ayer le dieron una retorcida extra a la daga en mi corazón.

Lidiar con dieciocho niños de primer grado toma energía. No tenía nada. Durante semanas, mis estudiantes sufrieron las consecuencias de tener una maestra emocionalmente agotada. Olvidaba revisar sus carpetas para los comunicados de los padres, perdía sus tareas o me las arreglaba con lecciones insuficientes. A veces los regañaba de mala manera por portarse mal. Lamento que tenía tan poco que dar, intenté compensarlos trayendo golosinas de la tienda Dollar Store o dándoles tiempo extra para jugar. Afortunadamente, había enseñado durante tantos años que casi podía dar mi clase en piloto automático. El día siguiente después de mi descubrimiento que alguien usaba mis chanclas y dormía con mi esposo en nuestro hogar fue un día de piloto automático. Estaba completamente insensible.

"Sra. Miller, tiene una llamada en la oficina." La voz del Dr. V se escuchó fuerte por el intercomunicador unos días después, interrumpiendo el silencio de mi período de planificación. Era Jon. Había firmado los papeles del divorcio.

"Te veré esta tarde en el McDonald's de la calle principal," dije, no queriendo que viniera a la escuela, pero tampoco queriendo estar a solas con él en ningún lugar.

"*¿McDonald's es un lugar seguro y neutral, verdad Señor? No estoy segura de que confío en mí misma y evitaré atacarlo si estamos solos. Estoy tan enojada. ¡Le daría una bofetada tan pronto lo viera! Por favor ayúdame a pasar por esto.*"

Ordené un cono de helado y me senté en un gabinete. Sentí su presencia antes de verlo. Se deslizó en el asiento frente a mí, arrojando en mi dirección el sobre manila que contenía nuestros papeles de divorcio. "Aquí," dijo. "He firmado todo. No estoy contento de que no tengo una sola cosa que demuestre los doce años de matrimonio. Te llevaste todo."

"No había nada que tomar," discutí a la defensiva. "Empeñaste todas las cosas buenas. Todo lo que tome me pertenecía a mí, no a ti. Y me estás haciendo paga por este divorcio. Yo no lo pedí."

Esta no era la conversación que planeaba tener con él. Justo cuando nuestras voces comenzaron a escalar, sentimos una mano en cada uno de nuestros hombros. El hermano del Dr. Alan, un hombre que casualmente conocíamos, estaba parado en el extremo de nuestra mesa. Nos miró fijamente antes de decir, "Una cuerda con tres hilos nunca se rompe. Si permiten que Dios sea el tercer hilo en su matrimonio, este será fuerte."

"Es demasiado tarde," dijo Jon. "Simplemente es demasiado tarde." Se puso de pie y salió, dejando el sobre sobre la mesa.

Marcharse

Temprano en la mañana del viernes 23 de marzo de 2007, Jon llamó a la escuela otra vez. Era la única manera que sabía cómo contactarme pues les prohibí a todos compartir mi nuevo número de celular con él.

"Quiero mi camión de regreso. ¡Hoy!" Él exigió. "Te di los papeles. Tú tienes todo lo demás. ¡Dame mi camión!"

"Está bien," consentí.

Lo había conducido por unos días. ¡Como tragaba gasolina! Estaba lista para tener mi Caddy de regreso. Además, mi abogado me dio la luz verde. No había ninguna razón por la cual continuaría reteniendo el camión de Jon de rehén.

"Daniel y yo estamos trabajando en la nueva subdivisión detrás de nuestra... Me refiero a *mi casa* hoy. Dejaré el Cadillac en el camino de la entrada a la casa. Deja mi camión y recoge tu vehículo. No hay nada más que decir." Colgó.

Sonaba como un buen plan. Necesitaba pasar por la casa de Aubrey para checar mis plantas de todos modos. Extrañé a Aubrey. Nuestra relación se tensó desde que Jon y yo nos separamos. Ella y Bob era amigos de ambos. Fue difícil para ellos cuando comenzamos a jalar para lados opuestos de nuestro estire y afloja emocional. Jon les alimentó mentiras. Me sentí traicionada cuando lo rescataron y lo ayudaron a pesar de que sabían que él continuaba usando drogas.

"¿Cómo puedo estar enojada con ellos, Señor? Solo están haciendo lo que yo hice por tanto tiempo, habilitándolo y rescatándolo prolongando la agonía de la adicción. Lo entiendo. ¡Es genial ver a la familia y amigos de Jon interviniendo para salvarlo ahora, cuando se sentía como que yo llevaba toda esa carga sola durante años!"

"¿Dónde está mi Cadillac? Dije en voz baja conforme di vuelta en nuestro camino familiar. "Dijo que estaría aquí. ¿Qué debo hacer, Señor? No quiero ir a donde él está trabajando. No lo quiero ver. ¿Cómo obtendré mi coche? ¿Debería esperar? ¿Debería irme?" Recé en voz alta.

Espiando mi congelador en la cochera, recordé los arándanos frescos que Aubrey y yo recogimos juntas la temporada pasada. Todavía había varias bolsas en ese congelador. *Sé que Jon nunca los utilizará. Puedo también llevármelos y comerlos en mi cereal. Es casi la temporada de arándanos otra vez. Qué rápido se ha pasado este año.*

"Que @!! *" lo escuché maldecir cuando me di cuenta de que estaba sentado en una de esas sillas de jardín bajo las ventanas de la cochera. Me congelé a un metro de él camino a los arándanos.

"¿Qué estás haciendo?"

Capítulo 13 · Por Mi Cuenta

"Me estoy drogando, ¿qué crees que estoy haciendo *! @ *? ¿Dónde está Nemo? ¿Dónde está Beth?" Jon parecía asustado y confundido.

"¿Quién es Beth?" Le pregunté, mirando alrededor nerviosamente.

De repente, Jon se dio cuenta quien era yo y se levantó de un salto, gritando, "Quiero mi @! * #ing camión." Cuando él salto hacia mí, di un giro y corrí hacia el camión, cerré las puertas detrás de mí. Dejé un poco de llantas en lo que quedaba del asfalto, que se desmoronaba en nuestro camino de entrada, mientras me dirigía hacia a la carretera. Entrando a la nueva subdivisión, lo llamé. Él despotricó, maldijo y me amenazó con llamar a la policía si no le devolvía su camión de inmediato.

"¿Dónde está mi coche?" Le respondí.

"Obtuve efectivo en el Banco por el título del coche. ¿Se te olvido *ese* pedacito de papel, no es así?"

Oh, Señor, ¿vendió mi auto? Pensé frenéticamente mientras continuaba apuñalándome con palabras.

"Beth lo está conduciendo. Arreglándolo para mí. Ella puede ir a donde quiera. No me importa lo que ella haga con tu coche o cuando ella va a regresar." Entonces persistió como un niño malcriado, "¡Quiero mi camión! ¡Quiero mi camión! ¡Quiero mi camión!" Profundizando las heridas punzantes con palabras, continuó. "Ya no eres mi esposa. ¡No estoy viviendo para nadie más que para mí mismo, y lo ÚNICO que me importa es mi CAMIÓN!"

En ese momento, la adrenalina emocional se apoderó de mí. Sin pararme a pensar u orar, di una vuelta de 180 y regresé a la casa. El camión rojo de Jon rugió en la entrada, mi pie hasta adentro en el acelerador. Se paró frente a la cochera con un cigarro en una mano y su teléfono en la otra.

¡Atropéllalo! vino el pensamiento del infierno. En cambio, pisé el freno, puse la palanca en neutral y salí, dejando la puerta abierta y el motor en marcha.

Mis piernas comenzaron a caminar hacia la carretera mientras mis ojos ardían con las lágrimas que no quería llorar.

"Julie, no hagas esto." Su voz vino detrás de mí. Muy cerca. No volteé. Solo agité mi mano dos veces, como si estuviera espantando a un sabueso, y seguí caminando hacia la carretera. Jon subió a su camioneta y bajo las ventanas gritando, "¿Quién te va a recoger?" conforme me alcanzó en la carretera. Yo seguí caminando. Ni siquiera lo miré.

"Dios, no quiero hablar con él. No quiero llorar. Sólo necesito alejarme. Ayúdame a alejarme de él. Me está asustando. ¡Ayúdame, por favor!"

Jon pasó junto a mí y se metió en la entrada de la subdivisión. Salió del vehículo repitiendo: "¿Quién viene a buscarte? Julie, súbete al camión. ¡Julie! ¡Julie! ¡Solo súbete al camión!"

Llamó mi nombre una y otra vez en un tono grosero pero suplicante. Fui al otro lado de la carretera y seguí caminando. Jon saltó en el asiento del conductor y se detuvo junto a mí. "A quién le llamaste para que te viniera a recoger" él exigió.

"¡A NADIE! Estoy avergonzada y me da pena que CUALQUIERA sepa que me estás tratando como un PERRO. ¡Peor que un perro! Ahora TIENES lo más importante para ti en el mundo, ¡así es que DÉJAME EN PAZ!" Le grité sin parar o mirarlo a su cara.

"¡Súbete a este camión. ¡AHORA!" Ordenó. Luego, utilizando un tono diferente, dijo, "Ahí vienen Daniel y Glen. Deben de haber terminado con el trabajo."

Yo seguí caminando. Jon se detuvo al costado de la carretera cuando una camioneta de servicio blanca pasó lentamente y se fue hacia la autopista 39.

Bien. Sólo déjame caminar.

Era Daniel. Yo sabía que Jon estaría avergonzado de esta escena. No me importaba.

Mientras miraba desde su camión, la segunda camioneta de servicio se detuvo a mi lado. Era Glen, el otro compañero de trabajo de Jon. Solo lo conocí una vez.

"Súbete. Yo te llevaré. ¿A dónde vas?"

Me arrastré y comencé a llorar incluso antes de que la puerta se cerrara. Pobre Glen. Descaradamente gemía y lloraba y gemía más. Fue horrible. Me limpié mi nariz en mi brazo y traté de controlar los sollozos cuando sonó su teléfono.

"Sí. Yo la tengo… Está bien. Está bien. Adiós." Cerró su teléfono y se volvió hacia mí. "Ese fue Daniel." Te vio caminando y quería asegurarse de que yo te recogí. Ahora, ¿A dónde vas?"

"Yo… No…. seeeeeee a dónde voy," gemí.

"Te llevaré a la ciudad," dijo.

"Esta biennnn. No estoy segura adónde ir. No quiero que nadie me vea. Estoy demasiado triste. Estoy bastante desecha de que él fuera tan cruel conmigo. Nunca le he hecho nada malo a él. ¿Cómo podía él hacerme esto a mí?"

Procedí a vaciar lentamente mis más profundas heridas con Glen, el hombre del aire acondicionado, mientras él conducía las trece millas a la ciudad. Antes de llegar a la señal de límites de la ciudad, Glen dijo amablemente, "Creo que eres una mujer cristiana. No necesitas vivir así."

Procedió a compartir su propia historia de sufrimiento cuando su primera esposa joven decidió que quería ir a los clubs y las fiestas después de que ella dio a luz a su bebé. Él dijo, "Simplemente no lo podía hacer. Era un diácono en la iglesia y un padre nuevo. Terminamos divorciados. Me fui por el camino del diablo por un par de años, pero luego me enderecé otra vez."

"Gracias por compartir. Y gracias por recogerme. Trece millas es un largo camino para caminar," dije, levantando mi frente de su tablero.

"Bueno, por la manera en la que ibas, podrías haberlo logrado. No creo que haya visto a alguien caminar tan rápido en mi vida," se río entre dientes. "Daniel y yo acabamos de terminar el trabajo en la subdivisión. Nos tomó más tiempo de lo esperado porque Jon nos dejó después del almuerzo. Él ya no puede funcionar muy bien en el trabajo, especialmente en el trabajo de ático. Ha trabajado cerca de veinte horas esta semana, pero sirvió la mitad de eso. Esas drogas realmente le están afectando."

Esa fue la primera vez que escuché a alguien decir que Jon no valía la pena en el trabajo. A pesar de todas las drogas que había hecho a través de los años, de alguna manera se las arregló para estar activo en el trabajo. Sentí una tristeza adicional en mi espíritu al oír esas palabras de Glen.

"Definitivamente pude ver que su cerebro estaba frito cuando lo vi hoy," dije. "Quiero decir, ¡que le dio mi coche a su novia! ¿Quién, en su sano juicio, le haría eso a su esposa? ¡Pagué por ese coche! ¿Qué voy a hacer ahoraaaaaa?" Nuevas lágrimas fluyeron hasta que Glen me dejó en la puerta de la oficina del Dr. Alan.

"Gracias," susurré, cerrando la puerta de la camioneta. Dios me envió a ese hombre en el preciso momento en que necesitaba una vía de escape. Nunca le volví a ver.

"Gracias, Señor Dios, por escuchar mi clamor y por rescatarme."

Conforme cerré mis inflamados, hinchados ojos esa noche - 23 de marzo de 2007 - no tenía manera de saber cómo mi Salvador me redimiría de todo lo que pensé perdido ese día.

¡Ahora, exactamente siete años después, se me pone la piel de gallina cuando me doy cuenta de cómo Ha tomado el día 23, la fecha en que literalmente dejé a Jon y la revindico! Apenas he descubierto, en la redacción de este capítulo, la realización de cómo Dios amorosa y perpetuamente redime esa terrible fecha en mi vida. Su consideración me conmueve hasta las lágrimas. Él es verdaderamente el "¡Amante de Mi Alma!" Tengo tantas ganas de adelantarme y darte un vistazo hacia el futuro, pero lo voy a guardar para el capítulo final.

¿Ahora donde estábamos? Ah, sí

Estaba técnicamente sin hogar, sin coche y casi sin un centavo, con un ego herido y un corazón roto. Y estaba a punto de caer en una trampa que no vi venir. Agárrate fuerte para el paseo. Es uno áspero y agridulce. Tu querrás rescatarme de mí misma porque o has estado ahí mismo, o alguien que amaste. Desafortunadamente, muchos de nosotros debemos aprender lecciones acerca de límites de una manera difícil, a través de la experiencia de cavar nuestros propios agujeros y nuestras propias bardas. Eso, mis amigos, es terriblemente arduo trabajo.

Límites

Leí los libros de Cloud y de Townsend acerca de límites. De hecho, tenía tantos límites en posición incluso mis límites tenían límites. Sin embargo, no mucho después del día en que me alejé de Jon, noté que alguien en el mundo de mi pequeña ciudad se fijaba en mí. Todavía es un misterio cómo ese motociclista de voz suave saltó mis bardas y atravesó mi alambre de púas.

Si pudiera evitar decirte *cualquier cosa* sobre lo que sucedió después, lo haría. No quiero *decirte*. Pero estoy ignorando el aliento caliente de vergüenza en mi cuello, eligiendo en su lugar incluir esta parte de mi historia con la esperanza de ayudar tal vez a algún querido lector a esquivar una trampa similar.

Déjame empezar por decir esto, no importa lo maravilloso que él sea, si pones todas tus piezas rotas en la canasta de un hombre te quedas abierta al dolor — a menos que ese hombre sea Jesús. Este hombre efectivamente no era Jesús, pero intentó ser mi salvador.

Después de caminar a través de años de matrimonio como una mujer invisible, tomó solamente una nota adhesiva amarilla de un hombre al que yo respetaba mucho, pero que apenas y conocía, para hacerme saber que ya no era invisible. Una nota adhesiva, ordenadamente escrita con bolígrafo negro, decía, "Una observación. Eres una mujer hermosa." Estaba cautivada.

Cada emoción de niña reprimida que tenía se desató sobre ese inesperado hombre. ¿Cómo pudo haber captado el hambre de atención y afirmación de mi corazón? Por supuesto, *que él* no tenía forma de saberlo, pero mi enemigo lo sabía. El enemigo, cuya existencia gira en torno a la destrucción de hijos e hijas de Dios estaba plenamente consciente de todos los niveles de mi vulnerabilidad después de la muerte de mi matrimonio. No perdió tiempo antes de ir a exterminar. Un león nunca espera que los heridos se recuperen antes de atacar.

Lo voy a llamar Chris. Chris Roberts. Era nuestro bien amado subdirector, el único varón en el campus de una escuela primaria de veinticinco mujeres, incluyendo el personal de conserjería y cafetería. El cambio en la dinámica entre nosotros fue tan sutil que ningún extraño pudo haberlo notado. A veces, incluso yo no estaba segura de que algo era diferente. Nuestros intercambios comenzaron bastante inocentes. Un segundo extra o dos de directo contacto con los ojos, un roce de brazos al pasar, las razones para sostener una breve conversación aumentaban. Cuando el Sr. Roberts estaba en una habitación, de repente me sentía viva. Como un árbol en floración inactivo cuyo invierno finalmente había terminado, algo profundo en mi ser empezó a despertar.

Mi hermana fue la primera en darse cuenta. Annie podía escuchar la diferencia en mi voz por teléfono. "¿Por qué suenas tan feliz?" Preguntó una tarde de abril.

"No sé. Estoy lista para algo nuevo."

"Hmmmm." Ella guardó silencioso por un momento.

"Creo que le gusto a alguien," finalmente admití. "No estoy segura, pero creo que sí."

"¿Quién es?"

"Oh, solo alguien. Su nombre es Chris." Se sentía extraño decir su nombre. Entonces agregué, "Maneja una Harley."

"Oh, una Harley, ¿eh? Me suena a peligro."

"Es agradable que se fijen en ti. He sido invisible demasiado tiempo."

"Bien, ten cuidado. No quiero que te lastimen de nuevo."

"No estoy haciendo nada."

Silencio...

"En serio, Sis. Soy inocente."

"Puedo saber que estás sonriendo."

"Solo estoy contando los días hasta que el divorcio sea final. Eso es todo."

Capítulo 13 • Por Mi Cuenta

"¿Cuantos días?"

"Treinta y siete."

"¿Lo dices en serio? ¿Has contado literalmente los días?" Preguntó con incredulidad.

"Sí. Apenas y puedo esperar que llegue ese día. No puedo esperar para recuperar mi apellido de soltera. No puedo esperar para estar libre de Jon. No. Puedo. Esperar. Más."

Durante la espera, el Señor usó a otro hombre, un amable caballero cristiano, para mostrarme cómo se debe tratar a una mujer. Su nombre era Tom. Tom nació el 20 de marzo de 1927. Durante su entera larga vida amó a la misma preciosa esposa, hasta que ella lo dejó viudo no mucho antes de conocernos.

Cuando se dio cuenta que Jon ya no asistía a la iglesia conmigo, Tom me hizo algunas preguntas directas. Observando el dolor de mi corazón, quería hacer algo para ayudar. "¿Te importaría," me preguntó, "si, a la luz de abandono de tu marido, respetuosamente te muestro cómo un hombre debe tratar a una mujer en ocasiones especiales? Todavía echo tanto de menos a mi esposa. Anhelo hacer cosas especiales para alguien en su cumpleaños y días festivos." Le dije que no me molestaba en absoluto.

Entonces, ¿qué hizo Tom? Durante los próximos tres años, en mi cumpleaños y ocasiones especiales, fielmente me llevaba rosas y cajas doradas lujosas repletas de chocolates Godiva. De vez en cuando él me llevaba a cenar. Dios usó a un increíble veterano de la Segunda Guerra Mundial para tratarme de una manera generosa que nunca sería capaz de aceptar de nadie más como no adulterada. En esas invitaciones a cenar, Tom me instruyó, "Deberías *esperar a* que te traten como una reina. Nunca te conformes con menos. Te mereces lo mejor." El nunca esperó nada a cambio. Como me hubiera gustado haber puesto más atención a las palabras sabias y amables de Tom.

Esos treinta y siete días para el divorcio parecieron volar. Varias cosas sucedieron con Jon que me llevaron a mi diario de oración. El 21 de abril, escribí: "*Señor, ¿por qué me siento tan enojada de que Bob* y *Aubrey pagaron cinco noches en un motel para Jon, después de haber perdido nuestra casa de renta? ¿Por qué estoy enojada de que Roman le mando ochenta dólares para sacar sus cosas de otra habitación de motel después de que él no pagó la cuenta? ¿Por qué me importa que Jon usara ese dinero para comprar drogas en lugar de rescatar sus pertenencias?"*

Me siento traicionada al saber que Bob y Aubrey conocieron a Beth cuando invitaron a Jon a comer a Olive Garden. ¿Por qué me dirían eso? ¿No saben cómo estoy luchando por perdonar a Jon por traerla a la casa y darle mi coche? Se rumora por ahí que esa mujer ha estado en prisión por ser una de las narcotraficantes de más alto rango en esta área. ¡Por qué quiere Jon estar con ella, no lo sé!

Tal vez es porque ella sabe cómo ganar dinero. Bob dice que están alquilando mi Cadillac a un distribuidor por cincuenta dólares al día, así es que ella debe saber cómo ganar dinero cuando es necesario. ¡Aquí estoy de gorrona con una amiga maestra cada mañana porque no me alcanza comprar otro vehículo, y ¡ellos están ganando dinero al rentar mi coche! Todo esto me es ridículamente extraño. Yo no puedo soportar el saberlo.

Sí, me entristeció el informe de que Jon tiene forúnculos por todo el cuerpo y apenas puede caminar, pero los forúnculos son un resultado directo de sus elecciones. Un cuerpo sólo puede tomar tanto. Espero que vaya a emergencias como se lo sugirió Bob. No quiero ir a su funeral. Por favor, ayúdame a perdonar. Simplemente no lo estoy sintiendo.

Durante mucho tiempo, luché para liberar completamente a Jon. Lo soltaba y luego lo ponía en lugares sensibles en mi corazón. Luché para perdonarlo después de esos dos o tres golpes duros. No perdoné a Beth por mucho tiempo. La odiaba. A veces creía que ya la había perdonado y entonces una oleada de emociones me causaba dudar que lo había hecho.

El perdón es una elección y un proceso. Aprendí más sobre mi misma y ese proceso, a través de sesiones de terapia, grupos de recuperación y estudio de la Biblia. Añoraba cortar con los lazos del alma que todavía tenía con Jon, pero a veces mi falta de perdón era el nudo que nos ligaba. Recuerdo hacer una elección consciente para buscar activamente mi propia libertad y el estilo de vida del perdón. Creo que es por eso que yo soy quien soy hoy. Por la gracia de Dios soy libre de cualquier atadura a Jon, a Beth y a cualquier persona que me ha lastimado. La falta de perdón nos mantiene atados al pasado. El perdón nos libera.

Solo tres días después volví a escribir: *"Jesús, te he pedido que tomes a Jon en tus manos, pero sé que él ya está ahí. Por lo tanto, supongo que lo que realmente te estoy pidiendo es que me lo quites de mis manos... fuera de mi corazón."*

Jon me llamó por teléfono a la escuela esa tarde. "Estoy llamando para decir adiós," se quejó. "Ya no me importa *!@ nada más. Quiero mi vida de nuevo. Me voy a estrellar con un remolque." Su sermón contradictorio continuó. "Tengo forúnculos por todo mi cuerpo. Toda mi ropa está sucia. Se supone que debo ayudar a Beth a salirse de la vida de drogas y a la universidad..."

"¡NO me hables de ella!" Interrumpí.

"Ella piensa que todavía tengo un trabajo. ¿Qué se supone que debo de hacer con eso?" Jon gimió. "Nunca volveré a nuestra casa. Nunca." Después colgó.

No sabía qué decir. Las palabras "voy a estrellarme en un remolque" resonaban en mi cerebro. Recuerdo meciéndome para atrás y para adelante en el piso en la oficina del Sr. Roberts, donde había tomado la llamada de Jon, el teléfono acunado en mis manos.

"¿Dios, está amenazando con suicidarse? ¿Es esto de lo que se trata? ¿Qué se supone que debo de hacer con eso? ¿Cómo debo responder? ¿Por qué me llamaba al trabajo y me soltaba todo esto a mí?"

Hice una cita de emergencia con el Dr. Fox. La terapia con él había demostrado ser de gran ayuda a medida que navegaba por la turbulencia emocional como resultado del final de nuestro matrimonio. ¡Aunque tuviera que pedir prestado un coche para llegar allí, valía la pena!

Después, camino a casa Annie me llamó. Le conté acerca de la perturbante llamada de Jon. "¿Qué dijo el Dr. Fox?" Ella preguntó.

"Dijo que es común que los adictos utilicen amenazas de suicidio como manipulación. Hablamos de liberar cualquier sentido de culpa falsa que podría tener y soltar sentimientos de vergüenza relacionados con las elecciones de Jon. No puedo ser el salvador de Jon. Él ya tiene un Salvador. De alguna manera ya se le olvidó. Me pregunto si está realmente tratando de hacer contacto o solamente está tratando de manipularme. Realmente ya no quiero que me contacte más."

Aparte de hablar con el Dr. Fox y Annie, también hablé con el Sr. Roberts sobre la llamada de Jon. Se había dado cuenta que estaba temblando por el monólogo suicida de Jon. Acepté su oferta de oído comprensivo y un cálido abrazo.

Al confiar en él cruce uno de mis límites invisibles: "Las personas que están en el proceso de separación o divorcio no deben derramar sus corazones a alguien del sexo opuesto que ha coqueteado abiertamente con ellos y que también está en proceso de separación o divorcio."

En mi diario esa noche, garabateé: *Chris Roberts hace algo por mi alma, mi corazón, mi propio ser; algo que no puedo explicar. Tiene un espíritu constante y tranquilo. Él me atrae. "¿Te parece esto bien, Dios? Te lo ruego, haz que se vaya si no es así. No quiero terminar hiriéndolo a él, o él a mí. Ahorita, soy un caso perdido."*

Yo era una *niña* muy herida. Las personas heridas hieren a otras personas. Reconocí que tenía el potencial para dañar a Chris, y quería evitar eso. Cuando le mencioné al Dr. Alan y Darcy, inmediatamente habían repetido las mismas cosas que Annie había dicho.

"Ten cuidado. No queremos verte lastimada. Espera."

Desafortunadamente, la infatuación ensordece a una persona al consejo piadoso. Cuando las emociones mandan, no podemos oír las advertencias de las personas que mejor nos conocen y aman. El Señor piadosamente me retiro de la tentación con un viaje de misiones a Italia. Antes de escapar, tenía que divorciarme.

Lecciones y Arrepentimientos

El divorcio era final en 16 de mayo de 2007. Procesé mis pensamientos en mi diario: *Hoy es uno de esos días de logro en mi vida. Por lo general, supongo que el día del divorcio no es un día feliz, pero me sorprendieron gratamente los sentimientos que experimenté, definitivamente no fue la condena y la tristeza que habría esperado al encontrarme en el Tribunal de Divorcio.*

Esa tarde sentí una sensación abrumadora de alivio y libertad mientras caminaba por los pasillos del palacio de justicia. Alabé a Dios por traerme a este lugar en mi vida. Él ha usado estos años para enseñarme algunas lecciones difíciles; lecciones que quizás nunca aprendería de otra manera. Por lo tanto, Le agradezco y Lo alabo por la experiencia. Más que eso, Le alabo por liberarme de la esclavitud en la que he estado. ¡Qué alivio! Quiero recordar las lecciones que he aprendido. No quiero repetir los errores del pasado.

Aquí están las lecciones:

1. Amargura y falta de perdón causan depresión, que me lleva a mis propias adicciones y permite que Satanás tenga ataduras en mi vida. Dios me ha enseñado la importancia de perdonar una y otra vez. Él me ha dado una pequeña probada de lo que Él pasa con nosotros.
2. El amor incondicional es una elección, no un sentimiento. A veces, cuando elegí amar, no tuve los sentimientos para acompañar mi decisión. A veces Dios me permitió sentir, pero tenía que elegir primero.
3. Aprendí a tener una vida propia dentro de la disfunción de mi matrimonio. Aprendí a encontrar alegría y satisfacción en otras partes — de mi familia, mi iglesia y mi lugar de trabajo y sobre todo mi tiempo a solas con Dios.
4. Aprendí a levantarme, vestirme y hacer mi trabajo bien, sin importar el caos de mi vida personal.
5. Aprendí cómo caminar con Dios, independientemente de las aportaciones u opiniones de los demás.

6. Aprendí a orar la Palabra de Dios y a esperar respuestas a sus promesas. Aprendí a confiar en Él. Todavía estoy aprendiendo esta...
7. He aprendido a ponerme la armadura de Efesios 6 cada mañana y no tener miedo de utilizarla cuando este bajo ataque durante el día.
8. He aprendido a orar de corazón porque quiero, no sólo porque es lo correcto.
9. Aprendí lo poderoso que es el nombre de Jesús y que estoy cubierta por su sangre. Puedo ir en contra de los malos espíritus en su nombre y se tienen que ir. Que recurso realmente impresionante y sin explotar... ¡El nombre de Jesús! Nunca quiero volver a usar Su nombre "en vano".
10. Aprendí a mostrar moderación cuando estoy muy enojada. ¡Dios todavía está trabajando conmigo en esto, pero he tenido mucha práctica!
11. Aprendí a hablar con otras personas sobre cómo realmente me siento. Este ha sido un proceso lento y difícil. Estoy mejorando. Estos días, confío en un puñado de personas con mi "yo auténtico".
12. Todavía estoy aprendiendo a "decir la verdad con amor." He tenido mucha experiencia con eso. Se está volviendo más fácil.
13. Aprendí que puedo vivir sin sexo.
14. Aprendí que Dios es capaz de darme autocontrol en las áreas donde he cultivado o tengo debilidades hereditarias. Sólo tengo que Llamarlo en el momento. O mejor aún, ¡antes del momento!
15. Aprendí que Jesús se preocupa inmensamente por mi como individuo. Él me ha mostrado Su tierno amor y misericordia a lo largo de estos años solitarios.

Estoy agradecida de haber aprendido y que sigo aprendiendo estas valiosas lecciones. Rezo porque mi carácter sea un poco más parecido al de Cristo. Ha sido un proceso dolorosamente tedioso, con muchos fracasos, pero Lo alabo porque nunca Se dio por vencido conmigo. Otros han compartido que realmente han visto a Cristo en mi vida. ¡Es un milagro!

Aunque yo he crecido en estos años de estar casada con Jon, todavía tengo mis remordimientos:

- Lamento haberle permitido que se saliera con la suya mintiendo tanto desde el principio y no lo confronté acerca de eso.
- Lamento tener 37 años y no haber sido madre.
- Lamento no haber terminado mi maestría debido al uso de drogas de Jon.
- Lamento no haber tenido un control más estricto sobre él cuando tuvimos el café.
- Lamento que mi familia haya sido herida por todo este proceso.
- Lamento los años desperdiciados de mi vida... especialmente todo el sexo que he perdido.
- Lamento haberme dejado convencer por Jon acerca de mentir en la aplicación de adopción de Chloé.
- Lamento tener que haber dejado ir a Chloé a causa de su problema de drogas.
- Lamento haber lastimado a Chloé.
- Lamento haber cobrado mi plan de jubilación para pagar su segundo período de rehabilitación.
- Lamento haberme quedado en silencioso cuando él lastimó mis sentimientos o me ignoro.
- Lamento haber perdido todos los activos que tanto trabajamos para obtener.
- Lamento no haber escuchado a León hace cuatro años cuando me dijo: "¡Vete!" Pero sé que Dios tiene Su propio tiempo.
- Lamento mi ingenuidad cuando Jon coqueteó con otras mujeres durante los años. Me siento estúpida y me da vergüenza por defenderlo.

- Me arrepiento todas las veces que no fui a visitar a amigos o familiares porque tenía que quedarme en casa cuidando a Jon.

Habiendo dicho todo eso, esta es mi oración esta noche, junto con una lista de lo que estoy agradecida:

"Mi querido Señor Jesús, Has sido un Amigo tan fiel para mí. No me puedo imaginar tener que pasar por estas experiencias sin Ti.

- Gracias por los tiempos difíciles.
- Gracias por enseñarme a confiar en Ti.
- Gracias por ayudarme a crecer, en vez de volverme amargada y autodestructiva.
- Te alabo por dejarme saber acerca de Tu presencia de maneras reales.
- Gracias por las personas que has puesto en mi vida que me han mostrado a Cristo.
- Gracias por la provisión de una vivienda a través de Alan y Darcy y un camión prestado.
- Gracias por todas las personas que han orado por mí, llamado o enviado cartas de aliento en los días perfectos. Sé que lo orquestaste todo.
- Gracias por el amor de mi familia y su apoyo sobre mi decisión de divorciarme de Jon y seguir con mi vida.
- Gracias por todo lo que Has hecho por mí hoy.
- Gracias por liberarme de mi matrimonio sin ningún rastro de culpa.
- ¡Te amo por eso! Amén."

Después de quitarme la sortija, mi mano se sentía tan desnuda como mi alma. Casi de inmediato noté que los hombres me respondían de manera diferente que cuando usaba ese pequeño diamante. Ser señalada como "soltera" me hizo sentir como una presa. Inmediatamente fui a la librería cristiana y me compre un simple anillo de peltre con la inscripción, "Yo soy de Mi amado y Él es mío." Poniéndolo en mi dedo anular, le juré a Dios que aceptaría Su promesa de ser mi amado esposo en ausencia de un esposo terrenal. También prometí sinceramente permanecer pura sexualmente y fiel a Él.

Tres semanas después, estaba camino a Illinois en un Mustang rojo alquilado para dejar a las niñas con Annie y Eddie durante el verano. ¡Intercaladas entre mayo y agosto fueron siete semanas maravillosas en Italia!

La base de ese viaje se puede explicar mejor compartiendo partes de una carta que envié a todos los que conocía.

Abril 30, 2007

Querida Familia y Amigos,

Muchos de ustedes están familiarizados con los acontecimientos recientes de mi vida personal. Si no lo están, sólo puedo describir los últimos meses como devastadores en muchos niveles. Sin embargo, el Señor ha prometido en Hebreos 13:5, 'Nunca te dejaré; ni te desampararé" (RVR). Él me ha dado a conocer Su presencia en mi vida de muchas maneras reconfortantes y puedo decir con confianza: "El Señor es el que me ayuda; No temeré. ¿Qué podrá hacerme el hombre?" (Versículo 6) Sé que mi pérdida material y el dolor es temporal. A través de Jesús, tengo esperanza en un mañana más brillante.

Eso me lleva al propósito de esta carta. Increíblemente, mientras pasaba por estos últimos meses, el Espíritu Santo puso sobre mi corazón una carga por un grupo de personas del noreste de África que han sufrido incluso más pérdidas de las que yo podría haber imaginado. Estas almas dolientes tienen un poco menos que nada cuando se trata de posesiones materiales, familiares, amigos o incluso documentación de que existen en este planeta.

Me familiaricé con la historia de este grupo en el otoño cuando mi madre, que estaba de voluntaria en la evangelización de literatura en Italia, los descubrió en el parque de Bari. Mamá comenzó a compartir su situación conmigo a través de llamadas telefónicas y correos electrónicos. Antes de que pasaran muchos días, su esposo, el Sr. P literalmente se quitó los zapatos y se los dio a un hombre joven. Mamá gastó su dinero de comestibles en comprar productos personales y medicinas para algunas de las mujeres jóvenes.

Conforme sus historias se me fueron desplegando, en medio de la desintegración de mi matrimonio, he aprendido que muchos son jóvenes educados, cristianos que decidieron escapar de sus hogares en lugar de verse obligados a matar a sus "hermanos". Se vieron obligados a salir de las universidades donde estudiaban medicina, comercio o tecnología de la información porque todos los combatientes elegibles fueron reclutados para la guerra. No podían irse a casa y no querían pelear, entonces escaparon.

Las condiciones eran tan terribles que muchos murieron al huir. De los que realmente llegaron a Italia, algunos habían perdido sus papeles y algunos su integridad. El gobierno italiano no quiso o no pudo ayudarlos después de su estadía inicial en el campo de refugiados. De hecho, los dejaron vivir en las calles como personas sin hogar. Algunos llegaron al Parque Bari, al cuál le cambiaron rápidamente el nombre por "Parko Inferno", que se traduce como "Parque del Infierno."

Mamá y Sr. P sintieron la necesidad de hacer algo por estas personas que sufren. La mayoría de los italianos desconfiaban de ayudar a los refugiados y se negaban a involucrarse. A través de la oración y determinación, mamá ha obtenido ayuda de amigos de la iglesia en Suiza e Italia.

Habían recibido una invitación para edificar una iglesia en el sur de la ciudad italiana de Lecce. Su plan es incluir a los refugiados cristianos como miembros iniciales de la congregación, con el objetivo de nutrir su fe así ayudándoles a establecerse en su nuevo país.

Quiero ayudar en este proyecto. Planeo volar a Italia tan pronto como termine la escuela y pasar el verano allí. Haré lo que pueda para servir a estas almas que sufren y ayudar a restaurar algo de dignidad en su existencia. Actualmente, estoy trabajando con mamá para conectar algunos recursos de manera que podamos satisfacer sus necesidades más apremiantes.

Nuestros objetivos son los siguientes:
- *Mostrarles de maneras prácticas a Cristo, a los refugiados*
- *Brindar congregación cristiana con amor incluyendo el estudio de la Biblia y la oración*
- *Obtener comida diariamente*
- *Encontrar alojamiento permanente*
- *Proporcionarles la ropa adecuada*
- *Enseñarles italiano*
- *Refinar sus habilidades de inglés*
- *Ayudar a que sus documentos legales estén en orden*
- *Ayudarlos a encontrar trabajo*
- *Ayudarlos a contactar a los miembros de su familia*
- *Proporcionar asistencia en la inscripción escolar para continuar su educación superior*

Sí, humanamente esto es abrumador, pero "Con Dios, todo es posible" (Mateo 19:26 RVR). Avanzaremos con fe y veremos al Señor mover estas montañas. La mejor parte es que todos podemos ser herramientas que Dios usa para hacer su trabajo. Es por eso que oficialmente te invito a participar en este proyecto apoyándolo financieramente... Estoy entusiasmada con el reto y me alienta el apoyo que ya hemos recibido. Empezando hoy solicito de sus oraciones. Por favor, oren para que podamos mostrar el amor de Dios a estas personas.

Gracias y que Dios bendiga tu vida mientras consideras bendecir a los demás.

Con amor,
Juliet

Esa carta generó una avalancha de tarjetas de empatía, cartas y llamadas telefónicas, y suficiente efectivo para bendecir a los refugiados de maneras hermosas y prácticas. Además, mis amigos Ryan y Meredith convencieron a *sus amigos* de Fundación Live It, una organización sin fines de lucro, para apoyar nuestro ministerio recogiendo fondos deducibles de impuestos y donando artículos para que me llevará a Italia.

Su hijo, Riley, diseñador de la red y estudiante de artes gráficas, me creó un blog llamado "Julie En Italia" y diseño una camiseta que decía: "¡Ciao! ¡Jesús también me ama!" para que distribuyéramos a los refugiados como manera de decir que todos somos iguales ante los ojos de Dios.

Antes de salir, la Fundación Live It, me presentó con una cámara nueva Nikon D40, por lo que pude documentar digitalmente mi viaje en mi blog como una forma de inspiración financiera y apoyo de oración. ¡Estaba eufórica! Dios estaba abriendo puertas que me sacarían de mi lugar de dolor y me pondrían en el camino de la sanación. Mi diario registra el estado de mi corazón cuando comencé mi viaje. Aquí hay algunos fragmentos de mis charlas con Dios:

Tú eres el Dios que me ve... Ahora he visto a Aquél que me ve (Génesis 16:13 RVR).

Me entrego... Yo obedezco... Yo te busco... y confío en Ti. Gracias, señor. Todo comienza con la entrega.

Ídolos son esas cosas que vienen delante de Ti en mi vida. Dejo de ocupar el trono de mi vida. Elijo dejarte a Ti Dios, ocupar ese trono.

Hazme un sacrificio vivo, santo y aceptable a Ti (Romanos 12: 1 RVR).

Estaba completamente enamorada de mi Dios después de todo lo que Él había hecho tan audazmente para declarar Su amor y cuidado por mí. No quería hacer nada para disgustarlo. Sin embargo, simultáneas a las entradas de diario antedichas, están otras entradas, que exponen mi vulnerabilidad y algunos de los movimientos tácticos del enemigo conforme me preparaba para hacerme caer. Aquí está una muestra de *esas entradas*:

La bendición y la maravilla de este día fueron que el Sr. Roberts me dijo que se estaba enamorando de mí. Él demuestra maravilloso control cuando se trata de mí y es una bendición tenerlo en mi vida.

Guarda también a tu siervo de pecados de soberbia; que no se enseñoreen de mí. Entonces seré íntegro, y seré absuelto de gran transgresión. (Salmo 19: 13-14 RVR).

Y un pedazo de un poema:

Me dejaste en la mesa, mil cosas sin decir. Cosas que no estoy listo para escuchar. Así que reflexioné sobre las cosas que leí. . . en las líneas alrededor de tu boca y al lado de tus ojos.

Luego, algunas notas de un sermón, que manejé durante dos horas para escuchar, mientras Dios trataba de controlarme:

Todo tiene su efecto. Nuestros propios errores son la primera fuente de sabiduría.

"El fracaso es fracaso solo si no aprendemos", John Maxwell.

Aprender de los errores (experiencias de vida) de los demás. ¿Quiénes son las personas 'sabias' en tu vida? Escúchalos.

¿Estás listo para someter tu corazón lo suficiente como para confiar en Dios?

Honestamente yo pensé que era humilde y estaba dispuesta a confiar en Dios. Sin embargo, al principio de la vida, había desarrollado un patrón peligroso de ir de una relación a otra sin espacio alguno. Mi matrimonio era simplemente parte de ese patrón. Ahora que se terminó, regresé a mi cableado defectuoso, que era un resultado de profunda inseguridad y heridas de la infancia. Necesitaba desesperadamente de tiempo y espacio para sanar. Italia proporcionaría eso, pero antes de que pudiera escaparme, el enemigo tejió una telaraña con mi nombre. Esperaba mi regreso.

Italia

Italia fue una aventura. Entre oportunidades de ministerio, saboreé la comida y la cultura local. Los Ps hicieron que el trabajo de ser misionero fuera interesante. Solían entablar una conversación con una persona que parecía estar sola o desconectada. Una vez le dieron diez euros a un joven, que gritó: "¡Woohoo!" y corrió a llamar a su madre en África. Su alegría nos infectó a todos. Experiencias como esa me enseñaron una forma hermosa de vivir, siempre buscando a alguien para bendecir, siempre sembrando semillas para el reino de Dios.

Después de pasar varias semanas escuchando las historias desgarradoras de los refugiados, mi propia historia comenzó a parecer menos dolorosa. Las horas que pasé en los cibercafés, contando sus historias en mi blog me hicieron darme cuenta de que todos tienen una historia. Empecé a ver como cada historia es importante para Dios. Los milagros, grandes y pequeños, tejidos a lo largo de la vida de cada persona son los ganchos en los que colgamos nuestra fe. Cuando compartimos esos milagros, la fe aumenta. Creo que es por eso que vencer al enemigo con la sangre del cordero y la palabra de nuestro testimonio como dice Apocalipsis 12:11.

El testimonio es poderoso. Mi fe en el tierno amor de Dios por nosotros como individuos se multiplico por diez ese verano cuando aprendí las formas que Él sostuvo a esos valientes y quebrantados corazones de hombres y mujeres jóvenes a los que algunas personas se referían como "refugiados". Escuchar sus testimonios me trajo la certeza de que Él también me sostendría.

Durante los momentos tranquilos entre el alboroto de la actividad, pensé en mi vida "real", a la cual tendría que regresar una vez que terminará el verano. Una tarde de julio, mamá y yo nos escabullimos para tener "tiempo de mujeres". Sobre gnocchi y pesto, decidí contarle sobre el Sr. Roberts. Desde mi llegada a Italia, él y yo nos habíamos estado enviando correos electrónicos cada dos o tres días.

Mi corazón se aceleraba al ver su nombre en mi bandeja de entrada. Él quería que yo regresará a casa. Me mandó un mensaje de texto una vez, pidiendo oración para una crisis familiar. Respondí llamándolo por un teléfono público con mi tarjeta de crédito. Él sonaba tan familiarmente tejano, pero tan alejado de mi vida con los refugiados y los Ps. Era dos mundos diferentes.

Pronto estaría de nuevo en su mundo e Italia estaría a un océano de distancia. Al terminar el verano, supe que tenía que contarle a mamá el secreto del Sr. Roberts. No le gustan las sorpresas.

"¿Así que, él es tu jefe?" Mamá escogió sus palabras cuidadosamente cuando nos sentamos juntas frente a nuestra heladería favorita, comiendo cioccolato fondente en conos hechos en casa.

"Bueno, sí. Supongo que, si lo es, en cierto modo. Supervisa nuestra enseñanza y se ocupa de cuestiones disciplinarias y cualquier otra cosa que necesiten ayuda. Es excepcional en su trabajo. ¡Te diré una cosa, el baño de niños pequeños ha dejado de apestar desde que tenemos a un hombre en el plantel diciéndoles cómo se deben hacer las cosas allí!" broméé.

"Me preguntaba cómo podrías estar tan alegre este verano después de lo que pasaste. Uno no sabría que tu corazón se rompió. Pensé que era porque estaba envuelto en alas de Ángel. Tal vez eran las alas de Harley en su lugar," bromeó mamá. "Me gustaría hablar con él."

Mamá desconfiaba de mis noticias sobre la figura de un hombre en mi vida tan repentinamente después de que Jon y yo nos divorciamos. "He estado ahí", advirtió. "Tu sabes lo que dijo Mamaw sobre la sartén y el fuego. Entiendo tu necesidad de ser amada después de la forma en que la que te trataron, pero tú y este hombre tienen diferencias importantes cuando se trata de creencias religiosas. ¿Entenderá la forma en la que guardamos el Sabbat? ¿O los juegos de pelota y televisión llenarán el día que Dios aparto para la adoración? Estas son cosas que necesitas saber ahora, porque pueden llegar a ser grandes problemas más adelante, no importa qué tan amable sea."

Cuando le envíe un correo electrónico sobre mi conversación con mamá, el Sr. Roberts respondió: "Yo también quiero hablar con ella. Necesitamos conocer las familias de cada uno. De hecho, me gustaría ir a Illinois y recogerte cuando regreses a casa de tu hermana. ¿Qué opinas al respecto?"

"*¡Guau, Señor! Realmente le debo de interesar si está dispuesto a manejar desde Texas a Illinois para recogerme. Mamá se veía tranquila mientras explicaba sus reservaciones durante el almuerzo. Entiendo totalmente. ¿Cuál es Tu voluntad referente a esto, Dios?"*

Mi diario refleja mi turbulencia interna mientras hacia una crónica de la vida ese verano. En una entrada, estaba escribiendo apasionadamente acerca de la situación de los refugiados, pidiéndole a Dios que creará una manera de aliviar su sufrimiento. Una página o dos más adelante, garabateaba fragmentos de poesía inspirada por el Sr. Roberts, fragmentos crudos de emoción con líneas como: *Las inseguridades al desnudo, el hambre de mi alma expuesta como huesos. . . y el único dolor es la distancia entre nosotros, mi dolor por estar separados.* En la siguiente página, había una oración final de desesperación, "*¡Señor! ¡Salva el alma de Jon!*"

Hablando de Jon, el 8 de julio de 2007, Annie envió por correo electrónico un enlace a su foto y un informe de la policía que revelaba su reciente arresto por tráfico de drogas. La fianza fue fijada por cincuenta mil dólares. Una ola de alivio me paso por encima. Creía que la única manera de salvar la vida de Jon sería que fuera a la cárcel o a rehabilitación por mandato judicial.

"¡Alabado sea Dios!" Mamá grito cuando escucho la noticia. Entonces ella sacudió su dedo en la memoria de Jon y dijo, "tú te sientas ahí hombrecito, ¡hasta que Jesús haga temblar las puertas de tu celda!"

No sé por qué, pero ambas nos reímos después de eso. El Sr. P no podía entender por qué nos reíamos después de recibir información tan terrible. Supongo que fue sólo una manera de procesar el susto y alivio que era saber que estaría seguro detrás de las rejas. Igual que el amor necesita tiempo para crecer, toma tiempo para morir. A pesar de todo, realmente parte de mí quería que Jon estuviera bien.

Capítulo 13 • Por Mi Cuenta

No me reí, sin embargo, el día que supe que recibió una condena de prisión de doce años por sus crímenes. ¡Me sorprendí! Pensando cuánto mi ignorancia y mi apoyo habían prolongado sus consecuencias, rezaba: "*Dios, ¿qué habría sucedido en la vida de Jon si yo no lo hubiera rescatado y dado fianza continuamente? ¿Extendí la agonía de todos? ¿Habría llegado a este lugar hace años si él no hubiera podido llegar a una cama caliente y una esposa amorosa que pagaba las facturas? Por favor, ayúdalo a limpiarse y mantenerse de esa forma. Por favor, sana su cerebro para que él pueda pensar normalmente. Por favor, ayúdalo a que lo logre, Dios. Nos amas a todos igual. No hay diferencia. Todos somos Tus hijos, Jon, yo, los refugiados, todos nosotros.*"

En una nota adhesiva en mi Biblia, guardo esta cita de Francis Frangipane, "El singular objetivo de nuestra fe es la semejanza con Cristo." Amar a la gente es lo más parecido a Cristo, que nosotros, como cristianos, podemos hacer. Sin nada más mi verano de 2007 en Italia me enseñó a amar a completos extraños y a tener compasión por personas cuyas historias aún no conozco. Aprendí a vivir fuera de mí misma y mi propio dolor, buscando maneras para bendecir a otros y a sembrar semillas para el Reino de Dios. Como dijo un querido refugiado, "Hablar palabras no es importante. Amar es algo. Saber es algo."

En los años siguientes, Italia se ha visto inundada de refugiados hasta el punto de que el pequeño país ha tenido que obtener ayuda de las Naciones Unidas para hacerle frente a la afluencia de solicitantes de asilo que llegan a sus costas. Muchas de las personas a las que les dimos ministerio ese verano han huido a otros países. Los Ps y yo oímos que la mayoría de ellos, por la gracia y la provisión de Dios, están haciendo vidas decentes por sí mismos. Algunos todavía nos consideran "familiares" y permanecen en contacto hasta el día de hoy.

Si Víctor Hugo estuvo en lo cierto al decir que "amar a otra persona es ver el rostro de Dios", entonces creo que Italia le enseñó a mi herido corazón a ver a Dios con más claridad.

Capítulo 14

Círculo Completo

*"Así que, si tú piensas que este parado firme,
¡ten cuidado de no caerte!»
1 Corintios 10:12 RVR*

Julio 2007 - Mayo 2008

Illinois en julio no es más que campos de maíz. Recordé eso de Jon y de mi desesperado viaje en 2005 con innumerables millas de acres y acres de crayón verde en ambos lados de la carretera. Mientras la brisa del verano atrapó las anchas hojas de maíz, parecían decirnos adiós a las niñas y a mí mientras regresábamos a Texas en la camioneta pesada de diésel del Sr. Roberts. Tomando mi mano y sonriendo a través de su barba de chivo, dijo: "Va a ser un laaaargo día, pero estoy agradecido de poder llevarte a casa."

Por más de doce horas, con Snuffles y Whipper felizmente roncando en mi regazo y la canción Little Big Town armonizando en los altavoces, hablamos de su vida, mi vida y la posibilidad de hacer una vida juntos. Estaba emocionada por conocer a su hija de seis años, Penélope.

Ella vio a su padre leyendo mi blog un día y había preguntado por mí. "¿Quién es ella, papá? Es sexy. Te deberías de casar con ella. ¿Puedo escribirle?" Mi primer correo electrónico de la adorable Penélope con su coleta era tan sencillo como podría ser un niño de kindergarten. Ella escribió, "Querida Juliet, ¿Amas a mi papá? ¿Te gusta?"

Llegamos a casa del Sr. Roberts tarde en la noche. "¿Por qué no te quedas? Puedes manejar mi camión a la casa de huéspedes por la mañana. Quédate con el todo lo que lo necesites. Yo tengo la Harley," ofreció. Esa noche dormí en la cama rosa de Penélope. Ella todavía estaba en casa de su mamá. Quería conocerla cuando ella llegará a su casa, así que acepté su invitación.

Aunque nada paso, sabía que pasar la noche no cumplió con el principio bíblico de abstenerse de la aparición del mal. Lo hice de todos modos. Me sentía segura con él.

Un poema que escribí en Italia expresaba mis pensamientos de esta manera: *Es tu visión e integridad, mucho más que carne y hueso. En tu carácter y fuerza es donde mi corazón ha encontrado su hogar.* Después de ocho semanas lejos, todavía estaba enamorada.

Para mí, el Sr. Roberts representó todo lo que Jon resultó no ser: respetable, profesional, cumplidor de la ley, temeroso de Dios y realmente interesado en mí. De camino a Olive Garden una noche, descubrí que también besaba bastante bien. ¿Cómo puede una muchacha no estar enamorada? Digo "muchacha" porque es exactamente cómo me sentía después de mi divorcio. De alguna manera mis emociones se invirtieron de nuevo a esos altibajos de la adolescencia y sentía mis ojos saltones y mariposas en mi estómago siempre que él estaba cerca.

Penélope me adoraba y yo a ella. "Te quiero, Ms. Juliet," me dijo un domingo por la tarde, mientras estábamos hombro a hombro en la alfombra coloreando en su libro de Strawberry Shortcake. Desde el sofá, el Sr. Roberts se turnaba viéndonos y viendo a los Rangers de Texas deshacer a Kansas City.

Es un recuerdo agridulce. Los niños no pueden entender el mundo adulto de romance y relaciones. Solo saben que un día estás ahí pidiendo el crayón amarillo para que puedas terminar el cabello de Lemon Meringue y al día siguiente te has desvanecido de sus vidas. Ninguna cantidad de explicaciones puede hacer que se sientan bien. Incluso cuando ellos ferozmente arrancan todas las *páginas* que coloreaste de su libro, todavía hay fragmentos pegados en la encuadernación. Dejamos una pizca de nosotros mismos en el enlace de cada vida que tocamos.

Capítulo 14 • Círculo Completo

Dos semanas después de que la escuela comenzó, el Sr. Roberts me invitó la tarde del jueves a ir con él a DQ. Su invitación me asombro porque él había insistido que nuestra relación fuera clandestina para proteger nuestros trabajos. La política del distrito no veía bien que los administradores se involucraran románticamente con los maestros bajo su supervisión. Ambos amábamos nuestros trabajos y ninguno deseábamos "ser reasignados," así que acordé mantener las cosas "shh-shh" hasta que decidiéramos la manera más apropiada de darles las noticias a cada uno.

Estaba que estallaba por decirles a mis amigas maestras de primer grado, especialmente Shirley, quién fue mi transporte a la escuela por varios días después de haberle regresado su camión al Sr. Roberts. Siempre interesada en todos los detalles de mi vida, Shirley tenía una manera de hacer que yo quisiera contarle todo. Fue difícil no hablar del Sr. Roberts. Me sentí casi culpable por no decir nada, pero no quería meterlo en problemas. ¡Sabía que, si decía algo, la palabra se extendería como un incendio! Pueblos pequeños son así.

Era difícil pretender que no sentía afecto por él mientras hacía las rutinas normales de mi día escolar. Encontré múltiples razones para hacer una pausa en la puerta de la oficina del Sr. Roberts cuando iba y venía de la sala de trabajo de maestros. Nunca dejaba de poner una sonrisa en mi cara. ¡Es de extrañarse que la intuitiva de Shirley nunca sospechó nada! Por eso me sorprendió su arriesgada sugerencia de ir a Dairy Queen, un lugar continuamente lleno de estudiantes y padres de nuestro distrito. Fui porque lo había extrañado desde que la escuela comenzó.

Además de eso, dado que mi delicia favorita - el gelato de chocolate más oscuro del mundo - estaba muy lejos en Italia, supongo que la alternativa de la pequeña ciudad de Texas sería visitar el Dairy Queen local. No sucedió a menudo, porque sabía los peligrosos efectos de esos brebajes en mis muslos, pero mmmmmm, un Blizzard hizo una calurosa tarde de Texas casi tolerable. Vacilé entre elegir su Buster Parfait de Cacahuates o Blizzard o su Vaso de Crema de Cacahuates de Reese.

"Voy a querer una Reese Blizzard pequeña, por favor," le dije al feliz estudiante de secundaria detrás del mostrador.

"Vamos a la reserva natural," sugirió el Sr. Roberts después de recibir su propia Blizzard lleno de caramelo, servida al revés, como era la verdadera tradición de DQ. "Quiero pasar tiempo contigo." Asentí mientras tomaba un puñado de servilletas adicionales y me dirigía hacia la puerta. "Mejor nos vemos ahí, porque probablemente no debemos de ser vistos subiéndonos al mismo coche," me susurró en mi pelo mientras que pase cerca de él.

El Dr. Alan me prestó su camión de la granja hasta que pudiera ahorrar lo suficiente para dar un enganche en mi propio vehículo. Bajé las ventanas y seguí las familiares luces traseras del Sr. Roberts a la reserva natural local donde los dos únicos vehículos en el estacionamiento eran los nuestros.

"*Oh Padre*" recé en voz alta entre mordidas a mi helado que se estaba derritiendo rápido y goteado sobre mi mano, "*Estoy deseando tener mi propio coche otra vez. Gracias por la amabilidad de los que me han ayudado a llegar hasta que pueda ahorrar suficiente dinero para un enganche en algo decente. ¡Gracias que este año empieza mucho mejor que el año pasado terminó! Gracias que el Sr. Roberts quiere pasar tiempo conmigo. Quiero a este hombre... honesta y esperanzadamente. Por favor, ayúdame a ser sabia.*"

Los dos todavía teníamos algo de Blizzard en nuestras tazas mientras nos dirigíamos hacia el pabellón de picnic cerca de las zonas húmedas del fondo del río. El Sr. Roberts sabía que la reserva pacífica era uno de mis lugares favoritos. Me encantaba pasar Sabbat en las tardes ahí con mis binoculares, espiando el Índigo y Azulillo Pintado. Nuestras cucharas rojas de mango largo hicieron sonidos de raspado similares cuando nos sentamos en un banco de picnic astillado, terminando nuestro helado. El silencio entre nosotros no era incómodo.

"¿Que crees?" Pregunté. Sin esperar respuesta, lo actualicé de las últimas noticias de Italia. "¡Mamá dice que Nadeem irá a la escuela y Aazim tiene un trabajo! ¿No es maravilloso?"

"Sí. Lo es. ¿Qué hay de los demás?" él respondió, besando mis dedos pegajosos.

"Bien, Teddy se ha mudado de ese edificio destartalado y está en un lugar más seguro. Los Ps están tratando de ayudarle a tramitar unos documentos para que se vuelva legal. Tienen algunos cabos sueltos que amarrar antes de venirse a casa en septiembre. Con el dinero de donación que recaudamos, compraron Biblias, una lavadora, un ordenador, vitaminas, tarjetas y ropa. Mi madre literalmente daría la camisa de su costado para ayudar a alguien en necesidad. ¡Juro que es la gemela de la madre Teresa!" Respondí apasionadamente.

"Su hija no es tan diferente a ella. Todavía no conozco a tu madre, pero creo que su hija es la persona más amable que he conocido." El Sr. Roberts se bajó del banco de picnic y se arrodilló. Antes de que pudiera decir pudín de plátano, sacó un anillo de diamantes de corte cuadrado del tamaño de Texas. "¿Quieres ser mi esposa?" Me preguntó, mirándome a la cara con ojos suaves y serios.

Eso fue el 30 de agosto de 2007.

El 28 de septiembre, me colé a la oficina del Sr. Roberts y dejé un sobre manila en su ordenado escritorio. Contenía el anillo de compromiso apenas usado y una nota de despedida. El mes entre esas fechas fue un torbellino emocional. Como arranqué pedazos de mi diario de ese período de tiempo, solo pude confiar en fragmentos que no se arrancaron, y lo que quedaba en los márgenes de mi memoria para contar la historia de un dolor más.

Después de que dije, "¡Sí!" Nos sentamos encima de la mesa de picnic como dos tortolitos, cogidos de la mano y haciendo planes hasta que un guarda parques se detuvo para informarnos que las puertas de la reserva se cerrarían al atardecer. Conforme el horizonte se tragó un sol naranja, los rayos dorados hicieron mi nuevo diamante brillar con orgullo en mi mano, giré el volante del camión del Dr. Alan hacia casa.

En unos días, el Sr. Roberts y yo estábamos buscando casa. Mi diario dice: *Buscamos casas juntos antes de la Noche de Padres. Él me dijo que me amaba hoy. Me encantaba eso. Lo amo.*

El 12 de septiembre, fuimos a ver al talentoso compositor, Mark Schultz, en un concierto. Yo vestía pantalones azul marino, una blusa blanca y mi diamante. Había estado en mi mesita de noche la mayoría de los días desde que dije, "Sí". No estábamos anunciando oficialmente nuestro compromiso aún, así que tuve cuidado de usar mi nuevo anillo solo entre extraños. Las únicas personas con las que compartí mis buenas noticias fueron Darcy, Alan y mi hermana. Según recuerdo, ninguno de ellos tuvo mucho que decir. Recuerdo Darcy preguntando, "¿Nunca lo vas a llamar por su nombre?"

"Probablemente no," respondí, riéndome. "Es una costumbre llamarlo Sr. Roberts. Chris simplemente no se rueda fácilmente de la lengua."

Unos días después del concierto, el Sr. Roberts me invitó a ir a su casa, a pasar el rato con él y Penélope cuándo acabará con la iglesia. Aunque visitó mi iglesia una vez y yo lo acompañé a la iglesia de su hermana un par de veces, adorar juntos no fue algo que establecimos como rutina. Recé sobre eso mientras manejaba las cincuenta millas desde mi casa hasta la suya.

"Señor, sé que idealmente tú quieres que familias adoren juntos en espíritu y en verdad. Me he pasado muchos días de Sabbat, últimamente sentada sola en una banca. ¿Así será mi vida con el Sr. Roberts? No sé si me gusta mucho. Cambiar los días de adoración no parece ser algo en lo que ninguno de nosotros esté dispuesto a comprometerse. ¿Por qué todo parece tan perfecto, excepto por esto? ¿Cuándo podré contarle a la gente sobre nuestro compromiso? Quiero dejar de ocultar lo mejor que me ha sucedió en mi vida durante mucho tiempo. ¡Quiero gritarlo! Por favor, Dios. Solo quiero empezar a vivir en voz alta nuevamente."

Mi Toyota Rav4 2005 gris brillante zumbó en la carretera mientras oraba. No podía esperar para enseñarle mi nuevo Rav al Sr. Roberts. Yo *sabía* que el coche era un regalo del Señor. Regresé de Italia con la idea de que un Rav4 era justo el vehículo para mí.

Capítulo 14 • Círculo Completo

Era deportivo, pero no tragaba mucha gasolina, tenía espacio en la parte de atrás para que una maestra cachivachera transportara sus cosas alrededor y era fácilmente capaz de mantenerme en la carretera por lo menos 300,000 millas, con muy poco mantenimiento.

Comprar una nueva no estaba en mi presupuesto, pero encontré un concesionario en una ciudad cercana que tenía dos Ravs usadas dentro de mi rango de precios. El Dr. Alan y Darcy fueron conmigo a la prueba de manejo y asesoramiento. Inmediatamente me enamoré de la plateada más cara. El vendedor no estaba cediendo en el precio. Sabía que iba a ser difícil hacer el pago cada mes y mantenerme dentro del presupuesto que el Dr. Alan me ayudó a planear. Cuando salí brevemente de la sala de negociación para el baño, Dios debe haberse mudado, porque cuando volví, el Sr. Vendedor de Coches redujo el precio de *mi* Rav4 para que coincidiera con el otro. Darcy y Alan se sentaron ahí en silencio brillando. ¡Tengo el presentimiento que tuvieron algo que hacer con la reducción radical!

"Señor, amo a esas dos personas. También te amo a Ti. Gracias por Tu provisión."

Problema

"¡Tengo un nuevo cachorro!" Ella exclamó. "¡Ven atrás!" Penélope me llevó de la mano a la puerta corrediza de vidrio. Debido a que su padre no estaba muy contento con los hábitos de morder del cachorro, pasamos la mayor parte de la tarde afuera con la niña y su mascota con dientes de aguja. Lanzaba una pelota una y otra vez, escuchando sin pensar la charla feliz de Penélope.

El Sr. Roberts parecía extrañamente callado. No sabía si era por el perro, por mí o por qué, pero definitivamente él no era el mismo. Cuando me fui a casa, apenas y me dio un beso de despedida. Sabía que era una mala señal, pero en cuanto más insinuaba, más silencioso se volvía.

"Hablaremos más tarde", dijo cerrando la puerta de mi coche. Luego, mirando de cerca mi Rav, "me gustan tus nuevas ruedas".

"Me gustas tú", respondí, haciendo clic en mi cinturón de seguridad. "Pero hoy, no te pareces a ti."

Ese fue el comienzo de los problemas. La próxima vez que lo vi, él estaba hablando de dejar la educación para convertirse en un predicador, como su padre. Luego, en cuestión de minutos, dejaría de ser director y convertirse en instructor de vuelo.

"No estoy seguro de lo que depara el futuro", dijo ominosamente. No pude entenderlo, pero algo definitivamente era diferente. Empecé a entrar en pánico por dentro.

En unos días, nos separamos. Tuve que pedir una reunión de despedida con Penélope. Él finalmente concedió. Nos encontramos en un parque, llevando un poco de pan para alimentar a los patos.

"Tu padre y yo ya no nos veremos más, así que creo que esta podría ser la última vez que te veo", le dije, poniéndome en cuclillas para mirarla a los ojos. "Eres una niña preciosa y tu papá te quiere mucho. Él quiere la madrastra adecuada para ti y yo no soy la mejor opción, ¿de acuerdo? Todavía me importas y estoy muy feliz que pasamos tiempo juntas. Siento que hoy es un día de despedida."

Escribir este párrafo resucitó la calidez de la mano gordita de Penélope en la mía. Ahora mi corazón la sostiene por un momento cuando me la trato de imaginar como un adolescente.

Ocho meses más tarde, el Sr. Roberts me escribió una nota.

Un párrafo en particular decía: *"Creí que ya había terminado de llorar, pero me senté al borde de mi cama la otra noche y lloré y lloré. No por mí, ni por nosotros, sino por Penélope. Ella te amaba y lo más importante, sintió TU amor por ella. Hice mi mejor esfuerzo para explicarle por qué tu y yo no podemos casarnos y creo que ella comprende, lo mejor que una niña de siete años puede, pero ella todavía me preguntó el otro día, de la nada, ¿Alguna vez volveré a ver a Juliet? Fue difícil para mí responder con el nudo en mi garganta. Gracias por amarla tan genuinamente. No estoy seguro de estar en mejor situación al experimentar esto. No sabía que fuera posible para una persona amar a mi hija como propia, y ahora que lo he visto, dudo que lo encontraré de nuevo."*

Fue difícil encontrar palabras para describir los próximos meses cuando traté de darle sentido a lo que sucedió. En retrospectiva me da una gran paz porque el conflicto temporal palidece a la luz de lo que podría haber sido otro fiasco 'hasta que la muerte nos separe'. Si lo resumo en dos palabras, estas serían: diferencias religiosas. La historia nos dice que se libran muchas guerras y se pierden vidas sobre esas dos palabras. Nuestra desgracia no fue la primera, pero no disminuyó su impacto.

El Sr. Roberts mantuvo que me amaba. Simplemente no podía casarse conmigo, ni me hablaría ni reconocería mi existencia. Fue como si de la noche a la mañana volviera a ser una mujer invisible. Nadie más sabía que era invisible porque nadie más había visto lo visible que estaba en su vida en aquellas pocas semanas. A veces me preguntaba si me lo había imaginado. El silencio me volvió loca. Literalmente. No sé de qué otra manera explicar lo que hice para conseguir su atención.

En una página de octubre, mi diario dice: *Quiero ser entendida. Me siento terriblemente mal entendida. Esta es la primera vez que me hacen sentir como si no fuera lo suficientemente buena para alguien. ¿Cómo puede simplemente cortarme? Dios dice, "Vengan, usemos la razón juntos."* Las escrituras que escribí revelaron mi agonía. Junto al Salmo 116:11, que dice: *"y en mi consternación dije, todos los hombres son mentirosos* (RVR),*"* yo garabateando en tinta roja, sí, *me abandonan. Les dejo que me lastimen y todavía los quiero. Les creo lo que dicen cuando usan palabras como "para siempre" y "lo prometo."*

En las páginas subsiguientes, continué, escribiendo Hebreos 13:6 (RVR), *". . . Él Señor es el que me ayuda, no temeré. ¿Qué podrá hacerme el hombre?" y Salmo 119:28 (RVR), "Mi alma está cansada de tristeza; fortaléceme según Tu palabra."*

Fueron largas jornadas en la escuela y aún más largas las noches en la casa de huéspedes, mientras que yo poco a poco procesaba mi último desamor. Como mi lugar de trabajo y mis alumnos siempre habían sido mi refugio, no tenía lugares a los que ir emocionalmente seguros. Solo podía irme a casa. No podía quebrarme en la escuela o frente a mis amigos porque nadie sabía que el Sr. Roberts había lastimado mi corazón. No quería que lo supieran. No quería que nadie lo viera a través de lentes de color equivocado, especialmente en su lugar de trabajo. Lo respetaban.

Desafortunadamente, el respeto no duro intacto por mucho tiempo. Al perder respeto por el Sr. Roberts, perdí respeto por mí misma. Verás, la mezcla enfermiza de orgullo e inseguridad que supuraba en el interior me hizo detestar ser ignorada. Empecé a odiarlo. Esa mezcla fue pecado. Era peligrosa, y debería de haber sido tratada de inmediato. En algún momento escribí al margen de mi diario: *A menos que nos entreguemos diariamente a Dios, el pecado nos hará hacer cosas imprudentes e insensatas.* Mi dolor se endureció en ira y algo de esa ira escupió a la cara de Dios. Empecé a dedicar menos tiempo a Su Palabra y más a encontrar la manera de llamar la atención del Sr. Roberts. Fue un error costoso.

Dejé de evitar ver al Sr. Roberts y calculé maneras para hacer que nuestros caminos se cruzar en el plantel. Pasé más tiempo en el espejo antes de salir a la escuela. Empecé a almorzar en el comedor y no sola en mi aula con una pila de papeles no calificados. Un viernes en octubre le mande un mensaje de texto invitándolo a cenar. Para el lunes todavía no había respondido.

Supongo que es un no. ¿Qué parte de "no" no estoy comprendiendo? "Dios ... ayúdame."

El miércoles recibí un mensaje de texto contestándome. Decía, "extraño a mi *esposa*. He estado en angustia por semanas."

Esas diez palabras abrieron de par en par un umbral, que condujo al pecado consensual. Él me llamó su esposa aun cuando no lo era. Hicimos cosas qué maridos y mujeres hacen, aun cuando nosotros no estuvimos casados. Era como un pescado de trofeo hambriento en un estanque de pesca con exceso de pesca. Cuando apareció el cebo, lo tomé - el gancho, la línea y el sexo-con-uno-hombre-que-no-era-mi-marido. ¿No he mencionado que gente herida encuentran formas para herirse el uno al otro? Ese acto íntimo nos lastimó más que cualquier palabra que hubiéramos intercambiado.

También herimos nuestra relación con nuestro Padre Celestial al participar en *uno* de sus actos sagrados sin la Alianza protectora del otro. El matrimonio y el sexo nunca fueron creados para estar solos. Había experimentado el vacío de cada uno, sin su contraparte.

El dolor, culpa y vergüenza con la que me quede después fueron devastadores. En retrospectiva se revela que ninguno de nosotros permitimos el tiempo proverbial que cura todas las heridas para llevarnos a un lugar de preparación antes de relacionarnos en nuestro romance torbellino. La emoción de ser recién liberada de un matrimonio difícil, combinada con la adoración de un hombre al que respetaba y admiraba, dio como resultado una toma de decisiones apresurada. Un compromiso apresurado nos llevó a la larga a cuestionamientos y a un desenlace que abrieron de nuevo mis heridas apenas cicatrizadas, aun apestando con la infección del rechazo.

Nuestro último adversario sabe cómo prepararnos para cada caída, aprovechándose de las tendencias hereditarias y cultivadas. Obviamente el enemigo estudió mis debilidades, porque él ganó una gran victoria por agredir a mi integridad, una victoria que no me permitió olvidar fácilmente. Incluso ahora, me estremezco para escribir estos párrafos. Hay redención en compartir si tan sólo *un* lector permitirá que mi experiencia lo haga hacer pausa en el umbral de la tentación sexual y pedir al Espíritu de Dios que le revele la vía de escape que el Cielo ha prometido a todos los hijos de Dios.

Después de derramar mi corazón a Jesús en la secuela emocional, tomé el libro de Beth Moore, *Rezando la Palabra de Dios* de mi mesita de noche y le di vuelta al capítulo 'Superación de las Ataduras Sexuales". Ahí encontré estas palabras: "Puesto que ahora el Espíritu de Cristo mora en el templo de los cuerpos de los creyentes, el hecho de que un cristiano se involucre en pecado sexual es lo más cercano que Satanás puede llegar a atacar personalmente a Cristo." Ella continúa diciendo, "Pecados contra el cuerpo también tienen una manera de pegarse a nosotros haciéndonos sentir como *que somos* ese pecado y no el hecho de que hemos cometido ese pecado." Sabía exactamente de lo que estaba hablando. Me sentí sucia. Así que, ¿por qué lo hice una y otra vez?

Lo que sé con certeza es que una vez que se abren las puertas, son difíciles de cerrar. Una vez que se llega a un compromiso, es más fácil justificar lo que antes era impensable. Una canción popular de Casting Crowns, *Slow Fade,* describe perfectamente la bajada resbaladiza del pecado. Tenía el CD, pero me perdí el mensaje.

Mi primer paso hacia la arena movediza de la seducción comenzó con un pensamiento que se escapó de ser llevado a cautiverio, lo que condujo a otro... y luego a otro. Esos pensamientos crearon una audacia para actuar en formas fuera de lo común.

Y luego está todo el asunto del "enlace del alma". Beth habla de ello en el mismo capítulo, diciendo, "un enlace *del alma con cualquier persona* que no sea nuestro esposo esta fuera de la voluntad de Dios y se convierte en un blanco abierto para los esquemas continuos de destrucción del diablo." El Sr. Roberts y yo teníamos varias hebras de lazos emocionales y físicos del alma enredándonos durante nuestro breve romance intenso. Aunque le devolví su anillo de compromiso, no había roto el lazo. Todavía me aferraba a la esperanza. Ahora teníamos un lazo sexual del alma, que abría todo tipo de avenidas para que el enemigo trabajara en mi vida, porque me había convertido en "una sola carne" con alguien que no era mi esposo, independientemente de lo que dijera su mensaje de texto.

Inmediatamente, comencé a sufrir espiritualmente. Una culpa impía había plagado mi vida de oración. Mi vida de la iglesia fue envuelta en vergüenza. El miedo a ser descubierta recorría conmigo los pasillos de la escuela. No me sentía yo misma. Durante semanas me pase mis horas libres encerrada en la casa de huéspedes con las niñas. Se aprovecharon de mi estado de ánimo oscuro y se metieron en mi pequeña cama, detectando que no tenía ninguna energía para resistir su súplica con sus ojos de insectos. Desde ese lugar de soledad tranquila, deje que el Señor rompiera mi corazón.

Hasta este punto, toda mi vida permití que chicos y hombres rompieran mi corazón, dejando pedazos de mí misma detrás en el enlace de cada una de sus almas. Ese rompimiento tuvo como resultado que me derrumbara. Nunca hubo ninguna restauración que viene de ser roto por Él que formó mi corazón en primer lugar. Seguramente estaba roto en el pasado, pero esta experiencia de Dios me trajo un nuevo tipo de rotura, un quebrantamiento que eventualmente dio lugar a la entrega total y absoluta. Con esa entrega, vino la plena y fea realización de cuán lejos me había desviado del camino manchando de sangre la pureza que comienza al pie de la cruz.

Necesitaba encontrar mi camino de regreso al lugar de humilde arrepentimiento, profunda confesión y completo perdón que representa la cruz de Cristo. A partir de ahí, una vez más podría vivir la vida de integridad que Jesús llama a sus seguidores a vivir. Yo sabía el camino de regreso hacia la libertad, alegría y paz. No sé por qué arrastre mis pies para encontrarla, pero sospecho que el orgullo tuvo algo que ver con eso. ¿Por qué estamos tan llenos de nosotros mismos que a menudo vivimos nuestras vidas rogando ser notados, pero ignorando a Aquél que saborea cada detalle y nos ama más allá de toda medida, sin restricciones? Quizás es porque nos quedamos tan atrapados notando las "manchas" en los ojos de otras personas que nos perdemos los "troncos" en nuestros propios ojos (Mateo 7: 3 RVR).

Me enfoque en las malas decisiones de Jon todo el tiempo que participe en ese estudio de la Biblia titulado, *Cuando la Gente Piadosa Hace Cosas Impías*. Mientras estaba ocupada tratando de averiguar por qué el hizo lo que hizo, el enemigo más grande de mi alma estaba planeando cómo *meterme* en una nave diferente que se estaba hundiendo. Dios usó ese estudio de la Biblia para darme la oportunidad de prepararme para lo que estaba por venir, pero me perdí el bote. También ignoré las otras señales de advertencia que Él lanzó en mi dirección. Es fácil quedarse sordo y mudo cuando somos sacudidos por un mar de emociones. Es por eso que es importante buscar abiertamente y prestar atención al consejo de Dios.

Aunque mis sentimientos por el Sr. Roberts eran reales, nuestro terreno común no era suficiente para hacer la vida bien juntos. No nos habíamos dado el tiempo suficiente para entender eso antes de que nuestros corazones se enredaran. Solo exacerbamos el dolor de la realidad al cruzar los límites físicos que Dios tan sabiamente ordenó a la humanidad que se reserve para la santidad del matrimonio. Él fue desordenado. Afortunadamente, Dios entiende el desorden. Él ha estado limpiando los desórdenes del pecado por miles de años.

Incapaz de seguir jugando a las adivinanzas con Dios, me quedé en casa y no fui a la iglesia un Sabbat gris y literalmente lloré frente a mi Padre. Me recordó gentilmente la oración de arrepentimiento del Rey David en el Salmo 51. La hice mía, añadiendo varias otras referencias de las Escrituras (2 Corintios 5:17, Efesios 2:6-9, Efesios 6:10-18, Colosenses 3:9-10, Romanos 6:13 y Romanos 12:1 - 2) así como la información de mis estudios. Fue una oración larga, pero cuando me levanté, era yo una creación nueva.

"Ten misericordia de mí, Dios. Limpia mis pecados. Límpiame totalmente de cada mancha que mi egoísmo ha dejado en mi corazón. Sé que lo que he hecho es incorrecto. Renuncio a todo pensamiento y acción impuros relacionados con el Sr. Roberts. Renuncio al orgullo, al temor, a la duda y a la incredulidad que me hicieron entretener esos pensamientos en el primer lugar. Elijo confiar mi futuro en Ti."

En este punto, tuve que levantarme del suelo porque Whipper no me dejaba en paz. Ella seguía acariciando mi pelo para lamer las lágrimas de mi cara. Snuffles saltó sobre mi espalda y se instaló como si yo fuera un tapete. "Vete a acostar," dije, oscilando de lado a lado y enviando a Snuffles a una caída. Se dirigieron a su propia cama. Gateando hacia la mía, continué mi oración.

"Reconozco mis elecciones inmorales. Constantemente pienso en ellas. Sé que no solamente he herido al Sr. Roberts y a mí misma. Sé que

he pecado contra Tiiiii. Después de todo lo que Haaaas hecho por miiiiiii." Sollocé esas últimas palabras en mi almohada.

Cuando era más joven, buscaba impuramente la atención de los muchachos. Los dejé que me besaran y tocaran, inconsciente de que mi comportamiento era el resultado de mis heridas profundas. Pensé que el estar casada por todos esos años curaría eso. Pero, ahora puedo ver que sigo siendo una persona destrozada. Sáname, querido Dios. Hazme integra.

"Tú me has demostrado realmente quien soy sin Ti. Soy una chica tonta. Pero Tú quieres que yo sea sabia. No aceptas nada menos que mi completa honestidad Contigo. Límpiame con la sangre de Jesús y creeré que está hecho. Estoy cansada de esta pesadez en mi espíritu. Por favor 'Crea en mí, oh Dios, un corazón limpio, y renueva un espíritu recto dentro de mí' (Salmo 51:10).

"Nunca quiero estar sin Ti. No soporto el sentimiento de saber que mi propio pecado voluntario me separa de Ti. No vale la pena. Por favor, no te lleves Tu Santo Espíritu de mí. En su lugar, lléname para que pueda tener el fruto del Espíritu en mi vida. Devuélveme Tu gozo. Ayúdame a aprender de esta experiencia, de todas mis experiencias, para poder ayudar a otros a no caer en las trampas que han moldeado mi vida."

En medio de la oración sentí cuatro ojos redondos cafés mirándome desde el borde de la cama. Las niñas estaban de pie sobre sus patas traseras rogando mi atención. Ellas sabían que generalmente el llanto significaba que las normas son flexibles y podrían persuadir su camino debajo de mis cobijas. Decidida a no distraerme de mi oración, aplaudí y ordené: "¡Váyanse a la cama!" Los ojos desaparecieron.

"Elijo alabarte, aunque no sé hacia dónde va mi vida. Tú eres justo. Me pongo Tu justicia porque no tengo una pizca de la mía. Sin duda veo eso ahora. Todos los días antes de salir de mi casa me pondré fielmente Tu armadura. Sé que no tengo ninguna posibilidad de mantenerme firme sin Ti."

"*Mi corazón esta quebrantado, Señor, por lo que te he hecho a Ti. Mi espíritu esta quebrantado, Señor, al darme cuenta de lo que soy capaz de hacer. No quiero que esto vuelva a ocurrir. Así que ahora, en nombre de Jesucristo, rompo cualquier atadura del alma o atadura impía que tenga con el Sr. Roberts, con Jon, o con cualquiera con quién haya usado mi cuerpo o mente como un instrumento de impureza. Deseo ser completamente limpiada, y estar atada solamente a Ti.*"

"*Traigo la victoria representada por la cruz de Jesucristo entre ellos y yo. Gracias, Jesús. Elijo perdonarlos por su parte en este lío. Elijo liberarlos de cualquier atadura de palabra que tengan ellos, votos o promesas que he hablado o escrito. Elijo liberarme de todo lo que han hablado, escrito o hecho que me ataba a ellos de manera intempestiva.*"

"*Ruego por la preciosa sangre de Jesús sobre mi vida. Acepto Tu perdón. Creo que estoy redimida y restaurada. Escojo presentar mi cuerpo como sacrificio vivo. Me despojo de mi viejo yo y mis viejas costumbres, aceptando Tu promesa de que soy una nueva creación en Cristo Jesús. Vengo valientemente a Tu trono de gracia. Estoy sentada con Cristo en lugares celestiales.*"

Me senté entrecruzada en la cama y hablé con una voz que hizo que las niñas se animaran y se dieran cuenta, aunque no se movieron de su lugar.

"*En el santo nombre de Jesucristo de Nazareth, le ordeno a todo espíritu de temor, duda, falta de fe, orgullo, pensamientos y acciones lujuriosas a salir de mi vida. No tienen ningún lugar aquí. Tienen que irse.*"

Levantando mis manos hacia el cielo, volví mi cara hacia arriba conforme el manto del pecado y la vergüenza se levantaron de mí y fui liberada de la opresión bajo la que había estado.

"*Gracias, Padre Celestial, por redimirme. Gracias por darme otra oportunidad, por no dejarme en el pozo. ¡Alabado sea Tu nombre santo! ¡Alabado sea por Tu poder! Alabado seas por Tu misericordia, Tu ternura y Tu gracia. Siento Tu amor por mí. Lo siento. Lo creo. Por favor ayúdame a vivirlo. Ruego por Tu gloria y de acuerdo a Tu voluntad. Amén.*"

Esa tarde, lleve a las niñas a una caminata larga. Encantadas de estar afuera a ellas no les importo el día gris. A mí tampoco me importaba porque la nube bajo la que había estado viviendo se había ido. Podía respirar de nuevo. De alguna manera sabía que iba a estar bien. Tuve una paz profunda que me apoyo a través de los próximos meses. A pesar de que todavía tenía lágrimas que llorar, estaba comprometida a confiar en Dios con mi futuro y tratar de no manipularlo de ninguna manera.

Cuando llegamos a casa, descubrimos una docena de rosas color rojo oscuro junto a la puerta de la casa de huéspedes. Tom, mi querido amigo veterano, había estado allí. Su regalo me recordó de Aquél que me ama más extravagantemente. ¿Cómo podría no confiar en Él? Las rosas de Tom fueron un recordatorio físico de que Dios escuchó el grito de mi corazón esa mañana.

Mi diario reunió mis pensamientos después: *Independientemente de la profundidad de nuestra pérdida y nuestro dolor, aquellos que caminan en la fe deciden dar gracias de todo. La fuerza proviene del regocijo. Daré gracias. Confiaré en Él. Tendré la alegría del Señor. Esa será mi fortaleza.*

Queriendo recordar las maneras en que Dios me hablaba a través de Su Palabra, desenterré mis tarjetas de las Escrituras y comencé a copiar aun más versos, agregándolos a mi aro. Esas Escrituras se convirtieron en mi línea de vida a la alegría, al valor y a la fuerza mientras navegaba por mi vida como mujer soltera por primera vez. Como siempre sobreponía una relación romántica sobre la otra, esa clase de solitud era algo que no había experimentado desde la secundaria. Con cada vínculo de mi pasado roto, estaba por fin en un lugar donde Dios podía sanarme completamente y redimir mi vida.

Unos días más tarde durante mí periodo de silencio en la mañana descubrí un versículo poderoso para agregar a mí aro de tarjetas. Fue una promesa que me llevó a través de los próximos dos años, en Ezequiel 36:36 (RVR). "Y las naciones que quedan a vuestro alrededor sabrán que yo, el SEÑOR, he reedificado los lugares en ruinas y plantado lo que estaba desolado Yo, el SEÑOR, he hablado, y lo haré." ¡Esa promesa me recordó que no necesitaba esforzarme — Dios lo haría! Aplicar Sus promesas alivio la carga durante los siguientes meses mientras Lo veía abrir puertas a oportunidades que transforman la vida.

Antes de vacaciones, sabía que debía abandonar mi escuela y muy probablemente, mi ciudad, si en serio pensaba seguir adelante. Había recordatorios en todas partes de mí vida como esposa de Jon o como amor secreto del Sr. Roberts. Aunque apreciaba a mis preciosos amigos y mi pequeña familia de la iglesia, tenía la sensación ominosa que podía fácilmente despertar diez años más tarde en el mismo lugar, haciendo las mismas cosas. Ese pensamiento me deprimía.

El 1ero de enero de 2008, mi registro en el diario dice: *Deseo comenzar y terminar este año con mi corazón conectado al corazón de Dios.*

"Señor, comprometo mi vida a Tu cuidado y a Tu tiempo. Ayúdame a ser paciente."

Continué orando oraciones similares mientras Dios comenzó a moverme en una nueva dirección. Recordé la maestría que abandoné cuando el uso de drogas de Jon se intensificó, justo antes de irse a Blue Sky.

"Señor, ¿crees que algunos de esos créditos se transferirán si soy admitida en otro programa? ¿Se perdió mi trabajo? ¿Qué pasa con el Examen de Registro de Graduados? Recuerdo lo difícil que fue para mí y lo mucho que estudié para prepararme. No estoy segura que podría pasar esa prueba otra vez si esos resultados están vencidos. Mentalmente estoy agotada después de todo el drama. Mi concentración para pensamientos críticos y matemáticos es casi nula. "¿Que quieres Tú que yo haga?"

Para febrero investigué varios programas de posgrado e hice un descubrimiento encantador. Cada programa que vi necesitaba que volviera a tomar el GRE. La única excepción fue mi alma mater, una pequeña universidad cristiana cerca de la frontera de Tennessee/

Georgia. La administración estuvo de acuerdo con utilizar mis resultados pasados si podía conseguir los resultados originales y empezar mis clases de verano en junio en el plantel. Agradecida, por primera vez por mi parentesco de cachivachera, desenterré el documento y su sobre originales de las profundidades de mi archivero de metal destartalado. Encontrar ese trozo de papel fue un regalo del cielo. Representó la confirmación que debía regresar a la escuela y establecer a que universidad debería de asistir. En lugar de un plantel que no estaba completamente familiarizada, este sería un lugar que se sentía como en casa.

Una vez que Dios comienza a abrir puertas, ten cuidado, ¡las abre de par en par! El primer fin de semana en marzo volé a Georgia del norte para entrevistarme para un puesto de enseñanza en una escuela cristiana privada. "Alentamos a todos nuestros maestros a obtener maestrías", afirmó el superintendente. "De hecho, si firma un contrato por dos años, le pagaremos para que usted obtenga el suyo."

"Muéstreme donde firmar," respondí cuando el consejo escolar me ofreció una posición de primer grado. Después mientras maneje a mi hotel, la tranquila presencia del Espíritu de Dios se apoderó de mí. A pesar de que estaba en una ciudad extraña, no estaba sola.

En los próximos tres meses, mi Padre Celestial me alimento de Su mesa de banquete con cuchara. Sermones, Escrituras, canciones, todo lo que oía parecía hecho a mi medida. Mis diarios están llenos de versos y enseñanzas, que me sostuvieron a través de mi tiempo de transición de vida.

Cuando el enemigo trajo pensamientos de vergüenza o condena, volví a enfocar mis ojos en Jesús. Pegué una nota adhesiva en el espejo de mi baño, declarando: "Dios es Él el 'que levanta mi cabeza' (Salmo 3:3, BLA), no necesito ser insegura o estar avergonzada." Una entrada en mi diario proclama: *¡Jesús es el poder que trabaja en mí! Así es como lo supero. Si no estoy conectada a Jesucristo, no tengo poder (Efesios 3:20 BLA). Yo soy Su obra (Efesios 2:10 BLA) y Él no ha terminado conmigo aún. Porque es Dios quien* *trabaja en mi voluntad y mi actuar para satisfacer Su buen propósito (Filipenses 2:13 BLA).*

Mi escritura reflexiva de ese período de tiempo revela la obra del Espíritu Santo para restaurarme y hacerme crecer espiritual y emocionalmente. Estaba aprendiendo a obtener todo lo que necesitaba de Dios, dándome cuenta que era sólo desde ese lugar de plenitud que podía dar a otros. Ya no quería sentirme carente o a ser motivada por lo que podría *conseguir* de otra persona. Anhelaba que Dios me sanara por completo y estaba dispuesta a hacer lo que fuera necesario.

Mi diario de oración hacia el final de marzo refleja mi corazón: *Quiero Tu presencia en toda mi vida. Nada de lo que me aferre será más grande de lo que pueda perder. Te doy permiso para sacar todas las raíces rebeldes en mí. Ninguna persona puede ser tan real para mí como Tú, Dios. Seré fiel donde sea que Me pongas. Por favor, prepararme para mi futuro.*

Parte de mi oración de preparación fue contestada cuando acepté una invitación para asistir a una cautivadora Conferencia de mujeres en Colorado, justo antes de que me mudé lejos de Texas. Le pedí a Dios que me encontrará ahí. En el transcurso de tres días, Él llenó mi tanque agotado de amor mientras lo invitaba a cada lugar roto y lastimado.

Salí de esa experiencia con un sentido renovado de mi valor individual ante los ojos de mi Padre Celestial. Desde mi firme postura renovada como hija predilecta Del Rey, decidí que nunca más aceptaría trozos de la mesa del enemigo. *En lugar de tomar el asunto en mis propias manos, esperaré los mejores regalos de mi Padre,* escribí en mi diario mientras mi avión voló a casa de Denver a Dallas.

¿Puedo compartir algunos trozos de ese fin de semana contigo?

Empecemos con una oración de mi diario, escrita el 4 de abril de 2008: *Necesito encontrar la sanación que Tú tienes aquí. Abre los ojos de mi corazón. Dame oídos para Escucharte, ojos para Verte y la voz para Alabarte, aunque estoy destrozada. No estoy abandonada, sola, no amada, traicionada o a merced del mundo, porque tú prometes, en Juan 14:18 (RVR), que no me dejarás como una huérfana, sino que vendrás a mí.*

"El pecado es el adulterio del corazón. Es a lo que entregamos nuestros corazones en lugar de a Él." Las palabras del primer orador picaron como zumo de limón en una cortada de papel en la piel. Sabía exactamente de lo que estaba hablando. He estado regalando mi corazón toda mi vida. Durante el tiempo de reflexión al aire libre después de esa sesión, me apoyé contra la base de un árbol de hoja perenne y escribí esta oración en mi diario: *"Padre, dame el valor para aguantar hasta que Me rescates por completo. No tengo que fingir que soy fuerte. Sólo necesito depender de Tu fuerza. Ayúdame a confiar en tu corazón, no en el mío. Ayúdame a seguir Tus deseos para mi vida, no los míos. Ayúdame a no conformarme con menos de lo que Tú tienes en mente para mí."*

En una caminata por la tarde, capturé un pájaro azul de la montaña con mis binoculares. Sus abundantes plumas cerúleas resplandecían mientras posaba en un poste de la cerca entre voladas para arrebatar insectos a medio vuelo. Disfruté descubriendo los Piquituertos Rojos con sus picos entrecruzados e intenté identificar a un halcón hembra en vuelo. La presencia de Dios me rodeó en la grandeza de la primavera nevada de Colorado con su cielo azul y aire fresco. Esta belleza fue diferente de las familiares Lupinas azules de abril y Castilleja coccínea. Esto era salvaje y vasto, salvaje y majestuoso, como el corazón de Dios. Quería saberlo, quería conocerlo.

Algunas de las preguntas que Dios me preguntaba sentí que surgían de una charla por una oradora llamada Sue. "¿Qué tipo de mujer quieres ser?" Sue preguntó. "¿Quieres gratificación inmediata o verdadera restauración? Si realmente quieres más, elige más. Requerirá más de ti, pero valdrá la pena. Levántate y sal de la oscuridad. Nuestras caídas netas no es lo más profundo de nosotros. No necesitamos escondernos allí. No tenemos que creer las mentiras."

En mi diario pregunté: "*Dios, ¿qué escondo? ¿Cuál es la mentira que estoy creyendo acerca de la historia de mi vida?*"

La respuesta vino al instante en forma de un pensamiento fuerte. "*Abandono*".

Era cierto. Yo *creía que* los hombres me abandonarían, me rechazarían, me mentirían.

Temprano en mi vida hice algunos votos internos peligrosos para protegerme. Todo lo que experimenté con Jon y el Sr. Roberts reforzó la mentira de abandono. Estuve tentada a renovar esos votos y construir una coraza impenetrable alrededor de mis partes tiernas.

Nunca más me pondré en esa posición. No dependeré de nadie. No necesitaré a nadie. Nunca puedo confiar en un hombre.

Esos eran votos de muerte, mejores amigos de la amargura, resentimiento, ira y rencor. Los rompí en oración y luego los volví a hacer muchas veces a través de los años. El Espíritu Santo me estaba sugiriendo renunciar a esas mentiras una vez más.

"*Dios, guíame a través de este valle sin amargura,*" escribí. Antes de que comenzarán a sentirse falsas las mentiras debo decir que continúe, aunque sabía que no eran la verdad.

"*Te estoy invitando a entrar y que me dejes Conocerte como el Padre y el Marido que he añorado. Rompí los acuerdos que hice con el enemigo... Los que dicen que siempre seré abandonada y no soy digna de retener. Renuncio a esas mentiras, en el nombre de Jesucristo. Tú nunca me dejarás ni me abandonarás. No perdonaste a Tu propio Hijo, sino Lo entregaste por mí. Soy así de digna*" (Hebreos 13: 5, Romanos 8:32 RVR).

A medida que transcurría el fin de semana, podía sentirme yo misma, desplegándome mientras mi Salvador hablaba poco a poco sobre la sanación en esos lugares de posición fetal en mi interior, donde mi alma se enroscaba alrededor de sí misma para protegerse del dolor que casi me aplastó.

Conforme mi angustia fluyó a los pies de Jesús, Él no se encogió ni se alejó. Se quedó cerca, sufriendo mis pérdidas conmigo. Cuando escribí llorando: *Mi marido pasó doce años tratando de alejarse de mí. Quiero a alguien que quiera estar conmigo, mi Salvador me habló a través de Isaías 63:9 (BLA). Yo lo personalicé para decir: En todo el sufrimiento de Juliet, también sufrí y personalmente la rescaté. En Mi amor y misericordia, La redimí. Le alcé y La llevé a través de los años.*

Le rogué que me diera belleza por cenizas y redimiera los sueños que pensé que estaban perdidos. En aquel momento, no tenía forma de saber que tan perfecto respondería a mi súplica; lo único que sabía es que me quería ir a casa y vivir la vida diferente de lo que la había vivido antes.

El empujón final del fin de semana fue una clase que podría haberse llamado "Cómo Ser una Esposa Piadosa 101". Aunque, ya no era una esposa, la sabiduría y las experiencias compartidas resultaron cruciales para mi futuro. Abrace el concepto de que, si estoy casada o no, Cristo es el primer amor y el más importante en mi vida. Mi validación no viene del hombre, sino de Él. También tomé a pecho el hecho de que no puedo ser la validación del alma de un hombre. Él también debe encontrar su valor en Dios.

"Padre", rezaba desde el fondo de mi saco de dormir la noche antes de regresar a casa *"si vuelvo a amar a un hombre otra vez, me doy cuenta que debo entrar en su vida con la mano y el corazón abiertos, no descender sobre él desde un lugar de aferramiento, control y carencia. Por favor, no me dejes tener miedo de confiar. Quiero ser vulnerable en la forma correcta. Por favor, haz mi corazón suave, pero ayúdame a cuidarlo, no simplemente tirarlo por ahí para cualquiera. Quiero total sanación en mi vida, para que pueda amar más extravagantemente. Ayúdame a recordar que merezco la pena que luchen por mí y a nunca entregarme imprudentemente. Déjame vivir lo que he aprendido."*

Regresé a Texas con esa oración en mis labios. Me sostuvo a través de la transición de dejar todo lo que era familiar a una comunidad universitaria como una mujer soltera y divorciada. Para el tiempo que mamá y yo empacamos mi clase y empujamos todo lo que no cabía en mi Rav4 en la bodega, me sentí lista para partir.

Abril y mayo fueron difíciles. A pesar de que sabía que era tiempo, decir adiós fue difícil. Estaba dejando todo mi sistema de apoyo: mi terapeuta, mi trabajo, mis amigos y mi familia de la iglesia.

En las últimas semanas trate de conectar con todos los que quería. Janet, mi amiga preciosa de la iglesia lo hizo más fácil al planear una fabulosa fiesta mexicana de despedida para mí. Invitó a todos los que pudo pensar, incluyendo algunos de mis alumnos. ¡Ellos me llenaron copiosamente con canciones, regalos, tarjetas y hasta dinero para gasolina a mi largo viaje a Tennessee!

Salí sintiéndome verdaderamente amada por mi iglesia. Aunque no siempre habían entendido por lo que estaba pasando conforme sufría las consecuencias de una adicción que no era mía, me querían. Amor, como dice la Biblia, cubre sobre una multitud de pecados (1 Pedro 4:8 RVR).

Si tuviera que hacerlo de nuevo, habría sido más abierta con mi iglesia desde el principio. Tal vez podríamos haber trabajado juntos para apoyar a Jon sin apoyar su hábito. Tal vez nos habrían dado a nosotros un ministerio diferente si hubieran sabido acerca de la adicción. Sé que algunas personas, especialmente los jóvenes, fueron afectados cuando descubrieron el "secreto" de Jon y posteriormente de nuestro divorcio. Tal vez, la transparencia siempre hubiera sido mejor que una mala sorpresa. Es difícil de decir. Lo que *sí sé* es que la sanación se lleva a cabo en comunidad, no en aislamiento. Nos necesitamos los unos a los otros. No podemos hacerlo solos. Dios nos diseñó para caminar con Él y con los demás.

No podré olvidar fácilmente los sentimientos de aislamiento, soledad y miedo de ser expuesta, que marcó cada vez que Jon recayó y fui a la iglesia sin él. Recuerdo el aguijón del estigma que venía con el divorcio. No fue hablado. Tal vez, incluso hasta fue imaginado. De la noche a la mañana pasé de ser parte de una pareja a ser soltera. Las cosas cambiaron. Lealtades divididas. Disminución de invitaciones.

No queriendo que nunca nadie se sintiera de esa manera, me comprometí conmigo misma a crear mi propia cultura personal de vulnerabilidad y la aceptación de las personas que experimentan las luchas reales en sus vidas. Decidí que cuando me involucrará en otra iglesia, entablaría oportunidades para que la gente fuera auténtica acerca de lo que estaba sucediendo en sus vidas. Erigiría ser parte de los ministerios que Dios podría usar para sanar. Esas decisiones fueron deliberadas. Eventualmente no sabía cómo se iban a desarrollar, pero sabía que quería hacer una diferencia dentro del cuerpo de Cristo. Sabía que tenía que comenzar conmigo.

"Ya no", juré, "*me esconderé detrás de los pilares del orgullo y el temor.*" Quería estar dispuesta a vivir de forma transparente en mi nueva comunidad. Solo Dios podría ayudar a un introvertida como yo a derribar mis barreras auto impuestas para llegar a otros que podrían estar sufriendo. No pasó mucho tiempo antes de que Él proporcionará mi primera oportunidad para hacer eso, pero primero tenía que salir de Texas.

Mamá y yo nos abrazamos, nos besamos y nos despedimos de la ciudad con un Rav cargada y dos perros inquietos. Felizmente conversamos todo el camino a Arkansas. Siete horas y tres paradas para ir al baño más tarde, finalmente nos estacionados en el camino de la entrada de mamá.

"Gracias P," dije, avanzando lentamente de su cochera a la mañana siguiente. "Realmente aprecio que cuides de mis niñas. ¿Qué más podría haber hecho con ellas? Hay comida extra en el pórtico. Por favor, no les des nada más que la marca Iams, y *nada* de la mesa. Las enfermará."

"Está bien. Los perros estarán bien. Cuidaremos bien de ellos. ¡Te lo prometo! Te quiero. Jesús esté contigo. Buen viaje." Mamá sostenía una regadera de cobre en una mano mientras agitaba la otra para arriba y para abajo con su gesto familiar. Me di cuenta que quería llorar. Yo también.

Odiaba dejar a las niñas. Los Ps no son gente de perros. Fue un sacrificio para ellos cuidar a las niñas durante el verano mientras yo asistía a la escuela de posgrado en otro estado. Sabía que estar lejos de mí sería difícil para Snuffles y Whipper, pero el dormitorio donde me quedaría tenía la política de NO MASCOTAS. Mis opciones eran limitadas. Confiaba en que todos sobrevivirían durante ocho semanas. Con suerte, para entonces tendría un hogar otra vez.

El adiós lloroso de mamá desencadenó recuerdos enterrados cuando yo era mucho más joven y me iba a la universidad por primera vez. Tenía dieciocho y sin preocupaciones y emocionada de embarcarme en una nueva aventura.

"Oh Dios, ¿dónde se han ido veinte años? Aquí voy de nuevo, en un auto cargado de ropa y con un corazón cargado de remordimientos."

Mis lágrimas brotaron cuando doblé en el sinuoso camino de doble carril que conducía hacia Tennessee y ya no pude ver la pálida mano de mamá revoloteando en mi espejo retrovisor.

"Padre, perdóname por recordar los remordimientos. Déjame verlos como hitos. Por favor, protege a los Ps. Protege a mis niñas. Protégeme en esta nueva aventura. Soy definitivamente mayor, por favor ayúdame a ser más sabia que la primera vez que llegue al plantel."

Dos Días Después

El clic familiar de la puerta del dormitorio me confundió. Déjà vu... otra vez. Es interesante cómo un solo sonido puede desencadenar una avalancha de recuerdos. Desde que regresé a mi alma mater, muchas experiencias tuvieron un tono extrañamente familiar. Habían pasado dieciséis años desde el fin de semana de comienzo, cuando felizmente marché por los mismos pasillos con toga y birrete negro. Sentí que todo y nada había cambiado.

Me quité mis sandalias brillantes y examiné el espacio de mi nuevo hogar de diez por quince pies. *¿Es a esto a lo que se reduce mi vida; unos pocos pies cuadrados de habitación alquilada, ¿una computadora portátil y suficiente ropa para desbordar dos armarios del dormitorio?* Los recuerdos de mi vida anterior surgieron detrás de la seguridad que da el ajetreo, atacando mi alma desprevenida. En vez de lanzarlos de regreso, les permití que me llevarán a mi casa de Texas, donde deambulé mentalmente a través de una vida que ya no era mía.

La memoria persistió en colocar ante mi mente la inquietante foto de Jon de junio pasado. Aunque lo vi solo una vez, nunca olvidaré el vacío de su rostro, ni la frialdad de acero de sus ojos una vez animados y amorosos.

"*Él todavía está allí, ¿no es así, Señor? Después de todo lo que me ha hecho este año, es difícil imaginar que todavía está sentado en esa celda. Por favor, visítalo allí. Muéstrale Tu amor ahora que su mente está libre de sustancias. Sánalo, Dios.*"

"Eso es lo que las drogas le hacen a una persona." Pensé en cuántas veces los observadores bien intencionados repitieron la frase en busca de algo que decir para que aliviara el dolor de saber lo que le sucedió a Jon.

Lo que las drogas le hacen a una persona, quería gritar, *es mucho más daño de lo que esa persona pueda reconocer. Ninguna persona adicta vive una vida exclusivamente para sí misma. Los efectos residuales de la dependencia química corren por las venas de cualquiera que se atreva a amarlos. SE lo que las drogas le pueden hacer a una persona.*

Encontrándome rodeada por cuatro paredes desnudas, compartiendo un baño con un extraño y mirando la parte inferior de una litera, me pregunté si Jon estaba consciente del hecho de que sus elecciones también me habían colocado en un bloque de celdas. *¿Tienes alguna idea de lo que has hecho?* Mi mente gritó la pregunta varias veces desde la desintegración de nuestro matrimonio. Fue difícil para mí aceptar que otra cosa que las drogas "hacen" es continuar anestesiando al usuario del dolor que han causado mucho después de que el usuario se retira de las drogas o las drogas del usuario. A veces la droga de la negación adormece de por vida e impide que una persona haga enmiendas.

Cuando la puerta de mi habitación se cerró, recordé los miles de veces que había escuchado su familiar sonido como estudiante de la universidad en ese mismo campus y de cuántas noches me había dejado caer en mi estrecha cama, con el colchón cubierto con plástico crujiendo entre las sábanas, rogándole a Dios que bendijera la relación en la que estaba. Había rezado por muchas cosas en aquel entonces, pero principalmente por un buen esposo y mi propio hogar.

Treinta y ocho no es muy diferente de los dieciocho, pensé, examinando mi entorno. *Estoy justo donde empecé, con los mismos sueños que tuve hace veinte años. He vuelto al punto de partida.*

Capítulo 15

Belleza por Cenizas

"Para conceder que a los que lloran en Sion,
se les dé diadema en vez de ceniza,
El aceite de alegría en vez de luto,
Manto de alabanza en vez de espíritu abatido;
Para que sean llamados robles de justicia,
Plantío del SEÑOR, para que Él sea glorificado."
Isaías 61:3 (BLA)

Junio-Julio de 2008

"¿Eres maestra?" Le pregunté inocentemente a una pequeña rubia platino mientras esperábamos nuestras fotos instantáneas para nuestra identificación de estudiante.

"Noooo," respondió lentamente, mirándome de arriba a abajo hasta mis sandalias. "Mi marido huyo del gallinero y mi nido está vacío, así que volví a la escuela."

Sonriente, me acerque.

"Esta es mi oportunidad para ensayar con la transparencia por primera vez en mi entorno nuevo. Estoy lista, Señor. Soy real."

Sintiéndome torpemente como una mujer de las Amazonas, de un metro ochenta y cinco con tacones altos, me incliné hacia la brillante diadema de la pequeña dama y casi susurré: "El mío también. Sé a lo que te refieres."

Ese intercambio breve y honesto fue el comienzo de una preciosa amistad entre Nancy y yo. Ella, como Meredith, Aubrey y Darcy, se convertirían en poseedoras de pases de temporada de todo lo que Dios estaba redimiendo en mi vida. Para mí, una de las peores cosas acerca de empezar de nuevo es encontrar nuevos amigos en persona. Es difícil encontrar el equilibrio perfecto de confianza, transparencia y espiritualidad y menos aun descubrir a alguien con la suficiente simplicidad para evitar que yo me tomará demasiado en serio. Nancy resultó ser todas esas cosas, con un entusiasmo latino que podría deslumbrar al Papa. Su historia de Dios, como pronto aprendí, es un libro en sí. Estaba agradecida de haber descubierto un espíritu afín tan pronto después de haber llegado al campus.

"*Tú me prometiste darme los deseos de mi corazón.*" Le escribí a Dios el 5 de junio del 2008. Me recordó amablemente la segunda parte de su promesa en el Salmo 37:4 (BLA) comienza con la frase, "Pon tu delicia en el SEÑOR..."

"*Me deleito en ti, Dios. Te escuché cuando dijiste que necesitaba buscarte primero y luego todo lo demás se agregaría a mí (Mateo 6:33 BLA). Te sigo escuchando cada vez que me cruzo con uno de aquellos versos de 'Búscame' que Me sigues dando. Lo prometo. No permitiré que nada nos separe. Voy a "Buscad al SEÑOR mientras puede ser hallado, llamadle en tanto que está cerca." (Isaías 55:6 BLA).*

Mi deseo de agradar a Dios sobrepasaba cualquier otra cosa que el verano me ofreciera. Él y yo continuamos nuestra conversación acerca de los deseos de mi corazón tres días más tarde. Debajo de una cita de Maya Angeló en mi diario, que dice: "El corazón de una mujer debe estar tan oculto en Dios que un hombre debe buscarlo a Él sólo para encontrarla." Escribí esta simple oración*: "Señor, esconde mi corazón en Ti. No me dejes usarlo en mi manga."*

Estaba empezando a acostumbrarme a tener a Dios como mi único amante. Ciertamente podia confiar en que Él manejaría mi corazón con más cuidado que cualquier otra persona. Hablando de cuidar mi corazón, recuerdas ese versículo de Isaías 65:24 (BLA), donde Dios dice: "Y sucederá que antes que ellos clamen, Yo responderé; aún estarán hablando, y Yo habré oído." Eso es exactamente lo que sucedió después cuando Dios respondió una de mis oraciones más íntimas y privadas. Al igual que yo, si alguna vez has experimentado el abuso de alguien que está usando drogas o alcohol, es posible que te hayas preguntado si *deseaba* tratarte mal.

Tal vez ellos realmente no lo quisieron hacer. O tal vez ni siquiera recuerden lo que hicieron. Tratamos de aliviar nuestro dolor fingiendo que están demasiado pasados para saber lo que están haciendo. *No parece ser tan malo si no saben que están haciendo, ¿verdad?* Había hecho eso, innumerables veces, con el descuido de Jon. Incluso lo había hecho con el rechazo del Sr. Roberts. A medida que mi perpetua tormenta de polvo emocional se asentó en la quietud al comienzo de ese verano transformador de mi vida, empecé a darme cuenta que anhelaba al menos un reconocimiento de Jon.

"Padre", rezaba una noche cuando mis zapatos tenis marca Asics se comieron otro cuarto de milla de la pista. *"Sé que no podemos esperar que otras personas se disculpen con nosotros. Sabes que he perdonado a Jon y lo liberé de las ataduras de mis expectativas. A veces solo me pregunto si recuerda algo, cualquier cosa sobre nuestra vida juntos. Cualquier cosa sobre cómo me lastimó."*

Continué mi conversación unilateral conforme me iba de la pista y me dirigí a un conjunto de escalones de concreto hacia la avenida de la universidad. Me encantaba terminar mis entrenamientos con varias subidas y bajadas en esos escalones. Cada día mi cuerpo así como mi mente, se ponían más en forma mientras que quemaba los efectos secundarios de años de comer emocionalmente.

¿Sabes acerca de comer impulsivamente, verdad? ¿Qué bocadillos puedo comer para hacerme sentir mejor y adormecer nuestras almas vacías con calorías vacías? Odio admitir esas donas que había jurado consumir cada vez que Jon fumara un cigarro que resultaron ser más que solo amenazas ociosas después de todo. Puede no haber siempre sido Krispy Kreme que calmó *mis* nervios a través de los años, pero era generalmente algo del lado dulce, consumido en secreto y recuerdo con vergüenza cuando mi cuerpo no sabía qué hacer con las calorías extras y las almacenaba en lugares que mi espejo en el baño revelaba sin piedad.

"*Verdaderamente lo siento, Señor. Y no sólo por las consecuencias físicas. Pero porque escogí poner a otros dioses antes que a Ti.*"

Mi oración se movió como un péndulo entre pedirle una pizca de admisión, demostrando que se había dado cuenta lo mucho que secuestró mis sueños y lastimó mi alma, y arrepintiéndome de todas las veces que recurrí a la comida en lugar de recurrir a Jesús. Cuando terminé de correr esos escalones, estaba física y mentalmente "exhausta". Eso fue el 7 de junio.

Casi dos semanas después, recibí una carta de Jon de la cárcel. Tenía el sello postal del 3 de junio de 2008, cuatro días antes de que le pidiera a Dios que le refrescara la memoria a Jon para que pudiera experimentar el cierre completo. ¿No esta increíblemente lleno de gracia nuestro padre? Me doy cuenta de la rareza de los dones de recuerdo, reconciliación y cierre. He participado en varios grupos de los 12 pasos donde los miembros lloran por el hecho de no haber recibido nunca tal gracia de aquellos que los hirieron. No sé por qué me convertí en uno de los recipientes de la redención, pero sé del peso que se liberó mi alma con cada frase manuscrita en las ocho páginas en la carta de Jon. Observando mi nombre en ese sobre con la escritura familiar de Jon impreso todo en mayúsculas provocó un vivo recuerdo de la última vez que lo había visto en persona.

Retrospectiva

Fui interrumpida en una de las juntas de empleados por la secretaria de la escuela para contestar una llamada de teléfono con súplicas que incluyeron frases temblorosas como, "Tengo hambre" y "Necesito que me ayudes". Al principio, pensando que era un padre, había contestado el teléfono con mi voz de maestra segura de sí misma. Cuando escuché las peticiones casi desgarradoras de Jon, mi apariencia profesional se derrumbó en pánico.

"¿Dónde estás?" Pregunté. Nadie había tenido noticias suyas durante semanas.

"Estoy en la ciudad. He estado viviendo en las calles. Me quede sin dinero hace tiempo. Hice algunos enemigos y parece que no me puedo volver a levantar. Nadie quiere ayudarme. Tengo mucha hambre."

Mentalmente oré, *"¿Debo de ir, Señor? ¿Es seguro reunirme con él? ¿Me hará daño?"*

No había escuchado nada de Jon desde que nos despedimos en la oficina del Dr. Fox. Yo solo sabía a través del rumor de la familia que les pedía dinero en efectivo a todos hasta que sus llamadas de teléfono ya no eran bienvenidas. Según Mona, él estaba viviendo un estilo de vida turbulento y no se le podía confiar. Por supuesto, *yo* lo sabía mejor que nadie. Fui a reunirme con él de todas formas.

Entrando 40 minutos más tarde a un restaurante mexicano sucio de la calle principal, mis ojos se ajustaron a la iluminación tenue, pero no al cambio notable en la cara, actitud y rostro del hombre con el que me había casado descalza en la playa hace trece años. Una camisa roja estilo tropical con copas de Martini y aceitunas españolas esparcidas sobre ella, en un patrón muy adornado y chillón se tragó su delgado cuerpo. Se desplomó solo en una mesa para cuatro. Cuando nuestros ojos se encontraron, señaló hacia una tarjeta de débito en el borde de la mesa, murmurando: "No hay cuenta atada a esa tarjeta."

"Entonces, ¿por qué está aquí?" Nuestra conversación comenzó con su explicación de la presencia de la tarjeta de débito. La tarjeta era una vana promesa de pago, para que la mesera trajera los totopos y la salsa para el "hambriento adicto sin hogar", como Jon se refería a sí mismo.

Cuando la canasta de totopos vino, alcance hacia su mano de cadáver en un gesto automático que trajo lágrimas a los dos pares de ojos. Tomarnos de las manos en oración antes de una comida era algo que habíamos hecho innumerables veces en casa y en restaurantes a lo largo de los años. En lugar de retroceder por el dolor de conectarse en ese nivel, Jon me permitió orar.

Pidió el plato de enchiladas y se devoro vorazmente tres o cuatro mordiscos antes de apartar el plato. Era inusual para él no limpiar su plato, pero todo lo relacionado con él ese día era una paradoja. Mientras terminaba mis chiles rellenos, Jon, una persona normalmente callada, hablaba incesantemente. Se jactaba de ser un "hombre de mi palabra" en las calles y hablaba de "personas importantes" con las que se había codeado, como si me hubiera importado que conociera al "pivote" del narcotráfico del norte de Texas.

Jon no era para nada el Jon que conocí. Desde los extraños pantalones de mezclilla - nunca lo había visto en nada más que Levi 501- hasta la camisa llamativa y aún más ruidosa su plática, *él* era un extraño. Sentí que estaba en una mala cita a ciegas y solo quería escapar lo más rápido posible.

Después de pagar la cuenta, Jon me preguntó si lo podía llevar a un lado. "¿Donde?" Pregunté con cautela.

"Bueno, yo realmente no tengo ningún lugar a donde ir. Y mis hermanas no me hablan, después de todo lo que he hecho para ayudarlas. ¿Crees que podrías llevarme a casa de Bob y Aubrey? Apuesto a que tiene algún trabajo que yo pueda hacer."

"No sé. Puedes usar mi teléfono para llamar y preguntar." Al darle mi teléfono, oré silenciosamente para tener sabiduría mientras salíamos a la luz del sol. Parte de mí quería correr, una parte de mí odiaba dejarlo en su estado consumido. No sabía qué hacer, pero soy el tipo de persona que se baja de su coche para mover una tortuga de la carretera para que no la aplasten. Sentí que Jon era un pargo con un arma dirigida directamente a él. Simplemente no podía irme.

Cuando Bob dijo: "Ven" Una vez más, volví a ponerme en modalidad de rescate. *Jon necesita ayuda. ¿Que los cristianos no siempre dicen "Sí"?* A veces, habilitar es todo lo que sabemos. Pasarían años antes de que yo comprendiera las raíces de mi propia inhabilidad para decir: "No". En retrospectiva sólo prolongue la capacidad de que Jon se abusara a sí mismo y a otros, continuamente proporcionándole una vía de escape de los líos que él creaba. Mi encuentro final con él no fue diferente.

Una Disculpa

Después de todo lo que pasó entre nosotros, al ver la letra de Jon en el sobre se produjo un torrente incontenible de recuerdos y emociones. Aunque fui reticente a abrirlo, no pude resistirme. Quizás pueda mejor compartir la esencia de la carta de Jon compartiendo mi respuesta.

19 de junio de 2008

Querido Jon,

Hoy recibí el correo acumulado de tres semanas que finalmente nuestra oficina postal decidió reenviar. Me formé en la fila de la cafetería de la universidad con un gigantesco montón de correo, pedí una ensalada de cuscús y una crema de pimiento rojo y jitomate, luego me senté para comer mi almuerzo y revisar el correo antes de clase. Por supuesto, mi día se detuvo cuando vi tu sobre. Nunca esperé saber de ti otra vez. Me preguntaba qué cosas malas e hirientes tenías que decir esta vez sobre las cosas superfluas de la vida.

Aunque me cachaste desprevenida, me sorprendió gratamente la forma en que comenzaste tu carta. . . con recuerdos, agradables, que solo tú y yo conocemos. Casi me ahogo en mi cuscús y sopa conforme me comía cada palabra que escribiste. Por muy doloroso que sea el camino de la memoria, fuiste testigo de mi vida durante casi 13 años. Esa es mucha historia. Mencionaste cosas que estaba segura de que habías olvidado y cosas que YO HABÍA olvidado, como que a los dos nos encantó el mismo vestido de novia de esos enormes y caros libros de novias. Ese vestido todavía me atormenta porque parece que no puedo venderlo o regalarlo y aquí está colgado, en este armario del dormitorio, en la misma bolsa rosa que viajó a Costa Rica por primera vez.

Verdaderamente no sé qué decir. Estoy escaneando tu carta ahora. Es de noche y la he repasado en mi mente una y otra vez. Sé que no puedo dormir hasta que responda y selle el sobre y hay mucho dolor en estas páginas.

Sí, recuerdo la hermosa carta que le escribiste a Chloé mientras estuviste en The Rehab. Y recuerdo haberte dicho que deseaba que me escribieras una carta como esa a mí. Solo quería saber que pensabas y te preocupabas profundamente por mi como lo hiciste por ella. No entendí por qué no podías decirme algo significativo después de una década de matrimonio, pero podías abrirle tu corazón a ella después de haberla amado solo por 8 meses. Dijiste: "Si alguna vez te escribo una carta como esa, sería para decirte adiós." ¿Por qué "Lo siento" tiene que significar "adiós?"

Gracias por tu larga lista de "Lo siento." Te perdoné cuando revisé la lista. No podría soportar retener todo en tu contra. Nunca esperé que fueras "mi esposo perfecto." Solo quería que me amaras, que quisieras estar conmigo, disfrutar de mí como tu esposa. Sentí como si hubieras pasado nuestro matrimonio tratando de alejarte de mí. Nunca entendí eso realmente, pero fue el sentimiento más prevalente de nuestra vida juntos. Eso me dolió más que cualquier acto, solo la impresión general de que de alguna manera no era amada por alguien que prometió que me amaba con palabras, pero cuyas acciones continuamente lo negaban. Realmente afectó la forma en que me veía a mí misma como mujer. Me sentí poco atractiva, desafortunada e indeseable y luché con mi autoestima por el rechazo continuo. Te amaba y solo quería que me amaras de nuevo.

Por supuesto, los asaltos contra ti mismo, contra mí y contra nuestro matrimonio y la vida juntos se volvieron tan grandes que tuve que comenzar a cerrar mi corazón para poder sobrevivirlo todo. Esa llamada aterradora y manipuladora por la que me rogaste perdón fue la gota que derramo el vaso. Desde ese momento, sólo empecé a cauterizar las heridas pidiéndole a Dios que me liberara del dolor. Pero no podía hacer nada más. Estoy segura de que puedes entender eso. Pero gracias por reconocer que lo retirarías si pudieras. Me alegra que te arrepientas de haber hecho la llamada. Me dolió mucho, mucho ser utilizada así.

Te adjunto una copia de mi diario del día en que nuestro divorcio fue final. Puedes ver más o menos por ese tiempo, Dios ya comenzaba el proceso de sanación conmigo. Todavía estoy en ese proceso porque yo también tengo recuerdos y con los que lidiar y arrepentimientos que superar al cumplir los 39 años sin realizar muchos de los sueños que tenía para mi vida.

Por tus palabras, deduzco que tú y Dios están haciendo cosas similares. Si todo esto es lo que se necesita para perfeccionarnos y adaptarnos a una vida de total dependencia de Dios, entonces la Eternidad valdrá la pena. Tal vez esta es la forma en que tenía que ser. Tal vez no se suponía que debíamos vivir vidas cómodas y normales porque lo hubiéramos olvidado. Este proceso nos ha forzado a aferrarnos a Él porque no tenemos nada ni a nadie más. Tal vez es donde necesitamos estar. Es mi única fuente de alivio.

Rezo por ti cada vez que el Espíritu Santo te recuerda, que es más o menos a diario. Sé que ha sido un año difícil y solitario para ti. Nunca deseé hacerte daño y odio que hayas sufrido de tantas maneras.

. . . Jon, solo te deseo paz. Acepta mi perdón completo tal como lo ofrezco, sin condiciones. ¡Eres un hijo de Dios! Eres precioso para él, y eres precioso para mí. Me alegra que recuerdes algunos de los buenos momentos y las cosas felices de nuestra vida juntos. Intentaré hacer lo mismo. Que Dios te bendiga mientras recoges los pedazos, y espero que sea un poco más fácil saber que acepto y aprecio el esfuerzo extremo que te tomó escribir lo que me escribiste. Estoy agradecida por esta oportunidad para que podamos hacer un cierre libre de drogas.

Amor y oración,
Juliet

Al sellar la carta de Jon selle mi libertad de las cadenas de nuestro pasado compartido. Su intento lleno de oración y propósito de enmendar completamente lo emocional me libero de cualquier hilo que me unía a la incertidumbre con respecto a su memoria. Cuando la dejé caer en el buzón camino a clase la mañana siguiente, una barra invisible se levantó de mis hombros. Me sentía tan ligera que brinque tres conjuntos de escaleras del edificio de Ed/Psych sin parar a respirar.

¡Quizás mi nueva rutina de ejercicio está dando frutos! O quizás mi corazón se siente tan libre que nada me puede detener.

"*¡Gracias, Señor Dios! Tu viste mi profunda necesidad de sanación en esos lugares oscuros, secretos y Me contestaste incluso antes de que te lo pidiera. Tú me cubres las espaldas, Señor... Tienes mi corazón. Te amo.*"

Deseando que Dios me hiciera más sabia de lo que yo siempre había sido, busqué su Consejo para todo, incluyendo buscar una casa. Entre estudiar para *La Investigación de Acción* y *El Arte de Enseñar a Escribir*, había logrado localizar a un agente inmobiliario que, en la cúspide de la crisis inmobiliaria de 2008, se convirtió en un defensor de un comprador de vivienda por primera vez, como yo. Viviana era una bella sureña como su nombre, pero ella era muy seria para los negocios. Cuando compartí mi "lista de sueño" con ella, la analizó y dijo, "no hay muchas casas estilo Cape Cod aquí, querida, pero vamos a ver lo que podemos hacer".

Mientras que vivía en la casa de huéspedes, había elaborado otra lista. Esta vez era una lista de cosas que deseaba en un hogar. El Dr. Alan y Darcy, creen que a Dios incluso le importan los detalles como tragaluces y pórticos y pusieron una copia en la puerta de su refrigerador. Se unieron conmigo por meses para rezar por ella, mientras que me animaban a ahorrar cada centavo hacia un enganche. Rogamos con fe, creyendo que más que una tina en el jardín y una cocina amigable, yo necesitaba un lugar en donde me sentiría segura de vivir como mujer soltera. Un lugar que se *sentía* hogareño. Un lugar para sanar.

Para el veinte de junio, Viviana lo consiguió. Hice una oferta en una casa estilo Cape Cod con cuatro habitaciones, tres baños y un pórtico con una mecedora que habría hecho a Scarlett O'Hara sonreír. Era demasiada casa para mí pero el precio y la ubicación eran irresistibles. Amé la vecindad con sus lotes de media acre y residentes mayores con sus árboles florecientes y céspedes bien cuidados. Amé la privacidad de un callejón sin salida.

En un correo copiado a Aubrey y Darcy escribí, *Hice una oferta hoy. Alguien más hizo una oferta esta mañana y yo hice la mía esta tarde. Viviana las está enviando juntas al banco que es dueño de la casa porque está embargada. Es mucha casa para $132, 900, pero necesita alfombra y pintura. Si aceptan mi oferta, la semana próxima tendré que examinarla y ya veremos de ahí. Por favor recen.*

A Dios le dije, "*Padre, amo este lugar. Sí, necesita mucho trabajo. Pero no me asusta trabajar. Se siente como mi hogar. Por favor, por favor, por favor. . . Quiero decir, si es Tu voluntad y dentro de Tu plan para mi vida, abre un camino para que pueda comprar esta casa. Amén.*" Y luego esperé.

Justo cuando mi primera sesión de verano se cerró, obtuve un contrato en la casa. Nos fijaron el cierre julio 21, 2008. Porque el prestamista inicialmente frunció el ceño acerca del hecho que no había pagado alquiler por casi dos años, le escribí un correo honesto al oficial de préstamos, explicando que yo había vivido con amigos desde que mi marido dejo nuestro matrimonio. Describí la generosidad del Dr. Alan y Darcy, "que incluyó no cobrarme renta," y de mi plan de ahorros, "que me permitieron ahorrar una cantidad importante con un sueldo de maestra."

El banco me llamó para una cita en persona, solicitando una copia del correo impreso y certificado ante un notario. "Dios, esto es humillante," oré mientras cruzaba y descruzaba nerviosamente las piernas mientras estaba sentaba frente a una mujer sensata en su oficina helada y con frente de cristal. "*Por favor vindícame de las consecuencias de las decisiones de Jon.*"

"Debo admitir que esta es la primera vez que un posible comprador ha sido tan directo sobre sus circunstancias. Pero todo el papeleo está en orden, su depósito de garantía es bueno, y su contrato de enseñanza garantiza un sueldo que le permitirá hacer los pagos en esta propiedad," ella dijo después de varios minutos insoportables de hojear mi archivo y hacer cálculos con movimientos veloces. "Permítame recabar un par de firmas y regreso." Ella salió de la oficina con una misión usando tacones altos mientras que yo continué mi oración.

"Muy bien," ella me asustó con lo repentino de su reaparición, "Si usted puede firmar aquí. . . y aquí, usted se puede ir. Gracias por la oportunidad de poderla ayudar a comenzar su nueva vida en un nuevo hogar." Por primera vez, ella me miró a los ojos y sonrió mientras yo empujaba el papeleo hacia ella. Nos paramos para darnos la mano en el escritorio. La atmósfera en esa oficina había definitivamente cambiado de bajo cero a casi tropical.

"*¡Alabanza a Ti, Padre! ¡Tu incluso derrites los corazones escépticos de banqueros!*" Noventa millas se evaporaron debajo de mi Rav4 mientras que volé de nuevo al campus en las alas de esperanza.

La buena voluntad de nuestro Padre divino de honrar mi lista de ensueño para un hogar, reveló Su dulzura hacia los sueños de mi corazón. Desde que era una niña desgarbada jugando a La Pequeña Casa en la Pradera en un pasto de vacas de Texas con Annie y los niños vecinos, había soñado con vivir en una casa con un enorme pórtico en el frente y suficiente espacio para invitar a todos mis seres queridos a pasar la noche. Cuando llamé a Darcy para anunciar la respuesta de Dios a nuestras oraciones, exclamé, "¡Si Él puede ver mi corazón sobre esto, más vale que me ocupé en hacer mi lista para un esposo piadoso!"

No estaba bromeando. Estar soltera era algo que ni disfrutaba ni me imaginaba estar por siempre. Mi lista del "Esposo Piadoso" comenzó a llenar páginas en mi diario. Pero se transformó en algo más, porque conforme busqué referencias sobre maridos en la Biblia, el Espíritu Santo me reveló aún más Escrituras sobre esposas. Así es que, dividí a la mitad mis páginas del diario y escribí, "*Una Esposa Piadosa,*" en un lado y "*Un Marido Piadoso*" en el otro. Luego hice una lista con viñetas de las referencias bíblicas de cada lado. El proyecto tomó varios días de mi tiempo en la mañana con Dios.

De esa iniciativa surgió la realización de que si algún día Él me concedería mi petición de un esposo que remotamente reflejara mi lista de deseos, probablemente necesitaba permitir que Él me refinara en la clase de esposa que descubrí en Proverbios, Primero Pedro y Efesios.

"Señor, quiero tener la belleza de un espíritu apacible y tranquilo." oré, *"Por favor, ayúdame a dejar de esforzarme. Moldéame en una mujer que está lista para la clase de hombre que te pone a Ti en primer lugar. Hazme más como Tú y menos como la esposa que he sido en el pasado. Concédeme la paciencia para esperar al hombre de la lista y el valor para no comprometerme mientras tanto."*

Con esa oración, levanté mi diario a Dios. Esto es lo que vio:

Una Esposa Piadosa

Proverbios 31
- *Es una corona para su marido*
- *Es extraordinaria*
- *Le hará bien a su esposo y no mal, todos los días de su vida*
- *Trabaja voluntariamente*
- *Trae comida de lejos*
- *Se levanta temprano y se encarga de su familia*
- *Tiene una mente de negocios*
- *Hace transacciones sabias*
- *Es fuerte*
- *Invierte en calidad*
- *Trabaja en la noche*
- *Ayuda a personas necesitadas*
- *Se preocupa por su apariencia*
- *Tiene fuerza y dignidad*
- *Habla con sabiduría y bondad*
- *No es ociosa ni perezosa*
- *Es alabada por su esposo y bendecida por sus hijos*
- *Teme al Señor*

1 Corintios 7:3, 11 y 35
- *Cumple con la "benevolencia" (sexo)*
- *No se aparta de su marido*
- *Se preocupa por cómo ella puede complacer a su marido*

Efesios 5:23 y 33
- *Se somete a su marido*
- *Respeta a su marido*

1 Pedro 3:1-2, 4
- *Gana a su marido por el sumiso comportamiento (no dominante)*
- *Tiene la belleza de un espíritu apacible y tranquilo*

Tito 2:4
- *Escucha el Consejo de las mujeres mayores sobre cómo amar a un esposo*
- *Se autocontrola*
- *Pura*
- *Ocupada en el hogar*
- *Amable*
- *Sumisa*
- *Un Esposo Piadoso*
- *Proverbios 12:4, 31:10-11, 23*
- *Está orgulloso de una esposa virtuosa*
- *Confía en su esposa en su corazón*
- *Es respetado*

Génesis 26:8, 24: 67, 25:21
- *"Acaricia" a su esposa, incluso cuando son viejos*
- *Encuentra consuelo en amar y hacerle el amor a su esposa*
- *Ora por su esposa*

Tito 2:6
- *Es considerado con su esposa*
- *La trata con respeto*
- *Se autocontrola*

Proverbios 31:23, 28, 31
- *Es un líder*
- *Alaba a su esposa y nota lo que hace*
- *Habla sobre ella de una manera honorable con amigos y compañeros*
- *Alaba a su esposa con palabras de afirmación*

Mateo 1:19
- *No avergüenza ni humilla a su esposa en público*

1 Corintios 7:3, 36
- *Cumple con la "benevolencia" (sexo)*
- *No toma cien años para decidir si quiere o no casarse con ella*

Efesios 5: 28-29, 31
- *Ama a su esposa como a sí mismo*
- *La nutre y la acaricia*
- *No permita que su relación con sus padres interfiera en su matrimonio*

"Y Dios", continué con confianza *"Si por favor me podrías dar a un marido que tiene un corazón para el ministerio y ayudar a los demás, sé que podríamos realmente hacer una diferencia en tu reino. No deseo un hombre que este solamente interesado en pasar sus fines de semana mirando deportes y entreteniéndose a él mismo. Deseo a alguien que realmente le importe el sufrimiento en este mundo, alguien que trabaje conmigo para ayudar a aliviarlo."*

Además de todo eso, también deslicé en mi pedido un par de detalles de menor importancia en el departamento "externo". Oye, nunca está de más preguntar, ¿verdad? El señor no creó nuestro sentido de la vista para nada. Él sabe lo que les agrada a los sentidos que Él nos dio.

Pocos días después Viviana me llamó y me dijo que el Banco aceptó mi oferta en la casa y había movido la fecha de cierre por dos semanas.

"¡Guauuuu *Dios! ¡Te alabo por Tu mano en esto! Perdóname por dudar. Sé que según los salmos 91:9 (BLA), Tú eres mi morada. Si Tú eres mi hogar, nunca necesito sentirme sin hogar. También sé que lloraré cuando Viviana me de las llaves de mi casa nueva en Cooper's Cove. Parece que hace una eternidad que no tengo mi propio espacio.*"

Estadísticas

Aunque ansiosamente anticipaba mi fecha de cierre, tenía que pasar cuatro semanas de estadísticas antes de que me mudara. Las estadísticas me daban aflicción. Aún recuerdo morderme las uñas de angustia al tomar un curso de nivel posgrado de estadísticas después de trece años de enseñar matemáticas de primer grado. Sentí que había volado a un país extranjero donde todos hablaban un idioma que nunca había escuchado, pero que esperaba que respondiera con fluidez. ¡Hablando de choque cultural! Estaba más perdida de lo que Gilligan alguna vez pensó estar. Afortunadamente, mi profesor, Dr. Kevin Green, era un hombre paciente. Mi Salvador, me proveyó con una tutora llamada Tizzana. Sin ella, no puede haber sobrevivido el naufragio que fue EDUC 566, también conocido como *Estadísticas*.

Todo dependía de esa clase en particular. En mi programa de postgrado, si tenía una calificación inferior a B, técnicamente no pasaría. Si "fallaba", no tendría suficientes créditos para renovar mi certificado de enseñanza en una escuela privada, que necesitaba para alcanzar la escala salarial que me permitiría comprar mi casa. Toda la información financiera en mi contrato se basaba en el salario que recibiría si pasaba todas las clases y renovaba mi certificación profesional.

Para añadir presión adicional, EDUC 566 era un curso "intensivo" que se reunía de la 1:00 p.m. a 5:15 p.m. diario. Dr. Green explicaba el material que cubriríamos cada DÍA sería lo que normalmente se cubre en una SEMANA en un semestre regular. Estaba aterrada.

Mi experiencia puede resonar con los que no son "gente de matemáticas". Aquí esta cómo lo compartí con mis amigos vía correo electrónico cuando envíe una señal de alarma para oración:

> *El martes lloré durante la clase de Estadística. El volumen de información y en la velocidad en que se me estaba presentando me abrumó. Después, le dije a Dr. Green, que bien podría estar hablando chino.*
>
> *No tenido absolutamente ninguna pista acerca de lo que estaba hablando. Le pregunté si debo retirarme.*
>
> *Después de explicarme que la calificación se basa en cuatro componentes, cada uno vale 25%, el Dr. Green me recomendó que tratara de quedarme la primera semana y ver cómo me iba en la prueba.*
>
> *Estoy hecha pedazos. Nunca he tenido una calificación reprobada, y no quiero hacer historia ahora. Como ustedes saben, tiendo a ser obstinada. "No tiro la toalla" sin una buena pelea. El problema es que estoy desgastada. No sé si puedo hacer esto. Siento que mis únicas opciones son fallar o darme por vencida y salirme.*

Le pedí a mi madre que rogara específicamente para que Dios colocara a alguien en mi vida que podría ayudarme a través de esa clase. Al día siguiente conocí a Tizzana, una maestra de matemáticas de la escuela secundaria que también tomaba EDUC 566 para la renovación de la certificación. Al observar mi estrés, ese ángel de niña me invitó a su departamento después de clase para que me ayudara con la tarea. Para ahorrar dinero, estaba viviendo de crema de cacahuate y pan. Tizzana no solo pasó cuatro horas como tutora, sino que también me cocino espárragos al vapor, puré de papas y salsa, sirviendo mi plato mientras me sentaba en su mesa y trabajaba problema tras problema. Su amabilidad fue una respuesta directa a la súplica de la Sra. P.

"Gracias, Señor, por Tizzana", oré después de una sesión de tutoría. *"Pedí que alguien me guiara a través de esto sin ser condescendiente. Perdóname por no creer que tal persona existía. Recé, pero carecía de fe. ¡Sin embargo, me lo cumpliste!"*

Mi curso *"El Arte de Enseñar a Escribir"* resulto ser aún más satisfactorio que el puré de papas de Tizzana. Fue allí donde conocí a Joelle Callahan. Dios la usaría para alterar para siempre el curso de mi vida.

Joelle era brillante. Se distinguía por sus comentarios en clase y la forma en la que ella se comportaba. Ella era joven, rubia y apasionada, se dirigida hacia su doctorado. Ella no era alguien con quien yo naturalmente me juntaría. Especialmente cuando me sentía tonta y anticuada, gracias a mi clase de Estadística. Pero Dios tenía planes especiales para nuestra amistad. Joelle estaba más con los pies en la tierra y era profundamente más espiritual de lo que inicialmente imaginé. Ella era la hija de un pastor, lo que resultó ser un dato interesante que usó para iniciar la conversación un día después de clase.

"Oye, yo no soy de las que hacen este tipo de cosas, pero. . ." Tan pronto como el profesor nos asignó el proyecto de colaboración, Joelle había marchado directamente al otro lado de la clase, se detuvo en mi mesa y se inclinó cerca de mi oreja. Pensé que iba a pedirme mis notas o algo así, pero terminó su frase con, ". . . ¿que si estoy saliendo con alguien? ¿Como con un chico? ¿Como andando con alguien? Sin detenerse para recibir una respuesta, continuó, "Verás, conozco a alguien en Florida en el ministerio con mi padre y creo que ustedes dos realmente se llevaran bien."

"Uhhhh. No. No estoy saliendo con nadie. Simplemente no estoy interesada en este momento. Recientemente he salido de una situación difícil y estoy tratando de darme tiempo para recuperarme."

"Entiendo totalmente. No quiero presionarte, pero el Espíritu Santo me ha insistido mucho sobre esto desde que compartiste tu poema. Creo que ustedes podrían ser almas gemelas. ¿Al menos estarías dispuesta a darme tu número de teléfono para compartirlo con él?"

Yo había escrito un poema para la clase, sobre el ministerio de Cristo a María Magdalena. Varias personas, incluyendo Joelle, me pidieron una copia. Lo llamé "Sermón en la Arena." Sin que ellos lo supieran, el poema era realmente sobre mí. Qué gracia de nuestro Dios, tomar mis simples palabras y usarlas para impresionar a la hija de un pastor, que vio mi corazón y quiso conectarlo con otro corazón similar.

"Gracias por tu interés, pero no me siento cómoda dándole mi número de teléfono a un extraño." Estaba halagada, pero resistente.

"Tengo miedo, Señor. Y no conozco a Joelle lo suficientemente bien como para confiar totalmente en su juicio. Florida está lejos de aquí. No tengo tiempo para jugar con tratar de conocer a alguien de lejos."

"Está bien. Bueno, avísame si cambias de opinión." Joelle se levantó y recogió sus cosas. Salimos de clase juntas, charlando mundanamente, pensando profundamente. Los profundos pensamientos de Joelle persistieron hasta que actuó sobre ellos una segunda vez.

Dos días más tarde, ella nuevamente se me acercó, esta vez con su computadora portátil abierta en la página web de una iglesia. "Sé que dijiste que no estabas interesada", comenzó, "pero solo quería mostrarte su retrato. Él es muy guapo y tiene un gran acento africano del sur, además de ser apasionado por Dios, por supuesto."

No pude evitar mirar. Él *era* atractivo a la vista, pero había aprendido que el caramelo del ojo puede causar las cavidades del alma.

"¿No esta guapo?" Joelle sugirió.

Varias mujeres se habían reunido alrededor de la pantalla.

"Yo me sentaba en su banca en un santiamén, querida," dijo Carolina con su acento de Tennessee.

"No obstante, me tendrías que preguntar dos veces de que se trató el sermón," dijo otra. "Creo que deberías aceptar la oferta de Joelle."

"Lo siento," Joelle pidió disculpas por haber causado una conmoción. "Solo quería que lo vieras por ti misma. Recientemente fui a un viaje de misiones a México. Él estaba en nuestro grupo. Llegué a conocerlo un poco y parece como un hombre maravilloso. Nunca ha sido casado."

"Él *es* lindo," admití, "y estoy segura de que es muy amable. No estoy segura que estoy lista para esto ahorita."

"¿Qué tal si solo le doy tu correo electrónico?" Ella insistió. "De esa manera no hay obligación de realmente hablar con él." Joelle debería haber sido una vendedora.

"Está bien, está bien. Le puedes dar mi correo electrónico."

Las mujeres aplaudieron. Joelle bailó una danza de victoria.

El sábado en la noche a las 8:14 p.m., su nombre apareció en mi bandeja de entrada. André Van Heerden. *Mmmm.* Al parecer Joelle había estado usando sus dotes de persuasión en él también. Inmediatamente lo busque en Google.

Oh, aquí está… Pastor de la Iglesia Cristiana Lime Grove en Smalltown, Florida.

"Señor, por favor no me dejes enredarme en algo que no es de Ti. Tú sabes que no puedo manejar más drama en mi vida. La clase de Estadística es suficiente por ahora."

Seguido de mi oración, abrí el correo electrónico y vi que contenía estas palabras:

Hola Juliet,

Mi nombre es André, te escribo después de que Joelle mencionó que te conoció y sugirió que fuéramos amigos. Estoy seguro de que tú también prefieres considerar sólo una amistad, sin nada más por el momento, pidiéndole a Dios que nos mueva a los dos si ha de haber algo más en el futuro.

Gran comienzo. Supongo que Joelle le advirtió de mi nerviosismo. No tengo ninguna agenda, pero bueno... Suena como que él esta tan nervioso como yo. Bueno.

Su correo electrónico continuó:

Me emociona y me apasiona mucho la predicación, el nutrir uno a uno y crear un sitio en el internet para las personas que afrontan el divorcio, la pérdida de un ser querido, abusos pasados, adicciones, depresión, problemas financieros, etc. No hay mucha ayuda disponible dentro de las iglesias en general para la gente que afronta problemas personales, privados y de dolor. Si quieres darle una checada, la dirección del sitio de internet es www.relevantlifesolutions.org.

"¡Vaya! Bueno, Joelle. Ya veo de dónde vienes. Aquí, él está hablando mí mismo idioma." Hablé en voz alta a mi computadora portátil. "¿Cuántas veces, Dios, he deseado en el pasado un pastor que intente comprender y tener compasión por quienes sufren estas cosas? Que interesante que estas cosas sean la pasión de este hombre."

También me conecto bien con los niños y disfruto la manera en que aprecian las ocurrencias y responden cuando somos reales y abiertos con ellos.

Para demostrarlo, adjuntó una imagen de sí mismo rodeado de niños felices de la escuela. Todo el mundo hace caras tontas para la cámara. El siguiente párrafo me hizo que me ahogarme un poco, porque, en serio, ¿quién menciona las palabras "compañera de vida" en un correo electrónico de introducción?

Me gustaría construir una amistad en un fundamento espiritual donde podemos animarnos mutuamente en nuestro andar con Dios. Te estoy enviando unas fotos que mejor describen mi personalidad. Por favor, te aseguro de que le estoy orando a Dios para que sea muy claro conmigo acerca de una compañera de vida y que no habrá absolutamente ninguna presión de mi parte para algo más que sólo amistad.

André
P.S. Mis padres viven en Chattanooga y puede ser que esté allí esta semana.

Examiné cuidadosamente las fotos que él me adjunto, especialmente en la que él está en su bicicleta. Intenté *que no* me gustara nada demasiado. La siguiente tarde, respondí. Pero solamente después de haberles mandado el correo electrónico de André a Annie y Eddie y recibir luz verde de Eddie para proceder pero con precaución.

"Adelante y entabla una conversación. Él no suena como un pervertido ni nada", dijo Eddie.

Parte de mi correo a Sis decía: "*Por favor, sólo lee y borra. Si alguna vez salgo con este hombre, no creo que deba saber que primero lo envié a través del proceso de detección de comadreja.*"

Simplemente no confiaba en mi propio juicio. Yo estaba tomando la Palabra de Dios prácticamente cuando Él dice que hay seguridad en una multitud de consejeros (Proverbios 11:14 BLA). Por eso fue, que también les envié su correo electrónico al Dr. Alan y Darcy y a mi padre.

Capítulo 15 · Belleza por Cenizas

La respuesta de mi padre fue típicamente concisa.

Está bien, así que es guapo, muscular, corre, anda en bicicleta, nada, cree en Dios y ama a los niños. ¡Gran Hurra! Te quiero, papá.

Gracias, papá. Pensé que no estarías impresionado. Eso es lo que ocurre con los padres, cuando el corazón de su hijo ha sido herido por la adicción de otra persona. No confían en nadie. No tome la indiferencia de mi padre contra él. Simplemente estaba tratando de incluirlo en la conversación.

La reacción de Darcy fue por mucho la mejor:

Juliet,

¿Qué si me encanta esto? ¡Por supuesto que me encanta esto! ¡Este tipo está súper ATRACTIVO! ¡ATRACTIVO! ¡ATRACTIVO! ¡Será mejor que guardes parte del dinero para arreglar la casa para un boleto de avión al paraíso! Santo cielo, niña, cuando Dios te da una recompensa por ser paciente, ¡Él te da TODA LA ENCHILADA! Me he estado preguntando si ya habías conocido a alguien... Entonces, como tu amiga metiche, quiero saber:

¿Qué edad tiene?
¿Por qué no lo han arrebatado?
¿Has hablado con él por teléfono?
¿Y cuál es su problema con "AMISTAD"?

Dile que tu amiga de Texas dijo que su pequeña biografía y esos pectorales, digo. . .fotos, y el Señor Mismo la impresionó lo suficiente por todos. ¡Así que no te preocupes! El tiempo apremia. ¡El "futuro" es AHORA!

(Bueno, realmente no le digas todo eso. ¡Él nunca querrá conocernos!)

¿Estás segura de que es real? Si Dios no está involucrado, André es demasiado bueno para ser real. Pero estoy seguro de que

Dios sí lo está, ¡así que tal vez este sea finalmente el que existe para TI! Dios probablemente está sonriendo y diciendo: "Mira, te dije que todavía tengo algunos buenos por ahí." ¡Deberías escuchar más a tu amiga Darcy!

Por supuesto, tú TE mereces lo mejor. ÉL sería el afortunado. Sé que Dios ha estado cuidando de ti. Como Abraham, saliste con fe, moviste todo a donde Dios dijo que fueras, y tomaste una vida completamente nueva. Pase lo que pase, Dios te bendecirá con felicidad.

Alan y yo y muchas personas que te aman están orando por ti. No he tenido duda de los planes de Dios para tu vida desde esa mañana que Él te despertó y dijo que tomaras acción y empacaras tu casa. Eres tan preciosa para Él. Él se ha demostrado a sí Mismo una y otra vez conforme tú has confiado en Él. ¡Él no se detendrá ahora!

Mantenme informada.

Te quiero mucho,
Darcy

Le mande mi respuesta vía mensaje de texto. Ningún tiempo para los correos electrónicos largos cuando tenía que estudiar para una prueba de Estadística.

Me hiciste reír en fuerte. No sé las respuestas a tus preguntas. No he hablado con él por teléfono. Tomándolo calmada. Te mantendré informada. Te quiero. Gracias por las oraciones.

Aunque le envié un correo electrónico a André. Los mensajes de texto se sentían demasiado personales.

Hola André,

He tenido que sonreír por la persistencia de Joelle. Ella se disculpó bastante por su honradez cuando me persiguió por el pasillo el jueves pasado con su computadora portátil abierta en tu página de internet. ¡Veo que ella también cumplió su parte contigo! Dado que ella realmente no me conoce, me parece valiente de tu parte que hagas contacto conmigo.

Ya chequé tu sitio de internet. Sé por experiencia personal que tan pocos recursos están disponibles en el contexto de nuestra iglesia para las personas que están lidiando con algunas de esas cuestiones. Me interesará ver cómo se desarrolla y se usa ese recurso.

Caminando con Dios es algo que estoy aprendiendo a hacer de nuevas formas. Le estoy pidiendo que Me dé oídos para escucharlo últimamente. . . pausando más para escuchar, tratando de monologar menos. ¿Has leído el libro de John Eldredge, "Caminando con Dios"? He sacado algunas cosas del libro que estoy tratando de poner en práctica. Si tienes alguna experiencia en "escuchar" a Dios, estoy interesada en la perspectiva de alguien de mi generación, si realmente deseas comenzar un diálogo.

Gracias por compartir tus fotos. Estaba tratando de pensar en fotos que representen mi personalidad. Las de mi blog de mi viaje a Italia el verano pasado dan una imagen bastante precisa de quién soy. Si puedes abrir paso a través de toneladas de escritura, hay algunas fotos mías dispersas. Fue toda una experiencia. Aquí está la liga: www.ciaodirect.blogspot.com.

Juliet

Unas horas más tarde, su respuesta regresó:

Hola Juliet,

Bueno, debo decir que estoy impresionado con tu blog. Realmente lamento no haber documentado los viajes de misiones que hice a Perú en '06 y '07, y los que fui a Ucrania en '07 y México en '08. ¡Qué gran idea!

Sí, he estado muy consciente de escuchar la voz de Dios. De hecho, estaba escuchando un sermón que hice el primer Sabbat del año nuevo sobre eso mismo. Elijah quería escuchar de Dios después de su gran victoria en el Monte Carmel. Hubo un terremoto, un tornado y un fuego enfurecedor. Pero Dios nunca habló a través de ninguno de esos eventos dramáticos. Él habló por medio de Su apacible, pequeña voz.

No he leído libro de Eldredge, Caminar Con Dios, pero he leído Salvaje de Corazón y Despertando a los Muertos. Me parece que levantándome temprano en la mañana y pasando tiempo a solas con Dios, estudiando Su Palabra, meditando y orando es cuando puedo conseguir estar lo más cercano de dónde puedo escucharlo a Él. Considero que cualquier otro momento hay demasiado ruido y distracción que amortigua la voz de Dios. Cuando paso ese tiempo con Dios, a primera hora del día, es como si la conexión entre nosotros permanece estrecha por el resto del día. Cuando no lo hago, hay mucha estática.

También es mi profundo deseo escuchar la voz de Dios. Realmente es el mejor regalo que cualquier humano puede recibir. Personas en este planeta se esfuerzan por tantas cosas que parecen ser tan importantes, sin darse cuenta de que escuchar la voz de Dios significa tener todos los recursos contenidos en la mente de un sabio, Dios Todopoderoso y omnipresente a su disposición. ¡Increíble!

En este momento he pasado por una temporada de peticiones profundas, serias y comprometidas ante Dios. Quiero escuchar su voz en áreas muy específicas de mi vida. En los amplios parámetros de mi vida he escuchado claramente de Él, pero hay algunas áreas donde necesito claridad.

Estoy tan emocionado de ver que te encanta viajar y servir en viajes de misiones. ¡Me encanta hacer eso! Por favor, cuénteme más sobre lo que te ves haciendo en el futuro en este tema. Gracias por el correo electrónico y gracias por compartir tus pensamientos conmigo.
¿Parece que te gusta escribir?

André

Estaba enganchada. Respondí inmediatamente.

André,

Me alegra que te haya gustado el blog. Fue un proyecto de ministerio para alentar a las personas en el hogar a rezar y continuar su apoyo. Alentadoramente, cuando regresé de Italia fui a la oficina de correos y uno de los trabajadores dijo: "Hola Juliet. Bienvenida a casa. Me he mantenido al día de usted con su blog."

Alguien en mi iglesia lo había puesto en el periódico local y fue leído en el área. Creo que tuvo un impacto positivo en mi comunidad local porque me invitaron a compartir mi historia con diferentes audiencias. También sirvió como rompehielos para muchos de mis alumnos y sus padres al comienzo del año escolar pasado. Aquellos que eran cristianos expresaron gratitud por ser la maestra de sus hijos, basados en lo que habían leído en mi blog.

Mientras estaba sentada en esos cibercafés en Italia, no tenía idea de cuántas personas se verían impactadas por mis historias. Me siento bendecida de haber tenido la oportunidad de ser usada por Dios de esa pequeña manera.

Gracias por compartir los puntos de tu sermón conmigo. Me interesaría escucharlo por completo. ¿Tienes una forma de compartir?
Perdona por favor mi brevedad. Hay más cosas que decir, pero voy a cerrar la sesión y terminar mi tarea de Estadística. He descubierto que tomar cinco cursos a nivel maestría en ocho semanas no es una muy buena idea. ¡Las siguientes tres semanas pueden acabar conmigo!

Me encantaría platicar más acerca de tu opinión sobre el trabajo de Eldredge, los viajes de misiones, tu pasión obvia por Dios y la búsqueda de Su oído. Tal vez en una conversación futura...

Juliet
PS Sí. Debo admitir que soy una escritora de ropero. Creo que la escritura es mi mejor forma de comunicación.

Disfruté el vaivén que estábamos teniendo. La comunicación por correo electrónico le da a la persona tiempo para pensar y responder. Todavía no estaba lista para llamadas telefónicas, demasiada presión. No pasó mucho tiempo cuando André sugirió un punto medio entre los dos. Textear. Él ofreció el cebo en su próximo correo electrónico. Lo tomé.

Capítulo 15 • Belleza por Cenizas

Hola Juliet,

Fiuu. . . uuuh. . . ¡No tenía ninguna idea que ustedes estuvieran ocupadas con programas de Maestrías! Gracias por responder. Por favor, por favor no sientas que tienes que responder pronto, ni escribir más que una línea o dos. Si me mandas tu número celular, podemos textearnos de ida y vuelta y finalmente cuando estés en paz y tengas un poco de tiempo . . podemos hablar. Mi número celular está en la parte inferior de esta página. Texteame y seré capaz de textearte con algunas palabras de aliento durante tus días agobiantes. . .

En la parte inferior de ese correo electrónico, André puso un poema que había escrito seis meses antes, con la pregunta: "¿También escribes poesía? Todavía no he medido el ritmo de este, pero parece fluir bien."

"*En serio, Señor. ¿Este hombre escribe poesía? ¿Además de preocuparse por gente herida y pasar su propio tiempo de meditación Contigo? ¿Y ha leído dos de los libros que recientemente me han impactado espiritualmente? Estoy intrigada y ni siquiera lo he conocido. Por favor, protege mi corazón. Esto parece demasiado bueno para ser verdad.*"

Su poema se llamaba "Tres Hilos". Me gustó. En mi respuesta por correo electrónico a su autor, utilicé palabras como "poderoso" y "perspicaz". Las dos últimas estrofas decían algo como esto:

Sitios en el Internet, una introducción o cita a ciegas,
Todos están tratando de conocer a su pareja perfecta.
Hay un sin fin de posibilidades, sin embargo pocos encuentran
lo correcto.
Las parejas se conocen y se separan. Ellos no conocen su situación.
Divorcio, separación, soledad y dolor.
¿Están las relaciones bajo alguna maldición que no disminuirá?

La respuesta es sí los hilos son solo dos.

¿Donde está el tercer hilo visto por pocos?
El tercer hilo fue tejido en la primera pareja romántica.
Cuando Dios los creo tan perfectos e íntegros.
Él Mismo era el tercer hilo. Eran los dos.
Su amor los uniría para siempre y sería su pegamento fuerte.
Cuando Él les abrió los ojos para que vieran más allá
del amor humano,
Ellos aprendieron a practicarlo como Dios desde arriba.
Un cordón de tres hilos no se puede romper o deshilachar.
Y ese es el secreto para el amor supremo en tu corazón.

Pude sentir inquietud y esperanza en las líneas de André. Que bien sabía yo qué podía pasar en una relación con dos hilos solamente en lugar de tres. Y, aunque él nunca ha estado casado, probablemente lo entiende también.

"Tal vez es por eso que cubre muy bien sus correos electrónicos con "amistad espiritual". Él seguramente se ha quemado una o dos veces. No dejes que nos lastimemos el uno al otro, Padre. Por favor, que seamos sabios. Es tan fácil atorarse en conversaciones cómo estás y permitir que las emociones se salgan de alcance cuando realmente no sabemos nada de la persona excepto las imágenes que pintan y mandan de ellos. Estoy muy cansada para pintar una imagen. Lo único que puedo ser ahorita es yo. Tómame o déjame."

Trabajé muy arduo en las próximas tres semanas con todo el gusto que pude reunir. Hacía ya mucho tiempo que había estado en el otro lado del "escritorio del profesor". Aunque me encantaba la escuela, no importando de qué lado del escritorio estuviera, estaba sintiendo el cansancio que traen consigo los exámenes finales. Ya no estaba tan joven como lo estaba la última vez que no dormí estudiando para los exámenes.

El día antes de nuestra final de Estadística, llevé un rollo de papel higiénico de tamaño industrial a la clase, como una broma por todas las lágrimas que se habían derramado ahí. Pobre Dr. Green, estoy segura de que no estaba acostumbrado a trabajar con un grupo tan grande de maestros de escuela primaria llorones. Mirando el rollo de papel, volteó sus palmas hacia arriba y se encogió de hombros, "¿Debería siquiera preguntar?"

Tizzana me invitó a ir a su casa para que ella pudiera ayudarme con la última tarea. Su reloj leía 9:15 cuando habíamos terminado. Cuando me estaba yendo, ella me dio una copia de una prueba de práctica que ella había creado.

¿Cuándo voy a tener tiempo de hacer esto, Padre? ¡Todavía tengo un trabajo por escribir y un proyecto por completar!

Abrumada, finalmente hojee la prueba de práctica alrededor de las 11:00 p.m. Mi cerebro pantanoso sostenía tres semanas de la información de estadística, que había sido forzada en los últimos tres días de la clase. En quince horas, sería examinada sobre todo eso. Ese examen valía un cuarto de mi calificación entera. Yo estaba angustiada.

Mi humor se mejoró cuando leí el nombre de André en mi bandeja de entrada. Su correo electrónico fue breve, pero alentador:

No te voy a poner presión enviándote muchos correos ahorita. En el fondo rezaré en silencio pidiendo a Dios que te de cantidades especiales de fuerza, sabiduría y apoyo en este momento. Que Él te dé una avalancha tangible de Energía Divina que te vigorice y revitalice.

Que puedas descansar en la certeza de que Dios está trabajando para que todo salga a tu favor y que no tienes nada que temer más que falles en entregarte a Su oferta de levantar todas tus cargas. Que Su palabra fortalezca tu mente y llene tu ser con valentía y esperanza. No hay nada demasiado difícil para Dios, ni ningún problema demasiado grande para que Él lo resuelva.

Estaré rezando para que Él té de gran sabiduría y una compostura poco usual mientras luchas a través de temas en diversos frentes. Sé que Él te ayudará a través de tu examen de estadística y que Él continuará llevándote en Sus poderosos e invisibles brazos de gracia.

Tener a un hombre guapo y soltero animándome y orando conmigo de esa manera fue inspirador y peligroso. Todo lo que siempre quise de Jon era que él estuviera presente en mi vida. Que me apoyara con las cosas que estaban pasando. Que rezara por mí y conmigo sobre temas reales. Tener un extraño virtual acercarse y empatizar con mi estrés y que esté dispuesto a orar por mí y al respecto; bueno, digamos que si André quería tocar un acorde dentro de mi corazón, lo hizo.

Es por eso que es peligroso para hombres y mujeres que no están en una relación romántica ordenada por Dios que recen juntos íntimamente solos. Si cualquiera de las dos personas tiene un vacío en su vida, la oración rompe barreras y crea vínculos que el enemigo puede usar para cruzar las fronteras que deben permanecer intactas.

"Padre, me comprometo a Ti y a Ti solo. Confío que este hombre también. Por favor ayúdame a no leer en sus palabras algo que no existe. No me dejes ser tan necesitada que dependa de sus oraciones o de las de cualquier otra persona. Ayúdame a confiar en Ti."

Cuando ya no podía permanecer despierta, me fui a dormir con una oración para que Dios me despertara temprano para poder pasar tiempo con Él antes de que comenzara mi gran día. Por lo general, cuando pienso "temprano", pienso que son las 5 o 6 de la mañana. ¿Adivina a qué hora me despertó ese jueves? ¡2:45 a.m.!

"¡No, Dios! ¿No sabes lo cansada que estoy? Déjame dormir."

Me di la vuelta en mi colchón agrietado y flaco en mi dormitorio. Pero luego recordé lo que André compartió acerca de cómo la voz de Dios corta la "estática" cuando nos levantamos temprano para pasar tiempo con él. En mi caso, la estática era Estadísticas. Yo necesitaba que Él me hiciera entender *eso* y me lo dejara en claro. Me levante.

Capítulo 15 • Belleza por Cenizas

Dios me guio a obtener mi Biblia, mi libro de Estadísticas, notas y prueba de práctica e ir por el pasillo hasta el área de estar del dormitorio. Extendí todo en el escritorio.

"¿Bien, Señor? ¿Ahora qué?"

Isaías 50: 7. Eso es lo que Él me dio. Lo escribí en una tarjeta de ficha. *El Señor DIOS me ayuda, por eso no soy humillado, por eso como pedernal he puesto mi rostro, y sé que no seré avergonzado.* (BLA).

Leí ese verso varias veces.

"*Entiendo lo que Tú estás diciendo. Quieres que trate. Tú estás prometiendo ayudarme. No me voy a confundir. Voy a fijar mi terca mandíbula de pit bull como una roca y NO me avergonzaré de los resultados de esta prueba porque CONFÍO EN TI.*"

Lágrimas corren por mis mejillas al escribir esto, aun seis años después Su presencia es tangible a través de esa experiencia. Podía sentir su Espíritu ahí conmigo. Puede sentirlo *ahora* mientras te cuento Su bondad.

"*Te amo, Dios. Gracias por este recuerdo de cómo Tú cuidas los detalles de nuestras vidas. ¡Oh, cómo nos amas!*"

Dios y yo nos sentamos juntos durante horas. Me ayudó a revisar la prueba de práctica de Tizzana, encontrando las fórmulas de mi tarea y el libro de texto. Las escribí en una tarjeta de tres por cinco pulgadas en letra minúscula con un lápiz mecánico. El Dr. Green nos permitía traer una tarjeta de ficha, con lo que eligiéramos escribir sobre ella, para la prueba. Trabajé en la mía hasta que llegó el momento de arreglarme para la clase.

Por sugerencia de André, Joelle y yo nos reunimos antes de nuestra primera clase para orar. Fue una buena idea aprovechar el poder de la oración intercesora. Aunque Joelle se había sacado A en Estadísticas el semestre pasado, ella se compadeció y me animo. Después sentí tanta paz, segura de que Dios estaba conmigo sin importar lo que pasé.

En nuestra clase de las 8:00 a.m., todos los de Estadísticas, entraron en pánico. Nuestro maestro del segundo período se dio cuenta de nuestra angustia y nos trajo chocolate. También nos dejó salir una hora antes para que todos pudiéramos ir con Tizzana a preparar el examen.

El apartamento de Tizzana estaba repleto de pared a pared con maestros desesperados. Ella revoloteaba de persona a persona, contestaba preguntas, explicando y dando conocimientos básicos para ayudar a que los problemas se retuvieran. Mi cerebro estaba tan lleno que NADA nuevo estaba entrando. Me senté en el suelo de mi nueva amiga mirando mi ficha, rezando para que ninguna lágrima manchara mis pequeñas fórmulas.

Para la 1:00 p.m. nos pasamos a la clase donde el Dr. Green condujo una sesión de una hora de revisión. Estaba tan soñolienta que me quede dormida. Me desperté con un jalón temiendo que había babeado en mi tarjeta. Pero no lo había hecho.

A las 2:15 empezó la prueba. Tuvimos hasta las 5:00 p.m. Cuando recibí mi prueba, el pánico me regresó. La prueba estaba gruesa.

"Ayúdame Jesús."

En la parte superior de la página escribí, El Señor Dios me ayudará, por lo tanto no me confundiré, he puesto mi cara como un pedernal y no me avergonzaré.

Después escribí mi nombre, que valía 3 puntos completos.

Tomar ese examen era irreal. Tenía una imagen mental de Pedro caminando sobre el agua hacia Jesús. Siempre y cuando mantuviera mis ojos en Él, confiando en Su mano para guiarme, me sentía bien. Si me desconectaba mentalmente de Él, sentía como si me estuviera ahogando en un mar de números. La oración continua me movió de un problema al siguiente mientras buscaba en mi ficha la fórmula que parecía encajar. Trabajé metódicamente, sabiendo que no podía permitirme ni un solo error por un descuido. La presencia del Señor fue poderosa dentro de mí.

La gente que era rápida terminó pronto y se fue. Los estudiantes normales fueron disminuyendo hasta que algunas pocas tortugas quedaron. Al final, solo el Dr. Kevin Green y yo quedamos. Terminó de clasificar nuestras tareas y se sentó detrás de su escritorio frente al gran salón de clases vacío, haciendo clic con su pluma, clic-clic, clic-clic, mientras el segundero bailaba alrededor del reloj.

Para las 4:45 p.m. Había hecho todos los problemas que podía hacer con mi calculadora morada de plástico de la tienda Dollar. Fue demasiado tarde cuando me di cuenta de que todos los demás tenían calculadoras de cien dólares con todo tipo de botones con fórmulas muy elaboradas. No me alcanzaba para una de esas, así es que durante la prueba, la mía seguía poniendo EEEEEE por error porque no podía manejar lo que le estaba pidiendo que hiciera. Me acerqué al escritorio del Dr. Green y le mostré mi examen. "Mi calculadora no me permite hacer estos problemas."

"¿La puedo ver?"

Cuando le enseñé mi calculadora, su boca rápidamente ocultó una sonrisa que sus ojos no podían ocultar. Asintiendo con comprensión, dijo: "Puedes usar la mía," mientras me entregaba su calculadora de dos libras. Caminé lentamente de regreso a mi asiento.

"Oh, Señor Dios. Esto es tan humillante. No sé qué hacer con esto. ¿Le pido ayuda o simplemente finjo? No me voy a confundir. Voy a poner mi cara como pedernal. . . "

Me di la vuelta y de nuevo me acerqué humildemente al Dr. Green. "Lo siento, pero no sé cómo usar esto. Pacientemente me mostró qué botones necesitaría presionar para descubrir las diferentes funciones de la calculadora. Estoy segura de que no estaba rompiendo ninguna regla. Fue una mini lección llamada "Cómo Usar una *Calculadora* Real 101."

Volviendo a mi asiento, completé los últimos problemas momentos antes de que el reloj marcara las 5 p.m. Entre el tic-tac del reloj industrial de pared y el clic mecánico del Dr. Green, es un milagro que hubiera terminado. ¡Pero Dios y yo lo habíamos hecho! Al final de la última página escribí, *¡Esta es una de las cosas más difíciles que he hecho en mi vida, y he pasado por cosas difíciles! Gracias por su paciencia. Realmente quería terminar.*

Cuando salí al calor de julio, me di cuenta del frío que hacía en la clase. Una ola de alivio paso por encima de mí.

"No importa cuál sea mi calificación, Señor, Tú estabas conmigo. Tú me guiaste. Me despertaste temprano para prepararme. Estoy tan agradecida de haberlo intentado. Hice mi mejor esfuerzo. No estoy avergonzada."

Aunque mi archienemigo ciertamente intentó usar toda la experiencia de Estadística para hacerme sentir estúpida y aplastar mi espíritu, pero fue derrotado. Salí con una fe más fuerte y un conocimiento directo de lo que significaba depender de Dios momento a momento. Aprendí que Él nos puede dar victorias en los lugares heridos del cerebro donde años de estrés emocional han causado un grave daño cognitivo. Me sentí tan amada mientras que Él se tomó el tiempo para estar conmigo en ese valle numérico. Han habido pocas temporadas en las que he experimentado Su presencia tan fuerte como lo hice durante el final de Estadísticas. Cada vez que sostengo una calculadora, recuerdo Su fidelidad.

El viernes recibí un correo electrónico del Dr. Green con "los resultados del examen". En serio, que no tenía idea de cuál podría ser mi calificación. Cuando la vi, me derretí en mi deslucida alfombra del dormitorio y lloré ante Dios. Luego le hable a mi amiga Nancy para hacer una cita para celebrar.

"¡Woohoo!" Grité por el teléfono mientras compartía mis buenas noticias con ella. "¡Obtuve un 87%! ¿Lo puedes creer? ¡No solo lo suficiente para salir adelante, sino *muchísimo más de lo que pedí o pensé!* Tal como dice Efesios 3:20. ¿No es Dios bondadoso? ¡Aleluya!"

Nancy y yo "festejamos" ese viernes por la noche como niñas piadosas que han pasado por el infierno: ¡fuimos a la iglesia y levantamos nuestras manos y voces en adoración! Después de dos horas de alabanza sólida, oramos juntas en silencio en mi automóvil, agradeciendo a Dios por su bondad y misericordia. Aunque las dos fuimos afectadas por la infidelidad de nuestros esposos, nos habíamos encontrado con el Único Fiel. Su amor nos había llevado a un terreno más elevado. Desde esa postura, podíamos ver la promesa de un futuro, y no solo el dolor de nuestro pasado.

André llamó un martes para anunciar su llegada a la ciudad para "visitar a sus padres." Nos habíamos estado enviado textos de ida y vuelta y habíamos rezado juntos varias veces por teléfono. Estaba convencida de que sus padres solo eran un pretexto y realmente a la que quería venir a visitar era a mí. Joelle brinco de arriba a abajo cuando le dije que finalmente nos íbamos a conocer en persona.

Escribí en mi diario la noche anterior a nuestra presentación: *André llamó. Hablamos sobre su sitio de internet, platicamos un poco y rezamos juntos. Cuando el ora siento intensamente la presencia del Espíritu Santo. Me muero por conocerlo mejor. Dios, dame sabiduría y discernimiento.*

La mañana siguiente escribí en un correo para Annie: "*Hoy viene a Chattanooga. Nos veremos en algún momento este fin de semana. Pase lo que pase, creo que él será un gran recurso espiritual.*"

Me había animado por su respuesta a mi queja de sentirme abrumada: "Va a ser increíble conocerte," me había enviado un mensaje de texto, "y pasar un rato juntos si tienes tiempo disponible, eh, que no te distraiga de tus estudios. Llegaré el miércoles por la noche y me iré el lunes por la mañana. Mientras continuamos orando en nombre de cada uno, ten la seguridad de que Dios continuará desenvolviendo Su maravilloso plan cuando firmes los papeles de tu casa, completes tus estudios y empieces tu nuevo trabajo."

Hicimos planes para reunirnos enfrente al dormitorio después de mi última clase el jueves. Joelle nos acompañaría. Ella y Colin, amigo de André, vendrían con nosotros a PF Chang's a cenar. Una cita grupal nos pareció más segura para ambos.

"*Señor, estoy tan nerviosa.*" Recé mientras recogía mi montón de libros y comencé a caminar de mi Rav al dormitorio, pensando que tendría tiempo para cambiarme y prepararme antes de que todos llegaran. "*Ayúdame a estar tranquila por fuera.*" *No me importa si tengo treinta y ocho, bien puedo tener dieciocho por la forma en que mi* corazón está latiendo y mis sobacos sudando. ¿Qué pasa conmigo? Es solo un hombre..."

Cuando di vuelta en la esquina del estacionamiento a la banqueta hacia la puerta del dormitorio, vi a dos hombres con anteojos oscuros parados debajo de un árbol.

¿Son ellos? ¿Cuál es cuál? Oh, el que está en el teléfono debe ser André. Sí. Ese es él. Reconozco su cara ahora.

"Ayúdame Jesús. Él realmente es más guapo de lo que pensaba."

"Hola. Tú debes ser Juliet." Colin extendió su mano y sacudió la mía firmemente. Charlamos un momento mientras André terminó su llamada telefónica.

"Hola. Soy André. Perdón por eso, estaba terminando algunos asuntos de la iglesia." Nos dimos la mano e intentamos no mirarnos el uno al otro.

"Voy corriendo a dejar mis libros antes de que Joelle llegué," sugerí, buscando un escape momentáneo. "¿Quieren esperar en el vestíbulo donde está más fresco?"

"No, gracias," contestaron en coro con acento sudafricano.

Qué pintoresco. Qué incómodo. ¿Cómo puedo evitar que mis ojos se salgan de mi cabeza? ¿Cómo es que me he olvidado cuánto odio la escena de las citas?

"Oh, Señor, creo que voy a vomitar.'

Sonreí y asentí mientras decidían esperar afuera a Joelle, que estaba "a dos minutos de distancia." De la banqueta a las puertas del dormitorio me pareció interminable. Pude sentir los ojos detrás de los anteojos oscuros siguiéndome todo el camino.

"Sabes, Señor, hay una razón por la que me escondí detrás de una relación a larga distancia cuando llegué a este campus, hace años. No me gusta salir. No me gusta la incómoda rareza de conocer a un extraño y ser asada en la parrilla como un trozo de calabaza, con demasiadas preguntas sobre cosas que no quiero responder. Al menos no saldremos solos. ¿Recuérdame por qué estoy haciendo esto?"

Me revisé el pelo. Me examiné en el espejo de atrás de la puerta del baño. Pantalones cafés, blusa colorida estilo gitano. Zapatos de tacón. Sonrisa. *Ok, nadie notará mi sudor nervioso en esta blusa. Casual es una buena elección. Es solo P.F. Changs. No quiero parecer que estoy demasiada ansiosa por impresionarlo.*

Varias veces rumbo al restaurante los cuatro estallamos en risa. Cuando nos sentamos mi nerviosismo había desapareció. André se sentó a mi derecha, leyendo el menú sobre mi hombro. Pedimos varios platillos para compartir alrededor de la mesa. Yo pedí las verduras al curry de coco con tofu y sugerí la berenjena picante frita como aperitivo. Ni a Joelle ni a Colin les gustaba la berenjena. André y yo no tuvimos problemas para limpiar el plato.

"*Guau, Señor, esto no es tan incómodo como pensé. ¡De hecho me estoy divirtiendo!*"

Estaba atardeciendo en el campus cuando el Honda Accord de André se detuvo frente al dormitorio.

"¿Quién se quiere llevar las sobras?" Preguntó, empujando una bolsa café hacia mí.

"No tengo donde ponerlos. Tú quédate con ellas."

"No, gracias," respondió Joelle mientras él intentaba entregarle la ofrenda. "Estoy bien. Pero, ¿por qué no planean venir a cenar a mi casa mañana por la noche? Normalmente vienen varias personas los viernes por la noche." Entonces ella me vio a mí. "Algunos de los profesores de la clase estarán ahí. Son bienvenidos a venir. De esa manera ustedes dos pueden continuar esa conversación religiosa que comenzaron." Ella sonrió y guiñó un ojo.

"Suena como un buen plan," respondí demasiado rápido.

"Gracias, Joelle. No puedo ir porque voy a ver a mi hija y yerno mañana por la tarde, pero estoy seguro de que André estará encantado de ir." Colin se volteo de lado en el asiento del pasajero, sonriéndole a Joelle mientras le daba un codazo a André. Un momento de silencio incómodo y ambos caballeros saltaron para abrirnos nuestras puertas. Habíamos decidido de antemano que sería más cómodo viajar con los hombres enfrente y las mujeres atrás.

Todos nos dimos la mano nuevamente, repitiendo, "Gracias" y "Buenas noches" una y otra vez. André finalmente encontró su lengua y le prometió a Joelle que iría a la cena.

De vuelta en mi dormitorio, no podía concentrarme en la tarea final que necesitaba completar. Mi cerebro era una bola de electricidad. Había sido mucho más fácil mantener a ese hombre a distancia antes de que hiciéramos química. ¿No es curioso cómo haces clic con algunas personas? Ni siquiera tienes que tocar. Tú solo *sabes*.

Le envié un correo electrónico la tarde siguiente a Scott, el elder de mi iglesia en Texas. Me escribió para decirme que había recibido una carta alentadora de Jon de la prisión y quería saber si me interesarían saber de ella. Aquí está parte de mi respuesta:

> *Estoy realizando cada vez más de que Dios QUIERE a todos Sus hijos en el Cielo y Él hará LO QUE TENGA que hacer para que nosotros nos entreguemos. Él no forza, pero permite que nuestras propias elecciones nos lleven a donde lo hacen. Sin embargo, Él siempre está ahí para nosotros. Estoy agradecida de ver esta evidencia del cambio positivo que está teniendo Jon. Es por lo que recé durante más de una década. Gracias por compartir.*
>
> *En otro comentario personal, me han presentado a un pastor soltero. Cenamos anoche. No sé qué va a pasar, pero definitivamente es una persona que estoy interesada en conocer. Él ha experimentado el poder transformador del amor de Dios. Es obvio en su rostro. Eso, para mí, es muy atractivo.*

La tarde del viernes en Joelle pasó demasiado rápido. Aunque su departamento estaba lleno de gente, André y yo solo teníamos ojos el uno para el otro. Cuando el grupo se reunió para la oración final del estudio de Biblia, él me tomó mi mano en el círculo. No recuerdo quien estaba en mi otro lado. Solo sé que mantuve la cabeza agachada con los ojos abiertos, mirando a nuestras dos manos con los dedos entrelazados.

"*Él está tomando mi mano de manera íntima, Señor. Esta no es la forma típica de tomarse de la mano en un círculo en la iglesia. ¿Es esto lo que hace? ¿O soy especial?*"

No me atrevía a ver cómo sostenía la mano en su otro lado, quería pero no lo hice.

André y yo hicimos planes para encontrarnos para ir a la iglesia a la mañana siguiente. Conocía a varios sudafricanos que asistían a la misma iglesia que había estado visitando en el verano. Lo habían invitado a un picnic esa tarde. Él sugirió que Joelle y yo fuéramos también.

Nos reunimos en el pasillo y tomamos el elevador al segundo piso donde se daban las clases de Biblia. Las fragancias de Issey Miyake para hombres y mujeres se mezclaron llenando el espacio pequeño en segundos después de que las puertas se cerraron. Comparamos notas y nos reímos entre dientes por elegir la misma marca.

"La mayoría de los perfumes me dan dolores de cabeza," expliqué. "Esta es uno que *puedo* usar. ¡Me encanta! Pero lo guardo para Sabbat porque es caro. La versión masculina parece muy bonita también. Te digo si me da dolor de cabeza por estar cerca de ti."

Cuando se abrió el ascensor, miré a Nancy al otro lado del pasillo, adorablemente vestida como de costumbre. Se volteo de su conversación e hizo una doble toma.

"¿André?" Ella dijo su nombre como una pregunta mientras me veía a mí y a él y otra vez de regreso. "¿Juliet?" Las piernas cortas y tacones altos de Nancy rápidamente cruzaron la alfombra para abrazar primero André y luego a mí. Lo vio y le preguntó: "¿Qué estás TÚ haciendo aquí?" Luego ella miró de su rostro al mío y dijo: "¡Ohhhhh! ¡Oh! ¡Ohhhhh!"

Todos nos reíamos mientras ella inmediatamente puso dos y dos, haciéndonos una pareja en su mente. André puso su brazo en sus hombros y dijo: "Me da gusto verte, Nancy. Hablemos más después de la iglesia." Luego nos metimos en una de las clases, ya en sesión.

Disfruté nuestro estudio de Deuteronomio, tomando notas en mi diario cuando André se sentó oliendo tan bien a mi lado. Sentí que Dios me habla a través del versículo treinta y uno del capítulo uno. *El mensaje* lo expresa así: "... tú viste lo que hizo en el desierto, cómo Dios, tu Dios, te llevo como un padre lleva a su hijo, te cargo todo el camino hasta que tú llegaste aquí."

"Dios, me has cargado como un padre a través de mi experiencia en el desierto. Gracias por traerme a un nuevo lugar. Ayúdame a depender de Ti en cada paso que dé para adelante."

El deseo de mi corazón era complacer al Señor. No quería ser atrapada por la religión de rendimiento, pero sabía que quería tomar las decisiones correctas. Especialmente por lo que respecta a los hombres. Otra cosa que escribí en mi diario esa mañana me habla ahora, mientras afronto el miedo, orgullo y vergüenza de frente al escribir esta autobiografía:

La perfección no es un rendimiento. La perfección es perfecta dependencia. ¿Soy digna de confianza con Su poder? ¿Sin importarme lo que otros piensan? ¿Siendo yo misma y permitiendo que a Él me llene de Sí Mismo?

André me confió más tarde que estaba "profundamente atraído" por la forma en que escuché con tanta atención y tomé notas durante la clase y la iglesia ese día. No estaba acostumbrado a ver a alguien tan hambriento y sediento de Dios. Yo no estaba acostumbrada a que alguien me mirara tan descaradamente.

Después de la iglesia, descubrí que el rompecabezas de la vida de Nancy tenía una pequeña pieza de André. La última vez que lo vio fue en su ceremonia de ordenación pastoral, donde su marido había sido uno de los ministros que oficiaba. Desde entonces mucho había sucedido en sus vidas. En la pared de la oficina de André cuelga un certificado de ordenación que lleva una firma con el apellido de Nancy, aunque ella ya no lleva la carga de ser *esposa de ese Ministro*.

Conforme Nancy compartía la saga que dividió su matrimonio, los ojos de André se llenaron de lágrimas que se derramaron sobre sus angulosos pómulos. "¡Oh, Nancy! No tenía idea. Lo siento muchísimo."

Ambos la abrazamos cuando empezó a llorar en un esfuerzo por consolar su profundo dolor al recordar la pérdida de su matrimonio y la vida que había conocido durante veinticinco años siendo la "esposa del pastor".

Conforme lloramos juntos en un círculo apretado, André comenzó a orar sobre Nancy. Sus palabras fueron inspiradas por Dios y guiadas por el Espíritu Santo, directamente a su alma. Ella me confesó después que las lágrimas de André fueron "lágrimas de Jesús," derramadas por todo su sufrimiento.

"Sentí fuertemente la presencia de Dios cuando el rezo y lloró sobre mí. Fue como si Jesús mismo estuviera llorando y orando por mí. Yo desesperadamente necesitaba la compasión de un hombre. Un bueno y devoto hombre. Nunca, jamás me olvidaré de esas lágrimas de Jesús."

Invitamos a Nancy a almorzar con nosotros en el parque. Cuando llegamos, un picnic festivo se repartía en dos mesas. Joelle vino. Así lo hizo Colin, que también conocía a varios de los sudafricanos. Todos platicamos, comimos y reímos juntos. Aunque no conocía a nadie muy bien, me sentí lo suficientemente cómoda para quedarme un par de horas.

Observar a André interactuar con amigos que había conocido desde sus días universitarios fue esclarecedor. Podía ver que era amado. Para mí, ése fue un pedazo de información importante, porque Jon nunca había formado relaciones sanas y duraderas al crecer. Él no tenía raíces profundas con amigos devotos. Para mí, ese vacío es una alerta de su tristeza. Era bueno palomear esa casilla en mi lista invisible. *Tiene amistades sólidas y duraderas. Palomear.*

Nancy y yo nos disculpamos del picnic cuando las cosas empezaron a estar tranquilas. Estábamos ambas exhaustas de ser solteras. Yo necesitaba una siesta. La institución del matrimonio es una maravillosa protección. Un amortiguador. Un refugio. Afrontar el mundo sin ella siempre me agotaba. Me di cuenta de que no estaba sola en sentirme de esa manera después de comparar notas con Nancy durante el verano. Para mediados de la tarde estábamos roncando en nuestras propias habitaciones, tratando de recargar energías para poder reunirnos con Joelle y los muchachos más tarde para ir a por comida tailandesa.

Tengo fotos de nuestra cita Tailandesa. Tres señoras sonrientes apachurradas entre dos sudafricanos semi serios. Me veo un poco nerviosa. André está usando negro, su mejor color. La cresta puntiaguda al frente de su pelo se cuajó perfectamente. Él es moreno y guapo como Hugh Jackman. Pero hay un toque de Mr. Bean asomándose en las orillas.

Al final de la noche nos dolía el estómago, no de lo picante del curry verde, sino de los chistes de Mr. Bean que hacia André. Habían pasado años desde que me había doblado de risa. Se sentía muy irreal y extraño dejarme ir y gritar en buen plan. Quisiera poder decirte lo que era tan divertido, pero, como dicen, "Tenías que haber estado ahí." Estaba triste de ver que la noche estaba llegando a su fin.

André me llamó el domingo en la mañana. "¿Te gustaría perder al grupo y salir otra vez, sólo tú y yo?"

"Me gustaría eso. Mucho."

"¿Qué tal Carrabba? ¿A qué hora crees que podrías terminar de estudiar?"

"¡Ooh! Me encanta Carrabba. Puedo terminar a las 6 p.m. ¿Es muy tarde?"

"No. Está perfecto. Eso me da tiempo de estar con papá y mamá hoy. Te recogeré a las 6 p.m."

"Está bien Dios, llego la hora. La primera cita oficial. No hay gente para amortiguar. Obviamente él quiere conocerme mejor. No puedo

retirar mis ojos de él. Sin embargo, es su interior lo que en realidad me interesa. Siempre y cuando su corazón este oculto en Ti, sé que estaré bien. Seguiré viendo, pero parece ser que él es auténtico. Eso espero."

Apenas y me podía concentrar en terminar mi proyecto final de la clase. ¿Que me pongo? ¿Me peino con el pelo para arriba o alrededor de mi cara? ¿Qué le diré si me pregunta sobre mi pasado o estar divorciada? "Ayúdame, Jesús."

Ansiaba que la incomodidad de todas las "primeras" veces desapareciera. Podía contar con mis dedos cada primera cita que había sufrido. Por lo general para mí, empezar una relación nueva se sentía como tratar de echar a andar una cortadora de césped que ha estado en la cochera todo el invierno. Alguien sigue tirando del cordón una y otra vez tratando de encender un tema que prenda una conversación. Lo odiaba. En las primeras citas el miedo me asfixiaba.

Pero no con André. Dos horas en Carrabba se pasaron demasiado rápido. Inclinándose hacia enfrente en nuestra cabina de la esquina tenuemente iluminada para captar cada palabra que yo expresaba. Él ofreció partes de sí mismo y de su historia que suavemente allanó el camino para que yo compartiera parte de la mía. Mojamos muy contentos nuestro pan en un plato compartido de aceite de oliva picante y absorbimos nuestras historias mutuas. En el momento que llego el tiramisú, mis miedos se habían disipado.

"Entonces, ¿te importa decirme tu edad?" Sentí que me había ganado el derecho de hacer la única pregunta que me estaba *muriendo* por saber. Después de horas de observación y adivinanzas internas, no podía estar segura. Su silencio magnifico el sonido de mi cuchara raspando lo último que quedaba de chocolate en nuestro plato.

"Tengo cincuenta."

"Estás mintiendo."

"No. Soy un soltero de cincuenta años que ha tenido gelatina por cerebro la mayor parte de mi vida. Dios se ha tardado muchooooo para traerme a la madurez. Todavía soy una obra en desarrollo."

¿¡Cincuenta!? Él no puede tener cincuenta. Ni siquiera es de mi generación. Imposible. ¿En serio? De ninguna manera. ¿Cómo puede estar tan bien conservado? ¿¡Cincuenta!? Es solo nueve años más joven que mi madre. ¡Ouch! Eso lastima mi cerebro.

Puede que me perdí parte del monólogo de André acerca de tener cincuenta porque *mi* cerebro inmediatamente comenzó un pasatiempo infantil familiar. Cuando yo era niña, solía mentir debajo de mi edredón de tulipán amarillo y blanco jugando un juego en mi cabeza que era algo así: *Tengo diez años, mi hermana tiene seis. En cuatro años, voy a tener catorce, y ella va a tener diez. Cuando ella tenga catorce, yo estaré lista para graduarme de la secundaria. Y cuando ella tenga dieciocho, yo voy a tener veintidós.* Seguía hasta llegar a los treinta. Entonces mi mente se ponía en blanco, porque no podía empezar a imaginar lo que sería mi vida a los treinta. Esa era la edad de mi madre, la cual yo creía que era muy grande.

Eso es lo que hice mientras que André explicó su "Jell-o". Antes de que terminara, ya tenía a nuestros hijos graduándose de la secundaria con su padre en los setentas. Fue casi un motivo de ruptura. Pero no exactamente.

"¡Guau, Señor! Esa era una respuesta que no estaba esperando. Es dos veces la diferencia entre yo y el Hombre Pájaro. Y yo pensaba que él era viejo. No importa. No es como si yo fuera un adolescente o algo así. Solo me siento como una.

Regresé a nuestra conversación con lo que yo pensaba que era una respuesta adecuada. Creo que me avergoncé a mí misma. O a él. Después me confesó que cuando mencioné la advertencia de mi madre acerca de hombres mayores, lo había tomado bastante personal.

Afortunadamente, ese pequeño percance no arruinó nuestra noche. De hecho, terminó tal y como lo había soñado, con una larga caminata por la larga avenida. Como una estudiante que se había escondido detrás de una cortina de relaciones a larga distancia, nunca tuve la oportunidad de aprovechar las áreas románticamente atractivas de la universidad. Siempre envidiaba a las parejas paseando de la mano por la pasarela que se extendía a lo largo de nuestro campus. Un deseo encantador de mi corazón que nunca se había cumplido, era algo pequeño y secreto, que solo mi Salvador sabía.

"No estoy lista para que la noche termine. ¿Tú?" André me pregunto mientras con cuidado se estaciono paralelamente opuesto a mi dormitorio.

"En realidad no," le respondí.

"*Oh, Señor, no dejes que me intente besar o algo así. No quiero que me guste demasiado nada de esto. Ayúdame a poner buenos límites, aunque realmente no puedo dejar de notar todas las cosas besables acerca de él.*"

"¿Por qué no caminamos algunos de esos carbohidratos que acabamos de comer? Será una buena manera de cerrar nuestro tiempo juntos," sugirió, señalando hacia una serie de escalones que llevaban a la pasarela.

"¿Que está arriba de las escaleras?"

"Una pasarela realmente larga. La llaman "La Avenida".

"Perfecto."

Salimos del Honda y caminamos hacia los empinados escalones que había estado corriendo todas las noches. Mi corazón palpitaba. Fuerte. Como si hubiera terminado mi ejercicio.

La noche estaba perfecta. La oscuridad refrescó el calor y la humedad de julio en Tennessee a algo más soportable. La luna estaba en la cúspide de la plenitud. André tomó mi brazo y lo puso a través del suyo de una manera formal y anticuada, me sentí un poco como Mary Poppins. Aunque no cantamos juntos ni nada, casi podría haberlo hecho. Su guapura de Dick Van Dyke, cautivante personalidad y amor profundo por Jesús era toda la azúcar que deliciosamente habían endulzado la conmoción de su edad.

Mi diario de esa noche dice: "Señor, esconde mi corazón en Ti." Necesito sabiduría y discernimiento, porque definitivamente tengo una conexión espiritual con este hombre. No puedo negar eso. Gracias por la labor que estás haciendo en él. El fervor, el poder, la energía... Me atrae todo eso. Muy intrigada."

André me envió un último texto justo cuando me estaba metiendo a la cama. "Juliet, gracias por estar dispuesta a conocerme y por salir esta noche. Me inspiras, estiras mi mente y animas mi búsqueda de una mayor intimidad con Dios. Me fui con ganas de más. Buena noche."

Sermón en la Arena

Piel morena curtida
Se inclina
El sol atrás
De Su cuello

Señalando
Sin lugar a dudas
El pecado secreto
En arenas movedizas.

Espaldas se voltean
Caras se queman
Verdad que perfora
Corazones vendados.

Silenciando a sus acusadores
Usuarios hipócritas
Con profundo,
Honesto guion.

Ojos nublados se elevan
Encuentran mirada apacible
El perdón sopla
su pecado lejos.

Sermón en la arena
Por una mano curtida morena
Hablando su alma
A la libertad.

Capítulo 16

Fantasmas y Rosas

*"… Pasamos por fuego y agua,
pero nos trajiste a un lugar de abundancia."
Salmo 66:12 (BLA)*

Julio-Octubre de 2008

¡Casi era el día de la mudanza! Mi plan era llevar un montón de plantas para mi nueva terraza tan pronto como firmara todos los documentos y tuviera las llaves de mi casa en mi mano.

Cuatro años después de que bese por última vez a la abuela Dessa, mis ojos se humedecieron de nostalgia, cuando me acordé de su pelo rojo y su buena mano para la jardinería, mientras varias de sus plantas de casa florecían y me acompañaban a mi primer cierre de casa.

"¡No puedo esperar, Señor! Mi taza se siente de llena a desbordante. ¡Una casa propia! Un albergue seguro. Un lugar que Te puedo dedicar a Ti y a ayudar a los demás."

Fue el día después de mi cita de ensueño con André; mi cabeza estaba llena de preguntas y mi corazón estaba lleno de mariposas, sus pequeños alborotos hacían que mis mejillas se sonrojaran si ponía demasiada atención.

"No puedo dejar de pensar en él. ¿Es eso una cosa buena? ¿Es eso normal? ¿Es posible que lo extrañe después de solo cuatro citas? Me gusta. Realmente me gusta, aunque sea doce años mayor. Creo que estoy de acuerdo con eso. ¿Estás de acuerdo con eso, Dios? Nunca había

sentido tanta paz en la presencia de un hombre. Es solo ahora, sin él, que estoy agitada. Cuando estaba cerca, me sentía segura, porque su corazón y mi corazón están ocultos en Ti. Si tenemos que ir a Ti para encontrarnos, entonces todo debería estar bien, ¿verdad?"

Platique con el Señor como si estuviera ceñido al asiento del copiloto de mi Rav4. Se había convertido en un gran Amigo. No podía imaginar el viaje sin Él. Sentí que había pasado por fuego y agua, pero finalmente Él me llevó a un lugar de abundancia (Salmo 66:12 BLA).

Esas llaves de bronce que Viviana puso en mi mano simbolizaban las puertas que Dios estaba abriendo a mi futuro. Apenas pude contener las lágrimas mientras le daba las gracias a Él ordenando cuidadosamente las begonias de la abuela Dessa en las amplias barandas blancas de mi nueva terraza. Mi corazón se llenó de gratitud cuando colgué el último de tres helechos nuevos en ganchos de plata. Inspeccioné la escena hogareña a través de mi parabrisas mientras salía de mi entrada.

Los siguientes días trajeron un remolino del tamaño de Texas de actividad mientras terminaba la escuela de verano y transicionaba de la vida de dormitorio a la vida en mi propia casa que necesitaba una mano de gato urgente. Había tanto que hacer antes de que Bob y Aubrey llegaran con mis pertenencias. La oferta generosa de Bob fue algo así: "No creo que una dama deba conducir sola 700 millas con un U-Haul cargado. ¿Por qué Aubrey y yo no trabajamos con nuestros amigos de la iglesia para desempacar tu bodega y cargarte el camión? Yo puedo conducir el U-Haul, y ella me puede seguir en nuestro Camry."

"¡Oh Bob! Eso sería maravilloso. Mientras tanto, puedo pintar parte del interior para tu llegada. ¡Gracias! Qué bendición."

"Estamos encantados de ayudar. Estamos muy felices por tu nuevo comienzo. Simplemente envíanos la clave de la bodega y nosotros nos encargaremos del resto."

Dios colocó a muchos ayudantes en mi camino para facilitarme la transición a dueña de casa. Aunque mi casa era perfecta en muchos sentidos, fue abandonada durante un año o más, y los propietarios anteriores dejaron partes en ruinas. Entre mi enganche y los costos de cierre, gasté casi cada centavo que había ahorrado obedientemente. Mi prestamista me informó que calificaba para algo llamado "crédito fiscal a compradores de vivienda por primera vez." Básicamente, eso significaba que obtuve un préstamo sin intereses del gobierno de EE. UU., el cuál podía pagar a lo largo de quince años. Sonaba como un buen plan. Eso me daría $7,500 para comprar alfombra, pintura y electrodomésticos. ¡Lo tomé!

Después de varios días y múltiples viajes a Lowe's y Home Depot, ordené alfombras, una lavadora y secadora nuevas, y un refrigerador de acero inoxidable. También compré varios galones de pintura en colores cálidos con nombres como "Vaina de Vainilla" y "Crema Provenzal". No podía esperar para comenzar a pintar mi nueva cocina "Chiffon de Limón".

Acampé en el suelo en mi saco de dormir un par de noches antes de que llegara el U-Haul. Mi cuerpo estaba demasiado cansado para importarme. Recuerdos de mis días de pintor regresaron cuando abrí la primera lata y la vacié en una bandeja de metal. Casi ninguna herramienta me hace más feliz que un nuevo pincel Purdy con cerdas en ángulo. Enmarqué mi gran cocina en poco tiempo, me seguí con el rodillo, de arriba abajo, siempre dejando una línea húmeda de pintura como el Sr. Lutz, mi jefe de pintura, me había enseñado en la universidad.

En un correo electrónico, André se ofreció a venir a ayudarme. Pero decliné su oferta, todavía no estaba lista para que lo examinaran cualquiera de mis "píos". Aunque había empezado a marcarme diario en las noches para que rezáramos juntos, yo no sabía dónde estábamos parados. Me sentía nerviosa acerca de exponer mi enamoramiento a nadie, especialmente los amigos cercanos y la familia los cuales estaban a punto de descender a mi casa como enjambre de abejas ocupadas.

Después de que Bob y Aubrey llegaron con todas mis posesiones terrenales, aparecieron los Ps con dos perros muy gordos y felices de verme y con una carga de muebles. Decidimos que almacenarían sus mejores pertenencias conmigo, para poder vender su lugar en Arkansas y utilizar mi casa como base cuando fueran en enero a Italia para otra ronda de misiones. Mi abuelo y su nueva esposa Jean los siguieron de cerca con un camión de herramientas y muchos conocimientos de remodelación.

Era nuestro propio episodio del programa de televisión "Extreme Home Makeover" o "Extrema Remodelación de Casa". Bob lavó capas de moho de Georgia del exterior, limpió agujas de pino de las cunetas, y mejoró mi sistema de aire acondicionado. Mi abuelo arreglo una gotera en el WC de arriba y reparo varios agujeros de la pared de uno de los dormitorios, donde una persona obviamente furiosa golpeó en varios lugares y perforó a través de las paredes con el pie. Jean y los Ps tallaron todo lo que se podía tallar y comenzaron a desempaquetar las cajas de la cocina mientras que Aubrey y yo acabábamos de pintar el interior.

Antes de que Bob y Aubrey estuvieran listos para regresar a Texas, mi hogar fue examinado de pies a cabeza y todo lo que un marido habría hecho por mí fue hecho. Entre las especializaciones de todos y su trabajo duro me ahorraron miles de dólares. Mi casa de casi veintidós años se sentía como nueva.

Todos nos tomamos de las manos en mi sala color "Crema Provenzal", rezando oraciones de agradecimiento y dedicación antes de despedirnos. Mi abuelo y Jean tendrían un viaje largo de regreso a Oklahoma. Los Ps tenían que hacer planes acerca de un viaje antes de las misiones y un par de nietos que visitar antes de que regresaran a pasar los días festivos conmigo. Abracé y despedí a cada uno en mi terraza sureña de la entrada que estaba llena de helechos. Mi corazón se sentía lleno, pero mi casa se sentía vacía, a excepción de dos niñas atiborradas llamadas Snuffles y Whipper.

"¿Que rayos les dio de comer su abuela los dos últimos meses?" Le pregunte a Snuffs, cargándola sobre mi regazo conforme me dejaba caer en la mecedora de mi Nannie con asiento de mecate. Whipper trato de saltar para arriba, también, pero se cayó para atrás sobre el pórtico. "¡Cielos! Ustedes dos cabían perfecto. Los dos van a estar en una mega dieta. Efectiva inmediatamente. ¡Snuffles! ¡Apenas y puedes respirar con ese collar de grasa alrededor de tu cuello!"

Me había quejado con mamá tan pronto como los perros caminaron como patos por la entrada a nuestro nuevo hogar. Snuffles estaba tan pasada de peso que la tuve que cargar para bajar las escaleras a afuera.

"Bueno, *fueron malas niñas* ," me explico mamá. "Ellas descubrieron nuestro montón de abono y no realizamos que se escapaban a comer hasta que ya habían engordado unas libras. Pensábamos que solamente estaban explorando cuando las dejábamos salir."

Snuffs, siempre ha sido propensa a la gordura y ya tuvo una cirugía en su rodilla en el pasado. En lugar de bifurcar más de seiscientos dólares para otra operación en la rodilla, la hago subir y bajar las escaleras varias veces al día hasta que tengamos control de su peso y lo pueda hacer por ella misma. Estaba preocupada por ella, realmente por las dos. Se veían más viejas de lo que me acordaba y más empalagosas - se rehusaban a perderme de vista.

Puse su cama al lado de la mía en la habitación más pequeña, que había escogido para mí. Era la que más lejos estaba de las escaleras y tenía un gran closet en el pasillo justo afuera de la puerta. Me encanto la sensación que tuve de estar resguardada en mi cama nueva tamaño Queen, que fue regalo del Dr. Alan y Darcy, la cual básicamente llenaba el cuarto. No planeaba dejar que ningún perro mendigo entrara en *esta cama* . ¡De ninguna manera!

Con todos ya fuera y la mayoría de mis cajas desempacadas, tuve un par de días para ponerme al corriente de la correspondencia y ajustarme a vivir sola antes de que fuera tiempo para empezar a preparar mi nueva clase. Cuando le mandé un correo electrónico a mi amigo mayor Tom para decirle sobre la escuela y contarle de André, tuve que reírme entre dientes de su respuesta animadora.

"He estado rogando por más de un año para que te encuentres a un pastor soltero y continuaré haciendo sin falta. ¡Adelante chica! Si, tu plato está lleno de lo que tienes que hacer antes de que empiece la escuela pero tú eres una maestra capaz."

"Dios, por favor bendice a Tom. Gracias por amigos que oran por uno. ¡Que sus rezos se contesten! Según Tu voluntad, por supuesto."

André me hablo todas las noches alrededor de las 10 p.m. para ponernos al tanto de nuestro día y para rezar conmigo. Planeé mi rutina de dormir alrededor de esa llamada, asegurándome que ambos perros gordos habían salido y la casa estaba segura antes de que mi teléfono sonara. Me sentía más segura de saber que todo estaba terminado y la última cosa que tenía que hacer era rezar con André.

También me mandaba correos electrónicos haciéndome reír en fuerte con elogios floridos como éste, "Tú has estado y estás en mis pensamientos y rezos constantes. Amo tu corazón por Cristo. Y ese corazón maravilloso se derrama sobre tu sonrisa radiante, sale de tus ojos brillantes y emana de tu porte. La belleza interior se emite al exterior. Así es que, de cualquier manera que uno lo vea, por fuera hacia dentro, o de adentro hacia fuera, es hermoso."

¿Ahora quién no se iría a dormir con una sonrisa soñadora en su rostro después de rezar con un hombre que habla así? No me puedo imaginar a ninguna niña de corazón tierno que no se enamore cuando escucha y lee el lenguaje de amor de las mismas "palabras de afirmación" que ha anhelado escuchar toda su vida. Yo no era nada diferente. En cierto modo mi grande casa nueva no parecía tan hueca con las palabras y oraciones de André que me hacían compañía.

Después de unas noches sola en mi cama de trineo de madera de cerezo, cedí a los ojos suplicantes de Whipper y la cola de Snuffles rogándome que las subiera, las jalé a ambas por las axilas hacia mi cama prohibida. Estaban extasiadas. El eufórico hozar y girar dio lugar eventualmente a asentarse y a roncar mientras que cada una encontró su punto de descanso perfecto.

Capítulo 16 • Fantasmas y Rosas

Están viejas. Razoné conmigo misma. *No sé cuánto más tiempo las tendré. Once es antiguo para un pug.* Nunca noté que tan gris la piel alrededor de la cara de Snuffles se había puesto. A su hocico ya casi no le queda nada de negro. Y estoy preocupada por Whipper. Sus convulsiones parecen ser más frecuentes. ¿Qué tal si algo le sucede? ¿Qué daño hará si nos acurrucamos juntas en la cama? ¿A quien le importa?

Desde el divorcio, estaba aprendiendo a soltar reglas impuestas por mí y gozar de la vida como viene, en vez de tratar de controlar todo tanto. Estaba aprendiendo que mi necesidad de controlar y de crear apariencias de perfección eran realmente cortinas de humo para cubrir las montañas de vergüenza. Dios me estaba sanando. Liberándome de mí misma. Él me estaba liberando de la atadura a la vergüenza y de las expectativas poco realistas que había sostenido sobre mi misma y otros la mayor parte de mi vida. Era un proceso liberante. Los perros en mi cama era tan solo uno de los frutos del trabajo de Dios en mi vida. Admitiéndome a mí misma que anhelaba su compañía tanto como ellas la mía fue un gran paso, un paso de sanación.

Ahí estaba una noche, no mucho después de mudarme, que las niñas y yo nos llevamos un susto colosal. Estaba profundamente dormida. Era el tipo de sueños de la madrugada cuando estas literalmente "muerta al mundo." Normalmente tengo el sueño pesado y no recuerdo mis sueños, pero esa noche, al principio pensé *que estaba* soñando cuando oí pasos pesados lentamente ascendiendo las escaleras. Las perras junto de mí no se movieron. Entonces escuché los pasos viniendo del pasillo hacia mi habitación.

Sabes esa sensación cuando estás saliendo de hibernar y no estás segura que es real y que no; ¿y esa sensación de oscuridad opresiva que es más que la ausencia de luz? Bueno, ésa era la sensación que tenía mientras que luchaba por despertarme. Mi experiencia se convirtió repentinamente en más que una mera sensación subconsciente, cuando el cojín extra que tenía en mi cabecera, se vino abajo sobre mi cara con fuerza y me estaba sofocando en mi propia cama en mi pequeña habitación de mi encantador nuevo hogar en Georgia.

Incluso en mi estado de asfixia, las lecciones de mamá de la infancia aparecieron de inmediato. Ella me enseñó que la primera respuesta al peligro y al mal siempre debe de ser invocar el nombre de Jesús. En milésimas de segundos sabía que estaba en la presencia de ambos peligro y maldad. "En el nombre de Jesús, ¡FUERA DE MI CASA!" Aunque mi grito fue amortiguado por el cojín, logró asustar a las niñas a muerte. Inmediatamente, la presión en mi cara paro y podía inhalar. Mi corazón latía con fuerza, salté y prendí la luz. No había nadie ahí. Juntas, Snuffles, Whipper y yo inspeccionamos cada hueco de la casa. No había indicios visibles de que alguien hubiera estado ahí. Pero alguien *había* estado ahí. ¡Y yo quería saber por qué!

"¡Jesús! Gracias por el poder de Tu nombre. Gracias por rescatarme de la oscuridad que intentó sofocarme. ¡Pero estoy enojada! ¿Por qué se atrevería el enemigo a entrar aquí para acosarme cuando pertenezco a Ti y no he abierto ninguna puerta para darle la bienvenida a ninguno de su equipo en esta casa? Por favor, revela que está pasando para que este hecho siniestro no vuelva a suceder. Nunca quiero sentir miedo en mi propio hogar. No tendré miedo."

Reclamo el "poder, amor y mente sana" de 2 Timoteo 1: 7 (BLA) cuando reproché al espíritu de temor y una vez más me acosté a dormir. Poco rato después las niñas y yo estábamos roncando otra vez. En la mañana, estaba en una misión.

Cuando me estaban sofocando en mi cama, estoy absolutamente segura que fue el trabajo de un espíritu territorial malvado que trabajaba con un espíritu de miedo con el fin de intentar asustarme para que me fuera o conseguir que reconociera la presencia de la oscuridad y no hacer nada al respecto, por lo tanto inadvertidamente permitiendo que siguiera viviendo ahí conmigo. Nunca estamos a salvo cuando nos hacemos los de la vista gorda a la oscuridad. Desafortunadamente, la ignorancia no nos protege cuando el enemigo intenta instalarse.

Capítulo 16 • Fantasmas y Rosas

En la Biblia, encontramos referencias de ángeles malvados que hace tiempo fueron expulsados del Cielo. Desde entonces, han estado buscando lugares a donde habitar. Algunos se hacen pasar por seres queridos que ya han muerto, algunos viven dentro de personas vivas y algunos viven en sitios.

Recientemente en el avión, tomé la revista Inflight de la parte posterior del asiento y la revisé. En la parte de atrás había anuncios de lugares de "alojamiento y desayuno embrujados" en Europa. Los comentarios decían que los huéspedes podrían ver, oír y experimentar la presencia de los "fantasmas" de varias maneras. *Ummmm, ¡no, gracias!*

Puedes pensar que es solo un truco, pero te diré esto --- cuando los Ps estaban pensando en comprar una cabaña con techo de paja en Inglaterra hace algunos años, su agente de bienes raíces muy seriamente les pregunto que si querían con o sin fantasma. Ella ofreció mostrarles una casa con un fantasma que bajaba las camas cada noche. Ellos con firmeza declinaron la oferta. ¡Mi madre no quería ningún "fantasma" en su casa, amistoso o no!

Yo tampoco quería fantasmas en mi casa, así que después de mi perturbadora experiencia me puse a investigar. Me enteré por mis vecinos de al lado que los previos dueños habían pasado por un divorcio complicado mientras vivieron en mi casa con dos hijos adolescentes. Después de que el padre se fue, los hijos "perdieron su camino" y aparentemente se involucraron en abuso de drogas y otras actividades indeseables, de acuerdo con el vecino, la policía había visitado la propiedad varias veces antes de que finalmente se mudaran. Esa poca de información explicó algunos detalles que previamente ignoré.

Cuando mi abuelo estaba reparando la habitación hecha pedazos de arriba, él notó una puerta falsa que conducía al ático y mencionó que alguien había utilizado el ático como guarida. No había puesto mucha atención, ni siquiera subí para investigar la evidencia. Después de que el abuelo reparara la puerta falsa y las paredes, repinté el cuarto y lo utilizaba como oficina.

Yo asumí que mi hogar se convirtió mío cuando firmé los papeles con el agente de bienes raíces. Y así fue en el reino físico. Pero en el reino espiritual, mi hogar todavía pertenecía a los espíritus que habían sido invitados ahí por los dueños anteriores a través de actividades impías en las que ellos participaron en esa propiedad y en esos cuartos. Pero no necesito preocuparme, porque sabía que gracias a Jesús, tenía autoridad para expulsar a esos espíritus y reclamar mi propiedad para Dios y Sus propósitos. Lamento que no haya sido más minuciosa antes.

Después de platicar con mi vecino, busqué en mi cocina una botella de aceite de oliva. Sentándome en la mesa, pedí perdón por mis pecados, reclamando la purificadora sangre de Jesucristo sobre mi vida. Después recé sobre ese aceite, pidiéndole a Dios que lo consagrara, lo santificara y que lo hiciera representante del poder y presencia del Espíritu Santo.

Si buscas en Google aceite de unción, puedes encontrar varias referencias Bíblicas de lo que hice y muchos aceites que puedes comprar. Algunos de ellos incluso son de la Tierra Santa y considerablemente más caros que otros. Creo que el aceite de unción es simplemente un símbolo y Dios trabajará con lo que tengamos. Lo que tenía ese día era una medida grande de fe y una botella pequeña de aceite de oliva extra virgen que compré en mi centro comercial local Walmart.

Tomé mi botella pequeña de aceite y piadosamente ungí el marco de la puerta representando cada habitación de mi hogar. Dije en voz alta, "Como la dueña legal de esta propiedad, reclamo este territorio para el Reino de Dios y ningún espíritu maligno es bienvenido aquí. ¡En el nombre de Jesucristo de Nazaret, les ordeno a todos que se vayan AHORA! Y no regresen. Invito al Espíritu Santo de Dios y los Santos Ángeles para que entren en esta casa. Son bienvenidos aquí. Traigan un sentido de calma y paz y la misma presencia de Dios en mi hogar. Te dedico este lugar a Ti, Dios. Para ministerio, o cualquier propósito que Tú tengas para él. Por favor, protégeme. Protege mis pertenencias, mi vehículo, mis finanzas y toda esta propiedad." Entonces salí y caminé por el perímetro de mi propiedad, reprochando, untando y rezando todo alrededor.

Eso es todo. Eso fue lo que hice. ¿Y sabes qué? Después de esa noche, nunca más tuve visitas nocturnas espeluznantes y nunca sentí miedo en mi hogar aun cuando pasé muchas otras noches ahí sola.

Mantener nuestros hogares libres de espíritus malignos es bastante fácil cuando vivimos solos y estamos comprometidos a no traer nada impío a nuestra propiedad. Se hace más difícil cuando compartimos un espacio con otras personas que no son tan diligentes. Es entonces cuando el hogar puede convertirse en un campo de batalla, como lo experimenté cuando compartí una vida con Jon. Nunca jamás quiero vivir con o ser tomada por sorpresa por esa clase de oscuridad. Incluso ahora, me gusta rezar, rechazar y ungir cualquier lugar desconocido en donde yo duerma, de esa manera evito confrontaciones con "espíritus familiares".

Tenía curiosidad del hogar y la forma de vida de André. Una cosa es conocer a alguien en línea o lejos de su propio territorio, pero enteramente es otra entrar a su hogar, leer los títulos en su biblioteca y ver en su lista de Netflix lo que "recientemente ha visto". La ingenuidad no me había convencido de que todos los pastores eran santos. De hecho, había sido testigo de algunas pruebas absolutamente de lo contrario en el pasado. Por mucho que quisiera creer que todo en este hombre era perfecto, sabía que eso no era realista. Recé que sus imperfecciones fueran tales que yo podría vivir con ellas y no tales que invitaran a malignos visitantes nocturnos. Eso sería un motivo para terminar la relación.

En agosto, había compartido con André que mucha gente le quitaba la "t" a mi nombre y simplemente me llamaban Julie. Él respondió diciendo, "Una vez que nos conozcamos un poco mejor, yo probablemente tendré diez diversos nombres para ti. Me gusta la elegancia de 'Juliet'. Tiene un sonido clásico, pero yo probablemente me inclinaré hacia Jules eventualmente."

Él nunca me llamó Jules, pero con una progresión de correos y de llamadas adquirí un montón de apodos, "Muchacha en Diez Millones" se convirtió uno de mis favoritos. Yo solamente lo llamé André. O Pastor. Sería un tiempo largo antes de que "cariño" saliera de mis labios, aunque yo pensaba secretamente que él era el hombre más dulce que ha caminado la fase del planeta.

Cuando mi pequeña escuela cristiana estaba buscando un orador para nuestra semana de rezo en septiembre, sugerí al pastor André. Antes de que lo supiera, ya habían arreglado con él para que pasara cinco días con nosotros. ¡Yo flotaba en las nubes! Llegó un domingo por la noche y me llevó a cenar a de Provino, donde los panes de ajo son tan potentes que nadie se atreve a considerar un primer beso después.

André y yo odiamos ver nuestra noche terminar, y mutuamente nos quejamos del comienzo del lunes al amanecer, que garantizaba una despedida de "buenas noches" temprana antes de que él volviera a su cuarto de hotel con estancia extendida. Me llamó para rezar justo antes de que me durmiera.

André hizo un trabajo fabuloso con los estudiantes. Aunque previamente había escuchado varios de sus sermones en sus CDs, viéndolo en vivo involucrarse con la audiencia fue iluminador. El Pastor André estaba obviamente sirviendo a Dios con sus dones. En mi diario escribí: *"Señor, me encanta la forma en la que utilizas a este hombre para hablar con los niños. Él sirvió por completo y ellos respondieron abiertamente a la llamada del altar. Estoy tan triste que tuvo que irse temprano debido a las tormentas."*

Cuando detectas que una tormenta tropical, que podría convertirse en huracán, se dirige hacia tu hogar en Florida, y eres el tipo de persona que almacena alimentos, agua, sacos de arena y un generador de respaldo, es probable que no te quedes en Georgia para terminar una semana de oración en una escuela cristiana. Tampoco lo hizo André.

Justo después de la adoración en la mañana del jueves, se deslizó en nuestro salón de clases para despedirse. Mis alumnos de primer grado se acercaron a él mientras que él les daba palmas arriba de mano y abrazos. Los ocupe con una actividad independiente para que André y yo pudiéramos tener un momento callado. Estaba decepcionada que se iba temprano. Las lágrimas en mis ojos cuando sus manos apretaron las mías nos sorprendieron a los dos. Hubiera querido ser más reservada, pero el fin abrupto de una semana hermosa provocó una emoción que delato a mi corazón. La reacción cruda nos asustó a los dos — sólo un poco.

Escribí con pena en mi diario después: *Creo que André siente la necesidad de retraerse o re-pensar. Talvez fui demasiado abierta acerca de mis sentimientos muy imprudentes. Creo que lo asusté.*

"Señor, ayúdame a ser balanceada en mis repuestas hacia él. Ayúdame a ser paciente hasta que Tú le muestres, más allá de cualquier duda que yo soy la que Tú has traído a su vida. Necesito que él esté completamente seguro de eso."

"Hasta que llegue ese momento, Señor, haz que esté yo quieta, paciente y una fuente de aliento y bendición para él, pero nunca una fuente de estrés, tentación, o un drenaje en sus reservas. Sé que Él es un hombre de Dios. También sé que es un hombre. Ayúdame a honrarlo y a respetarlo."

"Me encanta que él me llame "Muchacha en Diez Millones." Me encanta que él se preocupe por mí y vea los detalles de cómo Tú, Dios, me has provisto de tantas bendiciones en mi nuevo y pequeño mundo -- mi hogar, trabajo, gente, iglesia. Él se dio cuenta que hermosa es mi vida aquí. Gracias. ¿Cuál es tu plan? Ayúdame a confiar completamente en Ti."

Como mencioné antes, no soy quién normalmente tiene visiones o sueños. Cuando salí con el Hombre Pájaro, Jon o incluso el Sr. Roberts, nunca hubo una escritura en la pared que me dijera que estaba en el camino correcto o equivocado. Me movía hacia delante con lo que sentía, pensaba o quería. Sí, recé, pero no era particularmente obediente ni estaba en sintonía con la realidad. No escuché el consejo divino. No estoy segura que ni siquiera escuché a Dios. Esta vez, quería estar segura. No quería suponer ya muy entrada la relación y que fuera demasiado tarde para salvar los pedazos de mi frágil corazón. Ya había pasado por suficiente. Quería que esto fuera perfecto; sin embargo, no lo era. De hecho, resultó ser un poco más complicado de lo que me había imaginado que podría ser.

Después de mi encuentro con Dios en Colorado, tenía un constante sentido de Su presencia. Sentía que estaba aprendiendo lo que significaba caminar en el Espíritu. Mi experiencia de verano en Estadísticas sólo solidificó su voz en mi médula. Entonces, cuando Dios respondió mis preguntas sobre André, su respuesta fue innegable. Sin duda alguna, sabía que Él me había hablado a mí.

Sucedió cuando estaba parada en la ventana de mi habitación mirando a un Trepador de pecho blanco terminando su último frenesí de alimentación del día. Estando parada ahí, ausente escuchando el constante gimoteo nasal de los trepadores conforme buscan insectos antes de dormir, tenía una imagen mental clara de André y yo trabajando juntos, lado a lado, para las almas. Casi podía oír a Jesús decirme, "Estarás parada al lado de este hombre y lo apoyarás en el Ministerio hasta que Yo vuelva." Me dan escalofríos cuando se me erizan los pelos en mis brazos. Después una cálida paz cayó sobre mí. Desde ese momento, sabía que Dios estaba en control. No necesitaba esforzarme o preocuparme. Nunca tendría que recurrir a un arsenal femenino impío, con sus armas tradicionales de convencer, persuadir y manipular. Todavía no estaba 100% segura si podía confiar en André, pero tenía plena confianza en mi Padre celestial.

En septiembre, André organizó una visita porque quería llevarme a Chattanooga a conocer a sus padres y a una hermana de California que estaba de visita. También me ayudó con un problema que había estado teniendo con las niñas. Aprender un nuevo plan de estudios y cumplir con los requisitos académicos adicionales para mi nuevo trabajo me mantenían lejos del hogar por nueve o diez horas al día. Si hacía algún mandado después de la escuela, era a veces más largo. No tenía una barda, así que estaban solas adentro por todo ese tiempo.

Cuando vivía en la casa de huéspedes, Darcy generalmente los dejaba salir durante el día. Antes de eso, siempre habían tenido un jardín con barda, en donde podían vagar libremente hasta que alguien viniera a casa del trabajo. Quedarse adentro todo el día era nuevo. No les gustaba ni un poquito y me lo estaban dejando saber por medio de desgarrar cosas y haciéndose del baño en lugares raros en vez de en su papel donde se suponía que lo tenían que hacer.

Con frustración, ideé un plan y le pregunté a André si él iría conmigo a Home Depot a elegir los materiales para un corralito al aire libre para los perros. Eso era para todo lo que me alcanzaba, pero esperaba que eso ayudaría mi situación. Él insistió amablemente en pagar mi compra y cuidadosamente me ayudó a montar la estructura provisional debajo de algunos árboles en el patio trasero. Cuando puse a las niñas dentro del corralito se veían infelices. Whipper estaba parada ahí con sus oídos aplanados contra su cabeza y la cola de Snuffles caída de una manera lamentable. Quería probar el corralito antes de que las dejara por un período más largo, pero ellas podían detectar que yo estaba en la casa mirando, así que ladraron sin parar hasta que las rescaté. Terminamos dejándolas adentro mientras que fuimos a Chattanooga por la noche. Ya íbamos tarde.

Poco antes de llegar a casa de sus padres, André se detuvo en el supermercado para comprar dos racimos de rosas color rosa para su madre. "¡Oh! ¡Están hermosas!," ella exclamó después de que él la abrazo y le dio las flores. "¡Simplemente hermosas! Gracias. ¡Muchas, muchas gracias!" Su entusiasmo alumbro el cuarto. Cuando él me la presentó, ella gritó otra vez, "¡Oh! ¡Ella es hermosa! Realmente, una muchacha muy muy hermosa!" Le estreché las manos y le sonreí a los ojos. Su cara entera me sonrió de regreso.

Su padre entró en el cuarto con un chal para su esposa. "Disculpa André, pero no podemos quedarnos por mucho tiempo porque mamá y yo vamos rumbo a una boda," su padre anunció.

"Discúlpame, papá. Estábamos haciendo un proyecto para los perros de Juliet y nos tardamos más de lo esperado."

"No hay problema," su padre contestó. "Desearía que tuviéramos más tiempo para pasar contigo, pero no debemos llegar tarde a esta cosa." Entonces se volteó hacia mí, "Juliet, he oído cosas buenas de ti y puedo ver porqué André esta tan enamorado. Por favor, regresa otra vez cuando podamos conocerte mejor."

Después de que se fueron, André me explicó que la memoria de su madre estaba declinando mientras que él arregló sus rosas en un florero de cristal. "A ella se le empezaron a olvidar cosas hace aproximadamente tres años. Al principio eran cosas pequeñas que podría sucederle a cualquier persona, pero entonces ella dejo de recordar cómo regresar a casa si ella manejaba a alguna parte en el coche. Y no podía recordar cómo hacer cosas que ella había hecho mil veces antes. Eventualmente dejo de ir a lugares sola y ha declinado socialmente. Su salud física esta perfecta, pero ella ya no puede llevar una conversación o hacer muchas cosas por ella misma. Cada vez que la veo es más difícil. Lo odio."

Había una tristeza en su espíritu mientras manejábamos a Carrabba a conocer a su hermana más joven, Leesa y a su marido para una cena temprano. Leesa y Anthony son una pareja divertida exactamente de mi edad. Reímos y hablamos sobre conocidos mutuos mientras cenábamos Zucchini Fritte e Insalata Fiorucci. Amé la vibra atractiva de su matrimonio - admiración mutua y un aire genial Californiano que no podía identificar bien. Al final de los aperitivos, Anthony y Leesa levantaron el estado de ánimo de André. Él les dijo cuánto los extrañaba y cómo le choca la distancia entre California y Florida. Nos tomamos algunas fotos juntos antes de decir adiós.

Aunque pensé que era significativo que André quisiera que yo conociera a su familia, a lo largo de nuestra breve visita note una frialdad en él. Pero no era frialdad de una buena manera. Era frialdad de una manera distinta. No sabía qué hacer con eso, así que hice lo que suelo hacer con cosas así, escribí al respecto. Mi diario dice: *Está un poco distante. Hablamos por teléfono después de nuestro día juntos y escribí estas palabras de nuestra conversación. Él dijo que yo era "atractiva, seductora, magnética." Si es así, ¿por qué siento como que se está deteniendo y siendo reservado? Más que cuando pasamos nuestro primer par de semanas juntos.*

Cuando regresó a Florida, André me llamó. Tomé una nota adhesiva amarilla y escribí dos oraciones de nuestra conversación. "Capture una ventana de un futuro que parece muy atractivo. Estoy un poco abrumado." Mi respuesta escrita en mi diario era una pregunta: *¿Por qué esta abrumado?*

La respuesta se desenredó durante los dos próximos meses. Era larga y compleja. Estaba agradecida por la paz que mi visión "juntos hasta que venga Jesús" me produjo conforme pisaba esas aguas. Mi primera pista debería de haber sido un poema que André compartió al principio. En un correo, él había escrito, "esto es un poema que escribí sobre mi vida y la vida de un buen amigo y cómo Dios tejió un hermoso hilo de oro reluciente en medio de nuestra tristeza y dolor, volviéndolo todo en paz y alabanza."

La rima explicaba cómo él perdió a su padre en un accidente a la edad de cuatro años y cómo él perdió a su madre por su trabajo como directora de la escuela mientras ella luchó para mantenerlo a él y su hermana pequeña después de la muerte trágica de su marido. Continúa revelando cómo André lloró desesperadamente para que Dios llenara el vacío que dejaron sus padres ausentes en la infancia. Un versículo dice:

> "Sé muy bien los planes que tengo para ustedes" escuché a la Tejedora Hábil decir.
> "Por qué cuando naces, trabajo los Hilos Dorados todos los días.
> No importa la pérdida, el daño, la decepción o dolor,
> Tejo mi hilo dorado hasta que todo es nuevo otra vez.
> Mando mi Espíritu a consolarte, a darte fuerza cuando lloras,
> Para hacerte más como Yo, aun cuando no puedes tratar."

Era un pedazo conmovedor, pero no había prestado suficiente atención a los versos sobre su "buen amigo," quién es mencionado en las últimas líneas de esta manera:

> *Ella gritó desesperadamente a Dios,*
> *necesitando que su alma fuera llenada.*
> *Otro Hilo Dorado fue tejido, por una Mano tan experta.*

¿Cómo nos saltamos la verdad cuando está directamente enfrente de nuestros ojos? Debí de haber levantado el ceño cuando él me mandó un poema co-escrito por un "amiga" con un alma dependiente. Una vez que la niebla del oblivion comenzó a levantarse, realicé que el buen amigo de André pudo ser un obstáculo para nuestro movimiento hacia delante. Me quedé en la oscuridad por varias semanas confusas hasta que la realidad completa me fue revelada. Mientras tanto, él fue en un viaje de misiones a Guatemala y tenía una decisión drástica que hacer. Mi decisión no tenía nada que ver con André y todo que ver con mis niñas.

Largos, largos días solas les estaba afectando a las dos. Intenté dejarlas al aire libre en su pequeño corral, pero los vecinos se quejaron porque ladraban incesantemente. Sin importar si las dejaba adentro u afuera, actuaban enojadas conmigo cuando llegaba a casa, pellizcando mis manos o enfadadas en las esquinas. Comencé a imaginar escenas horribles como descubrir que una de las convulsiones de Whipper le había matado y ella se había quedado tirada todo el día mientras que Snuffles estaba muerta del miedo hasta que llegara a casa. La culpabilidad me empezó a roer mientras que luchaba por balancear mi trabajo y mis clases de posgrado con cuidar estos dos queridos animales domésticos ya viejitos.

Una tarde, Mona la hermana de Jon me llamó para saber cómo estaba y para decirme que siempre me atesorarían como su hermana, sin importar lo que sucedió con Jon. Me preguntó por mi nueva vida y entonces, "Cómo están Snuffles y Whipper?"

"No muy bien para ser honesta. Estoy preocupada por ellas. No se están ajustando bien a nuestro estilo de vida. Las tengo que dejar solas mucho tiempo y me están haciendo pagar por ello," le confíe. "Estoy especialmente preocupada por Whipper. Sus convulsiones parecen ser más frecuentes y Snuffles está enojada conmigo para irme largas horas. Verdaderamente no sé qué hacer."

"¿Por qué no le llamas a Román y Kimberly?" Ella sugirió. "Te apuesto que tomarían a las niñas durante algún tiempo. Alguien siempre está en su casa, así que nunca estarían solas."

"Mmmm. Gracias por la sugerencia Mona. Creo que sería muy difícil para mí llevar a Snuffles y Whipper ahí. No los he visto desde que Jon y yo nos divorciamos. Pero, tienes razón, definitivamente aman a los perros y nunca dejarían que les faltara nada a las niñas. Rezaré acerca de eso."

Todo el tiempo que André estuvo en Guatemala, yo recé sobre la situación referente a las niñas. Entre eso y su distanciamiento previo al viaje, me sentía deprimida. Escribí mis pensamientos en mi diario:

"Dios, mi plegaria es que Tú le demuestres a este hombre sin duda cuál es Tu voluntad cuando se refiere a mí. Tengo muchas preguntas referentes al futuro. Sin embargo, yo TENGO paz. Mi vida ha sido nada de lo que yo hubiera soñado para mí. Todavía tengo tantos sueños de niña en mi cabeza. Tantos deseos en mi corazón continúan sin satisfacer. Muchas esperanzas permanecen durmientes y no me atrevo ni siquiera a pensar o insistir en ellas, o la presa se romperá y seguramente me ahogaré.

"Ser amada completa e incondicionalmente, ser cuidada, ser respetada y apreciada, ser mirada y tocada tiernamente. . . planear, tener esperanza y soñar juntos, llorar y sufrir, y perdonar, y crecer juntos. Tener un testigo de mi vida — esto es el deseo de mi corazón. ¿Cuándo experimentaré esta unidad con un hombre? ¿Cuánto tiempo más tendré que esperar, oh Señor? Ayúdame a ser paciente y continuar

creciendo en la mujer que Tú quieres que yo sea. Estoy cansada de ser independiente. Estoy cansada de ser fuerte. Siento que me quiero recargar en alguien."

Unos días después, mi espíritu estaba todavía inquieto cuando escribí, *"Por favor has Tu voluntad sumamente clara. Ayúdame a confiar en Ti y no a dudar de Ti. Algo no está bien. Estoy indecisa de ver a André otra vez sin Tu respuesta para él. Estoy luchando contra espíritus de rechazo y temor y mentiras que me dicen que no valgo la pena. Mi protector de fe se siente pesado. Por favor, pon Tus manos sobre y abajo de las mías y ayúdame a levantar y mantener el escudo de la fe cuando estoy bajo ataque."*

La semana después de que André regresó de su viaje de misiones, él tomó un avión a Portland, Oregón. Iba en un viaje de motocicleta con un par de sus cuates de la Universidad para celebrar sus 50 años. Apenas y nos comunicamos antes de que se fuera. Se enfermó en América Central, pero no estaba convencida de que la enfermedad fue lo que lo mantuvo callado. Me sentí incómoda.

Mientras él estaba en el Oeste, decidí acerca de las niñas. En respuesta a la sugerencia de Mona, llamé a Román y Kym. Inmediatamente después que expliqué la situación, ofrecieron quedarse con Snuffles y Whipper. "Los amaremos como nuestros propios bebés. No te preocupes ni por un segundo. Perros viejos necesitan más tierno y amoroso cuidado, y ahorita tú no estás en una posición para dárselos. Sé que se siente como una decisión difícil, pero realmente estás haciendo lo mejor para ellas," Kym me tranquilizó.

Con un corazón triste, hice arreglos para manejar a Arkansas en mi siguiente fin de semana largo. Viendo lo estresadas que estaban en sólo dos meses y sabiendo que tenía dos años de maestría frente a mí, me di cuenta de que era lo mejor que podía hacer por ellas bajo las circunstancias. Realmente me duele. Me sentí como una mala mamá, pero no sabía que otra cosa podía hacer.

André seguía en Oregón cuando le dije. Me sorprendió cuando él se ofreció a ir conmigo, diciendo: "No quiero que viajes todo ese camino sola. Yo te acompañaré. Tu eres especial y te mereces que te cuiden."

¡Guau! ¿De donde salió eso? ¿Es esto una respuesta a mi oración "yo estoy cansada de ser fuerte e independiente"?

Aunque estaba tentada por su oferta de traerlo conmigo, decliné la oferta de André. La razón principal era que me sentía rara presentándoselo a la familia de Jon y lo segundo es que lloraría la mayor parte del viaje de nueve horas a casa.

Si lloré. Fue un grito feo, feo, que me recordó a aquellos gritos después de que Chloé desapareció de mi vida. Aun cuando no era directamente la culpa de Jon que me deshiciera de Snuffles y Whipper, luché contra la tentación de culparlo por mi dolor. Y, como con Chloé, no tenía idea cuando las vería otra vez.

Lloré hasta que me tuve que parar y vomitar al lado de la carretera de Arkansas. Después seguí llorando más. Él enemigo jugó con mi mente y me tentó a entumecer mi dolor de maneras innumerables. Seguí manejando.

Había decidido a hacer el viaje entero sin parar - todas las 18 horas - solamente me detendría brevemente a la mitad para dejar a las niñas. Inmediatamente reconocieron a Román y Kym y corrieron a través de la casa buscando a los niños. Cuando me fui, Snuffles estaba acurrucada en el regazo de Kym mientras que ella estaba sentada en su mecedora. Whipper tumbada en el sofá junto a mi sobrino, Reggie. Besé a cada uno de despedida. Nadie se movió mientras yo me dirigí hacia la puerta. Esa fue mi señal que las niñas estarían más felices donde estaban, en lugar de siempre estar esperando a que yo llegará a casa de mi nueva vida loca y ocupada. Aun así, cargué con el peso de culpa, vergüenza y la tristeza mientras caminaba a mi coche. Horas más tarde la pesadez no se había levantado.

Entonces André llamó. "¿Por qué no sigues manejando cuando llegues a Georgia? Ven al Estado del Sol durante el fin de semana. Estoy preocupado por ti. No te debería de haber dejado hacer esto sola. No te escuchas bien."

No me tuvo que pedir dos veces, pero primero era necesario ir a casa, dormir y traer algo de ropa. Sabiendo que no me quedaría hizo tolerable entrar a mi casa vacía. Inmediatamente me quedé dormida y por la mañana me fui para Florida. Seis horas más tarde, estaba parada en la puerta abierta de André. El sol brillaba detrás de mí en su brillante entrada enlosada. André me saludó con camiseta negra, bermudas y descalzo.

Bienvenida a Florida. Esto será interesante. Sólo protege tu corazón, niña. Protege tu corazón.

Mientras que yo estaba ocupada cuidando mi corazón, André concluía arreglos para cuidar nuestra reputación. Él había organizado que yo me quedara con algunos miembros de la iglesia, Peter y Lynda, una pareja joven que inmediatamente les agradé y gentilmente abrieron su hogar para cuando visitara la ciudad. El abstener de cualquier aspecto del mal (1 Tesalonicenses 5:22 BLA) era una prioridad para André. Lo respeté por eso. Él nunca deseó dar razón para que hagan chismes cuando nos visitamos el uno al otro. Estuve de acuerdo.

El fin de semana pasó muy rápido. Antes de que me diera cuenta, estaba manejando de regreso a casa con recuerdos de un paseo al atardecer en carruaje por San Agustín, una cena en el patio de un pintoresco restaurante italiano y algunas respuestas sólidas a mis molestas preguntas; respuestas dolorosamente sólidas que me hicieron dejar a André con algunas decisiones difíciles de tomar.

Una paz enorme me cubrió cuando iba rumbo al norte a Georgia. Pasamos un tiempo maravilloso juntos. Viví su vida como pastor: la rutina de avena en el coche camino a la iglesia conforme él corría a predicar en una iglesia pequeña, después otra, el convivio, seguido por una visita al hospital en la tarde, y luego un programa en la tarde donde pasó una presentación de diapositivas del viaje de misiones de Guatemala. También eche un vistazo a su corazón y su biblioteca. Eso fue lo que me dio esperanza cuando lo dejé con un ultimátum.

Capítulo 16 • Fantasmas y Rosas

Tal vez debo dejar a André decir la verdad en sus propias palabras, como él las compartió conmigo. Fue algo así... "Necesito hablar contigo referente a algo. Es una larga historia, pero siento que tienes derecho a saber todo. El 23 de diciembre de 2006, renové un contrato que había hecho con Dios y lo rompí. El contrato decía que ya no buscaría a alguien para salir o casarme. Me estaba dando por vencido y confiando en Dios para que me trajera a alguien a mi vida de manera milagrosa, sin que yo buscara."

"Me pasé años en el ciclo de citas, siempre haciendo un lío terrible de las cosas, nunca capaz de comprometerme con una chica durante mucho tiempo. Estaba destrozado. Cansado de romper corazones. Cansado de que me arrancaran el corazón de mi pecho. Por un tiempo estaba hablando con cerca de doce mujeres en el sitio de citas del internet. Fue una locura. Sabía que algo estaba mal conmigo. No lo estaba haciendo a propósito, pero una y otra vez pescaba a una mujer hasta que sabía que realmente yo le interesaba. Luego me daba miedo y la soltaba como papa caliente. Yo no podía comprometerme."

"Ahí fue cuando tome la decisión de dejar de buscar y buscar ayuda. Vi a un terapeuta por aproximadamente dos años. Ella realmente me ayudó a entender mi problema. Surgió con la pérdida de mi padre a la edad de cuatro años y creció de varias otras heridas emocionales que ocurrieron a lo largo de mi juventud. En fin, como puedes ver en mi biblioteca, aprendí mucho sobre lo que no quería ser. Y mucho de lo que realmente deseo."

"Así que eso me trae otra vez a diciembre de 2006. El veintitrés, renové mi contrato con Dios, creyendo que sólo a través de la milagrosa intervención divina nunca participarían en otra relación. Prometí ya no buscar. Esperaría hasta que Dios me trajera a alguien."

"Al día siguiente, 24 de diciembre de 2006, recibí una llamada de teléfono. Era de un hombre que había conocido ocho meses antes, en un viaje de misiones a Sudamérica. Él se acercó en ese viaje para preguntarme si estaría dispuesto a conocer a su hija. Él pensó que seríamos compatibles. Después de que estuve de acuerdo con conocerla, ella rechazó la invitación. Lo dejé así. Ahora, aquí estaba su padre, el día después de que yo había renovado mi voto con el Señor, llamándome para decirme que su hija había cambiado de opinión y quería conocerme después de todo y ¿que si iría a su hogar para celebrar el Año Nuevo?

"Para hacer una larga historia corta, el Señor permitió que esa muchacha se pasara los próximos 17 meses haciéndome a mí lo que yo había estado haciendo en el curso de la vida a otros. Fue doloroso. No lo llamaría una relación romántica de ninguna manera, sino que yo estaba completamente convencido que Dios me la trajo milagrosamente a mi vida, para que yo estuviera seguro que ella debería de ser la "elegida". Ella no parecía pensar igual. Pero continué persiguiéndola. Cada vez que me frustraba y estaba listo para darme por vencido, ella me ofrecía otra pequeña zanahoria de esperanza y ahí iba yo otra vez, intentando lograr que ella me amara."

"La gota que derramo el vaso para mí fue su rechazo para que yo la acompañara con un grupo de amigos a un viaje a Europa la primavera pasada. Eso fue todo. Terminé nuestra amistad, porque eso es todo lo que siempre fue, a pesar de mis mejores esfuerzos de cortejarla a algo más. Ella todavía estaba en ese viaje cuando con mucho enojo rompí mi contrato con Dios. . . otra vez, y fui a otro sitio de citas. Me contacté con una muchacha bonita y le envié un correo similar al que te envié la primera vez. Después de eso fue cuando Joelle me llamó para decirme sobre ti."

"Sabía que meterme en el Internet otra vez y buscar a alguien era incorrecto y no una muestra de Dios. Pero que Joelle me contactara de la nada para decirme sobre una mujer hermosa y piadosa en su clase. . . ahora *eso* era más como intervención divina. Conoces la mayor parte del resto de la historia."

"Pero lo que tú no sabes es que la chica que estaba de vacaciones me seguía mandando postales mientras estuvo fuera. Luego comenzó a enviarme mensajes de texto en cuanto regresó a los

Estados Unidos. Me volví a confundir otra vez. Después de que tú y yo nos conocimos e hicimos una conexión increíble, no estaba seguro qué hacer, porque desde el principio había creído que ella fue una respuesta directa a mi oración. No la había ido a buscar. Ella vino a mí."

"La otra cosa que tú no sabes es que mi iglesia colaboró con su equipo médico para ir al viaje de misiones a Guatemala. Fue planeado hace mucho y no podría fácilmente salirme del viaje. Parte de mí no quería ir. Me preguntaba si le debería de dar otra oportunidad para que se desarrollará en algo más que una amistad platónica. No puedo entender por qué el Señor la habría traído a mi vida de una manera tan audaz, justo después de orar para que Él hiciera algo así."

"En fin, nunca me había sentido tan inseguro en mi vida como cuando estaba con ella. Ella nunca me dio nada sólido a lo que aferrarme. Siempre me deja adivinando. Es un sentimiento terrible."

"Y entonces ahí estas tú. Siempre que estamos juntos pasamos un tiempo hermoso. Tu verdaderamente eres una Chica en Diez Millones. ¡Casi me tragué mi manzana de Adán cuando te vi por primera vez flotando en esa calzada! Nuestro ministerio juntos ese fin de semana con Nancy fue tan increíble. Sentí que pude ver tu verdadero corazón compasivo. Amo nuestro tiempo de rezo. Me entra una oleada de alegría siempre que oigo de ti."

"Sé que inicialmente dije que deseaba que fuéramos amigos espirituales, pero después de apenas cuatro meses de conocerte, ya te amo y siento que podríamos compartir un futuro juntos. Mi única pregunta es, ¿Qué dice Dios?"

"El problema es, no he terminado por completo con la Niña Vacacionista. Necesito paz acerca de esa vacilación. Estoy seguro que tú también dudas un poco de mí. Dios nos dará la paz que necesitamos. ¿Puedes por favor ser paciente conmigo hasta que oiga muy claramente de Él? Mi mente sabe que tú eres lo mejor para mí. Solo necesito confirmación en mi espíritu."

Me cayeron varios veintes mientras que André me contaba su historia. También tuve compasión por él, cuando pude ver que su lucha era real. Él aspiró a ser obediente al Señor y continuar para ver si era la otra mujer la que Dios le envió. Desafortunadamente para el corazón blando de André, él estaba realizando que él no puede forzar amor de otro ser humano. Ni siquiera Dios puede hacer eso. Tanto como deseé abrazarlo y consolarlo en su verdadera angustia, en su lugar elegí darle un ultimátum.

"André," le dije momentos antes de dirigir mi Rav hacia casa. "No deseo ser tu amiga. Tengo un montón de grandes amigos en mi vida. Sinceramente no necesito más. Y mi corazón ha pasado por demasiado para recibir otra paliza. Entiendo por lo que estás pasando, pero no puedo ser parte de eso. Quiero lo mejor para ti. Y tengo que hacer lo que es mejor para mí. Lo que creo que es mejor para mí ahorita es volver a casa y dejar que tú y Dios arreglen esto. No voy a entrar en una arena para competir por tus afectos.

Seguido de esa oración con "Gracias por un fin de semana maravilloso," me eche en reversa de su estacionamiento. Fue una de las decisiones más difíciles que hecho referente a las relaciones, pero sabía que era la correcta. Por mucho que quisiera rogar por su corazón, no pude. Sabía que si Dios quisiera que lo tuviera, Él me lo daría. No necesitaba arrastrarme.

Tranquilamente procese los detalles del fin de semana rumbo a mi casa. Mi pequeña visión me mantuvo constantemente entre las líneas del camino a seguir. Haría mis estudios y les enseñaría a mis estudiantes. Rezaría sin cesar. Esperaría que el Señor sanara el corazón de André y lo preparara para el mío. Confiaba en mi Salvador.

Cuando llegué a casa el domingo por la noche, busque mi ficha de Estadísticas y la pegue en el espejo del baño como un escudo contra las mentiras del enemigo. "El Señor Dios me ayuda, por eso no soy humillado, por eso como pedernal he puesto mi rostro, y sé que no seré avergonzado." (Isaías 50:7 BLA).

Lunes y el martes se arrastraron. Mantuve un monólogo fluyendo al Cielo mientras trataba de mantenerme estable. Era difícil practicar fe y rendirse cuando había pasado una vida tratando de controlar situaciones y personas. Sabía que esta situación estaba fuera de mi control. Todo lo que podía hacer era confiar.

"Señor, estoy cansada. Es difícil que me ponga en espera cuando todo parecía tan bien. Por favor, no dejes que me lastimen otra vez. No quiero ser un peón en el juego del amor. Parte de mí quiere saltar con ambos pies. Pero no puedo, porque no todo está bien. Depende de Ti, Señor. Más que nada, deseo hacer Tu voluntad. Ayúdame a estar quieta y esperar en Ti. Siento que Me pides estar en silencio. Es difícil. Lo extraño. Pero seré obediente. Voy a esperar."

Cuando llegué a casa de la escuela al anochecer el martes, fui recibida por dieciocho perfectas rosas rojas y una nota que decía, "Para el ángel más hermoso del mundo. Ya tomé una decisión. Por favor llámame. Todo mi amor, André."

Mis rodillas se me doblaron. Al darme cuenta de que había estado conteniendo mi aliento emocional esperando una respuesta, exhalé. El alivio era abrumador. Hundiéndome en el suelo, lloré en mis manos bajo la luz del porche amarillo. Había sido los más largos tres días de mi vida.

Capítulo 17

Mismo Vestido, Diferente Día

"Porque el Señor se deleita en ti...
y como el novio se regocija sobre la novia,
así tu Dios se regocija en ti."
Isaías 62:4 - 5 BLA

Noviembre de 2008 - Mayo de 2010

"¡Demasiados cocineros estropean el guiso!" Oigo la voz de Mamaw en mi cabeza mientras la veo en mi mente como se retira cautelosamente de la cocina sobrepoblada de su hija en el día de Acción de Gracias. En la cocina de Odessa, las cosas eran a la manera de Odessa. No había otra manera. ¡Aunque fueras su madre!

Me encanta el día de Acción de Gracias. Cuando esos aromas familiares se mezclan en mi cocina, es como tener a cada una de mis abuelas en el mismo espacio al mismo tiempo. Siempre hago la cazuela de camote de Nannie, la cacerola de ejotes cremosos de Mamaw, versión ensalada Waldorf de la Abuela Dessa, y el aderezo de pan de la Abuela Kaiser. Cuando todos esos olores se codean, me imagino a las matriarcas de mi familia midiendo, rociando, cortando y revolviendo la olla.

Estoy sonriendo, recordando a cada uno de ellas y cómo han contribuido al "yo" que he resultado ser. Mujeres fuertes. Tenaces.

Resistentes. Cada una tenía una línea invisible que nunca querías cruzar. En lenguaje moderno, esa línea sería llamada "límite". La primera vez que oí ese término fue hace años, en mi grupo de 12 pasos.

Los límites me ayudaron a navegar el final de mi matrimonio con Jon y a dibujar la línea en la arena con André cuando él no podía tomar una decisión. Si no lo hubiera hecho así, es posible que todavía pudiera yo ser una de esas muñecas Barbies de pelo largo con las que había hecho malabares toda su vida, siendo aventada y cachada como un acto de circo.

Por mucho que duela el amor firme cosecha buenos resultados. A veces la gente necesita ser ayudada con firmeza a bajarse de la barda a la que está acostumbrada a treparse. Nunca debemos estar tan heridos que permitamos que las heridas de alguien más nos mantengan atrapados en un patrón de espera. Dios tiene propósitos más elevados para Sus hijos. Tenemos que liberarnos de nuestros ciclos codependientes y comenzar a tener límites sanos. De lo contrario, nos convertimos en la víctima de alguien.

Nuestro Padre Celestial nos llama y nos equipa para ser victoriosos, nunca víctimas. Mi decisión de alejarme y desconectar la comunicación con André hasta que el decidiera si yo valía la pena perseguir fue una victoria personal para mí. Siempre había sido una niña rogona, dispuesta a tomar cualquier migaja de atención que me dieran. Darle la libertad de tomar una decisión libre de presión y estar bien con el resultado demostró un salto de fe cuántico. Cuando mi alma libremente hizo eco de Job 13:15 (BLA), "Aunque él me mate, aún confiaré en Él", sabía que estaba bien con lo que sucediera.

"Es un buen lugar donde estar, Dios. Cuando Job llegó ahí, le redimiste las cosas que pensó que se habían perdido. Quiero vivir mi vida desde ese lugar. Quiero confiar tanto en Ti."

En las semanas después de que André mandara las rosas, hizo las paces con Dios respecto a la Niña Vacacionista. "Tal vez ella fue permitida a entrar en mi vida para revelarme lo que les había hecho a todas las chicas cuyos corazones rompí en el pasado. Esos meses de perseguirla me impidieron perseguir a alguien más y me dieron una saludable dosis de mi propia y amarga medicina", me confió por teléfono una noche de noviembre mientras el viento helado azotaba las ramas afuera de mi habitación. "Estoy realmente agradecido por la experiencia. Los hombres y las mujeres realmente pueden lastimarse unos a otros tratando de 'solo ser amigos'. Alguien se va a lastimar, porque alguien siempre quiere algo más que amistad. Ahora entiendo eso. ¿No hay que ser amigos, okay?"

"Okay," me reí. Haré lo mejor que pueda. ¿Vienes para el Día de Acción de Gracias? Los Ps van a estar aquí. Te puedes quedar con nosotros y ahorrarte el hotel. Tengo cuartos suficientes."

Después de darme largas por esas semanas confusas, André lo compensó con su dedicación sincera. En uno de sus textos, después de las rosas, él dijo, "Ha sido difícil, pero Dios nos ha enseñado mucho. Eres extraordinaria. La manera en la que manejaste esto muestra las piezas del rompecabezas que de otro modo no habría visto." Unos días más tarde, continuó, "Jeweliet, tú eres una mujer de Dios tan bella, especial y preciosa. Sé que Él no nos defraudara."

Una vez que ya tenía asegurado su compromiso de seguir adelante conmigo, dije lo que pensaba. Al explicar que tenía el rechazo suficiente para toda la vida y que no iba a ser el segundo violín de nadie, exclamé: "¡Prefiero estar sola que volver a ser un mendigo de afecto!"

Él capto el mensaje. Aunque pasó mucho tiempo antes de que él se derrumbara y me besara, André nunca me hizo adivinar si quería o no. Dada mi reciente lección con el Sr. Roberts, sabía que era mejor mantener todas las cosas en un segundo plano hasta que todo lo demás estuviera en la vía rápida hacia el altar. *Además, cuando estás tratando con un soltero resbaladizo de cincuenta años, no hay vía rápida hacia el altar.*

Justo antes de Acción de Gracias, André envió un mensaje, "Me gustaría que supieras el impacto que has tenido en mi vida. Cuánto te respeto y aprecio. Y tan profundamente te amo, a pesar de que no hace tanto tiempo desde que nos conocemos. Mi corazón sufre por estar contigo. Confío en el plan de Dios para ambos y sé que Él nos unirá en Su tiempo."

"*¡Ahora eso es de lo que estoy hablando! ¡Ole, Dios! ¡Manera de moverse Sr. Soltero!*"

Mientras tanto, los Ps regresaron a Georgia, su Jeep cargado de tesoros de viajes al exterior. "Dios mío, mamá ¿dejaste algo de sobra para decorar tu casa?" Le pregunté mientras arrastraba un pedestal italiano de cerámica por la acera. "Déjame ayudarte. ¡Por lo menos tengo espacio para todo esto!"

Entre sus cosas y las mías, cuatro habitaciones se llenaron bastante bien. Mi casa tenía una sensación cálida y casera. ¡Me encanta! También me encantó que los Ps estuvieran de regreso, aunque solo fuera por un par de meses. Había estado sola sin mis niñas para hacerme compañía, sola y un poco hambrienta. Me canse de cocinar para uno.

Mamá se encargó de ese problema de inmediato. "No vas a vivir solo de lentejas conmigo en la casa", dijo, inspeccionando mi escasa alacena y refrigerador. "¡El Señor P y yo iremos a Whole Foods mañana y llenaremos esto!" Lo hicieron. Fue increíble volver a casa con deliciosos aromas y deliciosos bocadillos. Mis pantalones de mezclilla me quedaban más apretados. No me importó ni una pizca.

Cuando André propuso dividir las vacaciones de Acción de Gracias entre mi casa en Georgia y casa de su hermana en Tennessee, mamá y yo nos pusimos a trabajar en la cocina. "Ahora escucha," le susurró al Sr. P en un tono serio, "mi madre siempre dijo, 'El camino al corazón de un hombre es a través de su molleja'". Frente a su marido, colocó una mano sobre cada uno de los hombros, lo miró maliciosamente a los ojos y preguntó: "¿Sabes lo que es una molleja, Sr. P?" Le dio pequeño apretón y agitó sus hombros cuando dijo su nombre. "¿Lo sabes?"

La confusión bailaba en su rostro. Guiñando el ojo en mi dirección, la señora P continuó: "Ustedes hombres están a punto de descubrir dónde están sus mollejas. Solo espera a que estas tartas salgan del horno. Y luego te pregunto otra vez."

Mi madre tenía un plan. Yo le seguí la corriente. El Sr. P definitivamente cosechó los beneficios culinarios de su plan, pero no estábamos cocinando para él. André llegaría en la tarde del miércoles. El objetivo de la Sra. P fue atraerlo con comida. "Tendremos los aromas festivos más tentadores recibiéndolo en la puerta. Él se necesita sentir tan a gusto aquí que nunca querrá irse," dijo. "¡Lo trataremos como un príncipe! ¡Él se enamorará de mi hija e incluso puede que le caiga bien su futura suegra!" Con eso, levanto un talón y agitó su cuchara de madera como si fuera una varita mágica. El Sr. P y yo soltamos la risa.

Conforme los faros del coche de André iluminaron la entrada, salí corriendo a buscar su coche, todavía usando mi delantal francés azul y amarillo. Él me abrazó. ¡Dos veces! La luz cálida y Vivaldi se derramaron desde la puerta abierta de la entrada cuando subimos juntos las escaleras.

"¿Qué es esta delicia que estoy oliendo?" Se detuvo, olfateando el aire al estilo Mr. Bean. Aunque los Ps juraron que no espiarían, podía escucharlos reír de alguna parte de adentro.

¡De repente aparecieron en la puerta con sonrisas y saludos italianos, "¡Ciao! ¡André! ¡Bienvenido! Es maravilloso finalmente verte." Después de abrazos y de apretones de manos por todas partes, así como así, él estaba en nuestra guarida.

Pronto mamá y yo estábamos en nuestros puestos para hacer las tartas. Podía sentir los ojos de André sobre mí mientras aplanaba una bola de masa con el viejo rodillo de madera de Mamaw. Él no conocía mi lado Martha Stewart. Mis mejillas se sonrojaron. *¿Puede ver a través de nuestra estrategia? Espero que no. ¿Por qué me está viendo fijamente?*

Por invitación de mamá, le dio una probada a todo lo que estaba a la vista. Entonces se asomó debajo de papel de estaño y vio manjares que habíamos reservado para la cena festiva. "¡Guau!" Él exclamo, levantando la tapa de la charola de empanadas. "¡Guau! ¡Y guau otra vez!" Nunca había sabido que se quedara sin palabras que decir. Él parecía estar atorado con "¡Guau!"

Para cuando terminamos de comer todo el fin de semana, ambos hombres tenían mollejas contentas. El plan de mamá, que prefirió llamar "cortejar", funcionó de maravillas en André. Él me revelo este dato: "Cuando vi a tú mamá y a ti cocinando juntas con sus delantales, me sentí tan feliz y en casa. Espié un espejismo de un futuro que deseé que fuera verdadero."

André terminó enamorado de los Ps y su familia se enamoró de mí. Dividimos nuestras vacaciones entre mi casa y la casa bulliciosa de su hermana y cuñado en Tennessee, donde cuatro adolescentes competían por la atención de su tío. Conocer al resto de la familia de André se sentía abrumador.

Gracias a la hospitalidad sudafricana, la intimidación no duró mucho. Marie y Abe fueron anfitriones gentiles. Probé el espíritu amoroso de la familia en el minuto en que llegamos, cuando su única hija, Elise, felizmente se quitó sus zapatillas de leopardo, (todavía calientes) y me las ofreció para mis pies congelados.

"Gracias, Elise. ¡Que considerada! Mis zapatos están empapados."

"No queremos que nadie por aquí tenga los pies fríos", bromeó el padre de André mientras se unía a la conversación. Guiñando su ojo y dándome un cálido abrazo, dijo: "Me alegro volver a verte. Por favor, llámame Mervyn. Llama a mi esposa Trudi. No habrá ningún 'Señor' y 'Señora' aquí, ¿okay?" Inmediatamente me presentó a todo el mundo. Noté que André no levanto la vista de desatar sus zapatos empapados hasta que la conversación se volvió en algo más seguro que los pies fríos.

El momento más conmovedor del día de Acción de Gracias fue cuando Trudi se liberó de la demencia por el tiempo suficiente para compartir su corazón conmigo. Fue la única vez que ella y yo sostuvimos una conversación profunda.

"Estoy tan agradecida de que mi hijo te haya encontrado. Eres una chica verdaderamente encantadora. Dios ha respondido mis oraciones. Queremos que seas nuestra hija," ella me confió reservadamente después de cenar conforme enlazamos nuestros brazos en el aire fresco. La llovizna incesante de noviembre ceso momentáneamente y las damas nos fuimos a caminar mientras que los hombres recogían la cocina. Para mí, ese momento maternal de claridad confirmó mi visión anterior. En mi espíritu sentí al Señor que me tranquilizaba. Él tenía las cosas bajo control.

Marie, tomando la otra mano de su madre, convino sinceramente. "Me encantaría que tu fueras mi hermana. Nuestra familia ha visto tantas novias ir y venir con los años que tenemos miedo a encariñarnos. Lo siguiente que sabemos es que ya se fueron y André tiene otra. ¿Te puedo dar un consejo acerca de mi hermano?"

"¡Por supuesto!"

"No lo persigas. ¡Él correrá!" Ella y su madre ambas rieron a sabiendas.

"No tengo tiempo para perseguirlo. Él está demasiado lejos y estoy muy ocupada," contesté.

"Qué bueno. Es lo mejor. Solo déjalo que él haga todo el trabajo. Mientras tanto, nosotros rezaremos."

"Yo también voy a rezar. Nadie quiere ser lastimado."

Después de que rodeamos el barrio, Trudi se deslizó hacia su propio mundo, dulcemente, sonriendo y asintiendo con la cabeza, pero raramente participando.

"Padre, Gracias por la transparencia conmovedora de esa conversación; espero que ella todavía este con nosotros cuando las campanas de nuestra boda suenen. Ayúdame a que no intente ayudar a que eso suceda antes de lo que debería."

"Todavía está un poco dolido por estar envuelto en el dedo de la Niña Vacacionista. Sé que el amor no es un juego, pero ayúdame a jugar esto bien. Siempre lo he echado a perder antes, tratando de forzar cosas que no deberían forzarse. Ahora es el momento de practicar todo lo que me has enseñado. Ganemos el corazón de este hombre. Para siempre."

Navidad 2008

"¿Ya te besó?"

"¡Sr. P! No le preguntes eso," lo regañó mi madre. "No es asunto nuestro."

Se sentaron en el sofá, viendo viejas películas inglesas con un cubo de palomitas de maíz entre ellos. Mamá se estaba tomando un descanso de la cocina mientras que nuestra última bandeja de galletas de jengibre se inflaba en el horno. André regresó a la ciudad para Navidad y salió a descargar su automóvil.

"Yo no beso y digo. ¿Además, que labios se pueden estirar 400 millas? No es como si nos hemos visto mucho desde el día de Acción de Gracias o algo así." Ruborizándome como una adolescente, pase cepillando a los Ps que reían nerviosamente, tomando un puñado de palomitas a mi salida para ayudar a André con su equipaje.

Mucho puede suceder en un mes, aunque *no* sea besarse. Nuestra comunicación aumento de orar una vez al día a un diálogo constante a través de texto, correo electrónico y teléfono. Seguí escuchando los CDs de los sermones de André' y seguí enamorándome de su cerebro. Su transparencia y pasión por Dios eran refrescantemente auténticas. Nuestro tiempo de oración era sin duda mi momento preferido del día. Estaba jubilosa de orar juntos en persona durante los siguientes días, ya que pasamos las vacaciones juntos.

Esta vez, Marie invitó a los Ps a venir con nosotros a Tennessee. "¡No los dejes solos en casa en Nochebuena! Todos estamos ansiosos por conocerlos," insistió. A los Ps no les importaba. Tenían tanta curiosidad sobre los sudafricanos como la familia de André acerca de ellos.

Definitivamente probamos la cultura sudafricana en una casa llena de afrikáners en Navidad. La fuerte herencia holandesa de la familia se reveló cuando palabras del afrikáans salían en la conversación y los alimentos tradicionales en la mesa. ¡Cuando los primos de André, Vincent y Madelyn llegaron con una gran bandeja de "koeksisters" (pronunciadas cook-sisters), todos aplaudieron! La masa frita empapada en jarabe fue un gran éxito, especialmente con la Sra. P.

"¡Estas pequeñas hermanas retorcidas son deliciosas!" ella dijo, deslizando "una más" del montón que se encogía.

La mía no es la única cocina que se baña con nostalgia durante las vacaciones. Las recetas familiares también despertaron recuerdos de la infancia en la familia de André. Percibí su nostalgia por un tiempo y espacio que ya no existe, mientras los "Mmmmmmed" se abrieron camino a través del pastel de frutas y la tarta de menta con caramelo al estilo sudafricano hechos en casa.

"¡Está rico!" su padre exclamó entre mordidas. Lekker es Afrikáans para rico o sabroso.

Como una chica sureña, crecí con la leche condensada Eagle Brand. Sin excepción, aparece en todo desde pudín de plátano, caramelo de crema de cacahuate y hasta helado casero servidos en los picnics y convivios. Sabemos sobre nuestra Eagle Brand. Pero te puedo prometer esto, lo que los sudafricanos hacen con la leche condensada supera todas las cosas deliciosamente pecaminosas que mis abuelas sureñas soñaron. ¿Quién sabía que colocar las latas en baño maría y hornearlas durante horas las transforma en dulce de leche?

Nuestra velada terminó, como deberían hacerlo todas las reuniones sudafricanas, con bizcochos y té de rooibos. Con gusto mojando mi crujiente bizcocho casero, piensa en biscotti, en mi humeante té, contemplé las caras que me rodeaban. Rostros suaves y contentos extendidos con risa. Ojos cariñosos. Sonrisas genuinas. Una sensación de paz entró en mi corazón al contemplar el convertirme en parte de tal familia.

André capto mi atención y se movió hacia mí. Colocando sus brazos alrededor de mí desde atrás, susurró, "Feliz Navidad Ángel Precioso. Siempre me pregunté cómo sería tener un ángel en mi vida. Ahora ya lo sé. Gracias por estar aquí con nosotros. Atesoro cada momento."

Sorpresas

Decir adiós es difícil. Especialmente después de crear tales recuerdos acogedores de las festividades. Después de que André se fue a su casa y los Ps se fueron a Italia, mi casa parecía extrañamente desolada. Eché de menos la risa de André. Extrañaba la cocina de mamá. Todavía extraño a mis niñas.

A menudo lloraba por Snuffles y Whipper. Cada vez que llamaba a Kym para ver cómo estaban, la culpabilidad me corroía el estómago en nudos. "Están muy bien aquí", aseguró. "No te preocupes. Recibimos el dinero para la comida que enviaste. Todo está bien."

Tenía emociones encontradas cuando oía que estaban "felices" y "muy bien". Quería que estuvieran. También quería que extrañaran a su mamá, solo un poco. Era difícil dejarlas ir. Estoy agradecida de que las deje ir porque 2009 fue brutal. Entre André, el trabajo y la maestría, apenas estaba en casa. Ellas habrían sufrido.

Una tarde, durante la semana de conferencias de padres y maestros, recibí un mensaje de texto de André. "No hagas planes para esta noche. Compré cena que quiero que recojas en Carrabba alrededor de las 6:30, ¿de acuerdo?" Su consideración siempre me conmovió. No estaba acostumbrada a que un hombre se preocupara por si tenía suficiente que comer o descansar o hacer ejercicio. A medida que André y yo nos acercábamos, me sentí apoyada de nuevas maneras.

"¿Para llevar de Carrabba? ¡Estupendo!" Conteste. "Conferencias una tras otra después de un completo día escolar. . . Cansadísimo. La última termina a las 6:30. Gracias por pensar en mí. Besos y abrazos."

Me estacioné en un lugar "solo para llevar" y esperé. André llamó para decirme que estaban unos minutos tarde con mi orden y que la traerían al coche cuando estuviera lista. Presionada con una tarea para mi clase en línea, secuestré un poco de Wi-Fi y abrí mi computadora portátil.

Capítulo 17 • Mismo Vestido, Diferente Día

Un golpe en mi ventana me sobresaltó antes de que recordara que estaba esperando a un mesero. Mirando la cara sonriente del otro lado del vidrio, grité: "¡André! ¿Qué estás haciendo aquí? ¡Me asustaste casi me matas!"

Al abrir la puerta, me besó mi mejilla. "Sorpresa Dulce Pio! Nadie debería trabajar tan duro como tú y cenar solo. He venido a sacarte. Siento mucho llegar tarde. El tráfico de Atlanta es terrible a esta hora del día." En segundos, ¡estaba fuera de ese auto y en sus brazos!

"Todavía no puedo creer que hayas manejado seis horas para cenar conmigo." Nos quedamos lado a lado en nuestro gabinete por una hora después de que llego la comida. Sabía que debería estar cansada, pero la alegría mantuvo mis ojos abiertos.

"Cuando eres joven, puedes hacer estas cosas", bromeó André. "Además, quería verte antes de irme a Sudáfrica. Un mes es mucho tiempo para estar lejos de mi Dulce Amorcito. No quiero que te olvides de tu Cariño."

Olvidarme de él era imposible. ¡El consejo de Marie fue acertado! Su hermano no me dejaba olvidarlo. Él me estaba persiguiendo mientras yo me concentraba en mi trabajo y obtenía A en mis clases. Fue fácil responder y corresponder a la atención de André.

Lo única cosa que no pude hacer era pensar en otra forma que le podía llamar aparte de "Cariño". Él tenía miles de apodos para mí. Él incluso los puso juntos en una canción y la dejo en mi correo de voz en mi teléfono. Mientras él estaba fuera del país, yo la escuchaba una y otra vez desde mi buzón de voz, "Querido Cariño Pequeño, Querido Angelito, Angelito Cariño, Cariño Pequeñito de Azúcar, Preciosa Pequeña Azúcar, Preciosa Pequeña Jewel. . . " Luego silbaba al final. Cada vez que él la cantaba, yo terminaba sonriendo, Me sentía adorada.

En abril, cumplí treinta y nueve. Annie y los niños vinieron de visita para mi cumpleaños. Muchos meses habían pasado desde que Lucas y Ariana habían visto a su Tía. Anhelaba ser parte de sus vidas. Lucas ya estaba en lo último de Kindergarten y tenía un gran agujero donde deberían haber estado sus dos dientes frontales.

Ver a Lucas me hizo pensar en Chloé, aunque era un año mayor. *¿Me pregunto cuántos dientes ha perdido?* Verlo perseguir a su hermana en el patio de mi casa, me imaginaba Chloé, una cabeza más alta, con piernas largas oscuras, corriendo y riendo junto a ellos.

"*¿Cuándo se va a terminar el dolor, Dios?*"

"¿A dónde quieres ir mañana a cenar de cumpleaños?" Sis me pregunto sacudiéndome de mi meditación, "¿O ya lo sé?"

"¿Quién tiene mi ensalada Fiorucci favorita?"

"Carrabba."

"Si acertaste. Hay algo que los niños puedan comerán ahí?"

"Nunca puedes fallar con un lugar que sirva pizza."

"¡Perfecto! ¿Pueden venir mañana por la escuela para que les enseñe alrededor antes de que salgamos? Carrabba no está lejos de ahí."

"Seguro, hermana. Queremos ver todas las partes donde pasas tu tiempo actualmente. Sé que Lucas estará curioso sobre tu sala de clase."

En mi cumpleaños, usé mi blusa anaranjada preferida y una falda de mezclilla hasta la rodilla a la escuela. "Tía, te ves muy bonita," Ariana me había dicho, abrazando mis piernas cuando ella me vio.

"¡Gracias! Mis alumnos me hicieron una fiesta sorpresa hoy. ¿Me puedes ayudar a llevar mis regalos al coche?"

"Sí. ¿Que te dieron?"

"¿Te enseñaré cuando lleguemos a la casa, okay? En este momento, quiero ponerlos en el coche y salir de aquí. Estoy lista para la cena. No tomé tiempo para comer mucho hoy."

Quería llegar al restaurante antes que el gentío de la cena, pero Sis seguía tardándose. Entonces ella salió para tomar una llamada momentos antes de que ordenáramos. Casi me devoré un pan entero para cuando llegó la cena.

"¿Quien quiere rezar?" Pregunté.

"Tú quieres," dijo Lucas, "Es *tu* cumpleaños, Tía."

"Está bien. Bajemos nuestras cabezas. Agradezco a Dios por mi familia y el alimento y pido una bendición sobre cada persona en la mesa. ¡Cuando dije, "Amén" y abrí los ojos, André estaba sentado a mi lado!"

"¡Sorpresa!" Ariana gritó y aplaudió.

"Sorpresa, mi Ángel. No te podía dejar que celebraras sin mí. Además, tenía que conocer a tu hermana." Después se dio la vuelta y agitó su mano al estilo Mr. Bean, diciendo, "Hola a todos!," con sus cejas hizo una danza para los niños. Ellos se rieron. Me ruboricé.

"André, tienes que parar de hacerme esto. No me gustan las sorpresas sabes."

"Más vale que te acostumbres a las sorpresas si vas a estar conmigo. Estoy lleno de ellas, Pequeña Dulce Querida. Cuidado. ¡Nunca sabes lo que pueda suceder!"

Él tenía razón. No lo sabía. Su impredecibilidad me mantenía adivinando. Para una persona que haces listas y planea, me desconcertó un poco de buena manera. Mi control rígido era un subproducto de una baja estima y un matrimonio fuera de control. Dios estaba trabajando para edificarme y aligerarme. El espíritu aventurero despreocupado de André ayudó a acelerar el proceso. En los meses que siguieron, me sorprendió con muchos actos generosos de bondad al azar.

Cuando se dio cuenta que cortaba la montañosa mitad de acre con un cortacésped de mano, él me regaló un cortacésped rojo de motor. Cuando necesité extraerme mis muelas del juicio, él pagó la parte de la cuenta que mi seguro no cubriría. André discernió lo que debía hacerse y se encargó de ello. Él me cuidaba a mí. Aunque intenté no depender de su amabilidad, aprecié las maneras en que él relevó mis cargas y derramo alegría en mi vida.

Navidad 2009

Cuando estaba rodando la masa para las tartas del día de Acción de Gracias otra vez, nuestra relación se sostenía sólida en todos los niveles. Teníamos grandes planes para el día de fiesta. Pasaríamos el día de Acción de Gracias en Tennessee con su familia y la Navidad en Europa con la Ps. Emocionada por regresar a Italia, cuando mamá llamó para invitarnos, bailé feliz en mi cocina.

"¡Gran idea!, Señor! Espero que André siga el plan. ¡No hay lugar más romántico en la Tierra!"

"¡Por supuesto que cuentas conmigo! ¿Qué clase de pregunta es esa? ¿Quién no quisiera pasar Navidad en Italia? Dime como empacar." Solo tomo unos segundos en decidir. En cuestión de días, teníamos boletos de avión, gracias a la tarjeta de crédito de André.

Al lado de esos boletos de avión en mi diario está un pedazo de la rima que pregunta: *¿Estamos tu y yo ~ listos para volar~ de la mano ~ a través del cielo de la vida?* En la misma página escribí, *estoy lista para seguir adelante con este hombre. ¿Por qué lo amo tanto?*

Entonces hay una lista interminable. Tiene siete razones:

1. *Proactivo con respecto a crecimiento personal y de sanación*
2. *La persona más buena que conozco*
3. *Compasivo*
4. *Generoso*
5. *Sensual*
6. *Pensador profundo*
7. *Espiritual*

Al parecer, André se encontró con mi lista en algún momento, porque hay un número 8, con su letra. Dice, *Bobo*.

Los Ps nos encontraron en Roma con montones de historias, besos y abrazos. Nos pusimos al corriente en una barra de café mientras que esperábamos nuestro tren en Stazione Termini. Les dijimos todo acerca de la tormenta de nieve que retraso nuestro vuelo y ellos compartieron historias de como ayudaron a las víctimas del terremoto en L' Aquila, donde un terremoto horrible en abril cobro más de trescientas vidas y dejó a más de 40,000 gentes sin hogar.

"Fuimos de los primeros en responder para alimentar a la gente de cocinas improvisadas en el lugar," dijo el Sr. P. "Fue increíble trabajar junto a voluntarios de todas las religiones y ámbitos sociales."

"Después de ese ministerio nos mudamos a Sperlonga. Ahí es adónde vamos ahora," explicó la Sra. P. "Esta entre Roma y Nápoles, pintoresca y preciosa. ¡Les va a encantar ahí!"

Los ojos de André chispearon cuando el Sr. P presentó el itinerario para nuestra estancia de diez días. Cuando oí la palabra "Asís," me animé con placer.

«¡Asís! ¡Amo Asís! Es mi lugar preferido en Umbría."

Pronto nuestro tren corrió hacia Sperlonga. Luchamos contra el jet lag, intentando permanecer despiertos para que nuestros relojes del cuerpo se emparejaran a la zona de tiempo de Italia por la mañana. En el momento que nos transferimos de nuestro tren a un autobús, que nos dejó en las afueras de la ciudad, nos estábamos desvaneciendo. Recuerdo seguir ciegamente a los Ps por calles estrechas y oscuras, arrastrando nuestras maletas detrás de nosotros.

La luz de la mañana se filtraba a través de las cortinas de encaje blanco y se deslizaba por mi rostro. Sonreí antes de abrir mis ojos.

Estoy en Italia. Es Navidad. Mi Cielo está en la habitación contigua. ¿Qué Señor, puede ser mejor manera de comenzar el día? Gracias por los viajes seguros. Gracias por el tiempo para relajarme después de un semestre atascado de cosas que hacer. Yo necesitaba esto. Gracias porque mi vida está en un mejor lugar que la última vez estuve aquí. Me has traído de un largo camino. Estoy muy agradecida de estar en tus manos."

"¡Buenos días, Ángel Bebe Muñeca!" André me saludó desde su habitación al otro lado del pasillo cuando abrí la puerta. "¿Cómo está la chica más bella del mundo esta mañana?" Bromeando, miré a mi alrededor rápidamente como si tratara de ver quién más estaba allí.

Obviamente no me había mirado muy de cerca. Todavía estaba en pants, con el pelo torcido y anteojos de fondo de botella en mi cara. Solo había un baño. Yo lo reclamé. Una desventaja de viajar con alguien que estás tratando de impresionar es el hecho de que probablemente te verán en tu peor momento. Lo bueno es que si están interesados solo en la belleza superficial, los puedes ahuyentar antes de que sea demasiado tarde.

Me sentí mejor con mis lentes de contacto puestos. "Buenos días," contesté diez minutos después. "¿Cómo está mi pastor favorito?"

"Buongiorno!" rugió la Sra. P desde la cocina. "¡Buongiorno ragazzi! Avete dormito bene?" Nos reímos de su intento de parecer una mamá italiana y seguimos nuestras narices a la mesa, donde nos esperaban los cuernitos recién hechos. Estaba equivocada al pensar que había sido la primera en despertarme, me di cuenta de que el Sr. P ya había ido a su oración junto al mar y saqueó la panadería de la esquina en su camino de regreso a casa.

"Es difícil mantenerlo dentro de la casa cuando estamos en Italia," dijo mamá. "Está más en casa aquí que en cualquier otro lugar. ¡Apenas y puedo seguirle el ritmo!"

Tampoco nosotros podíamos. El Sr. P nos mantuvo corriendo casi todas las vacaciones. ¡Fue maravilloso! Nuestro primer día en Sperlonga, nos pusimos suéteres y bufandas antes de explorar nuestro entorno. La luz del sol se asomó a través de nubes delgadas al pasar por alto el deslumbrante Mar Tirreno desde lo alto de la aldea.

Caminamos por horas, de una escena pintoresca a la siguiente, parándonos para posar para la cámara frente a puertas antiguas y paredes cubiertas de buganvilia. La emoción de André fue contagiosa mientras probaba el idioma, "¡Ciao!" y la comida, "Mmmmmm! Bellissimo!" Incluso intentó besarme como un italiano animado cuando los Ps no miraban.

Desaparecieron después del almuerzo, dejándonos solos para movernos por nuestro lado. Mi italiano era horrible, así que terminamos riéndonos y gesticulando más que hablando, pero por lo general nos las arreglamos para expresarnos. Los pueblerinos eran amistosos y serviciales, sin hacernos sentir como tontos.

Puesto que diciembre no es temporada alta de turistas, teníamos el pueblo entero para nosotros. Era irreal. "¡Talvez estamos en el escenario de una película!" Me reí conforme, tomados de la mano, pedimos deseos en un antiguo pozo en el centro de villaggio.

¡Mi deseo se hizo realidad! Quizás era más oración que deseo. Así es como paso, como una película. Después de cenar esa noche, André sugirió que tomáramos un pequeño paseo por la costera, "solo para disfrutar el pueblo por la noche."

"Toma un paraguas", sugirió el Sr. P, colocando un paraguas enorme en las manos de André. "Podría lloviznar un poco."

Él tenía razón. Al llegar al paseo, una ligera lluvia comenzó a caer, creando halos de colores alrededor de las luces de Navidad y los faroles de la calle. La vista nocturna era encantadora mientras los reflejos bailaban sobre el agua y la fortaleza medieval de Sperlonga se alzaba iluminada contra un cielo oscuro. Caminamos del brazo, el viento se azotaba amenazando con tirar una Mary Poppins en nuestro "paraguas."

"Recuerdo la primera vez que caminamos del brazo en una calzada", recordaba.

"Sí. Yo también. Esa fue la noche que te quería dar un beso por primera vez.

Pero no lo hice…"

"Estaba nervioso. No estábamos listos para besarnos."

"Lo sé. Me alegro que lo pensaste bien."

"Te podría besar ahora."

"Si podrías."

"O podríamos caminar un poco más alto para poder disfrutar más de la vista."

Continuamos cuesta arriba por el ancho pasaje hacia la fortaleza. Llegando a un mirador, nos detuvimos.

"Vamos a detenernos aquí por un momento," él dijo. Nos paramos lado a lado en silencio, mirando la tranquila aldea.

Mi corazón revoloteó mientras que André se dio vuelta para verme de frente. Cuando lo mire a los ojos, lo sabía. *Este es el momento que he deseado y esperado y orado. ¡Realmente lo va a hacer!* "Sostenme, Jesús. Creo que me voy a desmayar." *Oh, sí, estoy reteniendo mi aliento. Respira, chica. Respira.*

"Gracias por vivir esta experiencia de este lugar tan hermoso conmigo", comenzó. "¿Cómo te gustaría compartir muchos más días increíbles como el de hoy conmigo? ¿Cómo te gustaría siempre viajar conmigo, hacer ministerio a mi lado, compartir mis alegrías y compartir mis tristezas? ¿Cómo te gustaría ser mi compañera de vida?" Una fracción de silencio, entonces, "Juliet Louise, quítate tú guante izquierdo."

Con manos temblorosas, me quité mi guante.

"¿Puedes detener el paraguas un momento, por favor?" Tomé el mango firmemente en mi mano derecha mientras André saco una banda de oro blanco de uno de sus bolsillos. Los diamantes estilo baguette atraparon la luz del farol haciendo juego con el brillo de sus ojos mientras que me hacia la pregunta que nunca le había hecho a nadie.

"¿Te quieres casar conmigo?"

Mi "¡Sí!" hizo eco en las paredes de la fortaleza, perturbando el sueño de un par de gaviotas. André deslizó ese anillo en mi dedo y recuperó el beso que no me dio en nuestra primera cita. Entonces el viento azotó repentinamente, volteando nuestro paraguas al revés, así que nos apresuramos hacia el departamento acogedor para compartir nuestro entusiasmo con la Ps.

"¡Lo sabíamos! ¡Lo sabíamos!" Bailaba alegremente dando vueltas alrededor de su pequeña cocina. "¡Enhorabuena! ¡Mañana celebraremos en Asís!"

Dormí muy poco esa noche, sabiendo que el hombre en la habitación de al lado era mi prometido.

"*Padre, Tú eres gentil. Sabes cuánto significa Italia para mí. ¡Que este sea el lugar de nuestro compromiso es redentor! Recuerdo venir aquí hace una vida, con la cabeza llena de planes como una niña, para encontrar la tela perfecta para una unión imperfecta. Lo que no me di cuenta es que la tela de un matrimonio es mucho más que seda cepillada o encaje italiano. Eres Tú quien une a dos almas juntas. Sólo Tú, que puedes tomar un par de seres humanos pecadores, egoístas y tejer algo sagrado. Cubres nuestra vergonzosa desnudez con Tu manto blanco de justicia. Ahora se eso, Señor.* "Gracias por darme a un hombre que Te conoce también."

En la mañana, abordamos un tren hacia el norte a Umbría. André y yo nos sentamos lado a lado, frente a los Ps. Nuestros dedos se entrelazaban y desenlazaban mientras jugábamos con el anillo en mi dedo. "Mi ángel bebé está feliz hoy," con orgullo anunció a nadie en particular. Supongo que mi sonrisa me delato.

"Bueno, ¿por qué no lo estaría? ¡Ella está en Italia!" Respondió el Sr. P.

"Ella está contenta porque los rezos de su madre han sido contestados," mamá dijo. "Por supuesto, nosotros sabíamos hace un año que esto sucedería ¿no es así Sr. P? Vimos *todas las* señales." Ella meneó su dedo a André para acentuar sus tres últimas palabras. "Ahora, ¿Cuándo es la boda?"

"Tiene que ser un veintitrés. Ese es mi día especial de pacto con Dios. Le propuse a Juliet el veintitrés porque esa es la fecha que le prometí al Señor que confiaría en él para que me trajera a alguien a mi vida de una manera milagrosa," André respondido. "Él honro ese pacto, así que quiero recordar siempre Su fidelidad en esa fecha. Es por ello que no sólo celebramos nuestro aniversario de boda en el veintitrés, pero también celebramos cada mes con un 'mesaniversario' en recuerdo de lo que Dios ha hecho por nosotros."

El Señor sabía que el día veintitrés también era una fecha importante para mí. ¿Recuerdas ese horrible veintitrés de marzo, cuando físicamente me fui lejos de Jon después de darle su camión de regreso? Mira cómo Él redimió con una celebración perpetua de su gracia en mi vida cada veintitrés.

Agitando mis diamantes hacia la Señora P, hablé.

"Me encanta su idea. Si lo hacemos, él nunca se olvidará de nuestro aniversario. El problema es que solo tengo una semana entre que termine la escuela y mi última ronda de clases de la maestría en junio. A menos que nos esperemos hasta el otoño, el único veintitrés que funciona para mí es en mayo. Eso nos deja tan sólo cinco meses para planear una boda.

"André quiere una boda real, también. Novia. Novio. El paquete completo. Nada de esto de Juez de Paz fácil y barato. Esto es mucho que planear en tan corto plazo. Es posible que necesite que los Ps se vengan a casa y ayuden."

La pequeña Srita. con personalidad Tipo A que hace sus listas, se estaba empezando a manifestar. Mis engranajes mentales comenzaron a girar en el momento que André me propuso matrimonio. Incluso llevé papel y lápiz en el tren para anotar ideas.

Él se merece una boda real, él ha esperado más de cincuenta años para esto. Nosotros te ayudaremos a hacerla. ¡Esto es muy emocionante!" Mamá aplaudió sus manos y chilló, causando al caballero en el pasillo a echar un vistazo lejos de su papel.

Algo ocurrió en Asís que me hizo chillar. Fue una aprobación de Dios, uno de esos regalos, tan tangible y raro, que nunca lo olvidaré.

Nuestro tren se detuvo justo en las afueras de las murallas medievales. Entramos en Asís a pie, otra vez rodando nuestro equipaje por las calles empedradas detrás de los veloces Ps. André "ooh" y "aah" a todo lo que fuera Italiano camino a nuestro hotel. Hermosas ventanas llenas de pastelería nos hicieron señas para que nos detuviéramos. En primer lugar, teníamos que dejar nuestro equipaje y orientarnos.

El Sr. P estaba orgulloso de haber conseguido un gran descuento fuera de temporada en nuestro hotel, que fue construido en la muralla gruesa de la cuidad. "¡Esto es increíble!" André exclamó, pasando su mano a lo largo de antiguas piedras como nos llevaban a nuestras habitaciones. Pasillos de mosaicos nos llevaron a un conjunto de escaleras pasando algunas puertas más estaba la habitación en la cual yo me quedaría. Se me debilitaron las rodillas de emoción al descubrir que el número sobre mi puerta era "veintitrés".

"¡Oh, André! ¡Mira!" señale, lágrimas apretando mi garganta. "Dios está mostrando Su aprobación. Él me ha puesto en la habitación veintitrés!" Hicimos una pausa ante la puerta de madera, brazos entrelazados, oraciones de gratitud al Padre Nuestro, que nos recuerda Su presencia en todas nuestras decisiones.

"Señor," oré más tarde, *"gracias por Tu afirmación a nuestra decisión de casarnos el veintitrés. Gracias por cuidar de los detalles que nos importan. Esta es la confirmación de que Tú nos ves. ¡Me siento amada! Amén."*

Nuestras fotos de compromiso irradian alegría. La Basílica di San Francesco del siglo XIII de Asís estaba detrás de nosotros mientras nos reíamos mejilla a mejilla, con vistas a la campiña de Umbría. Ninguna sesión profesional de fotos podría haber capturado la euforia de esos días sagrados seguidos de nuestro compromiso. La cámara del Sr. P la captó toda conforme exploramos Asís, Sperlonga y Roma juntos.

"Será mejor que nos vayamos a casa mientras todavía podemos caber en nuestra ropa," bromeé mientras André y yo poníamos cucharadas de cioccolata densa caliente en la boca por enésima vez en diez días.

"¡Nunca he comido nada tan delicioso!" André declaró después de probar la versión italiana de chocolate caliente extra espeso. "Estas tazas miniatura apenas y sostienen lo suficiente. ¡Necesito más!" Con bravuconería estilo italiano, exclamó: "¡Deliciosa!" a la chica detrás del mostrador mientras ordenaba la segunda ronda.

Nos fuimos de Italia con la cabeza llena de planes de boda y nuestras maletas rellenas con paquetes de cioccolata densa. En los meses siguientes, no importó cuanto tratamos de recrear esos momentos, nunca supo igual en casa cuando tomábamos en tazas pequeñas compradas en cafés extranjeros.

"¡Regresamos a Italia!" André prometió cada vez que recordamos acerca de nuestro viaje de compromiso.

"¡Sí! Lo haremos." Estuve de acuerdo, brindando con mi prometido en una taza de recuerdo de Asís.

Planes de Boda

La tortuga y la liebre del tiempo compitieron entre si mientras cinco meses se arrastraban y volaban simultáneamente. Absorbida en la investigación para mi proyecto de alfabetización de un largo semestre, oré para tener noches más largas para escribir pero deseando que los 144 días que me mantenían lejos de mi Querido pasaran ya.

Fieles a su palabra, los Ps regresaron a casa para ayudar con los detalles de la boda. Detrás de un manojo de tulipanes falsos el Sr. P bromeó una tarde, "Tantas veces que he ido a Hobby Lobby a comprar tulipanes, yo debería de ser el paje de las flores!"

En un esfuerzo por maximizar los dólares de mi generoso novio, ya que él se ofreció a financiar nuestra boda. Estaba planeando un evento de "bricolaje". Afortunadamente, el "yo misma" no era solo yo; los Ps y otros amigos fueron de gran ayuda. Aprovechando las habilidades de mis amigos y seres queridos, ideamos una boda íntima en la iglesia con el presupuesto de un pastor.

"¡Quiero caballos blancos y un carruaje!" André exclamó en nuestro avión de regreso a casa, cuando enumeramos nuestros deseos de boda. Mi Cenicienta interior se animó. También lo hicieron los oídos de los compañeros de viaje.

"Eso suena elegante. ¿Me pregunto dónde puedo encontrar zapatillas de cristal?" Nos reímos juntos mientras me besaba en la frente. "¿Por qué te amo tanto, mi Querida Pío?"

Saboreó vislumbres del corazón sentimental de André mientras planeábamos juntos. Nuestro presupuesto eliminó el caballo y el carruaje, pero aún era yo una princesa el día de nuestra boda.

Los preparativos reales comenzaron en enero, con la búsqueda del vestido perfecto. Me los probé todos: nubes blancas esponjosas con sisas, vestidos de seda pegados que te hacían caminar como una geisha creados para cuerpos de sirena, vestidos que picaban con escotes pronunciados. "Nada funcionó." En marzo, yo estaba dispuesto a renunciar. Sintiéndome como la hermanastra de Cenicienta después de semanas de forzarme a caber en vestidos diseñados para otra persona, dejé un rastro de lágrimas de David's Bridal a mi coche.

Levantando mis manos al Señor, grité *"¡No tengo tiempo para esto, Dios! Quisiera verme por fuera como André me hace sentir en el interior — joven, emocionada y hermosa. ¡Estos vestidos me hacen sentir como la abuela de Blanca Nieves!"*

Resistiendo la tentación de buscar consuelo en Häagen-Dazs, regresé a casa. En el camino el Padre le habló a mi corazón.

"Sí, Señor, yo sé lo que está en ese bolso en mi armario. Tú sabes que he pensado en echar un vistazo. Pero ¿qué pasa si al abrir esa bolsa abro el pasado? ¿No es un sacrilegio considerar usar mi vestido de novia dos veces? Sí es hermoso. Sí, soy 'yo'. Sí... Me lo voy a probar cuando llegue a casa."

De los recovecos de mi armario con mi corazón latiendo fuerte, saqué ese mismo bolso rosa que llevé de casa en casa durante dieciséis años. Doblando el plástico hacia atrás, examiné minuciosamente mi vestido. Ni una sola mancha ni defecto empañó su belleza. El encaje se sentía verdadero debajo de mis dedos, ni duro ni áspero como los otros vestidos.

¿Me pregunto si todavía me queda?

El espejo reveló la verdad. Aunque no me pude subir el zíper, sí entre en él. *"Está perfecto"* susurró mi reflexión. *"¡Me encanta!"*

Las mangas estilo princesa Diana podían desaparecer, pero el resto era un sueño. Arrodillada al lado de mi cama, envuelta en tafeta de seda y encaje italiano, oré.

"Gracias, Señor. Este es el vestido que he estado buscando. Y ya es mío."

La emoción brotó cuando recordé comprar el encaje con mi madre.

"Parece hace mucho tiempo. Tenía grandes esperanzas a los veintitrés, ¿no es cierto? Pensando que podía hacer que un matrimonio funcionara. Voy a cumplir cuarenta años, Señor. Sin embargo me siento como una niña... una niña que finalmente está aprendiendo a confiar en su padre."

Mirando otra vez en el espejo pregunté, "¿Por qué este vestido me marea? ¿Cómo le explicaré a André?"

Cuando alguien me preguntó, "¿Ya tienes tu vestido?" Invariablemente, la pregunta siguiente es, "¿Donde lo compraste?"

Avergonzada de admitir que estaba modernizando mi vestido original, aprendí a evitar la segunda pregunta al contestar, "Todavía estoy buscando", a la primera pregunta. Estaba mirando; mirándome al espejo cada vez que la costurera me llamaba para alteraciones.

La Sra. Cho trabajó diligentemente. Le quitó las mangas abombadas y ajustó la blusa a mi torso, modernizando el vestido sin comprometer el diseño. Ella y el gimnasio Gold's Gym se habían vuelto mis nuevos mejores amigos. Para conseguir que mi cuerpo de cuarenta años estuviera en forma para el vestido de novia sin mangas, empecé a parar para hacer ejercicio camino a casa de la escuela cada día, un día los brazos y las piernas al día siguiente.

"¡Ooh! Te estás viendo bien!" La señora Cho exclamó cuando me presenté para la prueba final. "Le meto al vestido aquí. Y aquí." Ella pellizcó la tela en mi cintura y debajo de mis brazos. "Venga la semana próxima. Le va a gustar."

Después de Italia, André me introdujo a su entrenamiento de pesas en su YMCA. Antes de eso, nunca había hecho ejercicio en un gimnasio. Después de todo mi trauma en el cuerpo, estaba agradecida que podía correr. Nunca se me ocurrió construir músculo para incrementar el metabolismo. En el plazo de ocho semanas después de incorporar pesas en mis entrenamientos, noté la diferencia. La próxima vez que André me vino a visitar, él también lo notó.

"¡Guau! ¡Guau! ¡Y guau otra vez!" Él me giró alrededor, tratando de silbar a través de una sonrisa. Me ruboricé.

"Ella ha estado corriendo hasta arrastrarse!" Mamá escucho desde el porche. "Sal con ella. Dale de comer. ¡Todo lo que hace es estudiar y trabajo, trabajo, trabajo!"

"Parece que ella ha estado haciendo ejercicio, también señora. P."

André no podía mantener sus ojos en sus órbitas camino a la cena. "¿Porqué que me espere tanto para pedirte que fueras mi esposa?"

"No sé, pero será mejor que veas el camino," contesté, satisfecha e incómoda con la atención adicional.

"¿Cómo van los planes de la boda, Mi Ángel? Temo que no he sido de mucha ayuda."

"Todo está encajando en su lugar. Solo sigue enviando dinero. Es la mejor ayuda que puedes ser. Si todos los posibles invitados RSVP's, estaremos atendiendo a una multitud."

En la cena finalizamos la ceremonia y detalles de la ropa. Temía que André me hiciera demasiadas preguntas sobre mi vestido. No lo hizo. ¡Uf!

Cuando fuéramos a comprar su traje, traería un pedazo de encaje, para asegurarme de que nuestros colores combinaran. Bromeamos acerca de si debería usar una camisa blanca o crema con su traje italiano color café.

"Creo que tu camisa debe combinar con mi vestido. Mi vestido no es blanco."

"Me veo enfermo en amarillo. Sin duda el blanco es la mejor opción."

"Pero mi vestido no es amarillo. Es color crema. Hay una diferencia."

Compró las dos camisas. No recuerdo cuál llevaba el día de nuestra boda. Tal vez ambos teníamos secretos de vestimenta mientras nos vestimos para nuestros votos.

Inicialmente solamente mamá y Annie sabían mi secreto. Pensaron imprudente anunciar la historia del vestido. Abrumada ya con responsabilidades de fin de año de maestra, finales de la maestría y detalles de la boda, estuve de acuerdo. Las opiniones no solicitadas, especialmente las negativas, son potencialmente peligrosas para los nervios de la novia.

Sin embargo, siempre le he dado la bienvenida a las opiniones de mi amiga Meredith. Ella es generalmente sabia. Ella también tiene una nariz para chocolates y secretos. Si cualquiera está en proximidad, ella lo sabrá. Invitarla a ser nuestra coordinadora de bodas significaba invitarla en las minucias de toda la operación. Conforme el veintitrés de mayo avanzaba más cerca, nos comunicamos casi a diario, discutiendo detalles innumerables, desde el libro de visitas hasta el coche de salida.

Lo único que no discutimos fue donde conseguí mi vestido. No queriendo mentir, torpemente desviaba esas conversaciones. Meredith no forzó el tema. Ella espero. Eventualmente cedí, mandándole un correo explicándole mi evasión.

No pienso en publicarlo, escribí. *Por supuesto NUNCA le diría a André, pero te puedo decir a ti. Puedes guardar un secreto y no me importa si piensas que soy rara.*

Me sorprendió la respuesta de Meredith.

Gracias por decirme el secreto del vestido. No creo que sea completamente raro. Tu siempre dijiste que ya tenías la boda de tus sueños, más no tu matrimonio de ensueño. ¿Qué mejor vestido para una boda de temática italiana que un recuerdo personal hecho con fino encaje italiano? Se supone que tú debes de estar haciendo a André y a ti felices, no a todo el mundo. Así que en realidad no importa lo que todos los demás piensen. Con eso, siento la necesidad de animarte a decirle a André. De esa forma no tendrás preocupaciones, nunca.

"¡Oh, Señor! ¿Como le puedo decir? Esto será incómodo. ¿Qué tal si no entiende? ¿Y si se molesta? No, mejor me quedo con el secreto que el riesgo de lastimarlo."

Obstinadamente, decidí no prestar atención a los consejos de mi amiga. Durante semanas mis emociones variaron de vertiginosa a culpable cuando alguien mencionaba el vestido. En retrospectiva se reveló la falta de confianza en el corazón del hombre que se convertiría en mi esposo y en el corazón de Dios que estaba concediendo los deseos de mi corazón. Le debí haber dicho. Debí de haber confiado. El miedo bloqueó mi fe. Todavía tenía mucho que aprender sobre el amor.

Es así cuando una niña crece sin paternidad consistente. Ella rara vez sabe si los corazones detrás de las palabras de los hombres son dignos de confianza. La confianza es como un pastel de masa griega, su delgada masa sólo se fortalece por capas múltiples, ligadas por auténtica dulzura.

André definitivamente tenía la dulzura. Él me adoraba. Las capas de confianza entre nosotros crecieron con cada interacción. Él se merecía mi honestidad. Sin embargo, no le decía la verdad, sin un plan de cómo ni cuándo revelaría a él la historia de mi vestido.

Hablando del vestido, la Sra. Cho y yo tuvimos un pleito verbal cuando fui a recogerlo.

"Usted se lo prueba," ella dijo, llamándome a su vestidor.

"Está bien, pero hoy tengo prisa."

"Nos cercioramos de todo muy bien."

Me desvestí y volví a vestir conforme ella me ayudó a navegar la seda y el encaje. El zipper largo se atoró a la mitad de mi espalda.

"Aguántate el aire", ella ordenó.

"Sí, me lo estoy aguantando."

"Levanta los brazos hacia arriba."

"Está bien."

Zzzzziiiip. "¡Lo logramos!" Ella aplaudió.

Yo. No. Podía. Respira.

El espejo me dijo que el corpiño estaba demasiado ajustado. Le dije a la Sra. Cho lo que dijo el espejo.

"Usted no come durante tres días. Usted bien."

"Si no como por tres días, moriré", contesté. "Usted tiene que soltar esto. Si respiro o me rio o me muevo, voy a romper una costura. Por favor."

"Está bien. Está bien." Ella consintió. "Usted lo recoge la semana que entra."

"Gracias. ¡Lo siento! Gracias. Tengo que comer. Todos los días."

Ella se rio entre dientes mientras me desenvolvía. "Está bien. Está bien. Para ti, lo haré de nuevo."

Casi Ahí

Todos los otros planes fueron tomando forma, gracias a mi cuaderno lleno de listas. "Listas de invitados, listas de regalos, listas de alimentos, listas de cuenta regresiva con tareas pendientes día por día. . . ¡Estoy en el Cielo de listas!" Me reí con Darcy en el teléfono mientras finalizamos la orden de flores. "¿Cuándo vas a estar aquí?" Darcy, una ex florista, estaba a cargo de cada cosa floreciente. Literalmente.

Ella y Meredith estaban volando a Atlanta una semana antes, para ayudar a poner todo junto. Sus maridos seguirían más tarde, en sus camionetas SUV cargados con artículos de enésima hora, incluyendo un enorme enrejado metálico "necesario" para el hall de recepción. Ryan sería nuestro videógrafo y el Dr. Alan sería un pacificador entre bastidores cuando las presiones sanguíneas antes de la boda se intensificarán. ¡Dios los bendiga a los dos!

Los RSVPs de último minuto llegaron por correo unos días antes de que mis amigas llegaran a mi puerta. "¡Mamá! No vas a creer esto." Grité, corriendo desde el buzón. "La Dra. V, mi directora anterior, ¡viene! Es un honor que ella haga el esfuerzo."

"Siempre le caíste bien. Tienes bastante en la lista de invitados, ¿no?"

Mamá estaba regando las plantas en mi porche. Me senté en mi mecedora junto a la puerta principal.

"¿Madre?"

"Sí."

"¿Vas a estar bien con todo el mundo en la lista de invitados? Sé que nunca es fácil, estar en la misma habitación con ex cónyuges. No quiero crear estrés para ti. Solo quiero que todos los que se preocuparon por mi vida antes puedan ver lo feliz que estoy ahora. Quiero que todos prueben y vean lo que Dios ha hecho por mí."

"Estaré bien con el Sr. P aquí. La última vez que te casaste, estaba sola. No me gusto eso. El pasado, pasado está. Todos tenemos diferentes vidas ahora. He perdonado y olvidado lo que debe ser perdonado y olvidado. Estaremos bien."

"Gracias por tu ayuda. Nunca hubiera podido hacer tanta preparación sin ti. Los voy a extrañar Ps."

Conforme la fecha de nuestra boda se acercaba, mi entusiasmo se derramó en André cada vez que hablamos. "No puedo esperar a que veas el pasillo de la iglesia y el salón de recepción. ¡Todo se está unificando! ¡Estoy tan emocionada!"

"Qué bueno, Muñeca. ¡Dímelo todo!"

Así que lo hice. Bueno, casi todo, a excepción de los pequeñísimos detalles de vestimenta.

Entre André y yo, nuestra idea favorita era incluir en nuestra ceremonia a aquellos amigos que espiritualmente nos habían enseñado e inspirado. En lugar de una hilera torpe de padrinos y damas de mediana edad en vestidos que coordinan, decidimos hacerles homenaje a nuestros amigos especiales, sentándolos en la plataforma durante la ceremonia. Queríamos que nos rodearan durante la oración de bendición, poniendo las manos sobre nosotros y ungiéndonos para ser una pareja piadosa que inspiraría a otros, como ellos nos habían inspirado. Cada uno de nosotros escogió doce testigos.

Queriendo que nuestros amigos cercanos y familiares se conocieran, también organizamos un picnic junto al lago para el día antes de nuestra boda. El cielo azul me saludó a través de la ventana del dormitorio en el veintidós de mayo, mientras escogía mis pensamientos para el testimonio que quería compartir. André sugirió que cada uno de nosotros contáramos nuestra historia para que nuestros seres queridos pudieran ver nuestros corazones y reconocer la mano de Dios en nuestras vidas. Estuve de acuerdo, aunque hablar en público me pone nerviosa.

"Escribí la mía," se lo confié al oído en el picnic.

"Está bien. Te irá muy bien. No son público. Son familia."

"Dios, quiero hacerlo bien," oré conforme respiraba profundo a mis nervios. "Me encanta mi gente. Quiero que cada uno vea cómo Me has conducido en mi vida y deseo que amen a André, también. Por favor habla a través de nosotros. Deja que nuestra alegría sea un testimonio de Tu bondad."

Conforme nos pusimos de pie para hablar, la emoción me abrumó. Cada rostro familiar era significativo para nuestras historias de vida. "Estos son nuestros píos," susurré a mi amor.

André vio a nuestros padres, nuestros hermanos y nuestros amigos desde hace mucho tiempo, como platicaban felizmente juntos. Ya habíamos pasado algún tiempo presentando a nuestros huéspedes, ahora queríamos introducirlos a las profundidades de nuestros corazones agradecidos mientras compartimos nuestras historias.

André fue primero.

"Todas las relaciones que perseguí por mi propia voluntad fallaron. . . mal", compartió. "El 23 de diciembre de 2005, me estaba quedando con mis padres en Hixon, Tennessee. Agotado con ser mi propio asesor, me postré en el piso de su habitación de huéspedes y me entregué a Dios."

"'Dios, se acabó,' dije. ¡Ya no puedo seguir haciendo esto! Voy a dejar de perseguir. ¡Catorce relaciones fallidas en seis años! He terminado.'"

"Hice un pacto con Él esa noche."

"'Ya no proseguiré con las relaciones. Tu tendrás que milagrosamente traer a alguien a mi vida si alguna vez voy a estar casado.'"

"Desde entonces, en el veintitrés de cada mes, celebro con Dios. A menudo me da pequeños gestos de reconocimiento en recuerdo a nuestro pacto. Por ejemplo, había exactamente veintitrés mesas disponibles para nuestra recepción mañana."

André procedió a predicar un sermón a su público cautivo, resaltando la importancia de rodearnos con consejeros piadosos. Agradeció a las personas cuya asesoría le han impactado, cuyos matrimonios se han mantenido fuertes.

Ahora era mi turno para hablar. Leí mi escrito, anclando mis pensamientos en 2 Corintios 2:15 (BLA): "Porque somos para Dios el grato aroma de Cristo entre los que se salvan y los que están pereciendo."

"Ustedes han sido el aroma de Cristo para mí", dije, dirigiendo mis palabras a los ojos dolorosamente familiares que lloraban conmigo a través del valle de la adicción de Jon. "Cuando estamos solteros, Dios nos presta maridos del cuerpo de los creyentes, nos ayuda en las áreas donde normalmente nos inclinaríamos en un cónyuge. Varias mujeres aquí han compartido generosamente los suyos conmigo." Me detuve para contemplar a Meredith, Aubrey y Darcy.

Entonces a cada hombre de mi tribu les digo: "Agradezco humildemente por los hombres que Dios utiliza para ayudarme a conseguir pararme de pie otra vez. Gracias por ser el aroma de Cristo, por mostrarme a lo que Jesús huele. Y Tom, gracias por aumentar mis expectativas titubeantes con sus altruistas regalos de flores y dulces después de mi divorcio. Usted me recordó cómo se supone que debe ser, sin pedir nada a cambio. André... tiene unos zapatos muy grandes que llenar."

La luz del sol brillaba en las lágrimas de mi padre cuando llegó a abrazarme después. "Estoy enfadado contigo", dijo. "¿Por qué no me dijiste que vivías así? Me siento muy estúpido. ¡No tenía ni idea!"

Sorprendida por la intensidad de su emoción, busqué una respuesta.

Aunque amo a mi familia, a menudo fueron los últimos en saber de mi sufrimiento. Incluso ahora, con la escritura de este libro, me doy cuenta cuánto escondí. ¿Por qué ocultamos nuestro dolor más profundo de los más cercanos a nosotros?

"Papá, lo siento. A menudo estaba en negación yo misma. O tenía la esperanza de que las cosas cambiarían y no quería que odiaras a Jon si mejoraba. Es difícil saber por qué. Yo no te podía llamar y decirte, 'Mi vida está fuera de control'. Era más fácil no decir nada; menos humillante aceptar ayuda de personas que no me caminaron por el pasillo y fueron testigos de esos votos que no pude mantener."

"Bueno, me alegro de estar aquí para presenciar los votos que tendrán lugar mañana. André parece un muchacho que va a amar, honrar y apreciar a mi hija." Lanzo esa última frase en la dirección de André. "Eso es lo que ella merece".

¡La boda!

La emoción me despertó temprano para un momento de quietud con Dios. Tomando mi diario, acurrucada en la cama escribí: *23 de mayo de 2010, "Gracias, Señor, que hoy me voy a casar, delante de todos con el hombre de mis sueños. Mi Amor. Mi Corazón. Mi Alma Gemela. Te alabo por Quién eres y por lo que Has hecho en mi vida..."*

Mi corazón se alegra, así como las mariposas revoloteaban en mi interior en previsión de las horas por delante. Durante el desayuno, le dije a Nancy, "¿Puedes creerlo, mi amiga, que misericordioso Dios ha sido? ¡Yo no merezco esto! Sin embargo, Él me ha dado los deseos de mi corazón. Creo que hará lo mismo por ti."

"Lo hará, mi dulce amiga. En Su tiempo, Lo hará. En este momento estoy celebrando contigo. Ahora, ¿cómo podemos conseguir llevarte a la peinadora a tiempo?"

"Cierto", me reí, limpiándome el mango de mi barbilla. "Por eso estás aquí, ¿no? Para mantenerme enfocada y en movimiento. Gracias por quedarte aquí conmigo, a pesar de que todos los demás estaban disfrutando de sus jacuzzis del hotel anoche."

"¡Por supuesto! Alguien te tenía que llevar al salón esta mañana. Una novia siempre debe tener chófer." Nancy tendió su mano para mis llaves. Empezó a llevar mis maletas al automóvil, mientras yo me ponía algunos jeans y preparaba un bocadillo para después.

Llegamos solo dos minutos tarde.

Jennifer, mi estilista personal de confianza por el día, estaba esperando con fierros calientes y manos mágicas. Acordamos que el cabello era, en palabras de Jennifer, "sexy, elegante, y móvil".

Tuvimos unos momentos tranquilos de aplicación de maquillaje intenso antes de que la fiesta exploto por la puerta. Primero vino Ryan, rodando video, seguido de Ariana, que tímidamente se arrastró sobre mi regazo con un dibujo de André y yo de pie fuera de "El Hotel Amor."

"¡Es para ti, Tía!"

Oohed y aahed, conforme mi rostro se ruborizo con las insinuaciones adultas que acompañaba el regalo de Ariana.

Entonces Eddie asomó su cabeza, dijo "Voy a Starbucks, ¿alguien necesita algo?"

Annie y Lucas encontraron una esquina y comenzaron a ensayar "Love Story", una canción moderna de Romeo y Julieta que los niños en la recepción estaban practicando.

Con la intención de hacerme hermosa y tenerme lista para salir por la puerta a tiempo, Jennifer ignoró el alboroto y siguió enchinando y rociando hasta que mi pelo era perfección. Por último, comenzó con Ariana, transformándola en una pequeña Diva.

"¿Estás lista para ser mi dama de flores?" Le pregunté después de varios minutos. La niña de cinco años de edad sonrío a su propia reflexión, asintiendo con la cabeza como apretados rizos rubios rebotaban, "Sí."

"¡Hora de irse, gente!" Ryan anunció poco después de que Eddie regresó con una bandeja de tazas de papel ardiendo. "Tenemos una boda que atender."

Miré en el espejo y me llamó la atención la aprobación de Annie en la reflexión.

"¡Estoy abrumada! Me siento como una niña. Me siento como una princesa. Voy a llorar. Lágrimas, amenazaron con estropearme mi maquillaje conforme la alegría hinchaba mis entrañas. "Es grandioso tener cuarenta y sentirse como un adolescente", dije mientras un punto final de brillo de labios fue aplicado profesionalmente. "No puedo esperar a que André me vea!"

Mis emociones se profundizaron de emoción sobre los rizos y el impecable acabado que Jennifer creó con su paleta de cosméticos. Esas eran pequeñas ramas en una sólida raíz del deleite que me ancla en el corazón de mi Padre celestial. Yo estaba encantada con los regalos que me estaba dando.

"*Dios, siento Tu deleite en mí. Gracias por traerme fuera de la oscuridad. Gracias por cada alegría en el viaje de hoy hacia el altar.*"

"¡Tenemos una sorpresa para ti, Tía!" Lucas cogió mi mano, sacándome de mi oración y mi silla.

"¿Qué es dulce muchacho?" Sonreí a los ojos entusiastas de un niño de siete años.

"Te conseguimos una limusina", sonrió Eddie, guiñándole un ojo a Lucas.

"Ustedes ¿qué?" Me detuve en la puerta, confundida.

"Sí, te pedimos una limusina. El conductor te llevará a la iglesia ahora, después el chofer te llevará a ti y a André a su hotel después de la recepción. Simplemente no podíamos dejar que ustedes dos se fueran a su luna de miel en un Honda Accord. ¡Este es un gran evento para eso!"

"¡Estupendo! ¡Gracias!" Abracé a Annie y Eddie. "¡Nunca me he subido a una limusina antes! ¿Quién se viene conmigo?"

"¡Yo me voy!" Ariana me llevó hacia el estacionamiento donde una limusina blanca se extendía a lo largo de cinco espacios. Lucas ya estaba adentro, su sonrisa tan amplia como el chasis.

"¡Guau! ¡Esto es una increíble locura!" Me metí por la puerta después de Ariana. Annie y Nancy se unieron a nosotros. Ryan tomo video mientras bromeábamos y retozábamos en el coche de lujo y luego nos siguió en mi Rav tomando video por la ventana mientras acaparábamos la carretera camino a la iglesia.

"Recuerdo el Salmo 18:19," les dije después de nuestra emoción. 'Dice, 'Él me trajo afuera a un lugar espacioso; él me rescató porque se deleitaba en mí' (BLA). Esta nueva vida es definitivamente un lugar más amplio que las circunstancias de restricción de alma bajo las cuales yo vivía. Me siento libre. Me siento amada. ¡Siento alegría!"

Nos salimos de la limusina justo a tiempo para escondernos en nuestros vestidores antes de que los primeros pájaros llegaran. Un pájaro tempranero, un hombre que fue mi padre desde los siete a los catorce, recibió un tierno abrazo.

"Gracias por estar aquí," brillé. "Tu presencia es importante."

Nancy tomó su puesto en el libro de visitas. Mis dos hermanos menores hicieron guardia en las puertas del Santuario, mientras que dentro de la iglesia mi futuro sobrino y sobrina ensayaron "Canon en D" de Pachelbel con instrumentos de cuerda.

André y yo aprovechamos el talento de varios jóvenes que nos amaban lo suficiente como para dar de sí mismos y hacer el día de nuestra boda extraordinario. Desde los apuestos porteros hasta los adolescentes que se ofrecieron para trabajar en nuestra recepción, fuimos bendecidos con su energía juvenil. El pequeño Lucas incluso tuvo el distinguido honor de escoltarme por el pasillo. Tomó en serio su trabajo. "Tía, me encantaría," fue su respuesta exuberante cuando le pregunté.

Meredith, mi eficiente coordinadora de bodas, asomó su cabeza en nuestra cámara nupcial como mi amiga fotógrafa, Sarah, captaba el caos. "Tienen diez minutos damas", advirtió. Annie y Ariana veían a través de las persianas en el Santuario, dando cobertura amplia de los huéspedes que llegaban.

"¡Ooh! Ahí está el abuelo y Jean. ¿Quién es esa señora con el vestido azul? Ella parece familiar..." Marci, mi amiga desde cuarto grado, tenía la parte posterior de mi vestido estirada tensa mientras que Darcy lo atacaba con un vaporizador de mano.

De alguna manera, el detalle no tan pequeño de planchar el vestido de la novia fue pasado por alto. Había estado en pánico desde el momento que noté los pliegues arrugados. Madre estaba tan ocupada tranquilizándome que se le olvidó quitarse los rizos de los lados de su pelo. Lo notamos cuando estudiamos las imágenes juntas, semanas después.

Mis amigas finalmente dieron por terminado el vapor cuando nos dimos cuenta que la humedad estaba deshaciendo todos los rizos.

"¡Aire! ¡Necesito aire!" Annie se abanicó en la esquina.

"Te ves hermosa Tía," la voz dulce de Ariana calmaba mis arrugas internas. Ella envolvió sus esbeltos brazos alrededor de mi cintura e inclino su cabeza en mi cadera. La Canon de Sarah captó la expresión nostálgica de Ariana contra un telón de fondo de encaje. Esa imagen sigue siendo una de mis favoritas del día.

"Gracias, mi pequeña princesa. ¿Estás lista para dejar caer algunos pétalos en esa alfombra?" Ella asintió. Me volví hacia el espejo para una inspección final y luego rocé mis muñecas con L'eau D'issey. Estaba lista.

Todos los demás despejaron la habitación cuando Eddie llamó a golpes para intercambiar a Lucas por Annie. Los niños y yo espiamos a través de las persianas mientras André sentaba primero a su madre, luego a la mía.

"Muchas gracias, Dios, por permitir que la mamá de André participar en este día. Viendo su hijo soltero casarse ha sido su sueño de toda la vida. Ella se ve tan elegante de su brazo."

Verlo caminar a lo largo del pasillo fue puro deleite. Él. Estaba. Guapísimo. Mi corazón hizo ese pequeño salto cuando él dio la vuelta y sonrió a uno de sus amigos.

"Estoy loca por él, Señor. Realmente lo estoy. ¡Cada vez que lo veo es como la primera vez!"

Me reí entre dientes de lo que sucedió después. En vez de que el novio entrara solo, él caminó el pasillo rodeado, estilo guardaespaldas, por su pandilla, como si previnieran un escape. Su amigo Colin comentó más tarde, "yo no lo dejaba fuera de mi vista. La única vez que lo he visto caminar un pasillo era después de predicar el sermón y eso es ir en la dirección opuesta."

"Está bien Ariana tu eres la siguiente." Meredith nos señaló a los tres al foyer. Guiñé un ojo a mis hermanos en sus puestos y entonces me retiré de vista cuando abrieron las puertas para Ariana y su canasta de flores.

Lucas y yo nos tomamos de las manos, esperando nuestra señal. Él era un hombre pequeño en su traje oscuro y corbata amarilla. "¿Estás nervioso?" Pregunté, besándole la frente y borrando las marcas del lápiz labial con mi pulgar.

"No, Tía. ¿Tú estás?"

"Sí."

"¿Porqué?"

"Me siento nerviosa. Pero es la buena clase de nervios. Gracias por caminar conmigo."

"De nada."

"¿Te acuerdas cómo practicamos? No demasiado rápido. Deseamos que nos tome un largo tiempo llegar al tío André."

"Recuerdo."

Las puertas se abrieron de par en par como el cuarteto de cuerdas comenzó la "Marcha Nupcial" de Mendolsohn. Nos detuvimos brevemente mientras que cada uno se estaba levantando y se dio vuelta para mirar. Algunas fotos con los iPhones fueron tomadas. La palma de Lucas estaba caliente contra la mía. Mis ojos detectaron caras familiares de amistades de toda una vida. *¡Oh! la Dr. V. y mi* tía Candice. *¡Oh! ¡Veo a mi amiga Sandy!* Sonreí. No para la cámara, sino por la alegría de saber que mis seres queridos fueron testigos de los momentos más felices de mi vida.

Paso. Paso. Paso. Marchamos hacia las gigantes urnas de pedestal con cascada de tulipanes blancos y glicinas. *Darcy hizo un gran trabajo con esos.*

Paso. Paso. Mis mentores espirituales sonrieron desde sus lugares. Dr. Alan, con su brazo alrededor de Darcy. Bob y Aubrey. Tom. Eddie y Annie. Sr. P. Shirley, mi compañera de enseñanza de Texas. Dulce Nancy. Meredith. Buscando a Ryan, lo encontré detrás de una cámara de video. Marci, mi amiga de la primaria.

"Dios, bendiga a cada uno de estas personas devotas. Gracias por utilizarlas como consejeras a través de lo largo y ancho de la vida."

Paso. Los ojos de André, húmedos con alegría, encontraron los míos. Desde ese momento, estaba cautivada. Todo lo demás se desvaneció mientras me enfoqué en él. Cambiando la mano de niño pequeño de Lucas por el brazo de André, caminé a la parte superior de la plataforma y me volví para hacer frente a mi novio.

Me sonrió y guiñó un ojo, pronunciando la palabra "Hermosa" conforme el padre de Joelle, el pastor Callahan, dio la bienvenida a nuestros invitados. "Joelle, tenía tanta razón en *presentarnos. Lamento que no pudo llegar hoy.* Ella estaría contenta de ver los resultados de su obediencia a Tu Espíritu."

Después de la oración, nos paramos como estatuas mientras que los amigos de André, Steve y Randy, cantaban "Longer Than" de Dan Fogleberg. Annie más tarde bromeó, "Esa canción describe tu ceremonia. ¡Más larga que la vida!"

Ninguno de nosotros lo notamos. Envueltos en nuestra pequeña burbuja, flotamos a través de la ceremonia y la recepción, nuestra mutua adoración palpable. Pastor Callahan comentó después que nunca había visto una pareja tan enamorada en el día de su boda.

"Hay una gran necesidad de dos personas como ustedes para compartir el amor de Dios con otros," explicó antes de nuestros votos. "Eligiendo hacer 'La oración de San Francisco de Asís' el tema de su matrimonio, revela lo que está en sus corazones. Qué hermoso que Dios los haya inspirado para servir a la humanidad en lugar de ser servidos."

Detrás de mí se sentó la gente especial de André, quienes le había servido *en* los momentos difíciles. Cada vez en cuando, él echaría un vistazo sobre mi hombro para compartir una sonrisa con uno de ellos. Yo tomaba esa oportunidad para echar una ojeada a *mis* píos. Tenerlos todos juntos en un mismo lugar eran precioso. Cada vez que miraba, la emoción en sus caras reflejaba sus corazones. Estaban emocionados por mí. Por lo que Dios había hecho en mi vida.

Cuando nos arrodillamos juntos, esos seres queridos nos rodearon, poniendo sus manos de oración en nuestras cabezas y hombros. Cerrando mis ojos, bebí el momento, permitiendo la reverencia, la solidaridad, la revelación de la energía de sanación de la comunidad empapar mi espíritu. Sabía que André y yo no estábamos solos. Teníamos una fuerza combinada de devotos matrimonios de muchos años como base de donde podíamos partir mientras que comenzamos nuestra vida como una.

Le eche un vistazo a André, arrodillado ante mí, cabeza inclinada, la flor en el ojal torcida, características serias de guapo.

"Aquí esta, señor. Aquí está el hombre que Tú me has dado. Ayúdame a amarlo como Tú me tendrías a amarlo. Gracias por el regalo de una segunda ocasión. Lo atesoro. Lo atesoro a él."

¡De la manera en que André me besó al final de la ceremonia, yo sabía que me atesoraban, también!

"¡Woo hoo, Dios! ¡Eso es de lo que estoy hablando!"

"Ahora, les presento a ustedes al Sr. y Sra. André Van Heerden," anunció el pastor Callahan mientras comenzó la recesión. Sonreímos y saludamos por el pasillo y hacia fuera en la luz del sol brillante, donde nuestro fotógrafo esperaba para capturar más de nuestra alegría.

En el momento que entramos a la recepción, la barra del antipasto y las bromas del maestro de ceremonias se agotaron. Una sala repleta aplaudió nuestra llegada. Conforme voluntarios adolescentes servían platos de fettuccine Alfredo entre las sillas apretadas, André y yo flotábamos de mesa en mesa, abrazando y saludando a nuestros huéspedes.

Casi no comimos nada. En lugar, como mariposas revoloteamos alrededor de esa sala por una hora, bebiendo el néctar de la amistad. Sonreímos tanto que literal nuestras mejillas nos dolieron a la mañana siguiente.

Deseaba poder sentarme por un tiempo, tomando el amor que fluía de cada persona que hizo un esfuerzo por compartir nuestro día especial. Era difícil moverse a la siguiente mesa, pero deseamos saludar personalmente a cada uno antes de que fuera hora de despedirse.

Cuando llegamos a los padres de André, Trudi agarró mis manos, me miro a los ojos y me dijo, "Estoy tan, tan feliz. Este es un día maravilloso para nosotros." En ese momento, yo sabía que ella sabía qué transpiró y que ella aprobaba. Sonriendo más allá del terrón en mi garganta, besé su suave mejilla y le agradecí por criar a un hijo tan maravilloso.

Varias canciones, brindis y rebanadas del pastel más tarde, Sr. Maravilloso y yo nos preparamos para hacer nuestra salida. La muchedumbre nos siguió afuera. Mientras que André abrazó a su madre adiós, metí a un manojo de niños curiosos al limo.

Noté que mis estudiantes se amontonaban en las puertas abiertas para echarle un vistazo adentro del limo. En un capricho dije, "Entren. ¡Chéquenla!" Con los ojos abiertos de admiración, se rieron y se movieron adentro, se quedaron hasta que sus padres los sacaron hacia fuera.

Me subí en el piso del limo para tener una mejor vista de los reunidos que nos daban la despedida. Despidiéndome con mi mano y soplando besos con lágrimas, expresé mi gratitud por su presencia y amor.

"¡Feliz Vida!" Alguien dijo mientras me metí adentro. André se unió a mí, la puerta pesada cerrándose detrás de él, dejándonos envueltos en la oscuridad y la quietud.

"¡Feliz Vida!" Susurré las palabras, como un rezo para cada uno de los seres queridos en el otro lado de esas ventanas teñidas. Rodamos fuera de la porción del estacionamiento de la iglesia en nuestro coche ostentoso, sintiéndonos abrumados completamente de emoción.

"¿Cómo está mi esposa?" André me preguntó tomando mi mano.

"Estoy feliz, con una punzada de tristeza al decir adiós a la gente que no vamos a ver otra vez durante mucho tiempo. ¿Cómo está mi marido?"

"Me estoy sintiendo bien. Estoy alegre de que tuvimos una boda en la iglesia. La demostración de apoyo fue fenomenal, ¿no es así?"

"Sí. ¿Puedes creer este limo?"

"Me siento un poco culpable, manejando alrededor en esta cosa. Eddie es un gran muchacho. Él realmente nos está estropeando. Este fue un regalo generoso."

"Si, lo fue. ¿Sabías que incluso la envió al salón de Jennifer esta mañana para recogerme?"

"¿Hablas en serio? ¡Guau! ¿Y el chofer espero todo este tiempo? Espero que tenga algo de efectivo para darle su propina."

André comenzó a checar sus bolsillos y a mirar alrededor para su cartera. Repentinamente paró, al parecer olvidándose de la propina. "Sabes, estas absolutamente imponente hoy," él dijo, tocando mi pelo. "Esos pequeños rizos están estupendos. Ella le dio al clavo." Él me dio vuelta por los hombros diciendo, "y esas pinzas de pelo brillantes en la parte posterior. ¡Guau!"

"Gracias. Sí, Jennifer hizo un gran trabajo. Todos lo hicieron."

"¡Tu vestido es perfecto!" Me puse tiesa a medida que él continuó dándome elogios. "¿Donde lo encontraste?"

"*Oh, Dios.*" Me ahogué con su pregunta. *Éste es el momento de la verdad. No lo estaba esperando aquí, ahora. Ayúdale por favor a entender. No dejes que esto arruine nuestra luna de miel.*"

"¿Tienes un minuto? Te lo diré," medio bromeé mientras me sonrojé. Agradecida por la sema-oscuridad del limo, di vuelta para ver de frente a mi nuevo marido con la verdad sobre mi vestido. "Bien, la historia va algo así... ." Comencé suavemente, revelando los detalles hace tiempo de un viaje a una tienda italiana de encaje. Después de que acabé de explicar cómo había intentado forzarme en algo nuevo, pero como había sido atraída al vestido que me encantaba, me senté para atrás en silencio.

Buscaba la cara de mi marido mientras que compartí la verdad con él. Seguía estando tranquilo, sin embargo sus ojos se humedecieron de lágrimas una o dos veces. Él no dijo nada mientras que un par de millas de Georgia rodaron. Él solamente se sentó ahí, dándole vuelta y vuelta a su argolla en su dedo anular. No sabiendo qué esperar, esperé.

"Sabes qué," él se inclinó hacia adelante, forzando con sus ojos a que los míos lo miraran, "servimos a un increíble Padre divino. Él vio tu corazón como una muchacha de veintitrés años que creció en hogares quebrantados. Él sabía que tus opciones subsecuentes estaban sujetas a perseguirte de por vida. Sin embargo, te dio la libertad de decidir por tu cuenta. Él estuvo contigo la primera vez que usaste este vestido y Él está contigo hoy."

Podía sentir mis propias lágrimas cálidas acumuladas en mis ojos conforme André continuaba.

"Dios anhela darnos los deseos de nuestro corazón. Cuando esos deseos se manchan, Él permite tiempo y experiencia para hacerlos puros. Cuando nos equivocamos, el manto blanco de Cristo cubre nuestro pecado. Estoy contento que usaste este vestido hoy."

Alcanzó para tomar la tela entre sus dedos. "Es un símbolo hermoso de lo que ha hecho Dios en tu vida. Creo que es su manera de demostrar cómo Él ha redimido las cosas que tu pensaste que estaban perdidas. Cada sueño que tuviste el día de tu boda hace casi dieciséis años se puede satisfacer."

Y nos abrazamos en la parte posterior de esa larga limusina blanca, André susurró en mi oído, "Estoy tan feliz y emocionado por ti porque sé cuánto te amo Juliet Louise. Nada jamás cambiará eso."

Capítulo 17 • Mismo Vestido, Diferente Día

El Fin Que Comienza

"Que nos ha librado de la potestad de las tinieblas, y trasladado al reino de su amado Hijo; En el cuál tenemos redención por su sangre, la remisión de pecados."
Colosenses 1:13 - 14 RVR

Juliet Van Heerden

es educadora, conferencista y escritora. Ella tiene una maestría en Ciencias en Educación Literaria. Apasionada por compartir esperanza con corazones heridos por la adicción, Juliet inicio una clase de 12 pasos en su iglesia y anima a otros a hacer lo mismo. Como oradora itinerante de mujeres, grupos de recuperación y las congregaciones, comparte con alegría su viaje de inspiración. En su tiempo libre, Juliet disfruta cocinar sano, la lectura, viajes al extranjero, fotografía y observar aves. Su hora preferida del día es la temprana quietud de la mañana cuando ella escucha la voz de Dios. Juliet y su esposo André, disfrutan hacer ministerio juntos. Creen en el poder de Dios para restaurar a las personas heridas y se comprometen a compartir ese mensaje de esperanza con las familias y las personas donde sea que sean invitados.

julietvanheerden.com | relevantlifesolutions.org

Todas las ventas del libro Mismo Vestido, Diferente Día van para apoyar Relevant Life Solutions, un ministerio no lucrativo de las familias afectadas por la adicción.

Gracias

A mi marido, André Van Heerden, que me dio el valor de excavar mi pasado y de la capacidad de vivir alegre en el presente. Gracias por tu interés desinteresado en este proyecto y por orar por mí a través de las partes difíciles. Tú crees en mí cuando yo dudo de mi misma. Adoro ser tu esposa. Tú me amas bien.

A Ami, mi amiga de toda la vida, por resucitar audazmente los detalles que había enterrado debajo de capas de dolor. Me haces reír, aunque duela. Cuando yo cumpla cincuenta, tu tendrás cuarenta y seis.

A los Ps, mi inspiración de que el amor verdadero se puede encontrar más adelante en la vida. Su compasión me motiva a vivir fuera de mi misma. Madre, gracias por ser mi compañera nocturna mientras revisé este manuscrito.

A los descendientes de Mamaw, Dessa y Nannie, las matriarcas de nuestra familia. Vivamos nuestras vidas con integridad y esperanza, creyendo que las veremos un día pronto.

A Sandy Riddle y Sheri Wall, las amigas que me desalentaron a audicionar para American Idol, aunque pensé que podría cantar. Su honradez directa es rara y valorada. Ése por eso que confié cuando ustedes me dijeron, "Sigue escribiendo." Estoy agradecida por sus opiniones inquebrantables y nuestros casi veinte años de amistad.

A Barbara Foster, Lisa Lenda y Joy Sorensen, mis editoras iniciales: Su disposición para peinar los primeros borradores de este manuscrito y proporcionar retroalimentación valiente ha sido un regalo que no podía pagar. Aprecio profundamente las horas que pasaron y su corazón en este trabajo. Ustedes me prepararon para Rachael.

A Stan Michael, el primer hombre en leer este trabajo de cubierta a cubierta. Gracias por haberlo visto como "tierra sagrada." Aprecio tu retroalimentación y meditación "varonil". Dios te envió para un tiempo como este.

A Rachael Hartman, increíble editora con una compasión profunda para el adicto. Volteaste mi manuscrito de adentro para afuera. Gracias por perfeccionar a fondo este trabajo.

A mis hermanas de oración, Carla Cantalupo, Heather Clark, Kathy Garske, Sharon Quevreaux, Sudie Slade Norman y Tammy Shelby, por su inquebrantable intercesión e interés en Mismo Vestido, Diferente Día. Gracias por luchar en contra de los espíritus de desaliento en el nombre de Jesús y por creer en el poder de este trabajo en Sus manos.

A Debbie Blount y Mervyn Shaw, quienes creyeron en este ministerio lo suficiente como para hacer las primeras donaciones financieras. Ustedes empezaron algo.

A Emra Smith, quien suavemente pero implacablemente insistió que no me quedará sentada e hiciera algo y escribiera mi historia de Dios. Gracias por entrenarme y animarme a que utilizara mis regalos para Él.

A Nancy Valencia y Rebecca Willhelm, que representan a todos los que tienen una historia incompleta. Gracias por ser parte de la mía. Que esta obra les traiga esperanza mientras que esperan a que Él redima sus sueños.

A Celebrate Recovery y todos los proveedores de lugares seguros para la gente dañada , hábitos y retrasos para curar y crecer. Los cristianos adictos y sus familias necesitan desesperadamente devotos amigos, patrocinadores y ayuda para la recuperación. Gracias.

A mis seres queridos a quienes se les han dado seudónimos en éste libro: Han sido el aroma de Cristo para mí. Nunca me olvidaré.

Finalmente, a "Jon," quién representa a cada padre, madre, hermana, hermano, hijo, hija y amigo que lucha con dependencia química. Gracias por su valor de vivir diario en las líneas delanteras de una batalla que el resto de nosotros no podemos comprender. Gracias por ser la razón por la cual aprendemos a respirar la tolerancia de Dios y practicamos el milagro del perdón. Sin ti, no habría historia.

Recursos

Si tú o alguien que tú conoces necesita ayuda a manejar una adicción o sus consecuencias, ponte en contacto con estos recursos de gran alcance.

Al-Anon Grupos Familiares| al-anon.alateen.org | (888) 4AL-ANON (888-425-2666)
Reuniones anónimas conducidas por compañeros y literatura para los amigos y miembros de la familia de alcohólicos.

Celebrate Recovery | www.celebraterecovery.com
Centros cristianos de apoyo de recuperación y recursos que están dirigidos a niños, jóvenes y adultos.

Co-Dependents Anonymous | www.coda.org
Una asociación de hombres y mujeres la cual tiene como propósito común desarrollar relaciones sanas.

Lecturas Recomendadas

The Bondage Breaker
  Neil T. Anderson

Necessary Endings
  Dr. Henry Cloud

Boundaries: When to Say YES, How to say NO to Take Control of Your Life
  Dr. Henry Cloud y el Dr. John Townsend

I Should Forgive, But... 2nd Edition: Finding Release from the Bondage of Anger and Bitterness
  Chuck Lynch

Praying God's Word: Breaking Free From Spiritual Strongholds
  Beth Moore

A Woman's Guide to Breaking Bondages
  Quin Sherrer y Ruthanne Garlock

Our Written Lives
Christian Book Publishing
www.OurWrittenLives.com

Oír Griten Libes
Servicios de Publicación de Libros

www.ingramcontent.com/pod-product-compliance
Lightning Source LLC
Chambersburg PA
CBHW052052110526
44591CB00013B/2172